गल्प का यथार्थ : कथालोचन के आयाम

गल्प का यथार्थ : कथालोचन के आयाम

सुवास कुमार

वाणी प्रकाशन

वाणी प्रकाशन

'लोगो' वाणी प्रकाशन : मक़बूल फ़िदा हुसेन

वाणी प्रकाशन, 4695, 21-ए, दरियागंज, नयी दिल्ली-110002
वाणी प्रकाशन, अशोक राजपथ (पटना कॉलेज के सामने), पटना (बिहार)

GALP KA YATHARTH : KATHALOCHAN KE AAYAM

by Suvas Kumar

Criticism

ISBN : 978-93-5000-289-6

प्रथम संस्करण

मूल्य : 400/-

वाणी प्रकाशन

फोन : 0091#11#23273167, फोन व फैक्स 23275710

वेबसाइट : www.vaniprakashan.in

ई-मेल : vaniprakashan@gmail.com

विशाल कौशिक प्रिंटर्स द्वारा दिल्ली-110093 में मुद्रित

अनुक्रम

कथा के विधात्मक स्वरूप की खोज

सवाल साहित्य में विधापरक सोच का

आज की आलोचना में साहित्य के विभिन्न रूपों या प्रकारों या विधाओं के वर्गीकरण का प्रयास जितना अधिक हो रहा है उतना ही कम विधाओं के स्वरूप को परिभाषित और विवेचित करने का प्रयत्न हुआ है। आम तौर पर जब समीक्षक या पाठक किसी रचना को 'अद्वितीय' बताने में जरा भी नहीं हिचकता तो ऐसी स्थिति में वह रचना परम्परा को नकारती-सी ही लगेगी (और इस परम्परा में विधा की भी परम्परा शामिल है) ! पूरी दुनिया के साहित्य में, आरम्भ में भले ही कविता और नाटक-जैसी विधाएँ प्रमुख थीं, लेकिन इस सदी में तो साहित्य की दर्जनों नयी विधाएँ उपस्थित हो गयी हैं। जब नयी-नयी विधाओं के प्रवर्त्तन की जोर-शोर से बातें की जा रही हों तो उचित है कि स्वयं साहित्यिक विधाओं की अवधारणा से ही चर्चा आरम्भ हो।

साहित्य के सन्दर्भ में यह मार्के की बात दिखायी पड़ती है कि प्रत्येक भाषा में पहले कविता या पद्य ही लिखा गया—गद्य बाद में आया। पद्य में लय का एक अलग ही आकर्षण होता है। इस आकर्षण के चलते आरम्भिक साहित्य-मात्र ही काव्य (कविता) कहलाया और गद्य को उबाऊ माना जाने लगा। (अंग्रेजी में तो कथन ही चल पड़ा था—When prose is medium, the usual result is tedium). लेकिन साहित्य में गद्य और पद्य दोनों को सम्मिलित करके ही उसे पहचानने की कोशिश आचार्यों ने की थी। भारतीय काव्यशास्त्र का आरम्भ नाट्यशास्त्र से माना जाता है जिसका रस सिद्धान्त नाटक और महाकाव्य से गहराई से सम्बन्धित था और ये विधाएँ गद्य और पद्य से जुड़ी थीं। भामह ने गद्य और पद्य को काव्य (साहित्य) की विधाएँ बतायीं—"शब्दार्थौ सहितौ काव्यं गद्यं पद्यं च तद्द्विधा" (काव्यालंकार-1/16) पुनः उन्होंने साहित्य के पाँच प्रकार सर्गबंध, अभिनेयार्थ, आख्यायिका, कथा, अनिबद्ध बताए—

सर्गबन्धोऽभिनेयार्थः तथैवाख्यायिका कथा।
अनिबद्धञ्च काव्यादि तत्पुनः पञ्चधोच्यते॥

(काव्यालंकार, 1/18)

महाकवि और गद्यकार आचार्य दण्डी ने छन्द के परिप्रेक्ष्य में साहित्य की तीन विधाएँ बतायीं–"गद्यं पद्यं च मिश्रञ्च तत्र त्रिधैव व्यवस्थितम्। "(काव्यादर्श, 1/11). 'अग्निपुराण' में गद्य, अर्थात् 'पाद विभाग से रहित पदों का प्रवाह', के तीन भेद किये गये हैं–चूर्णक, उत्कलिका तथा वृत्तगन्धि। गद्य को शैली तथा विषय वस्तु के आधार पर पाँच प्रकारों में वर्गीकृत किया गया–आख्यायिका, कथा, खण्डकथा, परिकथा और कथानिका। आज की हिन्दी कथा-आलोचना के अनेक शब्दों यथा–कथा, उपन्यास, उपन्यासिका, लघु उपन्यास, लम्बी कहानी, कहानी, लघुकथा आदि को उक्त वर्गीकरण से जोड़कर देखा जा सकता है।

कहानी अथवा मोटे तौर पर कथा का सम्बन्ध गद्य और पद्य दोनों से रहता आया है–बल्कि चम्पू से भी। एक तरह से देखा जाय तो कहानी की संरचना को पूरे साहित्य में महसूस किया जा सकता है। अपनी हाल की पुस्तक (Genre in Discourse) में संरचनावादी आलोचक ज्वेतान तोदोरोव (Tzvetan Todorov) ने साहित्य की परिभाषा देते हुए कहा है कि–साहित्य गल्प या कथा है (Literature is fiction). यह परिभाषा मिथकीय आलोचनावादी नॉर्थ्राप फ्राइ (Northrope Frye) की परिभषा से आगे की है क्योंकि फ्राइ ने साहित्य के अन्तर्गत कथात्मक (Fictonal) लेखन के साथ-साथ निबन्धात्मक (Thematic) लेखन को भी समेट लिया था। कथात्मक लेखन में कथा के भीतर चरित्र होते हैं जबकि निबन्धात्मक लेखन में मात्र दो चरित्र–लेखक और पाठक–होते हैं और दोनों ही लेखन से बाहर होते हैं। तोदोरोव की साहित्य-सम्बन्धी धारणा भारतीय पाठक को आगे ले जाने के बजाय बहुत पीछे–मम्मट की 'कान्ता सम्मित' उपदेश तक–ले जाती है क्योंकि तोदोरोव अपनी उपरोक्त पुस्तक के पहले अध्याय (Notion of Literature) में लिखते हैं; Literature is a fiction (p.3)...(Where)...'pleasing' wins over 'instructing' (p.4). रूपवादियों और वस्तुवादियों सबने साहित्य को ऐसे आईने या चित्र के रूप में पाया है जो शब्दों के माध्यम से हमारी परिचित दुनिया को हमारे सामने रखता है। यह इस तरह से काम करता है कि हम अपनी पूर्वपरिचित दुनिया से नये सिरे से परिचय पाने लगते हैं, मानो यह सब अपरिचित रहा हो। यही बात कथा-कहानी के बारे में भी सच है।

सुकरात का कहना था कि किसी भी रचना को तीन ढंग से प्रस्तुत किया जाता है (देखें, प्लेटो के 'रिपब्लिक' की तीसरी पुस्तक)–जहाँ रचनाकार स्वयं अपनी

आवाज में बोलता है, जहाँ अनुकरण द्वारा कथन किया जाता है और जहाँ इनका मिश्रित प्रयोग होता है। वस्तुतः ये तीनों शैलियाँ कथा-कहानी में अपनायी जाती रही हैं। महाकाव्य और नाटक के बाहरी रूपबन्ध के बावजूद उनमें कहानी होती है। भले ही सामन्तयुग की विधा महाकाव्य को बताया जाता हो (और पूँजीवादी युग की विधा उपन्यास को) लेकिन कहानी में एक युगातीत आकर्षण को हम सहज ही महसूस कर सकते हैं। यूनान में त्रासदी (Tragedy) का सम्बन्ध अभिजात वर्ग से तथा कामदी (Comedy) का सम्बन्ध समाज के निचले वर्ग के चरित्रों से जोड़ा जाता था, लेकिन कहानी का सम्बन्ध हर सामाजिक वर्ग तथा स्थिति से रहा है, यह बात बेखटके कही जा सकती है, भले ही क़था-कहानी के नये-नये प्रकार-भेद सामने आते चलें।

वस्तुतः साहित्यिक विधाओं को निर्धारित करने में धार्मिक, राजनीतिक, आर्थिक, सामाजिक—जैसे साहित्येतर तत्त्व महत्त्वपूर्ण योगदान करते आये हैं। सच तो यह है कि सामाजिक अभिप्रायों से अलग करके विधाओं को समझा नहीं जा सकता—कभी-कभी तो केवल सामाजिक अभिप्राय ही विधाओं को जन्म दे देते हैं। सामाजिक अभिप्राय भी इन विधाओं से सिद्ध होते हैं। दूसरे विश्वयुद्ध की परिस्थितियों में रिपोर्ताज की विधा सामने आयी थी। फैन्टेसी से भय और आतंक पैदा होता है और कभी-कभी इच्छापूर्त्ति का भाव भी। अतः विधाएँ साहित्य में बड़ा महत्त्व रखती हैं।

यह 'विधा' आखिर है क्या?

विधाएँ साहित्य में आरम्भ से ही मौजूद तो हैं पर इनके अस्तित्व और स्वरूप को लेकर साहित्य-चिन्तकों में सर्वसम्मति नहीं रही है। वैसे विधाओं के स्वरूप का सटीक विवेचन करना सम्भव भी नहीं है। चाहे हम 'महाकाव्य'—जैसी अति-परिभाषित पुरानी विधा को लें, या फिर आधुनिक विधा 'उपन्यास' ही क्यों न लें—क्या हरेक उपन्यास या महाकाव्य शत-प्रतिशत 'उपन्यास' या 'महाकाव्य' है? यह 'उपन्यास' विधा क्या है, यह सवाल जब पूछा जाएगा तो गणित के उत्तर की तरह इसका दो-टूक उत्तर शायद ही कोई समीक्षक दे पाएगा। लगता है इसीलिए मानो आजिज होकर नॉर्थ्रोप फ्राइ ने कह दिया था कि विधाएँ और कुछ नहीं अफवाह हैं—"Most Critical effort to handle such generic term as 'epic' or 'novel' are chiefly interesting as examples of the psychology of rumor." (Anatomy of criticism) मुसीबत यह है कि साहित्य की अधिकांश आलोचना मानती है कि विधाएँ अफवाह नहीं बल्कि सच हैं। इतना ही नहीं, वे सार्वजनिक और विश्वजनीन भी हैं। अब नाटक और उपन्यास को ही लीजिए। पूरे विश्व साहित्य में ये विधाएँ मिलती हैं या नहीं—कविता की तो बात ही दीगर है—वहाँ से तो साहित्य

ही आरम्भ होता माना जाता है।

लेकिन इसके बावजूद विधाएँ क्या साहित्य के लिए पूरी तरह से प्राकृतिक कही जा सकती हैं? क्या सांस्कृतिक भिन्नता के आधार पर विधाएँ निर्मित नहीं होतीं? विधाएँ क्या हैं—क्या ये लेखक और पाठक के बीच कोई गुप्त सांकेतिक सम्प्रेषण या समझौता तो नहीं है? ऐसा क्यों होता है कि कोई विधा मर जाती है, कोई नयी पैदा हो जाती है, कोई विधा बदल जाती है, किसी विधा को किसी खास युग से तो किसी को किसी खास वर्ग से जोड़ दिया जाता है—अर्थात् विधाएँ परिवर्तित भी होती चलती हैं?

विधा का अर्थ है भेद या प्रकार। फ्रेंच और लैटिन के इन दिनों बहुप्रचलित शब्द 'ज्याँ' (Genre) को उसी प्रकार साहित्य के 'प्रकार' (kind) के रूप में व्यवहृत किया जाता रहा है जिस प्रकार संस्कृत के शब्द काव्य-'भेद' या 'विधा' को। जैसे अंग्रेजी में Modes, Form, kind, type आदि हैं वैसे ही हिन्दी में काव्य-रूप, काव्य-भेद, काव्य-प्रकार, विधा आदि। क्या विधा का सम्बन्ध रचना की आन्तरिक प्रकृति से होता है? सी.एस.लेविस का एक मजेदार कथन है कि अच्छा प्रेम गीत (Love-sonnet) वही लिख सकता है जो न केवल सुन्दर युवती पर मुग्ध होता है बल्कि 'गीत' (sonnet) विधा पर भी। अर्थात् रचना की विधा का चुनाव रचना की अन्तर्वस्तु, रूप, लहजा आदि से प्रभावित होता है और इनको प्रभावित भी करता है।

लेकिन दूसरी ओर विधात्मक लक्षणों की परवाह नहीं करनेवाले ऐसे आलोचक भी हैं जो विधा की धारणा का ही विरोध करते हैं। उनके अनुसार विधाएँ ज़्यादा-से-ज़्यादा बाहरी नियम हो सकती हैं जबकि हमारा काम रचना के सही अभिप्राय को जानना है। अर्थात् अगर विधाएँ शरीर भी हों तो भी उनसे रचना के मनोविज्ञान का पता चलना कठिन है। क्रोचे की धारणा थी कि विधाएँ पाठकों की प्रतिक्रिया को विकृत करती हैं क्योंकि उन्हें सहजानुभूति से अलग तार्किकता की ओर ले जाना चाहती हैं। अब सहजानुभूति और तार्किक ज्ञान (Logical knowledge) एक साथ नहीं रह सकते। अतः विधाएँ काव्य-वस्तु के साथ 'अन्याय' करती हैं और साथ ही आलोचक की 'संवेदनशीलता के साथ अत्याचार' भी। क्रोचे के अनुसार प्रत्येक सच्ची रचना विधात्मक नियमों को तोड़ती है अतः विधापरक अध्ययन गैर-ज़रूरी, अप्रासंगिक और खतरनाक है। विनिर्मितिवादी जाक दरीदा ने भी रचना की अनिर्धार्यता या अनिश्चयता (Indeterminancy) पर बल दिया जिससे विधात्मकता की बात करना लगभग फिजूल हो गयी। संरचनावादी रोलाँ बार्थ मानते थे कि पाठक को रचना में अन्तहीन परस्पर-विरोधी संकेतों और नियमों के सिलसिले का सामना करना पड़ता है, अतः रचना की स्पष्ट तथा वस्तुगत व्याख्या नहीं हो सकती। इस तरह कई आलोचक मानने लगे

हैं कि साहित्य के पिछले युगों में विधाएँ भले ही महत्त्वपूर्ण रही हों लेकिन आधुनिक साहित्य में इनकी कोई महत्त्वपूर्ण भूमिका नहीं है।

पर क्या सचमुच ऐसा है? यह ठीक है कि आधुनिक युग में साहित्य के काव्यशास्त्रीय लक्षण उस तरह से निर्धारित नहीं किये गये हैं जिस तरह से परम्परागत नियम और लक्षण निर्धारित थे, फिर भी ऐसा नहीं कहा जा सकता कि आज साहित्यिक लक्षणों के क्षेत्र में अव्यवस्था और अराजकता है। रेनातो पोजिओली (Renato poggioli) जैसे आलोचक का तो यहाँ तक कहना है कि आधुनिक काव्यशास्त्र विधाओं की प्रणाली के सिवा कुछ भी नहीं। उसके अनुसार आधुनिक युग के साहित्य को देखने से ऐसा लगता है मानो कोई ऐसा 'अलिखित' काव्यशास्त्र इनके पीछे काम कर रहा है जो काव्य-लक्षणों और नियमों को अदेखे प्रसारित कर रहा हो।

भारतीय काव्यशास्त्र के परिप्रेक्ष्य में देखें तो हमें विधापरक चिन्तन का औचित्य भली-भाँति समझ में आता है क्योंकि यहाँ विधाओं को मानव मनोविज्ञान तथा सामाजिक स्थितियों पर खड़ा किया गया है। रचना की अन्तर्वस्तु के साथ-साथ उसके आस्वाद पक्ष का समुचित आकलन करते समय समझ में आता है कि विधात्मक वर्गीकरण सिर्फ शैली से ही नहीं, समाजार्थिक-राजनीतिक आदि आवश्यकताओं से भी गहरे जुड़े होते हैं। कभी-कभी तो विधा का महत्त्व केन्द्रीय हो जाता है, खास कर तब जब रचनाकार अपना अभिप्रेत अर्थ विधात्मक चुनाव के द्वारा व्यक्त करता है। इस तरह रचना का अभिप्राय—वैचारिक और सौन्दर्यात्मक दोनों ही अभिप्राय—रचनाकार से पाठक के मन तक विधा के द्वारा अनुवादित होकर पहुँचता है। अतः साहित्य की रचना-प्रक्रिया से लेकर सम्प्रेषण-प्रक्रिया तक विधा की लम्बी भूमिका देखी जा सकती है। अक्सर विधा के आकर्षण से रचनाकार लेखन में प्रवृत्त होता है। आज ऐसा कोई रचनाकार नहीं पाया जा सकता जो यह दावा कर सके कि उसने किसी भी लिखित या वाचिक विधात्मक परम्परा का सहारा नहीं लिया, और बिल्कुल अपने तईं रचना में सम्पूर्ण अर्थवत्ता पा ली। किसी निश्चित विधा में लिखने का अर्थ ही है कि लेखक उसकी परम्परागत उपलब्धियों तथा निर्णयों को स्वीकार कर रहा है। हाँ, वह विधा में कुछ जोड़ता भी है जहाँ वह अपनी ओर से वहाँ कलात्मक अंकन प्रस्तुत करता है। इस तरह विधा में परम्परा का समादर और परवर्त्ती विकास होता चलता है।

ऐसा भी देखा जाता है लेखक एक विधा को छोड़ दूसरी विधा अपना लेता है और यह भी कि एक ही रचनाकार समय-समय पर कई विधाओं में लिखता है। इस प्रवृत्ति के द्वारा रचनाकार की, वस्तु तथा कला से सम्बन्धित मूल्यों पर, टिप्पणी प्रस्तुत हो जाती है, अर्थात् वह किसी खास भाव तथा मूल्य को खास विधा से जोड़कर देखता है। इस प्रकार विधा रचना के भीतर पाठकीय तथा आलोचकीय स्वीकृत का

ढाँचा तैयार करती है। लेकिन इसका मतलब यह नहीं कि अकेली विषयवस्तु ही विधात्मक ढाँचे का निर्णय करती है। विषयवस्तु से सम्बन्धित तथा उसके प्रभाव से उत्पन्न लेखक की मनःस्थिति विधा का निर्णय करती है। विधा बहुत-कुछ रचनाकार के रवैये और लहजे पर भी निर्भर करती है। विधा पर संस्कृति की छाप भी पड़ती है और एक ही विधा भिन्न संस्कृतियों में भिन्न स्वरूप भी ले लेती है।

विधाएँ परम्परा को तोड़ती भी हैं और उसमें कुछ-न-कुछ जोड़ती भी। विधा पहले से चले आ रहे साहित्यिक सिलसिले से संघर्ष करती है। इस टकराहट में पुराने मूल्य या तो विनष्ट होते हैं या पुनस्सृजित। तोदोरोव के अनुसार विधाएँ एक ऐसी अग्रिम-मिलन-बिन्दु (Relay-points) होती हैं जिनके द्वारा कोई रचना पूरे साहित्य-संसार से अपना सम्बन्ध स्थापित करती है। प्रत्येक नयी विधा अपनी प्रजाति को किंचित् रूपान्तरित करती है। यद्यपि इस संक्रमण का सुनिश्चित नियम बता पाना मुश्किल है। एक मृतप्राय विधा के तत्त्वों का उपयोग भी अन्य विधा करती है। एक विधा की चुनौती दूसरी विधा स्वीकार कर सकती है और कभी-कभी दो विधाएँ एक दूसरी का प्रतिरूप भी जान पड़ती हैं। कुछ विधाओं के नियम-बन्ध कड़े होते हैं, जैसे महाकाव्य; और कुछ विधाओं के ढीले, जैसे उपन्यास।

कथा-विधा : पहचान का संकट

जहाँ तक कहानी के विधात्मक स्वरूप का सवाल है, इसका कोई निश्चित और परिशुद्ध पैमाना नहीं है। और तो और, इसके आकार के विषय में भी निश्चित प्रतिमान नहीं हैं। फिर भी इतना तो तय है कि कहानी आकार में उपन्यास से छोटी होती है। कुछ लोग इसकी निम्नतम सीमा केवल एक वाक्य की मानते हैं, लेकिन यह अतिवादी दृष्टिकोण है। हम सहज ही अनुमान लगा सकते हैं कि केवल एक वाक्य में किसी घटित (happening) के बारे में बताना कितना कठिन होगा ! हिन्दी में 'लघु कहानी' नाम से अलग विधा के विकसित किये जाने की माँग पिछले कुछ दशकों में जोर पकड़ चुकी है। कहानी में उच्चतम सीमा का निर्धारण भी स्पष्ट नहीं है। हिन्दी में एक संज्ञा 'लम्बी कहानी' अर्से से प्रचलित है, जिसका एक और कथा-विधा 'लघु उपन्यास' या 'उपन्यासिका' से अन्तर स्पष्ट नहीं है। एडगर एलेन पो की यह उक्ति प्रसिद्ध है कि कहानी वैसी रचना है जिसे एक ही बैठक में पढ़ा जाए। इस पर प्रसिद्ध कथाकार विलियम सारोयाँ ने टिप्पणी की थी कि कुछ लोगों की बैठक दूसरों की तुलना में काफी लम्बी होती है। असल में दोनों ही बातें सच हैं और इसे कहानियों के आकार भी सिद्ध करते हैं। कथाकार हेनरी जेम्स का कहना था कि पत्र-पत्रिकाओं ने कहानियों के आकार के लिए मानो निश्चित नियम बना

दिया है कि उन्हें छह हजार से आठ हजार शब्दों के बीच ही लिखा जाए। परन्तु पत्र-पत्रिकाओं के द्वारा यह नियम भी बदला जाता रहा है। बहुत-से सम्पादक लेखकों के आकार-सम्बन्धी निर्णय का आदर करते हैं। पर एक ही लेखक की कहानियाँ भी विभिन्न आकारों की होती हैं। सामरसेट मॉम ने अपनी पुस्तक 'कम्प्लीट शॉर्ट स्टोरीज' की भूमिका में लिखा है कि संकलन में उनकी सबसे छोटी कहानी सोलह सौ शब्दों की, और सबसे बड़ी बीस हजार शब्दों की है। फ्रैंक सर्गेसन (Frank Sargeson) की पुस्तक 'कलेक्टेड स्टोरीज' की कुछ कहानियाँ केवल पाँच सौ शब्दों की हैं, जबकि एक कहानी बत्तीस हजार शब्दों की है। सर्गेसन के कई उपन्यास भी लगभग इतने ही शब्दों के हैं। कहने का अर्थ यह कि विधाओं का निर्धारण इस प्रकार की गणितीय पद्धति से करना खतरे से खाली नहीं।

निस्सन्देह कहानी में उपन्यास की अपेक्षा कम शब्द होते हैं, परन्तु यह साफ तौर पर बाहरी लक्षण है। कहानी और उपन्यास के विधात्मक अन्तर के आन्तरिक कारण होते हैं और वे ही महत्त्वपूर्ण हैं। कहानी में उपन्यास से या तो कम कच्चा माल होता है या फिर कच्चे माल के ढेर को काट-छाँट कर कम कर लिया जाता है—ताकि अधिक-से-अधिक सघन कलात्मक प्रभाव उत्पन्न हो सके। कहानी का आकार दोनों दृष्टियों से निर्धारित होता है—किस वस्तु को, और कैसे प्रस्तुत करना है। वर्णित क्रिया-कलाप बड़े हों या छोटे—इससे कहानी के आकार पर कोई असर नहीं पड़ता क्योंकि कहानी की संरचना लचीली होती है। रचनाकार अपनी दृष्टि के अनुसार कच्चे माल के ढेर में से चीजों को अपनाता या छोड़ता है। इसीलिए आकार के आधार पर लघुकहानी, कहानी, लम्बी कहानी, लघु उपन्यास, उपन्यास—इन सबमें जो भेद किया जाता है वह अस्पष्ट रह जाता है। कुछ लोग मानते हैं कि उपन्यास और कहानी में कथा-सामग्री, उसके चयन तथा विकास का अपना-अपना अलग तरीका होता है। कहा जा सकता है कि, इस सन्दर्भ में, उपन्यास में विस्तारण (elaboration), उपन्यासिका में दबाव (compression) और कहानी में संकुचन (Limitation) की प्रक्रिया होती है। सच तो यह है कि कहानी वह सब कुछ भी करती है जो प्रायः उपन्यास करता है। कहानी में भी चारित्रिक विकास, परिवर्तन अथवा अधःपतन दिखाये जाते हैं। उपन्यास की तरह कहानी उत्सुकता, रोचकता, आशा, करुणा, भय, आकांक्षा, घृणा, जुगुप्सा आदि भावनाओं को जगा भी सकती है और उनका पूर्ण शमन भी कर सकती है। अतः ऐसा समझना चाहिए कि उपन्यास और कहानी का अन्तर वस्तुतः तापमान का अन्तर है। अर्थात् एक कथा-विधा है जिसके विभिन्न तापमान उपन्यास, लघु उपन्यास, लम्बी कहानी, कहानी और लघु कहानी हैं। उपन्यास में कथानक आवश्यकतानुसार एक अध्याय से दूसरे अध्याय

तक लगातार बढ़ता है, लेकिन कहानी में भावानुसार निरन्तरता को तोड़ा और छोड़ा जाता है। स्थितिपरक दबाव में पड़कर कहानी अपना अन्त प्राप्त करती है। जिस तरह से नाटक खेले जाने या पढ़े जाने पर नाटक ही रहता है, वैसे ही कथा भी कही जाकर या पढ़ी जाकर कथा ही रहती है। नाटक के विभिन्न तापमान एकांकी, रेडियो रूपक वगैरह हैं उसी तरह कथा (fiction, Narration) के विभिन्न तापमान उपन्यास, कहानी आदि हैं। आज की कहानी पौराणिक कथा-परम्परा से अलग कथा-विधा है। यह वस्तुतः छापेखाने के युग की विधा है। कथा आज साहित्य की सर्वाधिक लोकप्रिय विधा है क्योंकि इसकी काल्पनिकता महाकाव्य की काल्पनिकता से अलग है। महाकाव्य की कल्पना में अवास्तव की छाप महसूस की जा सकती है, जबकि कथा काल्पनिक होकर भी वास्तव का भाव देती है। कथा के वाक्यों में अधिकांशतः भूतकालिक क्रिया का प्रयोग होता है, लेकिन यह बिल्कुल बीत गये समय को द्योतित नहीं करता बल्कि वर्तमान स्थिति का सूचक होता है।

कथा-विधा की लोकप्रियता का मनोविज्ञान बड़ा टेढ़ा होता है। इसे फिल्मों की लोकप्रियता के आधार पर समझा जा सकता है। हम जानते हैं कि जिन फिल्मों में हिंसा और आतंक अधिक होता है, वे ज़्यादा ही लोकप्रिय होती हैं। जासूसी कथाओं में हत्या तो लगभग अनिवार्यता-जैसी हो गयी है। ऐसी फिल्मों या कथाओं के माध्यम से—बल्कि इनमें, इनके भीतर—हम जीवन के भयों को पहचानते हैं। इस तरह कथाएँ जीवन के निकट होती हैं। जिस डर को दूसरों के आगे व्यक्त करने से हम हिचकते हैं, पर मन में सदा महसूस करते हैं; कथा में वह परिचित भय सार्वजनिक नजर आता है। इससे हमारे भीतर के भय को पहचान मिलती है। साथ ही यह सान्त्वना भी, कि यह भय समाज में तो है, पर हमारे अपने साथ वैसा कुछ नहीं घटेगा। वास्तविक जिन्दगी से इस 'सापेक्षिक दूरी' में भी कहीं कथा की लोकप्रियता का राज छिपा है। कथा-विधा की लोकप्रियता का एक रहस्य यह भी है कि वह अपने केन्द्र में मानव-व्यवहारों को रखती है भले ही वे कल्पनाओं के कितने ही आवरणों में क्यों न हों। इससे हमें असंख्य स्थितियों में मानव-व्यवहारों की सक्रियता और गतिशीलता का पता चलता है। वर्णन के स्तर पर चाहे कथा कितनी ही बेतरतीब, बिखरी हुई, काल्पनिक, अस्वाभाविक और ऊल-जलूल क्यों न हो—उसके लहजे और भीतरी स्वर के चलते उसमें मानवीय और नैतिक आयाम प्रस्तुत हो जाते हैं। इस तरह कथा में ऊपर से प्रतीत होने वाले अमानवीय तत्त्व भी प्रतीकात्मक रूप से मानवीय बन जाते हैं।

साहित्य में कहानी : विधात्मक विकास

हिन्दी में जिसे 'कहानी' कहते हैं उसके लिए अंग्रेजी भाषा में 'शॉर्ट स्टोरी' (short story) शब्द का पर्याय उपलब्ध है, लेकिन किसी और यूरोपीय भाषा में 'शॉर्ट स्टोरी'—जैसा शब्द प्रचलन में नहीं है। अंग्रेजी में कथा के लिए 'फिक्शन' और 'नैरेटिव' जैसे शब्द हैं जिनके अन्तर्गत 'नॉवेल', 'नॉवलेट' तथा 'शॉर्ट स्टोरी' रखे जाते हैं। 'नॉवेल' शब्द का आज जो अर्थ लिया जाता है, पहले इससे किंचित् भिन्न अर्थ था। सोलहवीं से अठारहवीं सदी के बीच एक प्रकार की कथाओं का संकलन 'नॉवेल' कहलाता था। फ्रेंच शब्द नूवे (Nouvelle) इतालवी Novella, स्पानी Novela आदि का प्रयोग ऐसे ही कथात्मक संकलनों के लिए होता था। 1350 में लिखित बोकेशियों के 'डिकामेरॉन' को Novella ही कहा गया था। ऐसी कथात्मक रचनाओं के पात्र रोजमर्रे के जीवन-व्यवहारों का प्रतिनिधित्व करते थे और जिनका सम्बन्ध अतीत से उतना नहीं होता था जितना वर्तमान से—अतः इन्हें नया (Novella) कहा गया। ये रचनाएँ परम्परागत रोमांस, साहसिकता-भरी प्रेम कथाओं की अपेक्षा अधिक वास्तविक और छोटी हुआ करती थीं और विधा के रूप में ('रोमांस' के पतन की स्थिति में), उन्नीसवीं सदी में, उसकी खाली जगह को भरने वाली विधा बनीं। जर्मन भाषा का शब्द नॉफेल (Novelle) तब भी पुराने अर्थों में ही प्रयुक्त होता रहा। बाद में चलकर जर्मनी में चुस्त और संक्षिप्त कथा-रचनाओं के लिए एक अलग शब्द 'कुर्सगेसाइश्ट' (Kurzgeschichte) का प्रयोग किया गया। इस प्रकार की रचनाओं को उपन्यास (नॉफेल) से न केवल हीन माना गया बल्कि इन्हें 'उपन्यास की अवैध सन्तान' (ein illegitimes kind der Novelle) भी कहा गया। इस धारणा के अनुसार उपन्यास 'किसी संकट के चारों ओर रचा जाता' है जबकि 'उससे निकाले गये अनुभव का एक टुकड़ा' छोटी कथात्मक रचना होती है। पहली विधा में घटनाओं को तर्कों तथा कारणों के द्वारा अन्तर्ग्रथित किया जाता है जबकि दूसरी में जिन स्थितियों और व्यवहारों का चित्रण किया जाता है उसके पीछे किसी तर्कपूर्ण प्रेरणा का अभाव रहता है।

अपने विकास क्रम में आगे चलकर कहानी वही नहीं रह गयी जो वह आरम्भ में थी। हमारे देश में पुराणों, मिथकों, दन्तकथाओं आदि में दिव्य व्यवहारों, यानी ईश्वर की ओर से मनुष्य के प्रति किये गये आचरण का वर्णन मिलता है और यह वर्णन दिव्य व्यवहारों को उचित (और आदर्श भी) ठहराता है। यह प्रवृत्ति विश्व के अनेकानेक प्राचीन साहित्य में मिलती है। लेकिन इनके साथ ऐसी अनेक कथाएँ भी मिलती हैं जहाँ ईश्वर मनुष्य के छद्म में व्यवहार करता है, जैसे—अहल्या-प्रसंग आदि में। ऐसी प्राचीन मिथक कथाएँ आधुनिक कहानियों का स्वाद देती हैं। मानवीय स्थितियों वाले कथानक को प्रतीकात्मकता के माध्यम से अभिव्यक्त करने वाली ऐसी प्राचीन कथाएँ अपने लहजे के कारण भी आधुनिक और समकालीन कहानियों से मिलती-जुलती हैं। अतः इसमें आश्चर्य की कोई बात नहीं जो आज के रचनाकार प्राचीन कथाओं के खजाने की ओर

लोभ से देखते हैं। वैसे पूरे विश्व साहित्य को 'पंचतंत्र' और 'अरेबियन नाइट्स' के किस्सों ने अनुवादों के जरिये—अप्रत्यक्ष रूप से भी—बहुत प्रभावित किया है। अनुवादों के क्रम में इन कहानियों में बहुत-से तत्त्व टूटते-जुड़ते रहे हैं। 'पंचतंत्र' की परम्परा को 'दशकुमार', कादम्बरी, गाथा शुकसप्तति, बैताल पंचविंशति, सिंहासन द्वात्रिंशतिका—जैसी रचनाओं ने अपने ही ढंग से आगे बढ़ाया।

यह अद्‌भुत संयोग की बात है कि अमेरिका, यूरोप और भारत में आधुनिक कहानी-विधा का आरम्भ लगभग एक ही साथ—उन्नीसवीं सदी के मध्य के आसपास—हुआ और इस तरह इसकी उम्र डेढ़-पौने दो सौ वर्षों से अधिक नहीं है। इस अर्वाचीनता के कारण भी इस विधा के सम्यक् विवेचन का आलोचनाशास्त्र में कमोबेश अभाव रहा है। रूस में भी गोगोल की कहानियाँ 1842 ई. तक छपी थीं और वहाँ गोगोल आधुनिक रूसी कहानी के आरम्भकर्त्ता माने जाते हैं। तुर्गनेव का कहना था कि हम सब कहानीकार गोगोल के 'ओवर कोट' में से निकले हैं ! ('ओवर कोट' गोगोल की विशेष प्रसिद्ध कहानी थी)। अमेरिका में 1850 तथा 1880 ई. के बीच कहानी स्वतन्त्र विधा बन चुकी थी और इसने 'छोटी कथा' या 'कथा के छोटे रूप'—जैसी संज्ञाओं का त्याग कर दिया था। इन रचनाओं में जीवन के सामान्य अनुभवों को उनकी पूरी वास्तविकता में चित्रण करने का आग्रह था। कहा जाता है कि यथार्थ-चित्रण की इस प्रवृत्ति के पीछे 1858 ई. में आविष्कृत फोटोग्राफी यन्त्र की भूमिका रही थी, जिसने जीवन में वास्तविकता के महत्त्व को बढ़ा दिया। कहानी में विश्वसनीयता लाने के लिए उन दिनों वास्तविक चित्रण को जरूरी समझा गया। भारत में कथा कहने की पुरानी वाचिक परम्परा रही है। कथावाचक के अपने व्यक्तित्व (शैली) के चलते भी कथा में सच्चाई और विश्वसनीयता आ जाती है।

साहित्य में उपन्यास और कहानी-जैसी नयी विधाएँ छापाखाने के युग की देन हैं और इन्होंने लोकप्रियता में दूसरी सारी विधाओं को पीछे छोड़ दिया है। पर इससे ऐसा नहीं समझना चाहिए कि इन विधाओं का केवल मनोरंजनगत मूल्य ही है। सच तो यह है कि ये लगभग दो सौ वर्षों से अत्यन्त गम्भीर, सार्थक और महत्त्वपूर्ण विधाएँ बनी हुई हैं। लोकप्रियता को देखते हुए प्रायः आलोचक कहानी विधा को सतही भी मान बैठते हैं। इस कारण भी साहित्यिक आलोचना और विश्वविद्यालयी पाठ्यक्रमों में कहानी विधा उपेक्षित-सी रहती आयी है। कहानी को लोकप्रियता के और भी खतरे झेलने पड़ते हैं। कहानी की अन्तर्वस्तु और बाह्य वस्तु (आकार) बाजार की जरूरतों से भी प्रभावित होती हैं। ज़्यादातर पत्र-पत्रिकाएँ ही कहानियों को प्रायोजित करती हैं। एक ओर ये पत्रिकाएँ कहानी की माँग पैदा करती हैं तो दूसरी ओर उन्हीं से उसकी पूर्ति के लिए कहानी में सतहीपन और फार्मूलेबाजी को भी बढ़ावा मिलता

है। विश्वसाहित्य में चेखव, ओ, हेरी, मोपासाँ, गोर्की, लूशुन, प्रेमचन्द, सॉमरसेट मॉम, नुट हैंसन, काफ्का, कारेल चापेक, गुंटर ग्रास, गैब्रील गार्सिया मार्क्वेज, मिलान कुण्डेरा-जैसे महान कहानीकारों ने दिखा दिया है कि इस विधा में जीवन और परिवेश के अन्तर्विरोधों को उघाड़ने की पर्याप्त ताकत और ऊर्जा है और यह विधा अत्यन्त गम्भीर प्रभाव-क्षमता भी रखती है। कहानी में उपन्यास-जैसी जटिलता और विस्तार भले नहीं हो, परन्तु उसकी सार्थकता इस बात में है कि वह हमें यह बता देती है कि चूँकि जीवन एक साथ ही पूरे जटिल विस्तार में नहीं जिया जाता, अतः महाकाव्यात्मकता से प्रगीतात्मकता कम महत्त्वपूर्ण नहीं होती।

पिछले सौ वर्षों में कहानी विधा के कई संरचनागत तत्त्वों की पहचान हुई है और यह बदलती भी रही है। एक जमाने में घटना को कहानी में प्रमुख दर्जा प्राप्त था, लेकिन परवर्ती समय में कथानक में ह्रास होता गया। इसी तरह पहले नाटकीय संवादों को कहानी में बड़ा महत्त्व दिया जाता था, लेकिन अब उनका स्थान अप्रत्यक्ष कथनों ने ले लिया है। सब मानते हैं कि कहानी का कहानीपन है उसका कथातत्त्व। कहानी में घटना-विशेष या घटनाक्रम का कथन विशेष महत्त्वपूर्ण होता है। कहानी कहने के लिए कुछ चीजों और ब्यौरों को छोड़ना पड़ता है, पर कहाँ, कितना और कैसे छोड़ा जाए--इसका नियम बना पाना मुश्किल है। जहाँ घटनाओं को उनकी तरतीब से आजाद रखा जाता है, वहाँ भी कहानीपन होता है। घटना-क्रम से रहित होकर भी कहानी भावों को उत्तेजित कर सकती है। ऐसी कहानियाँ लगभग उसी भाँति कार्य करती हैं जैसे बेतरतीब स्वप्न। घटनाओं में कार्य-कारण सम्बन्ध का निर्वाह करना भी अनिवार्य नहीं। रोचक बात यह है कि प्रति-कहानी (Anti-story) तथा अ-कहानी (Non-story) को भी कहानी ही माना जाता है। अतः कथानक या प्लॉट सुसम्बद्ध या असम्बद्ध कुछ भी हो सकता है। ये क्रियात्मक, चरित्र-प्रधान और विचार प्रधान हो सकते हैं। इन्हें प्रसंगों और दृश्यों से निर्मित किया जाता है जिनमें स्वगत, एकालाप और संवाद-जैसे कथनों का सिलसिला होता है। यहाँ स्थितियों के घटने की समय-सीमा निर्धारित नहीं की जा सकती। केवल एक दिन के प्रसंगों को विस्तार देकर जेम्स ज्वायस ने अपना प्रसिद्ध उपन्यास 'युलिसिस' लिखा, जबकि गुलेरी जी ने 'उसने कहा था' कहानी में सम्पूर्ण जीवन के विविध प्रसंगों को घनीभूत रूप में अभिव्यक्त किया।

कथानक के आकार को निर्धारित करने, चरित्रों में परिवर्तन दिखाने आदि के पीछे कहानीकार का दृष्टिकोण अथवा अभिप्राय काम करता है। प्रायः कहानीकार किसी घटनाक्रम में मुख्य चरित्र पर ध्यान केन्द्रित करते हुए एक निश्चित संकटपूर्ण चरम भाग में उसे उजागर करता है जिससे चरित्र की प्रवृत्ति, समझ, दृष्टि आदि में

परिवर्तन आता है। कथात्मक ढाँचे को क्रमबद्ध क्रियाकलापों, संघर्षों, संकल्पों आदि से प्राप्त किया जाता है। अरस्तू रचना के लिए आरम्भ, मध्य और अन्त को स्वयं सिद्ध मानते थे और अनेक कथा-आलोचक भी इन तीनों को कहानी में लाजिमी समझते हैं, लेकिन कहानी में तीनों की मौजूदगी कतई जरूरी नहीं होती। ढेरों कहानियों में आरम्भ-मध्य-अन्त वाली धारणा का तिरस्कार मिलता है। गार्ल्सवर्दी ने चेखव की कहानियों के लिए कहा था कि उनमें कछुवे के समान केवल मध्यभाग ही होता है। स्वयं चेखव का कहना था कि जब कहानीकार कोई कहानी पूरी कर लेता है तो उसे चाहिए कि उसका आरम्भ और अन्त छाँटकर अलग कर दे ! पर इसे भी नियम नहीं बनाया जा सकता। अनेक कहानीकार सुगठित कथानक पसन्द करते हैं। हालाँकि कहानी किसी निर्णयात्मकता (Conclusion) से मुक्त होती है फिर भी अनेक कहानीकार वहाँ निर्णय रखने के आग्रही होते हैं। सामरसेट मॉम का कहना था कि मैं अलग-अलग बिन्दुओं में भटकने की बजाय कहानी का समापन पूर्णविराम से करना पसन्द करता हूँ!

अक्सर बताया जाता है कि कहानी पाठक के मन पर एक ही प्रभाव छोड़ती है—एडगर एलेन पो ने छोटी गद्यकथा (शॉर्ट प्रेज टेल) के लिए प्रभाव-ऐक्य (युनिटी ऑफ इम्प्रेसन) की बात कही थी। जब कहानीकार कथानक के भीतर किसी संकट को केन्द्र बिन्दु में रखकर चलता है तो इससे प्रभाव-ऐक्य उत्पन्न होता है। कहानी में, कविता की तरह ही, किसी एक शब्द का भी गलत चुनाव या अनुच्छेद का इधर-उधर होना या अनावश्यक व्याख्या या ब्यौरे प्रस्तुत करना इस प्रभाव-ऐक्य को खण्डित कर सकते हैं। फिर भी कहानी कविता नहीं है। कहानी में व्यक्तिनिष्ठ संवेदना की अभिव्यक्ति प्रमुखतः नहीं होती है, जो कविता में होती है। कहानी का सामाजिक सन्दर्भ स्पष्टतः परिलक्षित होता है।

जिन दिनों यूरोप और अमेरिका में रोमांटिसिज्म का विकास हो रहा था उन्हीं दिनों कहानी का उदय भी हुआ था और आरम्भ में कहानी को 'रोमांटिक गद्य' जैसे विशेषण भी मिले थे। कहानी का रूपबन्ध मुक्त, खुला और मिश्रित भी होता है। सच पूछा जाए तो कहानी एक ऐसी विधा है जहाँ अनेक साहित्य-रूपों के गुण एकत्रित होते दिखायी पड़ते हैं। रेखाचित्र, संस्मरण, रिपोर्ताज आदि की भाँति कहानी में भी घटनाओं अथवा स्थितियों का उपयोग होता है—पर विशिष्ट तरीक़े से। गपशप और क़िस्सागोई का तो कहानी से खासा नजदीकी रिश्ता है और इस रिश्ते को ही 'कथारस' भी कहते हैं। दृष्टान्तों, नीतियों आदि के गुणों का भी कहानी अपने ही ढंग से उपयोग करती है।

यथार्थवाद का यथार्थ

1. यथार्थ, प्रकृत यथार्थ और यथार्थवाद

"जब तक आलोचना किसी प्रकार की प्रगति में प्रतिफलित नहीं होती, तब तक आलोचना करना निरर्थक है–"अनातोले बैसेलीविच लुनाचार्स्की 'मार्क्सवादी आलोचना की समस्याएँ : कुछ स्थापनाएँ' में

जीवन क्या है? कला क्या है? इन दोनों का सम्बन्ध कैसा है? इन प्रश्नों से जुड़ी समस्याओं पर विचार करने के क्रम में कला-आलोचना में यथार्थवाद की अवधारणा सामने आयी। जीवन, साहित्य और यथार्थ ऐसी अवधारणाएँ हैं जिन्हें दो-टूक और स्पष्ट शब्दों में परिभाषित करना कठिन है। 'ये क्या हैं' से ज़्यादा आसान यह बताना होगा कि 'ये क्या नहीं है'। फिर भी साहित्य और यथार्थ के अन्तर्सम्बन्धों की समझ किसी-न-किसी रूप में हर जमाने में रही है। संस्कृत काव्यशास्त्र में स्वभावोक्ति-जैसे अलंकार और औचित्य जैसे सम्प्रदाय इस बात की पुष्टि करते हैं। संस्कृत गद्य-साहित्य में 'मृच्छकटिकम्' जैसे नाटकों के अतिरिक्त कथासाहित्य की भी समृद्ध परम्परा रही है जिनमें पंचतंत्र, कादम्बरी, दशकुमारचरित, बैतालपंचविंशतिका, सिंहासन द्वात्रिंशतिका-जैसी यथार्थपरक रचनाएँ मिलती हैं। पुराणों-आख्यानों के अतिरिक्त इनकी विरासत को आधुनिक भारतीय कथासाहित्य ने ग्रहण अवश्य ही किया, पर साथ ही पश्चिमी प्रभावों से भी अछूता नहीं रहा है। दरअसल पश्चिमी देशों के साहित्य में यथार्थवाद का जो सिद्धान्त सामने आया उसके अनुरूप भारतीय समाज और साहित्य की भी स्थितियाँ–खासकार उन्नीसवीं सदी के उत्तरार्द्ध के बाद से–झुकती हुई दिखायी पड़ती हैं। महाकाव्यात्मक तथा प्रेमाख्यानक रचनाओं के बाद कथासाहित्य में उपन्यास तथा कहानी-जैसी नयी विधाओं के प्रवेश के पीछे नवीन सामाजिक परिस्थितियों तथा व्यक्ति-मनुष्य के तनाव को लक्षित किया जा सकता है। अतः भारतीय और हिन्दी साहित्य के सन्दर्भ में भी यथार्थवाद का प्रतिमान और सिद्धान्त अत्यन्त महत्त्वपूर्ण है। साहित्य की प्रवृत्ति भौतिक तथा

अभौतिक, हर प्रकार की धारणाओं से जुड़ने की रही है। प्लेटो, अरस्तू और लोंजाइनस से लेकर फ्रेडरिक जेम्सन तक विश्व के अनेक चिन्तकों और विचारकों में जीवन यथार्थ की पहचान और साहित्य से उसके सम्बन्ध को लेकर होनेवाले मानसिक संघर्ष को सहज ही महसूस किया जा सकता है।

यथार्थ मूलतः दर्शनशास्त्र से सम्बन्धित शब्द है। यथार्थ उसे कहते हैं जिसकी वास्तव में सत्ता है, अस्तित्व है–That which actually exists. { (जो है, वही सत्य है–Truth is what is (-Theodore Dreiser) तथा, सचाई सचाई ही होती है-Is not the truth the truth? (Falstaff)} इस अस्तित्व के साथ ही वस्तुगत यथार्थ जुड़ा होता है। पदार्थ अपने रूप की सम्पूर्णता में वस्तुगत यथार्थ है। किन्तु यथार्थ की अवधारणा इतिहास के विभिन्न समयों में परिवर्तित और विकसित होती रही है। यथार्थ को व्यावहारिक तथा आत्मिक वास्तविकताओं का समन्वय माना गया तथा यथार्थवाद को इसका कलात्मक उद्घाटन। इस प्रकार यथार्थ का सच्चा, वस्तुगत और कलात्मक प्रतिबिम्ब यथार्थवाद है। इस यथार्थवाद का विस्तार विविध कलाओं, यथा वास्तुकला, चित्रकला, संगीतकला, थियेटर आदि में देखा जा सकता है।

विश्व साहित्य के अध्ययनों से पता चलता है कि शताब्दियों तक साहित्य की भाषा विशिष्ट और काव्यात्मक रही थी, लेकिन पश्चिमी कथा-साहित्य में बोकैशियो और सर्वान्ते-जैसे लेखकों ने दैनन्दिन जीवन की, संवादात्मक भाषा का इस्तेमाल किया। हिन्दी साहित्य में भी भक्तिकाल और उसके अनन्तर इस प्रवृत्ति को लक्ष्य किया जा सकता है। लेकिन साहित्यिक समीक्षा के क्षेत्र में यथार्थवाद का उदय कथा–विशेषकर उपन्यास–के साथ अभिन्न रूप से जुड़ा हुआ है। वैसे ऊपरी तौर पर कथा या कहानी या किस्सा या गल्प (Story या fiction) और यथार्थ का सम्बन्ध बेमेल जान पड़ेगा। 'यह तो कहानी है या गप्प है' का अर्थ अवास्तविक या अयथार्थ होने से है। लेकिन हम कहानी में स्वेच्छापूर्वक विश्वास इसलिए करते हैं क्योंकि वह हमें वास्तविक और यथार्थ लगती है। अर्थात् कहा जा सकता है कि यथार्थ विश्वसनीयता को निर्मित करता है।

चूँकि आधुनिक अर्थों में उपन्यास पश्चिम की देन हैं, अतः यथार्थवाद की अवधारणा भी वहीं से आयी। यथार्थवाद अत्यन्त लचीला तथा व्यापक अर्थों वाला शब्द रहा है और जिसके सम्बन्ध में चिन्तकों की अपनी-अपनी समझ और व्याख्याएँ रही हैं अतः इस पर पूरी-की-पूरी पुस्तकें लिखी जा सकती हैं और लिखी भी गयी हैं।[1] इस तरह हर वर्ग के आलोचकों का अपना-अपना यथार्थवाद नजर आता है। यथार्थवाद के विभिन्न प्रकारों तथा उसे दिये गये अनेक विशेषणों से भी इसका पता चलता है, जिनमें से कुछ यों है–आलोचनात्मक यथार्थवाद (Critical Realism),

गतिशील यथार्थवाद (Dynamic Realism), विलक्षण यथार्थवाद (Fantastic Realism), रीतिबद्ध यथार्थवाद (Formal realism), आदर्शवादी यथार्थवाद (Ideal Realism), जुझारू यथार्थवाद (Militant Realism), काव्यात्मक यथार्थवाद (Poetic Realism), प्रकृतवादी यथार्थवाद (Naturalist Realism), सहज यथार्थवाद (Naive Realism), मनोवैज्ञानिक यथार्थवाद (Psychological Realism), स्वच्छन्दतावादी यथार्थवाद (Romantic Realism), व्यंजक यथार्थवाद (Expressive Realism) आदि। अलग-अलग रचनाकारों की समीक्षा के क्रम में भी यथार्थवाद के विभिन्न रंगों और रूपों को चस्पाँ किया जाता है, जैसे–ब्लेक का स्वप्नदर्शी यथार्थवाद (Visionary Realism), डिकेन्स का रोमैंटिक रीयलिज़्म, दास्तोयवस्की का फैन्टेस्टिक रीयलिज़्म, आटो लुडविग का पोएटिक रीयलिज़्म (हिन्दी में विनोद कुमार शुक्ल के उपन्यासों के लिए इसका इस्तेमाल किया जा सकता है) आदि। जाहिर है कि यथार्थवाद के विषय में अनेक ऐसी अन्तर्विरोधी और भ्रामक स्थितियाँ भी पैदा हुई हैं जिनसे कि यथार्थबोध ही बिगड़ जाए ! वालेस स्टीवेंस ने तो कह ही दिया था कि यथार्थवाद यथार्थ को भ्रष्ट करता है–'Realism is a corruption of reality'. एक आलोचक का यह आरोप था कि यथार्थवाद ने वादा तो हमें एक दुनिया दिलाने का किया था, लेकिन उसने ले-देकर एक अस्पताल ही दिया ! 'नयी समीक्षा' के आलोचकों विम्सैट और क्लींथ ब्रूक्स ने यथार्थवाद की नाप-जोख करते हुए इसके तीन प्रकार–उत्तम, घटिया और उबाऊ (High, Low and Drab realism) भी बताये!

यथार्थ का सम्बन्ध स्वभावतः वास्तविकता और सच्चाई से जुड़ता है। पर सच्चाई है क्या? क्या सत्य केवल घटित और तथ्यात्मकता ही है? जो घटित नहीं हुआ/होता, क्या वह सच नहीं? तथ्यों के बाहर और आर-पार और परे क्या सच नहीं होता? 'और भी ज़्यादा वास्तविक', 'यथार्थ के परे'-जैसे कथन क्या निरर्थक होते हैं? केवल घटित और तथ्य का बयान ही यथार्थवाद नहीं है, क्योंकि यथार्थवाद अनुकरण नहीं, बल्कि मौलिक रचना है। हेनरी जेम्स का कहना है कि तथ्य और सत्य पर्यायवाची नहीं, अपितु वैकल्पिक या स्थानापन्न शब्द हैं। एक ओर कुछ मार्क्सवादियों का विश्वास है कि भौतिक अस्तित्व मानव-मन से स्वतन्त्र होता है तो दूसरी ओर क्रोचे-जैसे कुछ विद्वान मानते हैं कि मन से बाहर कोई प्रकृति या वास्तविकता नहीं होती। सच्चाई दोनों मान्यताओं की द्वन्द्वात्मकता में निहित जान पड़ती है। कोई भी तथ्य निरा तथ्य नहीं होता। इसी तरह सभी वास्तविकता यथार्थ नहीं है–हाँ, उनसे यथार्थ बनते जरूर हैं।

यथार्थवाद (Realism) शब्द का फ्रांसीसी साहित्यालोचन में पहली बार प्रयोग

1834 ई. के लगभग हुआ माना जाता है। 1850 ई. तक इसका व्यापक प्रचलन होने लगा—यहाँ तक कि realism नाम से एक पत्र का प्रकाशन हुआ। 1840 से 1870 ई. तक फ्रांस में चित्रकला और साहित्य के क्षेत्र में यथार्थवाद का नारा जोरों से बुलन्द किया गया। कहा गया कि कलाकार को वही चित्रित करना चाहिए जो वह अपने चारों ओर देखता है और यह चित्रण सच्चा और पूर्ण होता है। जो कुछ प्रकृति में है, वह सुन्दर, काव्यात्मक, कलात्मक और स्पृहणीय है। कलाकार को इस यथार्थ के प्रति निरपेक्ष रूप से ईमानदार होना चाहिए। उसे सामान्य समकालीन जीवन के ब्यौरों का सूक्ष्म पर्यवेक्षण तथा अंकन करना चाहिए और यह अंकन सीधी-सरल शैली में इस प्रकार से हो कि वह फोटोग्रैफिक नकल नहीं, बल्कि महत्त्वपूर्ण रचना जान पड़े। जब ऐसे यथार्थवाद का व्यावहारिक रूप सामने आया तो पता चला कि उन रचनाओं में व्यर्थ के सूक्ष्म ब्यौरे खूब जगह पाने लगे। पात्र विशेष रूप से समाज के निम्नतम स्तर से लिये जाने लगे तथा गर्हित, अनावश्यक और अश्लील जान पड़नेवाले सम्बन्ध, आचार-व्यवहार और समस्याएँ वर्णित होने लगीं। 1856 ईं में गुस्ताव फ्लॉबेयर की रचना 'मदाम बॉवेरी' पर तो अनैतिक होने का मुकदमा भी चलाया गया।

1880 ई. में जब एमिली जोला ने 'प्रयोगात्मक उपन्यास' (Le Roman Experimental) की घोषणा के द्वारा एक विशेष प्रकार के यथार्थवाद की वकालत की तो यथार्थवाद-सम्बन्धी बहस बेहद तीखी हो चली। जोला ने 'प्रकृतवाद' (Naturalism) का सिद्धान्त प्रस्तुत कर दिया। जोला का कहना था कि उपन्यास को केवल समकालीन वास्तविक अनुभवों तक सीमित रहना चाहिए। जहाँ तक सम्भव हो, मनुष्य के प्रकृत जीवन को दिखाना चाहिए—बनावटी रोचकता और सहानुभूति जगाने की कोशिश किये बग़ैर। लोग जैसे हैं (न कि जैसा उन्हें होना चाहिए) का यह चित्रण विश्लेषणात्मक होना चाहिए, काव्यात्मक नहीं। लेखकीय अभिव्यक्तियों और चरित्र-चित्रण के सम्बन्ध में जोला फार्मूलेबाजी के खिलाफ थे। पर असलियत में जोला का प्रकृतवाद खुद का एक फार्मूला बन गया। उस समय फ्रांस में प्रकृतवाद और यथार्थवाद ये दो ऐसे भिन्न रचनात्मक दृष्टिकोण और माध्यम थे जिन्हें बहुत-से लोग आज भी समानार्थी समझ लेते हैं। उस जमाने में भी 'प्रजाति', 'वातावरण और क्षण' (la race, le milieu, et le moment) वाले सिद्धान्त के प्रतिपादक तेन (Taine) ने बालजाक को प्रकृतवाद का महान पूर्वज या जनक (progenitor) बताया था!

इस प्रकृतवादी यथार्थवाद का विरोध आदर्शवाद ने किया। आदर्शवादी मान्यता के अनुसार सभी कलाएँ प्रकृति का अनुकरण नहीं, बल्कि आदर्शीकरण होती हैं।

कलाकार जो कुछ देखता है, वस्तुतः वह उसकी रचना के लिए प्रस्थान-बिन्दु मात्र होता है। वह अपना चुनाव करता है, उन्हें सुसंगठित कर सुन्दर रूप देता है तथा उस पर अपने व्यक्तित्व की छाप छोड़ता है। आदर्शवादियों का नारा था कि चरित्र ही मनुष्य की नियति है, जबकि जोला का कहना था कि मनुष्य की नियति उसका परिवेश है। यह बात उसने शरीरशास्त्र और चिकित्सा विज्ञान से ली और साहित्य में इसका निरूपण किया। जोला के प्रकृतवाद के अनुसार प्रकृति में जैसे सभी प्राणी रहते हैं, वैसे ही मनुष्य अपने समाज और परिवेश में रहता है। सामाजिक परिवेश ही मनुष्य के व्यवहार में क्रियाशील रहता है और व्यक्ति के जीवन पर परिवेश की विशेषताओं की छाप होती है। इस तरह जोला साहित्य को प्राकृतिक विज्ञानों की भाँति बनाना चाहते थे, पर बाद के यथार्थवादियों ने प्राकृतिक विज्ञान वाली जगह सामाजिक विज्ञानों को दे दी। प्रकृतवाद और यथार्थवाद के फर्क को कई समीक्षक अपनी सुविधा के अनुसार नजरअन्दाज़ करते रहते हैं। प्रकृतवाद वस्तुतः पद्धति बन गया और यथार्थवाद प्रवृत्ति, जबकि प्रकृतवाद स्वयं को प्रवृत्ति मानने का आग्रही था। सच तो यह है कि यथार्थवाद के लक्ष्य को प्राप्त करने के लिए प्रकृतवाद, एक सीमा तक, साधन और माध्यम बन सकता है। कुल मिलाकर प्रकृतवाद एक खास साँचे में सीमित रहता है जबकि यथार्थवाद में यथार्थ-सम्बन्धी समस्त सम्भावनाओं के लिए जगह होती है।

2. यथार्थवाद के विविध रूप

'The House of fiction has in short not one window but a million...'—
Henry James, Preface to 'The portrait of a Lady.'

वास्तव में कोई भी रचना यथार्थ से पूर्णतः रहित नहीं होती। कल्पना को यद्यपि अक्सर यथार्थ के विलोम के रूप में देखा जाता है मगर पूर्णतः यथार्थ-निरपेक्ष कल्पना भी नहीं होती। कल्पना के आधार पर यथार्थ की भित्ति को मजबूती से स्थापित किया जाता है। इसीलिए शेक्सपीयर और सर्वान्ते की रचनाओं में भी यथार्थवाद के दर्शन किये जाते हैं। यथार्थवाद के ऐतिहासिक विकास को मोटे तौर पर तीन चरणों में देखने का प्रयास होता है। शेक्सपीयर, बोकैशियो, सर्वान्ते आदि की रचनाओं में यथार्थवाद के आरम्भिक रूप दिखायी पड़ते हैं और इसलिए 18वीं शताब्दी तक इसे 'ज्ञानोदय यथार्थवाद' (Enlighenment realism) के नाम से अभिहित किया गया। 19वीं सदी और उसके बाद (जोला के प्रकृतवाद को छोड़ दें तो भी) बालजाक, डिकेंस, ताल्स्तॉय, दास्तोयवस्की, कारेल चापेक, टामस मान, प्रेमचन्द, विभूतिभूषण से लेकर यू.आर.अनन्तमूर्ति तथा अनेक भारतीय भाषाओं के

उपन्यासकारों को 'आलोचनात्मक यथार्थवादी' (Critical realist) कहा जा सकता है। बीसवीं सदी में यथार्थवाद का नया ऐतिहासिक रूप मैक्सिम गोर्की, शोलोखोव, लू-शुन–जैसे उपन्यासकारों के माध्यम से उपलब्ध हुआ जिसे समाजवादी यथार्थवाद (socialist realism) कहा जाता है। इसी शताब्दी में, उत्तरशती में, लातीनी अमरीकी देशों के उपन्यासकारों, यथा–गैब्रील गार्सिया मार्खेज की रचनाओं की समीक्षा के क्रम में एक नये प्रकार के यथार्थवाद की बात की गयी, जिसे जादुई यथार्थवाद (magic realism) का नाम दिया गया।

इस प्रकार हम पाते हैं कि यथार्थवाद का कोई एक स्थिर और निश्चित रूप नहीं है। कई बार यह अनेक टेकनीकों का समन्वित रूप भी है[2] और कभी-कभार अलग-अलग लेखकों में विशिष्टता भी प्राप्त करता है। मुख्यतः उपन्यास-विधा से जुड़कर भी यथार्थवादी प्रतिमान नाटक, कहानी–यहाँ तक कि कविता की समीक्षा के लिए भी काम में लाया जाता रहा है। यथार्थवाद जहाँ एक ओर सामाजिक वास्तविकता और मनुष्य के सामाजिक सम्बन्धों पर विशेष बल देता है, वहीं यह मानवीय व्यक्तित्व की महत्ता को भी रेखांकित करता है। यथार्थवाद के विविध रूपों से पता चलता है कि इसका कोई फार्मूला बनाना कठिन है। यथार्थ को ग्रहण और अभिव्यक्त करने में लेखकों का अपना रचनात्मक वैशिष्ट्य होता है। यह भी एक कारण है कि बोकैशियो, मोपासाँ और ब्रेश्ट में यथार्थवाद के अलग-अलग रंग और तेवर मिलते हैं। यथार्थवाद उन सभी कलात्मक साधनों का प्रयोग करना चाहता है जिनसे यथार्थ जगत की सच्चाई को जाना जा सके। इस तरह से देखा जाए तो आदर्शवादी और स्वच्छन्दतावाद भी यथार्थवाद के विरोधी नहीं, बल्कि यथार्थवाद के अंग जैसे प्रतीत होते हैं; यद्यपि यथार्थवादी कला में आदर्श की समस्या को लेकर विद्वानों में पर्याप्त विवाद रहा है। यथार्थवाद सम्पूर्ण सत्य का सन्धान करना चाहता है, स्वच्छन्दतावाद मनुष्य के आन्तरिक जीवन का चित्रण करता है और आदर्शवाद कुरूपताओं पर परदा डालकर एक उज्ज्वल जीवन की ओर दिशा-निर्देश करता है। वस्तुतः साहित्य में यथार्थवाद सत्य (अर्थात् सर्वोच्च नैतिकता) पर बल देने के कारण कलात्मक ही नहीं, नैतिक भी है। इससे बड़ी नैतिकता की बात क्या हो सकती है कि कलाकार की मुख्य चिन्ता समाज में रहनेवाला आदमी होना चाहिए। भौतिकवाद और यथार्थवाद लगभग पर्यायवाची की तरह व्यवहृत होते रहे हैं और यहीं पर इसे आदर्शवाद के विलोम रूप में भी समझा गया, लेकिन यह बात ध्यान में रखने की है कि आदर्शवाद और स्वच्छन्दतावाद दोनों प्रकृतवाद के विलोम जान पड़ते हैं[3] किन्तु इनमें वैसा गुण भी है कि ये अन्ततः व्यापक यथार्थवाद में अन्तर्भुक्त हो जाते हैं।

स्वभाव से ही यथार्थवाद प्रजातान्त्रिक है। 1855 ई. में फ्रांसीसी चित्रकार कॉर्बेत

(Corbet) ने अपने 'अस्वीकृत' चित्रों की प्रदर्शनी 'Du Realisme' नाम से लगायी थी। उसके ऊपर 'समाजवादी' चित्रकार होने का आरोप लगाया गया तो उत्तर में उसने कहा कि 'न केवल मैं समाजवादी हूँ, बल्कि उससे भी बड़ा प्रजातन्त्री और लोकतन्त्री हूँ–संक्षेप में सम्पूर्ण क्रान्ति का समर्थक हूँ और सबसे बढ़कर यथार्थवादी हूँ यानी वास्तविक सत्य का सच्चा मित्र। एक यथार्थवादी की प्रतिबद्धता समकालीन विश्व और सामाजिक परिवेश का सही, सम्पूर्ण और सच्चा चित्रण करने की होती है। लुकाच के अनुसार यथार्थवादी की केन्द्रीय सौन्दर्यशास्त्रीय समस्या यह होती है कि समग्र मानव-व्यक्तित्व का समुचित प्रस्तुतीकरण कैसे हो। इसके लिए यथार्थवाद जिस मनुष्य का चित्रण करता है, वह न 'व्यक्ति सत्ता' है, न 'औसत सत्ता' ही, बल्कि वह 'प्रतिनिधि' चरित्र होता है। प्रसिद्ध हिन्दी आलोचक रामचन्द्र शुक्ल मानते थे कि 'उपन्यास जातीय अनुभवों, जीवन के यथार्थ और समस्याओं के यथार्थवादी चित्रण का माध्यम है।' यह यथार्थ चित्र कोरे जीवन-सत्य का प्रस्तुतीकरण नहीं, बल्कि मनुष्य और समाज के संश्लिष्ट आर्थिक, मनोवैज्ञानिक सम्बन्धों की कलात्मक अभिव्यक्ति है।

जिस तरह से प्रकृतवाद निरपेक्ष बाह्य वास्तविकता से चिपट रहा था, उसकी प्रतिक्रिया स्वाभाविक थी। कुछ लोगों ने आत्मिक/आध्यात्मिक किस्म के प्रकृतवाद (spiritual realism) को खड़ा करना चाहा। फिर अतियथार्थवाद (surrealism) का सिद्धान्त भी सामने आया जिसने चेतन वास्तविक जगत की बजाय स्वप्न-जगत को ही सर्वाधिक महत्त्व दिया। इस तरह अतियथार्थवाद हमें भौतिक जगत की 'तथ्यात्मक' वास्तविकताओं से काट कर दूर ले जा रहा था।

उपन्यास-विषयक अपने एक लेख (Le Roman) में मोपासाँ ने बताया कि निरपेक्ष वास्तविकता पर भरोसा करना बचकानापन है। हर आदमी अलग ढंग से देखता-सुनता-सूँघता-खाता और सोचता है। हर आदमी संसार का अपना एक भ्रम खड़ा करता है। लेखक का काम ईमानदारी और विश्वसनीयता के साथ इस भ्रम की ही पुनर्रचना करना है। महान रचनाकार वे हैं जो हमसे अपने भ्रम को स्वीकार करा लेते हैं। कोरी तथ्यपरकता में डी.एच.लॉरेंस को भी बिल्कुल आस्था नही थी और वे इसे अवास्तविक या अयथार्थ कहते थे।[4] प्रसिद्ध अमरीकी उपन्यासकार हेनरी जेम्स के अनुसार जिसे हम यथार्थ कहते हैं, वह एक व्यक्तिगत अपवर्तन तथा दृष्टिकण (personal refraction and point of view) है। इसी से लेखक की रचना निर्वैयक्तिक चित्रण नहीं होकर किसी और की प्रतिक्रिया (impression) और दृष्टिकोण का लेखकीय चित्रण होती है।

पूर्ण वास्तविकता, सत्य और यथार्थ को अगर हम एक मानकर चलें तो इन्हें प्राप्त करना असम्भव जान पड़ता है। कीट्स का विचार था कि सत्य पाया नहीं जाता,

हाँ, उसे निर्मित किया जा सकता है। अतः यथार्थवाद का सिद्धान्त अगर अपने-आप में अस्पष्ट और लचीला है तो इसमें आश्चर्य नहीं। वास्तविकता और यथार्थ का निर्धारण करना जटिलतम कार्य है। बीसवीं सदी का मध्य विश्वसाहित्य में यथार्थवादी रचनाओं के लिए सर्वाधिक उर्वर समय सिद्ध हुआ। इस कालखण्ड में पूँजीवादी देशों में आलोचनात्मक यथार्थवाद का चरम विकास हुआ। समाजवादी देशों में, विशेष रूप से दूसरे विश्वयुद्ध के बाद, समाजवादी यथार्थवाद विकसित हुआ।

1934 ई. में मैक्सिम गोर्की ने पहली बार 19-20वीं सदी के यथार्थवादी साहित्य को स्पष्ट करने के लिए, 'आलोचनात्मक यथार्थवाद' (Critical Realism) शब्द का प्रयोग किया था। साहित्य में यथार्थवादी अवधारणा का विश्लेषण तथा इसकी समझ विकसित करने में मार्क्सवादी सौन्दर्यशास्त्रियों—विशेषकर गोर्की और लुकाच—का योगदान अन्यतम है। बालजाक, डिकेंस, ताल्स्तॉय से लेकर हिन्दी में प्रेमचन्द, यशपाल, नागार्जुन, रेणु, रांगेये राघव, नागर, श्रीलाल शुक्ल, जगदीशचन्द्र, जगदम्बा प्रसाद दीक्षित आदि लेखकों की रचनाओं में अपने अनेक रंगों के साथ, यथार्थवाद उपस्थित है। हम किसी ऐसी प्रगतिशील रचना की कल्पना नहीं कर सकते जो यथार्थवादी दृष्टिकोण से रहित हो। यथार्थवाद केवल विचार नहीं कला भी है और इसीलिए मार्क्स ने शिलर से ज़्यादा महत्त्वपूर्ण शेक्सपीयर को बताया था। मार्क्स के अनुसार परिस्थितियाँ और चरित्र प्रातिनिधिक होने चाहिए (Typical characters in typical circumstances)। ये 'टाइप' चरित्र स्वाभाविक और सजीव होते हैं क्योंकि ये केवल सामान्य और विशिष्ट चरित्रों का निचोड़ मात्र नहीं होते। प्रेमचन्द भी उपन्यास को 'मानव चरित्र का चित्र मात्र' समझते थे क्योंकि स्थितियाँ और चरित्र एक ही सिक्के के दो पहलू हैं। सत्य यथार्थ के आन्तरिक तथा बाह्य दोनों रूपों से सम्बन्धित होता है और कला यथार्थ के बिना जीवित नहीं रह सकती। गोर्की ने यथार्थवाद को कला का प्राण कहा था। प्रकृतवाद केवल यथातथ्य का चित्रण करता था, अतएव एकांगी था। आत्म-निरपेक्ष चित्रण को यथार्थवाद नहीं माना जा सकता। क्रान्तिकारी विकास तथा भविष्य की दृष्टि से यथार्थवाद युग-सत्य का चित्रण करता है। प्रसिद्ध रूसी विचारक चेर्नीशेवस्की की मान्यता थी कि केवल कल्पना के आधार पर किया गया चित्रण असफल अनुकरण-भर होता है, जबकि यथार्थ कल्पना की अपेक्षा अधिक जीवन्त तथा पूर्ण होता है। इसका यह मतलब नहीं कि यथार्थवादी रचना के निर्माण में कल्पना की कोई भूमिका नहीं होती। वस्तुतः नवोन्मेषशाली कल्पना के द्वारा प्रतिनिधि चरित्रों का निर्माण होता है। इस तरह यथार्थवाद जीवन का सत्यपरक चित्रण करने के लिए हमें कलात्मक रूपों की एक मुक्त पद्धति प्रदान करता है। स्वच्छन्दतावाद (Romanticism) के भी दो रूप

मिलते हैं—निष्क्रिय तथा सक्रिय। यथार्थवाद स्वच्छन्दतावाद के सक्रिय रूपों को मान्यता देता है। गोर्की अतीत के महत्त्वपूर्ण अवदानों को ग्रहण तथा उसके पतनशील अवशेषों का उन्मूलन करने के लिए यथार्थवाद की प्रशंसा करते थे। प्रसिद्ध मार्क्सवादी सौन्दर्यशास्त्री जार्ज लुकाच मनोवैज्ञानिक तथा मनोविश्लेषणात्मक लेखन को प्रकृतवाद की भाँति एक दूसरा अतिवादी छोर मानते थे क्योंकि यह भी अमूर्त और मिथ्या को प्रश्रय देनेवाला होता है। व्यक्ति के आन्तरिक जीवन, उसके मूल गुणों और संघर्ष को सामाजिक तथा ऐतिहासिक परिस्थितियों और अनुभवों से काट कर स्वतन्त्र रूप से निरूपित करना सच्चा चित्रण नहीं कहला सकता। लुकाच ने बालजाक और ताल्स्तॉय की इसलिए प्रशंसा की क्योंकि ये रचनाकार सर्वाधिक ज्वलंत सामाजिक और मानवीय समस्याओं का अपना प्रस्थान-बिन्दु बनाते और अपनी मानवीय सहानुभूतिपरक गहरी विश्वदृष्टि को अपने समय के महान प्रश्नों से सम्बन्धित करते हैं। सार्वजनीन समस्याओं को वे अत्यन्त गहराई और निर्ममता से चित्रित करते हैं।

पूँजीवाद का आलोचनात्मक यथार्थवाद से सीधा सम्बन्ध है। रैल्फ फॉक्स महाकाव्य को समाज का परिपूर्ण चित्रण मानते थे क्योंकि उनके अनुसार इस सामन्तकालीन विधा में पात्रों और सामाजिक जनजीवन के चित्रण में एक सन्तुलन था। पूँजीवादी युग की उपज उपन्यास में यह सन्तुलन नष्ट हो गया है। "उपन्यास समाज तथा प्रकृति के विरुद्ध व्यक्ति के संघर्ष का महाकाव्य है और यह ऐसे समाज में ही विकसित हो सकता है जहाँ व्यक्ति और समाज का सन्तुलन नष्ट हो गया हो तथा जहाँ वह समाज अथवा प्रकृति के विरुद्ध संघर्षरत हो। ऐसा समाज ही पूँजीवादी समाज है। "लेकिन पूँजीवादी समाज के बाद भी उपन्यास और यथार्थवाद की स्थिति बनी रह सकती है। 2 मई, 1932 ई. की 'लितेरातुर्नाया गजेता' में मैक्सिम गोर्की ने 'समाजवादी यथार्थवाद' (socialist realism) की बात, पहली बार, कही। यह अवधारणा समाजवादी समाजव्यवस्था की रचना के लिए किये जानेवाले संघर्ष की उपज थी, जिसे गोर्की ने एक 'एक रचनात्मक कार्यक्रम' की भाँति पेश किया। इसके अनुसार रचना सोद्देश्य होती है और वह एक ऐसे सकारात्मक नायक (Positive hero) को लेकर चलती है जो रचनात्मक, संघर्षशील और नेतृत्वकारी हो। स्वयं गोर्की के उपन्यास 'माँ' का नायक पावेल ऐसा ही था। रूस में गोर्की के अलावा शोलोखोव, अलेक्सी ताल्स्तॉय आदि ऐसे ही लेखक थे और अलेक्सान्द्र सोल्झेनित्सिन की गणना भी इनमें होनी चाहिए। कविता के क्षेत्र में समाजवादी यथार्थवाद को मुखरित करनेवाले रचनाकारों में लुई अरागाँ, पॉल एलुआर, मायकोव्स्की, नाजिम हिकमत, पाब्लो नेरूदा आदि की पहचान की गयी। समाजवादी

देशों में वैसे तो सरकारी नीति के अनुसार विपुल साहित्य रचा गया, लेकिन वह इतना सरलीकृत और यान्त्रिक था कि स्वयं लुकाच ने उनकी उपेक्षा कर दी।

3. यथार्थवाद : समकालीन साहित्यिक सन्दर्भ

"...that a great deal of truth can be revealed by means of fiction and fantasy" Meenkshi Mukherjee (Realism and Reality : The Novel and Society in India)

जॉर्ज लुकाच ने यथार्थवाद-सम्बन्धी अनेक ग्रन्थ लिखे, यथा—उपन्यास-सिद्धान्त (1916), यथार्थवाद सम्बन्धी निबन्ध (1948), विश्वसाहित्य में रूसी यथार्थवाद (1949), यूरोपीय यथार्थवाद का अध्ययन (1950), उन्नीसवीं सदी के जर्मन यथार्थवादी (1956), बालजाक और फ्रांसीसी यथार्थवाद (1952), ऐतिहासिक उपन्यास (1952), समकालीन यथार्थवाद का अर्थ (1956), पर मुख्य रूप से उन्होंने उन्नीसवीं सदी के यथार्थवादी लेखन की ही उन्होंने महत्त्वपूर्ण समीक्षा की। हालाँकि फ्रांज काफ्का और ब्रेश्ट जैसे बीसवीं सदी के रचनाकारों के महत्त्व की पूरी छानबीन और पहचान करने में वे सफल नहीं रहे, मगर वे उन्हें नजरअन्दाज़ भी नहीं कर पाये। ब्रेश्ट का लुकाच पर आरोप था कि लुकाच की आलोचना-दृष्टि में नवीन परिस्थितियों के अनुसार कलारूपों की व्यापक पहचान और स्वीकृति नहीं थी। फिर भी लुकाच का दृष्टिकोण स्थिर और पुराना होने के बावजूद जड़ नहीं था, तभी तो सोल्जेनित्सिन-जैसे कलाकार की रचनाओं को उन्होंने 'समाजवादी यथार्थवाद के शुभारम्भ का पुनर्जागरण' कहा। एक साक्षात्कार में लुकाच ने ब्रेश्ट के बारे में यह राय जाहिर की थी कि 'वह नितान्त विवेकशील था तथा उसे यथार्थ का गहरा बोध था।'[6]

हेगेल का कहना था कि वास्तविक यथार्थता केवल पूर्ण में होती है। यह 'पूर्ण' यदि निरपेक्ष ब्रह्म नहीं है तो यथार्थवाद कला में इस पूर्णता को उपलब्ध करने के प्रयास का नाम है। मानव-चेतना से निरपेक्ष बाह्य जगत का अस्तित्व चेतना में प्रतिबिम्बित होकर यथार्थ का ज्ञान कराता है। इस यथार्थ अथवा सत्य के आधार पर रचना की निर्मिति ही यथार्थवादी कला है। यह वस्तुनिष्ठता और आत्मनिष्ठता की द्वन्द्वात्मकता से उपजती है। मनुष्य की चेतनाद्वारा वस्तु का रूप निर्धारित होता है, यद्यपि वह वस्तु चेतना-निरपेक्ष अस्तित्व में होती है। अतः लिम्स का कहना था कि 'सौन्दर्यानुभूति वस्तुनिष्ठ आत्मतुष्टीकरण है।'[7] लुकाच मानते थे कि कृति अपने स्वभाव से ही यथार्थ का एक अपेक्षाकृत अधिक सत्य, अधिक पूर्ण, अधिक सुस्पष्ट और अधिक गतिवान प्रतिबिम्ब प्रदान करती है। रचना पाठक को उसके पूर्व के अनुभवों से ही एक बार फिर परिचय नहीं कराती, बल्कि उससे आगे 'यथार्थ की

एक मूर्त सूझ' की ओर ले जाती है। अगर पाठक को ऐसा लगे कि इसमें कोई अन्तर्विरोध है अथवा यथार्थ का सही प्रतिफ़लन नहीं हुआ है तो यह उस कृति की असफलता है। अतः कहा जा सकता है कि रचना केवल तथ्यात्मक ब्यौरों का संकलन-मात्र नहीं है, बल्कि समग्र के साथ उनका कलात्मक आवयविक संघटन होना अनिवार्य है। सच तो यह है कि 'यथार्थ की व्यापक समग्रता' को कोई कृति चित्रित कर ही नहीं सकती—अतः उसे ऐसी फिजूल की कोशिश भी नहीं करनी चाहिए। इसके बावजूद कलाकृति में 'स्वतःपूर्णता' का प्रभाव उत्पन्न करने की क्षमता होती है। लुकाच का इस सन्दर्भ में कहना था कि "यथार्थ में हर घटना साथ की और पूर्व की अन्य सभी घटनाओं के साथ एक विशाल, अनन्त सन्दर्भ में होती है। अन्तर्वस्तु[8] के दृष्टिकोण से विचारित कलाकृति केवल यथार्थ का छोटा या बड़ा टुकड़ा प्रस्तुत करती है। कलारूप पर इस बात का दायित्व है कि यह टुकड़ा प्रभाव में टुकड़ा न लगे और उसे दिक् एवं काल के अतिरिक्त प्रवेश की अपेक्षा न हो। बल्कि यह टुकड़ा स्वतःपूर्ण समग्रता बन जाय और उसे किसी बाह्य विस्तार की अपेक्षा न हो।"

यह तय है कि ऐतिहासिक यथार्थ और कृति के यथार्थ में एक सीमारेखा अवश्य होती है, जिसे लुकाच नजरअन्दाज़ कर देते हैं। लेखक जैसी योजना बनाकर लिखने चलता है, वह ज्यों-की-त्यों रचना में क्या उतर पाती है? क्या कृति में ऐतिहासिक परम्परा की भाँति साहित्यिक परम्परा का कोई योगदान नहीं होता? लुकाच का प्रतिबिम्ब सिद्धान्त यह नहीं देख पाता कि जिस रूप में यथार्थ मानवीय चेतना में प्रतिबिम्बित होता है, वास्तव में वही साहित्यिक कृति का भी प्रतिबिम्ब नहीं होता। क्या दोनों में अन्तर नहीं? वस्तुतः यथार्थवादी कृति में हमें यथार्थ के प्रतिबिम्ब की आलोचना मिलती है।

जरूरी नहीं कि यथार्थवादी कला सरल और सीधी ही हो। जब जीवन-यथार्थ ही सरल और सीधा नहीं होता तो कला का भी जटिल और संश्लिष्ट होना स्वाभाविक है। आज मिलान कुण्डेरा-जैसे उपन्यासकारों को इस बात की चिन्ता हो रही है कि 19वीं सदी के यथार्थवाद की विरासत ने अपने पहलेवाला बहुत-सा मज़ा खो दिया है।[9] उनका इशारा समाजवादी यथार्थवाद के फार्मूलाबद्ध रूपों की ओर प्रतीत होता है। कुण्डेरा-जैसे उपन्यासकार इसलिए अनेक नवीन टेकनीकों का प्रयोग लाजिमी समझते हैं और यह उचित भी है। कोई भी ऐसी बद्ध दृष्टि, जो सामाजिक वास्तविकता को विकृत या सीमित करती हो, यथार्थवादी नहीं कहला सकती। जहाँ तक रचना में लेखक के निजी अथवा समाजवादी या व्यवस्था-पोषक विचारों और सिद्धान्तों की अभिव्यक्ति की समस्या है, इस सम्बन्ध में हमें एंगेल्स की उस प्रसिद्ध सलाह को ध्यान में रखना चाहिए जिसे मार्गरेट हार्कनेस के नाम लिखे पत्र (अप्रैल

1888 ई.) में उन्होंने प्रस्तुत किया था–"the more the opinions of the author remain hidden, the better for the work of art." लगभग ऐसी ही बात प्रसिद्ध रूसी लेखक अन्तोन चेखव ने उसी वर्ष (27 अक्टूबर) सुवोरिन को लिखे पत्र में कही थी–"आपकी यह माँग जायज है कि कलाकार को अपनी रचना में एक सचेत (नैतिक) मनोभाव रखना चाहिए, लेकिन आप दो धारणाओं को उलझा रहे हैं–एक है प्रश्न का समाधान देना और दूसरी है प्रश्न को सही ढंग से समुचित परिदृश्य में उपस्थापित करना। यह दूसरी ही कलाकार के लिए अनिवार्यता है।"

जाहिर है कि सही सन्दर्भ में सही प्रश्न उठाना रचनाकार के लिए जरूरी है। और जीवन के विभिन्न प्रश्नों को प्रस्तुत करने का कोई एक ढंग कला में नहीं हो सकता। इसीलिए तो हमें विश्व कथा साहित्य में यथार्थवाद के अन्तर्गत पर्याप्त शैलीगत वैविध्य भी प्राप्त होता रहा है। एक ओर बालजाक, शोलोखोव-जैसे क्लैसिक, सामाजिक यथार्थ के, शैलीकार हैं, दूसरी ओर टामस मान-जैसे बौद्धिक तथा आधुनिकतावादी शैलीकार और तीसरी ओर फॉकनर, हेमिंग्वे-जैसे चेतना-प्रवाह और 'ईमानदार गद्य' के शैलीकार। ढेरों यथार्थवादी रचनाओं में प्रथम पुरुष शैली का भी खूबसूरत इस्तेमाल मिलता है। आज का यथार्थवाद वास्तविकता और विलक्षणता के संघर्ष और तनाव को मौजूँ शब्द-शिल्प में अभिव्यक्त कर रहा है। केवल चित्र के ढंग में फैन्टेसी अथवा एब्सर्ड के आ जाने से कला अयथार्थ नहीं हो जाती। यथार्थवाद का सिद्धान्त वस्तुतः इतना लचीला और व्यापक है कि वह अपने भीतर फैन्टेसी और एब्सर्ड को भी समाहित कर ले। नेरूदा, ब्रेश्ट और मुक्तिबोध का साहित्य इस बात का प्रमाण है। यहाँ तक कि कला के क्षेत्र से आयी जादुई यथार्थवाद (magic realism)[10] की अवधारणा भी अब साहित्य के एक क्षेत्र-विशेष में धड़ल्ले से प्रयोग में आ रही है। तीसरी दुनिया के देशों में उपन्यासकार सामाजिक जीवन-यथार्थ को इतिहास, मिथक और फन्तासी के मिश्रण से अपने उपन्यासों में विलक्षण यथार्थ की सृष्टि कर रहे हैं। लातीनी अमेरिकी साहित्य और फिल्म कला में जादुई यथार्थवाद का अंकन एक ध्यानाकर्षक वास्तविकता है। लेखकों और समीक्षकों के अनुसार यह यथार्थ अपने स्वरूप में चमत्कारी (fantastic) और विलक्षण (marvellous) है। तीसरी दुनिया के देश आर्थिक रूप से अविकसित/अर्धविकसित तथा सांस्कृतिक दृष्टि से अत्यन्त समृद्ध हैं। एक तरफ आदिवासी, जंगल, पहाड़, नदियाँ, मिथक, सामूहिक जीवन-स्वप्न तथा दूसरी ओर वैज्ञानिक सभ्यता के आधुनिकतम उपकरणों का बेमेल मिश्रण एक साथ कई युगों को विलक्षणता से उपस्थित कर देता है। कहा भी गया है–Life is stranger than fiction. अब कथा (fiction) जिन्दगी की उसी विलक्षणता-भरे यथार्थ को तीव्र कलात्मकता के साथ उपस्थित कर रही है।

यथार्थवाद कोई जड़ मतवाद नहीं, अपितु सक्रिय सिद्धान्त है। स्व. रघुवीर सहाय का कहना था–"यथार्थ को देखने की दृष्टि वस्तुओं को देख सकने की क्षमता पर नहीं, बल्कि वस्तुओं के आपसी रिश्तों को बदलने की इच्छा पर निर्भर है।"[11] सक्रियता, संघर्ष, बेचैनी और प्रगतिशीलता यथार्थवाद की खास पहचान हैं। इसी से कथाकार ग्राहम ग्रीन का कहना था–"उपन्यासकार मानवीय सहानुभूति के स्रोत को अवरुद्ध करनेवाली सारी शक्तियों के विरुद्ध जूझनेवाला अधिवक्ता है।" यथार्थवाद की आँखों में जीवन की कुरूपता, उससे निकलने की छटपटाहट और सुन्दर स्वप्न सभी होते हैं। इसके दायरे में केवल समकालीन वर्तमान ही नहीं, अतीत और भविष्य से वर्तमान का सम्बन्ध भी होता है। इस नश्वर जगत में परिवर्तन-चक्र अर्थात् गति शाश्वत है और द्वन्द्वात्मकता भी, जो उस गति का स्वभाव है। इसीलिए यथार्थवादी कला में शाश्वतता के गुणों का आना स्वाभाविक है। लुकाच ने लिखा था कि 'यथार्थ के वैज्ञानिक ज्ञान की प्रगति अन्तहीन है...इसलिए ज्ञान का स्वभाव ही ऐसा है कि उसका विस्तार, निगूढ़न, समृद्धि होती रहनी चाहिए... ।" यथार्थवादी कला ने प्रदर्शित किया है कि उसमें विस्तार, निगूढ़न और समृद्धि की अपार सम्भावनाएँ हैं।

सन्दर्भ

1. उदाहरण के लिए फ्रेंच में Edmund Duranty की Realisme (1856-8), Champfleury की Le Realisme (1857), J.H.Borneque तथा P.Cogny की Realisme et naturalisme (1958), Walter Lacher की le Realisme dans le roman contemporain (1940) आदि तथा अंग्रेजी में (अनुवाद-सहित) Arthur McDowall की Realism : A study in Art and Thought (1918), Georg Lukacs की The meaning of contemporary Realism (1958) आदि, George G; Becker की Documents of Modern Literary Realism (1963), Abram Tertz की On socialist Realism (1960), R.S. Stromberg की Realism, Naturlism and symbolism (1968), Damian Grant की Realism (1970) आदि पुस्तकें।
2. एक Composite Realism की भी अवधारणा प्रस्तुत की गयी।
3. Philip Rahv के अनुसार प्रकृतवाद इस अर्थ में लेखन में क्रान्ति लानेवाला था कि उसने कथा के अन्तिम उपादान 'रोमान' आदर्शवाद के 'सुन्दर सत्य' को समाप्त कर दिया। दूसरी ओर Frank Norris ने A Plea for Romantic Fiction नामक लेख में यथार्थवाद पर आरोप लगाया कि 'Realism is the kind of fiction that confines itself to the type of normal life.' आरम्भिक यथार्थवादियों ने स्वच्छन्दतावादियों और आदर्शवादियों को 'स्वप्नदर्शी' कहकर उनकी खिल्ली उड़ायी थी। लेकिन दोनों वास्तव में इतने विरोधी नहीं हो सकते। William Sharp के अनुसार, "Perhaps realism in literary art may be approximately defined as the science of exact

presentation of many complexities, abstract and concrete, in one truthful...synthesis;...plus the creative energy...and minus...weakness of the...works of the so-called realists of the Zolaesque school. Thus reagarded, realism and romantic are found to be as in dissoluble as soul and body in a living human being." इसी तरह Meredith का निष्कर्ष था कि '...between realism and idealism there is no natural conflict.'{Comparative literature III-1951—R.G.Davis के लेख 'The sense of the Real in English Fiction' में उद्धृत, पृ. 215

4. 'the superficial unreal world of facts'(Women in Love, p.438)
5. The art of the Novel (Henry James, p.327)

6-7. 'आलोचना' नवांक-18, जुलाई-सितम्बर 1971 पृ.24 तथा पृ.33

8. अन्तर्वस्तु वस्तु और रूप की द्वन्द्वात्मक एकता। 'अन्तर्वस्तु रूप के अन्तर्वस्तु में परिवर्तित होने के अलावा और कुछ नहीं है और रूप अन्तर्वस्तु के रूप में परिवर्तित होने के अलावा कुछ नहीं है'-हेगेल।
9. Testaments betrayed:An essay in nine parts (1995) by Milan Kundera. (Tr. Linda Asher)-Faber and Faber
10. अभिव्यंजनावादी चित्रकला के सन्दर्भ में जर्मन कला-समीक्षक फ्रेंचरॉथ ने 1925 ई. में Magic realism शब्द का सर्वप्रथम प्रयोग किया था। साहित्य में सम्भवतः Angel flores ने Hispania-38(May 1955, p.187-92) में प्रकाशित लेख Magic Realism in Spanish American Fiction में प्रथम प्रयोग किया।
11. 'यथार्थ यथास्थिति नहीं', पृ.136
12. आलोचना-नवांक-18, पृ.35

यथार्थवादी प्रतिमान की प्रासंगिकता

बीसवीं सदी का अधिकांश चिन्तन मार्क्सवाद का ऋणी है। आज कई फोरम और कई बुद्धिजीवी, जिनमें कतिपय मार्क्सवाद कठमुल्ले और भूतपूर्व मुल्ले शामिल हैं, मार्क्सवाद को ही कठघरे में खड़ा करना चाह रहे हैं। बड़ी आपाधापी मची हुई है मार्क्सवाद को विनष्ट होता देखने की। कभी विचारधारा का अन्त, तो कभी इतिहास का अन्त होने की घोषणाएँ की जाती हैं। मार्क्सवाद का कुछ नहीं बिगड़ता देख घोषणाकार बेचैन हो रहे हैं। उनकी इच्छा के विपरीत परिस्थितियाँ ऐसी जटिल होती जा रही हैं कि विकास के लिए प्रतिबद्ध समाजों में मार्क्सवाद की अनिवार्यता स्वतः सिद्ध हो रही है।

कुछ वर्ष पहले दिल्ली में एजाज़ अहमद ने "भाऊ समर्थ व्याख्यान माला" के तहत एक बड़ा ही महत्त्वपूर्ण व्याख्यान दिया। विषय था "आज के जमाने में मार्क्सवाद का महत्त्व।" एजाज़ अहमद ने साहित्य के सन्दर्भ में, बहुत ही संक्षेप में बातें कहीं जो 40 पृष्ठों की छोटी-सी पुस्तिका के रूप में भी प्रकाशित हुई थीं।

बीसवीं सदी के विश्व-साहित्य और साहित्य-सम्बन्धी चिन्तन पर मार्क्स, नीत्शे और फ्रायड के प्रभाव साफ जाहिर होते हैं। इनमें भी मार्क्स का प्रभाव सबसे ज़्यादा और सबसे गहरा है। एजाज़ अहमद ने 20वीं सदी के साहित्य सिद्धान्तों पर सर्वाधिक प्रभाव डालने वाले 20-21 लोगों की (जिनमें एक feminism आन्दोलन भी है) सूची पेश की है। ये नाम हैं—लुकाच, ग्राम्शी, बाख्तिन, वोलोसिनोव, सॉसियेर, बेन्यामिन, एडोर्नो, गोल्डमान, लेवी-स्त्रास, रोलाँ बार्थ, अलथ्युसर, फूको, देरिदा, फ्रेडरिक जेम्सन, एडवर्ड सईद, टेरी ईगल्टन और रेमण्ड विलियम्स। इन नामों से भी जाहिर है कि इस सदी के समस्त साहित्य-सम्बन्धी सिद्धान्त या तो मार्क्सवाद सौन्दर्य-दृष्टि को विश्लेषित-विकसित करने में प्रस्तुत हुए हैं अथवा उसकी प्रतिक्रिया में।

हालाँकि मार्क्स और एंगेल्स को कला और साहित्य की समस्याओं पर बहुत सूक्ष्मता और विस्तार से लिखने का अवकाश नहीं मिला, फिर भी जानकार लोगों को पता है कि कला और साहित्य के बारे में दो पुस्तकें लिखने की मार्क्स की योजना

थी। एक पुस्तक होती सौन्दर्य-दर्शन पर और दूसरी होती उपन्यासकार बालजाक पर। मार्क्स और एंगेल्स बालजाक को महान यथार्थवादी उपन्यासकार मानते थे। द्वन्द्वात्मक भौतिकवादी सिद्धान्तों के आलोक में लुनाचार्स्की, गोर्की, लुकाच, जेम्सन आदि ने यथार्थवाद के अत्यन्त महत्त्वपूर्ण साहित्यिक प्रतिमान को प्रस्तुत किया।

उपन्यास और यथार्थवाद का नाभिनाल सम्बन्ध है। हालाँकि यथार्थवाद का विस्तार साहित्य की सभी विधाओं की आलोचना में दिखायी पड़ता है लेकिन कथा-आलोचना के सन्दर्भ में तो यथार्थवाद ने एक प्रकार से साहित्यिक आधिपत्य (Hegemony) ही प्राप्त कर ली है।

हालाँकि प्रेमचन्द के जमाने में यथार्थवाद का पूरा स्वरूप हिन्दी में आलोचित नहीं हो पाया था, फिर भी यह मानी हुई बात है कि हिन्दी कथा साहित्य में प्रेमचन्द ने ही यथार्थवाद की गहरी बुनियाद डाली। प्रेमचन्द के साहित्य की मुख्य चिन्ता जिन विषयों को अपनी अन्तर्वस्तु बनाने की थी उनमें हर प्रकार की गुलामी, राजनैतिक, आर्थिक, सामाजिक, धार्मिक शोषण, नारी की दुरवस्था, अछूतों और साम्प्रदायिकता आदि की समस्याएँ हैं। सामन्ती प्रवृत्तियों का विरोध, जनता की क्रान्तिकारी भूमिका की पहचान, किसान को सर्वहारा समझना, राष्ट्रीय मुक्ति संग्राम को खुला समर्थन आदि प्रेमचन्द के यथार्थवाद की विशेषताएँ हैं।

यथार्थ का क्षेत्र विस्तृत है। इसका सम्बन्ध वास्तविकता और सच्चाई से है परन्तु केवल घटित या तथ्य, अर्थात् वास्तविक, ही यथार्थ नहीं होता। यथार्थ के दायरे में वह भी आता है जो घटित नहीं हुआ, या जो घटित नहीं होता या जिसे घटित होना चाहिए। घटित और तथ्य का कोरा बयान अथवा तात्कालिक अनुकरण वास्तविक भले हो मगर यथार्थ नहीं हैं। यथार्थ वास्तविक की भीतरी सच्चाई का अतीत-वर्तमान और भविष्य के सन्दर्भ में विवेचन और मूल्यांकन है। यथार्थवाद अनुकरण नहीं, सृजन है। तथ्य और सत्य पर्यायवाची नहीं, दो अलग चीजें हैं और यथार्थ का सम्बन्ध तथ्य से ज़्यादा सत्य से है।

यथार्थवाद का कोई एक स्थिर और सुनिश्चित रूप तैयार करना कठिन है। यथार्थवाद एक लचीला प्रतिमान रहा है। यथार्थवाद की समझ विकसित होती चली है और इसके प्रकार-भेद किये जाते रहे हैं। पूँजीवादी देशों में इस सदी के मध्य से आलोचनात्मक यथार्थवाद का विकास हुआ। हिन्दी में प्रेमचन्दोत्तर उपन्यास की दो धाराएँ लक्षित की जा सकती हैं—एक तो है व्यक्तिपरक-अन्तश्चेतनावादी धारा जिसको जैनेन्द्र-अज्ञेय-इलाचन्द्र जोशी प्रवाहित करने वाले थे और जिसे डॉ. देवराज, द्वारका प्रसाद आदि कथाकारों ने कुछ आगे तक खींचा। लेकिन कुल मिलाकर प्रेमचन्द की यथार्थवादी परम्परा यथार्थवाद के विविध रूपों के द्वारा अनेक परवर्ती

कथाकारों की कृतियों द्वारा पुष्ट होती जा रही है और यही हिन्दी उपन्यास की मुख्यधारा है। इसके अन्तर्गत यशपाल, नागार्जुन, अमृतलाल नागर, रांगेय राघव, अश्क, रेणु, शैलेश मटियानी, शिवप्रसाद सिंह, रामदरश मिश्र, राजेन्द्र यादव, कमलेश्वर, श्रीलाल शुक्ल, राही मासूम रजा, जगदीशचन्द्र, जगदम्बाप्रसाद दीक्षित, विनोद कुमार शुक्ल आदि की औपन्यासिक रचनाएँ आती हैं।

कार्ल मार्क्स ने उन्नीसवीं सदी के भारत के परिवेश को "पुराने संसार के छिन जाने और किसी नये संसार के प्राप्त न होने की उदासी" से भरा हुआ बताया था। प्रेमचन्द की रचनाओं में सामन्तवाद के पतन और पूँजीवाद के उदय के अन्तराल की शून्यता से उत्पन्न पीड़ा और बेचैनी साफ-साफ दिखायी पड़ती हैं। स्वातन्त्र्योत्तर भारत में पूँजीवादी ढाँचे के अन्तर्गत समाजवाद के नाम पर एक मिश्रित अर्थव्यवस्था का परिकल्पना को कार्यरूप देने के जो प्रयास हुए उनके अन्तर्विरोध भी साथ-साथ सामने आते रहे। सार्वजनिक प्रतिष्ठानों में अकर्मण्यता और भ्रष्टाचार को बढ़ावा मिलना मिश्रित अर्थव्यवस्था का एक परिणाम था। ऐसी स्थिति में कथा साहित्य में यथार्थवाद का अपने ही तरीके से विकास हुआ, किन्तु कतिपय श्रेष्ठ आलोचनात्मक दृष्टिवाली कथाकृतियाँ, जैसे—मैला आँचल, परतीः परिकथा, आधा गाँव, रागदरबारी, मुर्दाघर, नौकर की कमीज, लेकिन दरवाजा आदि सामने आयीं। इन कथाकृतियों में यथार्थवाद के अनेकों रूप दिखायी दे जाते हैं। अगर 'सूरज का सातवाँ घोड़ा' में यथार्थ अपने स्वच्छन्दतावादी रूप में मिलता है तो 'अमृत और विष' में सचेतन (concious and conscientious) रूप में। विनोद कुमार शुक्ल के उपन्यास, 'नौकर की कमीज' में यथार्थ का काव्यात्मक (poetic) रूप मिलता है, तो मनोहर श्याम जोशी के 'कसप', 'कुरु कुरु स्वाहा' और 'हरिया हरक्युलिस की हैरानी' में यथार्थ का स्वैरस्वप्नी (fantastic) रूप पाते हैं।

कथालोचन में यथार्थवाद के सभी रंगों और छवियों को समेट कर उसके जो तीन भेद ढंग से विवेचित हुए हैं वे हैं—आलोचनात्मक यथार्थवाद, समाजवादी यथार्थवाद और जादुई यथार्थवाद। प्रकृतवाद (Naturalism) यथातथ्य और वास्तविक का मात्र फोटोग्राफी चित्रण करता है, अतः यह यथार्थवाद से बिल्कुल अलग है। हाँ, यथार्थवाद शिल्प के स्तर पर प्रकृतवादी पद्धति का उपयोग अवश्य करता है जैसे 'मैला आँचल' या 'मुर्दाघर' में। लेकिन प्रकृतवाद यथातथ्य और वास्तविक अंकन को ही लक्ष्य बना लेता है, जबकि यथार्थवाद उस अंकन को अभिव्यक्ति का माध्यम-भर बनाता है और भूत-वर्तमान-भविष्य के सारे आसंगों से समन्वित होकर उसका कथ्य प्रकृतवाद से बहुत आगे निकल जाता है।

समाजवादी देशों में सामाजिक क्रान्ति और वर्गसंघर्ष के यथार्थ चित्रण के

माध्यम से समाजवादी यथार्थवाद की सृष्टि हुई। इस सन्दर्भ में गोर्की, शोलोखोव, अलेक्सी ताल्स्तॉय, सोल्झेनित्सिन, लू-शुन-जैसे महान कलाकारों का योगदान भुलाया नहीं जा सकता।

पूँजीवादी समाज के अन्तर्विरोधों को उजागर करने की दृष्टि से आलोचनात्मक यथार्थवाद बड़ा ही कारगर साबित हुआ है। इस दिशा में इसकी उपलब्धियाँ कथा साहित्य तक ही सीमित नहीं हैं। नाटक और कविता-जैसी विधाओं में भी आलोचनात्मक यथार्थवाद के वजूद को महसूस किया जा सकता है। मुक्तिबोध, धूमिल और रघुवीर सहाय की कविताओं को इस सन्दर्भ में याद किया जा सकता है। आलोचनात्मक यथार्थवाद ने प्रकृतवाद की सीमाओं को अच्छी तरह प्रकट कर दिया, अभिजात साहित्य-दृष्टि को बेनकाब करते हुए उसके रूपवादी खोखलेपन की जगह जनपक्षधरता और सामाजिक प्रतिबद्धता को स्थापित किया।

लेकिन स्वयं यथार्थवादी चित्रण की सीमाएँ भी प्रकट होती रही हैं। समाजवादी, यथार्थवाद के नाम पर सरकारी नीतियों का साहित्यिक रूपान्तरण चीन, रूस तथा अन्य समाजवादी देशों में देखने को मिला। इससे साहित्य में एक ओर जहाँ एकरसता, यान्त्रिकता, सरलीकरण और सतहीपन आया वहीं इस प्रवृत्ति के विरोध में विद्रोह-भरा ऐसा जब्तशुदा साहित्य भी लिखा गया जिसने साहित्य के प्रचलित रूप को तोड़ा भी। आलोचनात्मक यथार्थवाद भी धीरे-धीरे फार्मूलाबद्ध बनने को अभिशप्त हुआ और इसमें भी एक स्थिर और निश्चित 'पैटर्न' पैदा होने लगा। 'मॉडेल' तैयार होने से रचनागत नवीनता और आकर्षण क्षीण होने लगे। यथार्थवादी अंकन विश्वजनीन बनने के क्रम में वस्तुतः अपनी निजता खोने लगा। सच पूछा जाए तो हर देश और हर क्षेत्र में रचना का अपना ऐसा यथार्थवादी संस्कार होता है कि जिसे खोने से रचना अपना सत्व ही खो देती है। इस सन्दर्भ में फ्रेडरिक जेम्सन के "राष्ट्रीय उपन्यास रूपक" वाले विवेचन का अपना ही महत्त्व है। जेम्सन उपन्यास को राष्ट्रीय रूपक (National allegory) के रूप में देखना चाहते हैं। भारतीय उपन्यासों में भारतीयता की शिनाख्त करने का दौर पिछले कुछ दशकों में तेज हुआ है। अनेक आलोचक, जैसे भालचन्द नेमाड़े, इस बात के लिए आग्रही हैं कि भारतीय उपन्यासों की समीक्षा और मूल्यांकन के लिए भारतीय अर्थात् देशज प्रतिमान होने चाहिए। इस दिशा में परम्परागत संस्कृत काव्यशास्त्र से थोड़ी-बहुत मदद मिल सकती है जहाँ कथा-आख्यायिका आदि के भेदोपभेदों का विवेचन किया गया है। पर अत्याधुनिक सन्दर्भ में उसकी प्रासंगिकता संदिग्ध भी हो सकती है। दिक्कत यह है कि उपन्यास और कहानी जैसी विधाएँ हमारे यहाँ पश्चिम से आयी हैं, अतः आरम्भ में, लाजिमी तौर पर, पश्चिमी आलोचना प्रतिमान ग्रहण किये जाते रहे।

लकिन हमारे कथा-साहित्य का भारतीयपन एक सच्चाई बन चुका है, अतः भारतीय कथा-प्रतिमान होने चाहिए।

इसका यह मतलब नहीं कि हम यथार्थवाद-जैसे सार्वभौम तथा सक्रिय प्रतिमान को सदा के लिए त्याग ही दें। यथार्थवाद किसी एक देश में नहीं विकसित हुआ। फ्रांस, हंगरी, जर्मनी, रूस, ब्रिटेन, अमेरिका तथा लातीनी अमेरिका के देशों के अतिरिक्त एशिया के देशों चीन, जापान, भारत आदि में इसका विकास हुआ और अब भी हो रहा है। लातीनी अमेरिकी देशों में कथा साहित्य अपनी विशिष्ट पहचान लेकर उपस्थित हुआ है और उत्तरशती में वहाँ 'जादुई यथार्थवाद' के प्रतिमान को प्रस्तुत किया गया। स्पेन, मेक्सिको, क्यूबा, ब्राजील, कोलम्बिया, हाइती आदि देशों के साहित्य में एक ऐसे विलक्षण अथवा जादुई यथार्थवाद की सृष्टि हुई है जहाँ लेखक अपनी कल्पना और फैन्टेसी के सहारे यथार्थ के मर्म को उद्घाटित करता है। यह विलक्षण कल्पना पुराने ढंग के घटनाक्रम और कथात्मकता जहाँ वीरोचित निश्चयात्मकता (heroic certainty) हुआ करती थी से अलग है क्योंकि यह आलोचनापरक अनेकार्थता (critical ambiguity) की रचना करती है। ऐसे कथा साहित्य को वहाँ के पाठक और आलोचक बड़ी गम्भीरता से लेते हैं। ये कथाकार सामाजिक यथार्थ के प्रति गहरे रूप से प्रतिबद्ध होते हैं तथा बड़ी कलात्मकता के साथ यथार्थवाद का 'सामना' करते हैं। इन लेखकों की सामाजिक प्रतिबद्धता इस बात से भी जाहिर होती है कि वे अपने देश की राजनीति में सक्रिय रूप से हिस्सा लेते हैं और मानते हैं कि साहित्य और राजनीति को एक दूसरे से अलग रखना असम्भव है। फलस्वरूप उनका साहित्य अपने जनजीवन के भूगोल, इतिहास, संस्कृति, आशा-आकांक्षा और सक्रियता से जुड़ता है।

लातीनी अमेरिकी कथाकार जन-विश्वासों के यथार्थ की खोज करता है, वह वैसे सच को रचता है जिसमें जनता की, व्यापक रूप से आस्था होती है। नोबेल पुरस्कार विजेता प्रसिद्ध कथाकार गैब्रील गार्सिया मार्क्वेज की एक रचना में कुलीन तथा रागृद्ध परिवार की एक सुशिक्षित युवती रिमैडियोस की चर्चा है कि वह झरने के पास नहाने के बाद अपने कपड़े सुखा रही थी कि कपड़ों के साथ ही उड़ गयी और अन्तरिक्ष में पहुँचकर गायब हो गयी—फिर कभी उसका कहीं पता नहीं चला। यह वहाँ के लोगों के बीच व्याप्त सच्चाई है जिसे मार्क्वेज बड़े काव्यात्मक ढंग से लिखते हैं। वास्तविकता यह थी कि रिमैडिगोस एक बस-ड्राइवर के साथ भाग गयी थी। लेकिन उसके अन्तरिक्ष में उड़ जाने के विश्वास में से विलक्षण यथार्थ फूटता है जिसमें युवती की मुक्ति-आकांक्षा, प्रेम, सामाजिक-सांस्कारिक बन्धन आदि अनेकार्थताएँ प्रकट होती हैं।

भारतीय और हिन्दी साहित्य के सन्दर्भ में भी विलक्षण और जादुई यथार्थवाद

की बात जँचती है। 'मैला आँचल' और 'परती : परिकथा' में रेणु भूत-प्रेत, डायन, ग्राम-देवता आदि के माध्यम से ऐसे ही अनेकार्थक आशयों को प्रकट करते हैं जिनसे जादुई यथार्थ की सृष्टि होती है। हमारे देश की स्थितियाँ भी लातीनी अमेरिकी देशों से बहुत-कुछ मिलती-जुलती हैं। हमारे देश में भी गुलामी, उपनिवेशवाद, सामन्ती अवशेष, पूँजीवाद आदि का बड़ा घालमेल हुआ और हो रहा है। इसके फलस्वरूप हमारा देश एक ही समय आदिम, मध्य और वर्तमान तीनों युगों में जीता हुआ नज़र आता है। स्वयं भाषा में रहस्यमय शक्ति के विद्यमान होने की बात की जाती रही है। आदिम काल से ही मनुष्यों की धारणा रही है कि शब्दों में जादुई तत्त्व होते हैं। लोग शब्दों को पवित्र भी मानते हैं, उनसे भय भी खाते हैं और यहाँ तक कि अपने अनेक प्रकार के 'भयों' को उनके द्वारा भगाते भी हैं। कतिपय शब्द प्रायः सभी संस्कृतियों में इस प्रकार के मिल सकते हैं जिनका उच्चारण अशुभ अथवा अनुचित माना जाता है। साथ ही अनेक शब्द शपथ, प्रार्थना और मन्त्र के रूप में मिलते हैं जो पवित्र माने जाते हैं। वशीकरण, मोहन, उच्चाटन, मारण आदि मन्त्रों में जादुई शक्ति की कल्पना की गयी है। साँप-बिच्छू के विष, भूत-प्रेत-आसेब आदि उतारने के लिए शब्दों की इसी जादुई ताकत से भरे मन्त्रों का उपयोग किया जाता है। लोग अपना मानसिक भय हनुमान चालीसा के पाठ से दूर भगाते हैं, यह बात प्रसिद्ध ही है। भाषा की जादुई शक्ति को लेकर जो जनविश्वास होता है उसका रचनात्मक इस्तेमाल भी लेखक करता है। मुक्तिबोध की 'ब्रह्मराक्षस' कविता इसका महत्त्वपूर्ण प्रमाण है।

कुछ पहले एक इण्टरव्यू में एक लातीन अमेरिकी देश कोलम्बिया के भारत में राजदूत श्री डेविड सांचेज तुलिआओ ने भारतीय जीवन के सन्दर्भ में विलक्षण और जादुई यथार्थ की चर्चा की थी। श्री तुलिआओ कोलम्बिया के प्रसिद्ध कथाकार और लेखक भी हैं। उन्होंने एक निजी घटना का जिक्र किया कि जब वे अपनी पाँच साल की बेटी, पलोमा, को लेकर भारत आये थे तो हवाई अड्डे पर ही एक गणेश की मूर्ति देखकर उनकी बेटी चकित रह गयी और पूछा कि डैडी, इस आदमी का सिर हाथी का क्यों है ! जब पिता ने बच्ची को बताया कि ये यहाँ के देवता हैं तो बच्ची ने विश्वास नहीं किया। भला हाथी के सिर वाला कहीं देवता हो सकता है। इस तरह देखा जाए तो बाहरी लोगों को किसी भी देश के जन-विश्वासों पर आश्चर्य हो सकता है। हमारे देशवासियों का विश्वास गणेश में है और यही यथार्थ है—भले ही वास्तव में गणेश का अस्तित्व हो अथवा नहीं, इससे कोई फर्क नहीं पड़ता। ऐसे अनेकार्थक लोकविश्वासों से बड़ा रचनाकार फैन्टेसी के द्वारा विलक्षण या जादुई यथार्थवाद की रचना करता है।

आज के भारत में एक ओर भयंकर अभावग्रस्त, अशिक्षा, हाथरिक्शा ओर बैलगाड़ी है तो दूसरी और करोड़ों और अरबों में होने वाले घोटाले, कम्प्यूटर, हवाई जहाज

और रॉकेट हैं। बड़ा ही विलक्षण घालमेल है, क्या इससे विलक्षण यथार्थवाद नहीं पैदा होता? रेणु के 'मैला आँचल' और 'परती : परिकथा' अनन्तमूर्ति के 'संस्कार', सलमान रुशदी के 'मिडनाइट्स चिल्ड्रेन', मनोहर श्याम जोशी के 'हरिया हरक्युलिस...' तथा अन्य अनेक भारतीय कथाकारों की रचनाओं में विलक्षण तथा जादुई यथार्थवाद को महसूस करना कठिन नहीं। वस्तुतः प्रेमचन्द आदि के आलोचनात्मक यथार्थवाद के मॉडेल पर लिखे गये परवर्त्ती उपन्यासों में कलात्मकता का ह्रास स्पष्ट दिखायी दे रहा था। यशपाल, नागार्जुन, रांगेय राघव से लेकर मासूम रजा, श्रीलाल शुक्ल, जगदीशचन्द्र और जगदम्बाप्रसाद दीक्षित-जैसे अनेक कथाकारों में तो आलोचनात्मक यथार्थवाद का रूप प्रखरता से अवश्य ही अभिव्यक्त हुआ है। इसके बावजूद मानना पड़ता है कि रेणु की भाँति यथार्थ के विलक्षण वृत्तान्त-रूपक की विराटता के दर्शन हिन्दी उपन्यास-साहित्य में विरल हैं। इस दृष्टि से हम कह सकते हैं कि जादुई यथार्थवाद यथार्थवाद की एक नयी दिशा और क्षितिज खोलने वाला साबित हुआ है।

जो लोग यह प्रश्न उठाते हैं कि क्या यथार्थवादी प्रतिमान आज के सन्दर्भ में उतने ही प्रासंगिक और कारगर हो सकते हैं, जितना पचास साल पहले थे? इसका एक उत्तर तो यह दिया जा सकता है कि कोई भी कथाकृति यथार्थ से पूर्णतः विच्छिन्न हो ही नहीं सकती। लेकिन इस बात में भी सच्चाई है कि यथार्थवाद का खास ढंग का पैमाना पुराना भी पड़ता रहा है। लेकिन यथार्थवाद के अब तक के विकास-क्रम के अध्ययन से पता चलता है कि यह प्रतिमान पर्याप्त लचीला है और इसमें नयी रचनाशीलता के स्वागत करने, और उसके अनुरूप स्वयं को परिवर्तित करने, की क्षमता निहित है। नवीन रचनाओं के आगमन के साथ-साथ यथार्थवाद स्वयं को विकसित करता चला है। स्वयं लुकाच ने अपनी यथार्थवादी धारणा में पर्याप्त संशोधन किया था। उसके यथार्थवाद में काफ्का के लिए जगह नहीं थी और टामस मान को वह महान यथार्थवादी कथाकार मानता था। यहाँ तक कि बर्टोल्ट ब्रेश्ट को भी लुकाच से आरम्भ में उपेक्षा ही मिली थी। पर बाद में चलकर लुकाच ने ब्रेश्ट को यथार्थ की गहरी समझ रखनेवाला रचनाकार बताया।

मिलान कुण्डेरा जैसे कथाकार को पुराने यथार्थवादी दृष्टिकोण से शिकायत है और यह बहुत-कुछ जायज भी है। लेकिन क्या ऐसा कहा जा सकता है कि खुद कुण्डेरा की रचनाओं में यथार्थवाद का कोई रूप नहीं मिलता? सच तो यह है कि यथार्थवादी प्रतिमान को न तो जंग लगा है, न भोथरा ही हुआ है। जरूरत है सधे हाथों से, सही तरह से इसके प्रयोग किये जाने की। कथा-समीक्षा के लिए जब तक इससे बेहतर प्रतिमान नहीं मिल जाते, इनका कारगर इस्तेमाल किया जा सकता है और किया जा रहा है।

यथार्थ का गल्प बनाम गल्प का यथार्थ

चलिए, अंग्रेज़ी में जिसे फ़िक्शन और नैरेशन कहते हैं, उसके लिए कथा-कहानी शब्द रख लेते हैं या सिर्फ़ कथा, या गल्प। गप्प से इनका गहरा सम्बन्ध है। वह जो कहते हैं न कि जीवन गप्प से भी ज़्यादा विचित्र होता है। हम तो कहेंगे कि सच और झूठ का, कल्पना और वास्तविकता का घालमेल जीवन और कथा दोनों में खूब ही होता है। गल्प या गप्प ही कथा का स्वभाव है। इस गल्पमूलकता को चाहें तो कहानीपन कह ले सकते हैं जिसका आकर्षण चरित्रों-घटनाओं के प्रति पाठकों-श्रोताओं के मन को अपनी लय में बाँधे रहता है। कविता के क्षेत्र में यही पाठक-श्रोता विशेष रूप से अनुभूति की गहराई का एहसास करता है। रचनात्मक लेखन चाहे किसी भी विधा में हो उसमें तत्कालीन साहित्यिक मुहावरे यानी–'फ़ैशन'–का होना उतना अनिवार्य नहीं जितना भावानुभूति यानी–'पैशन'–की सच्ची, ईमानदार और कलात्मक अभिव्यक्ति का होना। कथा-कहानी में यह अभिव्यक्ति पठन और वाचन के साथ-साथ कहने, बताने, बतियाने और सुनाने के आकर्षक तत्त्वों और गुणों से भरपूर होती है। इनके मेल से असंगत, व्यर्थ, हास्यास्पद और बेतुकी बातें भी औचित्य-भरी लगने लगती हैं। जोज़फ हेलर के "कैच-22" या गुन्टर ग्रास के "द टिन ड्रम"-जैसे क्लासिक उपन्यास सतह पर दिखनेवाली कौतुकी भाषा-शैली के नीचे अपने निहितार्थों की गम्भीरता में महत्त्वपूर्ण और श्रेष्ठ हैं।

कथा की रचनात्मक भाषा में घटनाक्रम, चरित्र, संवाद आदि ऐसी सूक्ष्म तकनीकी ख़ूबी से ढाले जाते हैं कि पाठक (ऊपर से यह जानते हुए भी कि 'अ-तथ्य' है–) उस गल्प की भीतरी परतों में से सत्य की सम्भावनाओं को महसूस करता हुआ पाठ के साथ आगे बढ़ता जाता है। एक के अन्दर दूसरी छुपी इन कई भीतरी परतों में सच के बहु-अर्थी चेहरे झिलमिलाते रहते हैं। सच को जानने के लिहाज़ से कथा में 'मानो' या 'अर्थात्' जीवन की ही तरह उपयोगी होता है : हम उस कल्पना और अनुमान को 'जानने-पकड़ने' की ओर उन्मुख-उत्सुक होते हैं। यह अ-तथ्य के,

अर्थात् कल्पना और अनुमान के, 'उपयोगी' व्यक्तित्व की स्वीकृति है। बात यह है कि, एक तो, जीवन में सब कुछ तर्कपूर्ण ढंग से ही घटित हो ऐसा नहीं होता और, दूसरे, इस ब्रह्माण्ड की सूक्ष्म और विराट असलियत को समझ पाना भी सम्भव नहीं हो पाता। कथा सदैव प्रति-तथ्यात्मक दिशाओं में बढ़ती है—अर्थात् जो तथ्यात्मक रूप से घटित चीज़ें हैं उनके विषय में वह अनुमान लगाती रहती है कि अगर वैसा न हुआ होता तो कैसा होता?

कथा या गल्प शब्दाश्रित है क्योंकि उसके सारे उपादान शब्दों में समाहित होते हैं। बाख़्तिन की मानें तो शब्द-मात्र ही संवाद हैं और कथा में तो संवादत्मकता का बड़ा ही महत्त्व है। वर्तमान में जब हम कुछ बोलते हैं तो उसका सम्बन्ध भूत और भविष्य दोनों से होता है। संवाद एक तरफ अतीत के भाषिक उपयोग को लेकर चलते हैं और दूसरी ओर उसके आगामी (भविष्य के) उपयोग से भी ज़ुड़ते हैं। मतलब यह कि संवादात्मकता एक अनवरत चलनेवाली मानवीय प्रक्रिया है। जब हम किसी जीवन्त बातचीत में संलग्न होते हैं तो वहाँ शब्द प्रश्न-उत्तर-प्रतिप्रश्न-प्रत्युत्तर-प्रतिक्रियाओं की शृंखला रचते चलते हैं। उत्तरापेक्षी उत्तेजना, सम्भावित उत्तर का अनुमान, अनपेक्षित अचानकता के लिए तैयारी—ये सारी बातें संवादात्मकता में अनुस्यूत होकर कथात्मकता की निर्मिति करती हैं। इन शब्दों में तरह-तरह के ढर्रों और पहुँच वाली मानवी आवाज़ें और उनकी व्यापक शृंखला होती है। ये आवाज़ें केवल चरित्रों की ही नहीं, अपितु कथाकार की भी होती हैं और इनमें से अनेक असम्बद्ध, मुक्त-प्रवाही भी होती हैं। लेखकीय आवाज़ों की आधिकारिकता को चुनौती भी मिल सकती है, उस पर विवाद हो सकते हैं, उन्हें नकारा जा सकता है, यहाँ तक कि अनदेखा भी किया जा सकता है। कथा में अनेक विद्रोही-क्रान्तिकारी आवाज़ें भी होती हैं। इन सारी आवाज़ों से किसी बड़े महोत्सव (कार्निवाल) का-सा माहौल तैयार होता है। कथा की इस उत्सवी दुनिया में कोई 'अन्तिम शब्द' नहीं होता क्योंकि यहाँ संवाद निरन्तर चलता रहता है। कथा-कहानी में भाषा के अनेकानेक प्रकार-भेद प्रयुक्त होते हैं। फणीश्वरनाथ रेणु-जैसे कथाकार समूह-भाषा से अलग व्यक्ति-भाषा (Idiolect) का भी बखूबी इस्तेमाल करते हैं।

गल्पकार या कथाकार को कथा की पृष्ठभूमि से लेकर उसके मुख्य कार्यव्यापार, चरित्र-परिचिति, संघर्षानुमान-जैसे सारे तत्त्व पाठक-श्रोता तक इस तरह और इस क़दर पहुँचाने होते हैं कि श्रोता-पाठक की दिलचस्पी न सिर्फ़ बनी रहे बल्कि बढ़ोत्तरी पर रहे। इसके लिए आरम्भ से ही गल्पकार तरह-तरह के तरीक़े-हथकण्डे अपनाते रहते हैं। इस क्रम में लोककथा, बोधकथा, परीकथा, फ़न्तासी—आदि कथा-प्रकार सामने आते गये। इन कथाओं के माध्यम से गल्प-विधा में तथ्यात्मकता से मुक्ति

भले मिलती हो—यथार्थ से मुक्ति नहीं होती क्योंकि वहाँ यथातथ्य से अलग अन्य वास्तविकताओं का उद्घाटन होता चलता है। परीकथा-जैसी रचनाएँ हमें ऐन्द्रिक धरातल से ऊँचे उठाकर चाहे किसी अतीन्द्रिय यथार्थ में भले ले जाती हों मगर वे हमें फिर वापस साधारण जीवन में, एक नये उत्साह के साथ, और हमेशा किसी सुखान्त की सान्त्वना देती हुई, पुनर्प्रवेश कराती हैं।

कथा-कहानी प्रति-तथ्यात्मक अथवा तथ्येतर होते हुए भी हमें जीवन-सत्य तक पहुँचाने में मदद करती हैं क्योंकि उनमें अन्वेषी कल्पना होती है। ऐतिहासिक कथाओं तक में ऐसी कल्पना का उपयोग खुलकर किया जाता है। कथारचना में चरित्र, संवाद, दृश्य आदि इस प्रकार से 'गढ़े' जाते हैं कि लगे मानो वे तथ्यपरक ही हों। जहाँ इस ओर ध्यान नहीं दिया जाता, जैसे वाचिक परम्परा-आदि की रचनाओं में, वहाँ हम पाठ में आये चरित्र, स्थिति, भाषा आदि से सम्बन्धित चित्रण के प्रति अपने अविश्वास को जानबूझकर 'स्थगित' रखते हुए आगे बढ़ते जाते हैं ताकि कल्पना और अनुमान के सहारे जीवनसत्य उद्घाटित किया जा सके। फ़न्तासी में हम इसी सिद्धान्त के आधार पर अतिरेकी कल्पनाओं और अतीन्द्रिय घटनाओं का साक्षात्कार करते हैं और लोककथाओं और लोकसाहित्य के आस्वादन में भी यही प्रवृत्ति काम करती है। ऐसी रचनाओं के भीतर हमारे सांस्कृतिक विश्वास, सामाजिक व्यवहार, शिल्प-कौशल, किंवदन्तियाँ, बोली सब घुली-मिली होती हैं और ऐसे जादुई वातावरण को सिरजती हैं जो यथार्थ का प्रतिरूप ही होता है।

कथा की संरचना वस्तुतः उसका पूरा ख़ाका, गठन-शिल्प, शैली अर्थात् रूप पक्ष ही है लेकिन इसी में कथ्य भी समाहित है। संरचनावादी हर साहित्यिक पाठ को एक जीवित जीव के रूप में मानते हैं जिसका अपना रूपाकार और जीवन होता है। रचना में कथ्य दरअसल 'क्या' प्रश्न का ज़वाब होता है और 'कैसे' प्रश्न का जवाब ही रूप पक्ष है। कथ्य और रूप अलग नहीं होते—अलगाये नहीं जा सकते। यह तकनीक और शैली की ख़ूबी होती है जो पाठक को कभी कथावाचक के, तो कभी किसी चरित्र के मन के भीतर तक पहुँचा देती है। इन्हीं के चलते भाषा चरित्रानुरूप कभी संलाप, कभी प्रलाप और कभी स्वगत वार्त्तालाप बनती चलती है।

विधा के रूप में कथा सर्वतन्त्र स्वतन्त्र अथवा निरपेक्ष नहीं कही जा सकती। कथा-कहानी का कविता और नाटक से किसी न किसी तरह का लगाव अवश्य होता है। ज़ेम्स ज्वायस ने "एक युवा के रूप में कलाकार की शबीह" (A Portrait of the Artist as a Young man, 1916) ने बताया है कि कथा की मार्फ़त एक रचनाकार नाटक तक की यात्रा तय करता है। गीत-कविता में आत्माभिव्यक्ति की प्रमुखता होती है। कथा-कहानी श्रोता-पाठक के लिए मध्यस्थ का काम करती है।

नाट्य में रचनाकार का आत्म-विलीनीकरण होता है अर्थात् नाटक में नाटककार वैसे ही ग़ायब रहता है जैसे सृष्टि में सृष्टिकर्ता।

श्रेष्ठ कथा-कहानी में गीत, कहानी और नाट्य की ये तीनों स्थितियाँ पायी जाती हैं। रहस्य, रोमांच, भयावह (हारर), सन्देह (सस्पेंस), जासूसी-जैसी कथाएँ पाठकों-श्रोताओं की बुद्धि की परीक्षा-सी लेती हैं। कथा-कहानी में परम्परागत यथार्थ की सीमाओं का निरन्तर अतिक्रमण होता रहता है। यथार्थ के क्षेत्र में विभिन्न प्रयोगों के फलस्वरूप आज जादुई यथार्थवाद-जैसी प्रवृत्ति सामने आ चुकी है। कथा-कहानी और नाटक साहित्यिक विधाओं में सबसे अधिक मनोरंजन-क्षम माने जाते रहे हैं। सच तो यह है कि रंजकता के गुण के बिना कथा-विधा अपने चरित्र को सही तौर पर प्रमाणित ही नहीं कर सकती। चूँकि कथा में वाचक (लेखक) और श्रोता (पाठक) की अनिवार्य उपस्थिति होती है अतः इसका स्वभाव स्वान्तः सुखाय अथवा निज में सीमित नहीं होता। 'सुनायी' या 'कही' जाने के कारण कथा का पाठक (श्रोता, दर्शक) भी पाठ में लगभग चरित्र की तरह ही महत्त्वपूर्ण होता है—उसे अन्य विधाओं के पाठक से भिन्न समझना चाहिए। यद्यपि कथा का वाचक आम तौर पर लेखक (कथाकार) होता है, किन्तु हर कथा में वाचक और कथाकार एक ही व्यक्ति हो यह ज़रूरी नहीं।

कथा-कहानी के आज तक के विकास एवं उसके व्यापक प्रसार के क्रम में इसके अनेकों प्रकार मिलते रहे हैं। हम सब संस्कृत के कथानिका, आख्यायिका, परिकथा आदि प्रकारों से परिचित हैं ही जिनसे जाने-अनजाने आज तक की कथात्मक रचनाएँ भी प्रभावित होती रही हैं। वैसे आधुनिक काल में यूरोपीय कथासाहित्य के प्रकार विशेष रूप से चर्चा में रहते हैं। अठारहवीं सदी में यूरोप में भावुक उपन्यास (सेन्टिमेन्टल नॉवेल) बड़े लोकप्रिय थे जिनमें पूर्वपरिचित चरित्रों के संवादों की मार्फ़त वेदना को उभारा जाता था। बीसवीं सदी के आरम्भिक चार दशकों में एक क़िस्म की 'लुगदी कथाओं' (पल्प फ़िक्शन) को लोकप्रियता हासिल थी। दो महयुद्धों के दरम्यान जो विश्वव्यापी मन्दी पसरी थी उसमें साधारण कागज़ पर छपी सस्ते दामों वाली पत्रिकाएँ और किताबें ही ज़्यादातर बिका करती थीं। इनमें संपूर्ण अथवा धारावाहिक छपने वाली विज्ञानकथाएँ, जासूसी उपन्यास, सतही प्रेम-कथाएँ हुआ करती थीं। 'पिकारेस्क नॉवेल' के नाम से गुण्डे-बदमाशों की साहसिक कथाओं को प्रस्तुत किया जाता था। बैसे उपन्यास भी लिखे गये जिनमें चरित्र और घटनाओं की बजाय विचारों, दार्शनिक प्रत्ययों और चिन्तन की प्रमुखता थी और जिन्हें 'भाव उपन्यास' (नॉवेल ऑफ आइडियाज) का नाम दिया गया। यहाँ तक कि 'सभ्याचार के उपन्यास' (नॉवेल ऑफ मैनर्स) भी लिखे गये जिनमें सामाजिक आचरण, व्यवहार,

शिष्टाचारपूर्ण बातचीत, रिवाज़, मूल्य आदि वर्णित होते थे। ट्रूमैन कैपोट ने तो 'कथेतर उपन्यास' (नानफ़िक्शन नॉवेल)-जैसी क़िस्म की प्रस्तावना की जहाँ तथ्यपरक घटनाओं का वर्णन करने में औपन्यासिक तकनीक का उपयोग किया जाता है। ऐसी पुस्तकों की इन दिनों भरमार है। इधर कथा-विधा के कुछ और नये प्रकार भी विकसित हो रहे हैं, जिनमें से एक है 'सुचित्रित उपन्यास' (ग्रैफ़िक नॉवेल)। इसमें उपन्यास को 'कॉमिक बुक' की तरह पेश किया जाता है। कम्प्यूटर युग के साथ ही 'पारस्परिक कम्प्यूटर कथा' (इन्टरैक्टिव कम्प्यूटर फ़िक्शन) नामक प्रकार सामने आया जिसमें 'पाठकों' की राय-सलाह से (भी) कथा-कहानी का कुछ हिस्सा तैयार होता है। कम्प्यूटर का उपयोग करने वाला पाठक इस तरह के पाठ के साथ जुड़ाव अनुभव करता है क्योंकि वह कथा 'पढ़ता' ही नहीं, 'गढ़ता' भी है। विदेशों में इसकी लोकप्रियता के चलते कुछ लोग 'क़िताबों के अन्त' की बात भी सोचने लगे।

कहते हैं कि खुदा ने आदमी को इसलिए बनाया क्योंकि उसे कथाएँ पसन्द हैं। कहा जा सकता है कि आदमी ने कथा-कहानी इसलिए बनायी क्योंकि उसे दूसरे आदमी पसन्द थे—जिन तक वह पहुँचना चाहता था या जिन्हें वह खुद तक पहुँचाना चाहता था। कथा-कहानी वास्तव में 'अन्य' के अस्तित्व की मूक स्वीकृति है। कविताएँ भले ही आत्मनिवेदन या आत्माभिव्यक्ति करके सन्तुष्ट हो जाएँ, मगर कथा-कहानी का लहज़ा कुछ और ही होता है। ऐसा नहीं कि कथा-कहानी आदमी के अकेलेपन या रोमैंटिक अथवा ग़ैर-रोमैंटिक अवसाद को चित्रित नहीं करती हों, करती हैं मगर उसका परिप्रेक्ष्य व्यष्टिगत या संकीर्ण नहीं होता—क्योंकि वे मानवी नियति की ओर इंगित करती हैं। कथा की इस प्रवृत्ति के कारण सामाजिक यथार्थवाद इकहरा बनने से बच जाता है। बात यह है कि अपनी प्रभावात्मकता के चलते कथा की गति तीर के समान द्रुत और लक्ष्य-बेध में समर्थ-सक्षम होती है। वह हमें वस्तुओं और स्थितियों का औचित्य सुझाती है और इस तरह हमें खुद अपने भीतर प्रतिस्थापित करती है। इस प्रकार यह यथास्थिति के विपक्ष एवं परिवर्तन के पक्ष में रहती है। ज्याँ पाल सार्त्र का तो यहाँ तक कहना था कि मनुष्य ने बुराई के खिलाफ़ जो संघर्ष छेड़ रखा है उसमें कथा-कहानी को एक विशेष हथियार का काम करना चाहिए। रचना को दुनियावी बदलाव के हथियार के रूप में देखना एक ख़ास कोण से औचित्यपूर्ण हो सकता है। कोई रचना या कोई व्यक्ति अकेलेदम पूरी दुनिया को बदल पाये यह तो मुमकिन नहीं, मगर हर महत्त्वपूर्ण रचना दुनिया को देखने का हमारा नज़रिया कुछ-न-कुछ ज़रूर बदल देती है। परम्परागत, पिष्टपेषित दृष्टिकोण में बदलाव आने से वर्तमान के यथार्थ को देखने की दृष्टि भी बदलती है। कला और साहित्य की मार्फ़त दुनिया बदलने से यही आशय हो सकता है। कथा-कहानी के

प्रभाव और उद्देश्य को लेकर चर्चा ज़माने से चली आ रही है और यही कारण है कि साहित्य में अश्लीलता, नैतिकता-आदि से जुड़े प्रश्न सबसे अधिक कथा-कहानी (एवं फ़िल्म-नाटक) के सन्दर्भ में ही उठाये जाते रहे हैं।

ऐसा नहीं होता कि कोई कथा-विशेष हर किसी को प्रत्येक परिस्थिति में अच्छी ही लगती हो, न ऐसा ही होता है कि कोई कथा प्रत्येक पाठक-श्रोता को बुरी ही लगती हो। इसका यह मतलब नहीं कि रचना में अच्छाई या बुराई की पहचान करना फिज़ूल है और ऐसी कोशिश छोड़ देनी चाहिए। कथालोचन का दायित्व बड़ा है—उसे मात्र बिम्बों-प्रतीकों की पहचान-परख-व्याख्या तक ही सीमित नहीं रहकर आलोच्य कृतियों में विन्यस्त जीवन-मूल्यों की समीक्षा भी करनी होती है।

'कथा-कहानी की नैतिक दृष्टि से आलोचना' के विचार पर अतिरिक्त बल देते हुए अमेरीकी आलोचक वेन सी. बूथ ने एक अच्छी-ख़ासी क़िताब ही लिख डाली थी—'दि कम्पनी वी क़ीप : एन एथिक्स ऑफ़ फ़िक्शन' (1988, युनिवर्सिटी ऑफ़ कैलिफोर्निया प्रेस)। प्रो. बूथ ने अन्तोन चेखव की 1887 में लिखी कहानी 'घर' के हवाले से आम उपदेश और कथात्मक सन्देश के प्रभावों में साफ़-साफ़ दिखायी पड़ने वाले फ़र्क़ की बात समझानी चाही है। कहानी एक पिता और उसके सात वर्षीय बेटे की है। एक रोज़ पिता घर लौटने पर बेटे की आया के मुँह से बेटे की यह शिक़ायत सुनता है कि वह छुप-छुप कर पिता की सिगरेट पी रहा था। पिता गुस्से से आगबबूला हो जाता है। बेटे को वह सिगरेट से होने वाली बुराइयों के बारे में लम्बा उपदेश देता है—तम्बाकू स्वास्थ्य के लिए बेहद हानिकारक है, इतना ख़तरनाक है कि जो कोई भी इसका सेवन करता है वह उम्र से पहले ही मर जाता है। बाप यह भी कहता है कि अब मैं तुम्हें प्यार नहीं करूँगा, तुम मेरे बेटे नहीं हो। बेटा यह सब अनमने ढंग से सुनता रहता है। बाप कहता है कि तुम वचन दो कि फिर सिगरेट नहीं पियोगे। 'वचन देता हूँ'—बेटा (सेर्योझा) कह तो देता है, मगर बाप को उसकी मुखमुद्रा से पूरी तसल्ली नहीं होती। रात में सोते समय बाप सेर्योझा को एक कहानी सुनाता है जिसमें एक बूढ़े राजा का इकलौता जवान बेटा, राजकुमार, तम्बाकू सेवन के चलते मर जाता है। युवा राजपुत्र की मृत्यु के बाद राजा अचानक और भी बूढ़ा और बिल्कुल अकेला हो जाता है। राज्य की रक्षा करने वाला कोई विश्वस्त व्यक्ति उसके राज में नहीं रह जाता। फिर क्या था—राजा के दुश्मन चढ़ाई कर देते हैं। वे बूढ़े राजा को मार डालते हैं। राजमहल वीरान हो जाता है। वहाँ के पेड़-पौधे, फूल-पत्ते सब नष्ट हो जाते हैं। कहानी सुनने वाले बच्चे सेर्योझा की आँखों में डर समा जाता है। खिड़की से बाहर अँधेरे की ओर देखते हुए वह अपने-आप कह उठता है—'अब मैं फिर कभी सिगरेट नहीं पिऊँगा।'

चेख़व की कहानी का कथ्य और प्रो. बूथ की व्याख्या वस्तुतः भारतीय पाठकों के लिए ज़रा भी नया नहीं है। सदियों पहले मम्मट ने साहित्य में 'कान्तासम्मित उपदेश' के होने की बात कर दी थी। लेकिन रचना में नैतिक सन्देश की प्रस्तुति को लेकर आधुनिक आलोचना-परिदृश्य में खूब आलोड़न-विलोड़न हुआ और हो रहा है। फ्रेडरिक ज़ेम्सन ने अपनी पुस्तक 'दि पॉलिटिकल अनकान्शस' (1981) में बताया था कि समकालीन आलोचना की जो सर्वाधिक प्रभुत्वशाली पद्धति है वह अन्ततः नीतिपरक या नैतिक ही है। कथा-कहानी केवल मानव-व्यवहारों को लेकर ही नहीं चलती बल्कि उन व्यवहारों के बारे में किसी-न-किसी रूप में निर्णय भी देती है और इसी बिन्दु पर उसका सम्बन्ध नीति और नैतिकता से बन जाता है। इसी तरह कथा-कहानी हमारे सौन्दर्य-सम्बन्धी मूल्यांकन को भी प्रभावित करती है।

कहानी पढ़ने या सुनने की प्रक्रिया में दो भिन्न मन परस्पर अन्तरंग रूप से जुड़ते हैं। महान रचनाकारों में पाठकों/श्रोताओं/दर्शकों से सघन अन्तरंगता स्थापित करने का दुर्लभ गुण होता है। पाठक-श्रोता चाहे रचनाकार से सहमत हो या असहमत, किन्तु वह सदैव रचनाकार की निकट अन्तरंगता महसूस अवश्य करता है। इस कार्य-व्यापार में माँग और आपूर्त्ति की स्थितियाँ भी बनती रहती हैं। पाठक-श्रोता कथाकार से और कथाकार पाठक-श्रोता से परस्पर अपेक्षाएँ रखता चलता है। यहाँ दोनों के मध्य एक और—बड़े ही सूक्ष्म—स्तर पर सक्रियता होती है और वह यह कि कथाकार पाठक-श्रोता के भीतर की रचनात्मकता को भी—एक ख़ास, बेमालूम—तरीक़े से उकसाता है। सिमों द बोउवा ने लिखा है कि उन्होंने अठारह साल की उम्र में जार्ज एलियट की रचना 'दि मिल आन दि फ्लास' पढ़ी थी और बस तभी से उस लेखिका से प्रेम करने लगी थी : "जिस क़दर मैंने जार्ज एलियट से प्रेम किया, वैसा ही प्रेम मैं खुद भी पाना चाहती थी और वह भीतरी वज़ह थी जिसके फलस्वरूप मैंने गम्भीरता से लेखन कार्य करने का मन बनाया।"

कथा-कहानी में अगर सारी सार्थक-निरर्थक बातें स्फीति अथवा उतावलेपन में कह दी जाएँ तो वस्तुतः इस विधा के लिफ़ाफे और मज़मून दोनों ही के नष्ट-भ्रष्ट होने का ख़तरा होता है। अच्छा कथाकार होशियार रसोइये की तरह पाककला की बारीकियों की पहचान रखता है और धैर्य तथा स्थैर्य से काम लेता है। साधारण रसोइये व्यंजन के नाम पर डेढ़ चावल की खिचड़ी ही पका और परोस पाते हैं।

सवाल नज़रिए का उर्फ़ कथा-कहानी को कहाँ से देखें

जब तक कथा वाचिक परम्परा में रहती है तो जाने-अनजाने विकसित भी होती चलती है। वृक्ष की भाँति खाद-पानी और वातावरण के अनुरूप उसमें समय-समय पर परिवर्तन होते चलते हैं। कथा की आन्तरिक संरचना के इस विकास में वाचक, श्रोता, समय और परिवेश इन सबका कितना प्रभाव पड़ता होगा इसका सहज ही अनुमान लगाया जा सकता है। इस बदलाव में वाचक और श्रोता के संस्कारों की विशेष भूमिका का होना लाज़िमी है।

ज़माने के साथ-साथ, इसीलिए, कथा का स्वरूप भी बदलता रहा है। हर ज़माने के मुख्य विमर्श कथा में अपनी अभिव्यक्तियाँ पाते रहते हैं। मगर श्रेष्ठ कथा सीधी और प्रत्यक्ष ढंग से वैचारिकता अंकित नहीं कर देती। इतना ही नहीं, वह धारा के उलट और परे जाकर भी उन जीवन-स्थितियों और विचारों का चित्रण करती है जो भले ही उपेक्षित और नज़रअन्दाज़ किये जाते रहे हों, मगर जिन्हें वह मानवीय दृष्टि से बेहद महत्त्वपूर्ण समझती है। श्रेष्ठ कथा बड़ी खूबी के साथ संवेदनाओं को अनुभव का ताप देकर, व्यंजक बनाकर, प्रस्तुत करती है। कहानी में ठोस विचार का होना कहानीपन को नष्ट-भ्रष्ट कर देता है। कथा-कहानी में तो विचार होकर भी नहीं होते—वे संवेदना में पूरी तरह से जज़्ब हो जाते हैं। कथा-कहानी जीवन के संकटों और विरोधाभासों को जीवन्तता से अभिव्यक्त करती है। वह हमेशा स्थापित व्यवस्था के विरोध का—चाहे वह कितना ही सूक्ष्म, क्षीण और अल्पमत वाला स्वर क्यों न हो—पक्ष लेती है। सरलीकरण और सामान्यीकरण का निषेध करती हुई कथा जीवन की जटिलताओं और उलझावों में जबरन घुसपैठ करती है। सभ्यता-विकास और सामाजिक-वैयक्तिक जीवन में जितनी ही पेचीदगियाँ और उलझाव होंगे, कथा-कहानी का तेज उतना ही उभरकर दिखायी देगा। श्रेष्ठ कथाएँ स्थूल राजनैतिक विचारों के बरक्स मानवीय सरोकारों को ही तवज्ज़ो देती हैं। सामाजिक मूल्यों, नैतिकता, मर्यादा आदि को वह मानवीय आधारों पर ही निकषित करती है और इसकी खातिर स्थापित

मूल्यों की भी परवाह नहीं करती। इस तरह वह नये मूल्यों की तरफ़ संकेत भी किया करती है। वह व्यक्ति की चरम् स्वतन्त्रता-मानव-मुक्ति—की तलाश की दिशा में आगे बढ़ती है। जो लोग कथा में सिर्फ़ सौन्दर्यानुभव की खोज किया करते हैं या जो कथा में सिर्फ समाजशास्त्रीयता चाहते हैं--ऐसे दोनों ही प्रकार के लोग कथा से बहुत कम ले पाते हैं क्योंकि जैसा कहा जा चुका है, श्रेष्ठ कथा समस्त सामान्यताओं और सरलीकरणों का अतिक्रमण और मानवीय विकास के चरम शिखरों की ओर इंगित करती है। आज हम विश्व-कथा के आईने में अपने जीवनव्यापी बदलाव को बड़ी आसानी से देख सकते हैं। कथा-साहित्य ने विशेष रूप से हमारे अनुभव-जगत को व्यापक और उदार बनाया है। यहाँ तक कि हमारे सौन्दर्यात्मक मूल्य भी परिवर्तित हुए हैं। इसी की बदौलत हमें पिछली सदी में 'लघु ही सुन्दर है', 'काला ही सुन्दर है' और 'कुरूप ही सुन्दर है'—जैसे नारे सुनने को मिले। ये सिर्फ़ वैसे नारे नहीं थे जो केवल चौंकाने के लिए दिये जाते हैं, बल्कि ये वैसे तथ्य थे जिनकी भीतरी सच्चाई हमें संजीदगी से सोचने के लिए बाध्य करती है। इनकी संवेदनात्मक गहराई अतलस्पर्शी थी।

कथा आरम्भ से ही हाशिए पर पड़ी ज़िन्दगी को विशिष्ट बनाने का उपक्रम करती रही है। सामाजिक-राजनैतिक ही नहीं, हर तरह की समस्या को मानवीय कोण से देखना ही इसकी सिफ़त रही है। मगर इस बात के लिए कथा को सदैव सराहना नहीं मिलती। निहित स्वार्थों के द्वारा अक्सर उसकी ग़लत-सलत अथवा तोड़-मरोड़ कर व्याख्या की जाती है। उस पर रोक लगायी जाती है। उसे ज़ब्त किया जाता है—यहाँ तक कि पुस्तकों को जलाया जाता है, कथाकारों को तरह-तरह की सज़ाएँ दी जाती हैं। साहित्य के प्रमुखतम अंगों में कथा विशिष्ट है और विशेष रूप से प्रभावकारी भी। यह व्यक्ति और सामाजिक मन के उन सूक्ष्म तन्तुओं को पकड़ लाती है जिन तक घटनाओं और इतिहास तक की पहुँच नहीं होती। ऐतिहासिकता और तथ्यपरक वास्तविकता का अतिक्रमण करने और अनुमान तथा कल्पना के सहारे चलने के बावजूद कथाओं के मर्म को कोई असत्य कहने की ज़ुर्रत नहीं कर सकता। समाजार्थिक, राजनैतिक आदि सभी प्रकार के व्यवहार अनुभूति और संवेदना पर बहुत आधृत नहीं होते और इसीलिए स्थूल होते हैं। कथा मनुष्य के ऐसे सारे व्यवहारों को सूक्ष्मता से परखते-विश्लेषित करते हुए सर्जनात्मक, मौलिक एवं रोचक तरीके से अभिव्यक्त करती है।

बीसवीं सदी में हमारे देश के सामाजिक हाशिए पर रहने वाले लोगों में अपनी पहचान की चेतना शिद्दत से जगी थी जिसके फलस्वरूप वे अपनी समस्याग्रस्त स्थिति की जड़ तक पहुँचने की कोशिश में जुटे। साहित्य में भी इसकी अभिव्यक्ति विविध विमर्शों के रूप में हुई। ज़ाहिर है कि कथाजगत को इसका प्रमुख वाहक

बनना था। अफ़्रीकी और अंग्रेजी (विशेषकर अमेरिकी) कथासाहित्य में काले लोगों ने सदियों से झेल रहे शोषण, उत्पीड़न, जहालत, ग़रीबी, उपेक्षा, तिरस्कार की पीड़ा को ही नहीं, बल्कि इनके विरुद्ध अपने संघर्ष-भाव को भी कथा में उपस्थित करना शुरू किया। उनका सामाजिक-राजनैतिक संघर्ष उस कथात्मक प्रस्तुतीकरण के समानान्तर चला और एक दूसरे को प्रेरित भी करता रहा। यही बात पश्चिम में स्त्रियों के नयी चेतना से लैस होने के सन्दर्भ में भी हुई। काले लोगों के आन्दोलन और स्त्री-मुक्ति-सम्बन्धी आन्दोलनों में समानताओं और भिन्नताओं का होना लाज़िमी था क्योंकि दोनों की स्थितियों, सन्दर्भों और आकांक्षाओं में अगर कहीं साम्य थे तो वैषम्य भी। इन आन्दोलनों के अगर सकारात्मक पहलू थे तो इनके अपने कुछ अन्तर्विरोध भी थे। इन आन्दोलनों ने अपनी शुरुआती भूलों से सबक भी लिया और धीरे-धीरे अपनी अनेक ख़ामियों में सुधार भी किये। दोनों ही आन्दोलन पूँजीवादी इन्द्रजाल में भ्रमित भी कम नहीं हुए। अब उनका भ्रम पूरी तरह टूट चुका हो, ऐसा भी नहीं है। फिर भी उनके आन्दोलन अगर गतिशील हैं तो यह इस बात का प्रमाण है कि उन्होंने समझौते के पक्ष में अपने हथियार डाल नहीं दिये।

भारतीय परिदृश्य में भी, विशेष रूप से बीसवीं सदी के उत्तरार्ध से ही, दलित, स्त्री और अल्पसंख्यक के विमर्श हाशिए को छोड़कर केन्द्र में आने का उपक्रम बड़ी सक्रियता से करते आ रहे हैं। फ़िलहाल ये हमारे साहित्यिक-बौद्धिक बहस और सामाजिक-राजनैतिक माहौल को गरमाये हुए हैं। कथा साहित्य में मराठी से चलकर दलित आन्दोलन अन्य भारतीय भाषाओं तक फैला अथवा फैल रहा है। इसके कतिपय कारणों में महाराष्ट्र की भौगोलिक-ऐतिहासिक-सांस्कृतिक-राजनैतिक-शैक्षिक स्थिति, मुम्बई-जैसे महानगर की निकटता, भीमराव अम्बेडकर की जन्मभूमि-कर्मभूमि से सम्बन्ध, नौकरी तथा अन्य जनतान्त्रिक सुविधाओं का होना भी है। दलितों में पिछड़ेपन की पीड़ा, शोषण के विरुद्ध आक्रोश, अपनी दी गयी सामाजिक स्थिति के प्रति घोर असन्तोष आदि का होना बिल्कुल वाजिब है। यथास्थिति में परिवर्तन के लिए उनका यह संघर्ष ऐतिहासिक अनिवार्यता है। उतना ही ज़रूरी और स्वाभाविक है इन संघर्षों के कथारूपों का प्रस्तुतीकरण भी। सदियों से वर्ग,वर्ण,लिंग,धर्म के आधारों पर विभाजित हमारे समाज में स्त्री, दलित और अल्पसंख्यक आधुनिक जीवन के हर क्षेत्र में अपनी भूमिका की पहचान करना चाह रहे हैं। उनका संघर्ष-पथ भले ही काँटों-भरा है फिर भी उन्हें पता है कि उन्हें बढ़ते जाना है। इसमें कठिनाइयों के साथ-साथ भूलों और विरोधाभासों का सामना करना पड़ सकता है, मगर उनसे बचने का सबक भी याद करना होगा। कथा साहित्य को दलित जीवन की निकटतम व्याख्या करनी है, उसे दलित आकांक्षाओं का स्वर बनना है, एक जाति-विहीन समाज

का 'विजन' प्रस्तुत करना है। हिन्दी के परिप्रेक्ष्य में दलित कथा साहित्य का फलक अभी नया और छोटा है, गहरा भी उतना नहीं और यह अकारण नहीं कि उसकी व्यंजना बहुत दूर तक नहीं जाती। हमारे देश में संस्कृतियाँ अनेक हैं, बल्कि अनेकमुखी संस्कृतियाँ हैं। कथा-कहानी इन्हें अलगाववादी, विभाजनकारी, नासमझ, अन्धधार्मिक और असहिष्णु बनने से रोकती है। साहित्य में अगर अकेला आक्रोश या निषेध या वितृष्णा ही हो तो वे बहुत टिकाऊ नहीं होते—अकविता-अकहानी का हश्र हमें मालूम ही है। वर्तमान हिन्दी कथा (विशेषकर कहानी) के सम्पूर्ण परिदृश्य को लेकर आलोचक विश्वनाथ त्रिपाठी की टिप्पणी ध्यातव्य है कि, "विचारधारा का ग़ैररचनात्मक आग्रह दृष्टि को एकाग्रही बनाकर गति और व्यापकता से वंचित कर देता है। कोई स्थिति पृथक् नहीं होती। वह पृथक् होकर विकसित भी नहीं हो सकती। हर स्थिति अपने कल्ले और टूसे दसों दिशाओं में फेंकती है। अगर हम एक ही दिशा की ओर देखें तो वह संकीर्णता होगी। यानी वह स्थिति को सम्भावना से रहित कर देता होगा। यह ग़ैररचनात्मक प्रवृत्ति सदाशयी रचनाकारों के यहाँ अक्सर दिखलाई पड़ती है। प्रगतिशील रचनाकारों में यह प्रवृत्ति कम नहीं। और दलित रचनाकारों के यहाँ भी प्रगतिशील रचनाकारों के यहाँ वह अक्सर अतिरिक्त आशा और उल्लास के साथ दिखलाई पड़ती थी और दलित रचनाकारों के यहाँ प्रायः घृणा-नफ़रत के साथ।" (प्र. वसुधा-73)

समझौतापरक राजनैतिक विचारधारात्मक आग्रह कथा को ही नहीं, जीवन को भी संकीर्ण और भ्रष्ट कर सकता है। पश्चिमी समाज में 'काले लोग' और स्त्रियाँ 'आरक्षण द्वारा मुक्ति' की अवधारणा को खारिज़ कर चुकी हैं। अगर 'मुक्ति' आरक्षण द्वारा प्रदत्त की जाती है तो क्या वह सचमुच की मुक्ति भी है? वस्तुतः आरक्षण द्वारा प्राप्त 'मुक्ति' से मुक्ति की परिभाषा ही दूषित हो जाती है। क्योंकि आरक्षण है ही यथास्थिति में परिवर्तन की माँग को दबाने-टालने का उपाय। क्या संघर्ष का यही काम्य है? क्या तमाम दलितों/स्त्रियों में से कुछेक के लिए नौकरी-आदि की थोड़ी-सी ज़गहें आरक्षित कर देने से बाक़ी बचे लोगों को असहायता की ओर धकेलना नहीं है? क्या इससे संघर्ष का लक्ष्य, उसकी दिशा और गति बुरी तरह प्रभावित-बाधित नहीं होते? ख़ास तौर से आरक्षण को मात्र व्यक्तिगत निहित स्वार्थों के पक्ष में जाते देखने से तो ऐसा ही नतीज़ा सामने आता है। इस तरह आम तौर पर दलित, स्त्री एवं अल्पसंख्यक वर्गों की मुक्ति के मार्ग में आरक्षण के बाधा बनने के बावज़ूद शक्तिशाली तबक़ा आरक्षण में ही अपना (तात्कालिक लाभ और) भविष्य देख रहा है लेकिन इसके दूरगामी दुष्परिणामों की ओर से आँखें लगभग मूँद चुका है।

सदियों से सामाजिक हाशिए पर रह रहे वर्गों के पक्ष में जो लेखन हिन्दी में

सम्भव हुआ उसमें आरम्भिक तौर पर आक्रोश और आक्रामकता का तेवर होना बहुत अस्वाभाविक नहीं था। दलित, स्त्री, आदिवासी, किसान, अल्पसंख्यक आदि से सम्बन्धित लेखन में अगर कहीं परस्पर-विरोध की स्थितियाँ भी मिलती हों तो इस पर आश्चर्य नहीं होना चाहिए। श्रेष्ठ रचनात्मक लेखन बौद्धिक विमर्श का उत्स होता है न कि उसका परिणाम। अब भी हिन्दी दलित लेखन का अधिकांश मार्क्सवाद अथवा अम्बेडकरवाद को रचनात्मकता में रूपान्तरित करने/उतारने की ही जितनी क़ोशिश कर रहा है उतनी सीधे जीवन से रू-ब-रू होने की नहीं। बावजूद इसके कहा जा सकता है कि हिन्दी में दलित कथा-कहानी मात्रात्मक एवं गुणात्मक दृष्टि से धीरे-धीरे विकास और विस्तार पा रही है। दलित लेखन की प्रधान समस्या है जातिवाद का उन्मूलन। इसके लिए कोई अम्बेडकरवाद का सहारा लेता है तो कोई मार्क्सवाद का, तो कोई इन दोनों में तालमेल बिठाने का प्रयत्न करता है। इसका लक्ष्य और विज़न है जात-पाँत (जिसे आरक्षण से और भी मज़बूती मिलती है) से रहित, शोषणहीन और समानता के आधार पर समाज का गठन। वस्तुतः यह मानवतावादी लक्ष्य सामान्यतः साहित्यमात्र का होता है। दलित कथा दलित-प्रसंगों के तफ़सील से बनती है। हिन्दी में दलितों के शोषण और संघर्ष को लेकर लिखी गयीं ज़्यादातर कथाओं में आक्रोश, घृणा, द्वेष आदि विशेष रूप से बौद्धिक-यान्त्रिक स्तर पर प्रस्तुत हुए हैं जबकि कथा-कहानी का तक़ाजा होता है कि उन्हें जीवन-प्रसंगों की तफ़सील में से अपने आप उभर कर सामने आना चाहिए। अलग से 'दलित सौन्दर्यशास्त्र' को प्रस्तुत करने की बेचैनी लिये हुए चलने वाले हिन्दी दलित लेखन को अभी अपनी रचनात्मक व्याप्ति सिद्ध करना बाक़ी है। हिन्दी साहित्य का दलित विमर्श पूर्ववर्ती लेखन को एक ख़ास नज़रिए से देखने का पक्षपाती है। वह पूर्ववर्ती लेखन को मनुवादी या ब्राह्मणवादी दृष्टि से लिखा गया मानता है और इस प्रक्रिया में ऐतिहासिक समय को नज़रअन्दाज़ करने में भी नहीं हिचकता। यह समस्या उस समय गम्भीर रूप ले लेती है जब कोई रचना पाठ्यपुस्तक के रूप में लगी हो और उसे पढ़ाने वाला भी ऐतिहासिक समय को बिसार देता हो। मार्क ट्वेन और प्रेमचन्द-जैसे बड़े रचनाकार भी अक्सर ऐसी अनदेखी और अति-आलोचना के शिकार होते रहे हैं। यह सवाल उठाना क्या उचित है कि ऐसी रचनाओं को पाठ्यक्रम से निकाल बाहर किया जाए, या फिर उसे सम्पादित ही कर दिया जाए? क्यों नहीं ऐसी रचनाओं के सही परिप्रेक्ष्य को समझते हुए उनकी समुचित परीक्षा, व्याख्या और सम्यक् समीक्षा की जाये? यह सच है कि पूर्ववर्ती रचनाओं को आज के बौद्धिक आलोक में देखने में बहुतों से दलितों, स्त्रियों, अन्यधर्मियों के प्रति असंवेदनशीलता का झलकना खटकता ज़रूर है—और बहुत बार किसी भी तरह से उसे बुद्धिसंगत

नहीं ठहराया जा सकता—मगर यह सच्चाई है कि परम्परा को समझने की ज़हमत उठाए बग़ैर चलने से दिशाभ्रम भी हो सकता है। पिछले दिनों प्रेमचन्द-सरीखे लेखक की कथाकृतियों के प्रति कतिपय 'दलित लेखकों' ने जो अपनी संवेदनहीनता प्रकट की वह एक और ही दिशाभ्रम का परिणाम है।

दलित लेखन ने आत्मकथा विधा को अपना प्रस्थान-बिन्दु बनाया जिसके द्वारा सम्भवतः वह घटनात्मक विश्वसनीयता और पठनीयता के गुण रचना में भरना चाहता था। आरम्भिक तौर पर इसमें सफलता का मिलना लाज़िमी था। आत्मकथाएँ अमूमन लेखक के पक्ष से उसकी सोच, कल्पना और चुनिन्दा स्मृतियों का मिला-जुला रूप प्रस्तुत करती हैं। सदियों से हमारा समाज दलितों के प्रति जिस प्रकार का अमानुषिक रवैया अपनाता रहा है यह किसी से छिपा नहीं है, लेकिन उसी का गद्यात्मक वर्णन दलितों की लेखनी से पढ़कर चौंकना और तरह-तरह की प्रतिक्रियाओं का होना ज़रूरी था। ऐसी भी कुछ अतिवादी प्रतिक्रियाएँ आरम्भ में आयी थीं जो दलित लेखन में सम्भ्रान्त सौन्दर्यबोध एवं काव्यशास्त्रीय मानदण्डों का अभाव पाकर साहित्य के क्षेत्र से ऐसी 'अनगढ़' और 'कच्ची' कलाकृतियों को बहिष्कृत कर देने के पक्ष में थीं। स्वयं दलित लेखन ने 'रूप' पर 'वस्तु' को तरज़ीह देने की जोर-शोर से दलीलें पेश कीं जो कहीं न कहीं अपनी कलापरक कमज़ोरी को ढँकने का प्रयास भी था। दलित लेखन साहित्य की विधा से वैसा ही काम लेने को आतुर था जैसा वक्तृताओं और मौसमी नारों से लिया जाता है। इस तरह दलित साहित्य अनजाने ही खुद के लेखन का न्यूनीकरण कर रहा था मगर ऐसा करते हुए उसके तेवर से लगता था मानो वह अद्‌भुत-सा करने जा रहा हो जिसके लिए उसे कोई अफ़सोस नहीं हो। समाजी दलित आन्दोलन की भाँति दलित साहित्य के भी अपने गम्भीर अन्तर्विरोध हैं। दलित लेखन को लेकर ग़ैर-दलितों के आलोचनात्मक हस्तक्षेप को भी अनधिकार और अनपेक्षित चेष्टा माना जाने लगा था। मगर धीरे-धीरे लगने लगा है कि दलित कथा अपने क्षेत्र और क्षमता का विस्तार कर रही है और उसमें परिपक्वता का समावेश हो रहा है।

हिन्दी में उस तरह का स्त्रीवाद नहीं उपस्थित हुआ जिस तरह का कुछ इतर भारतीय भाषाओं के साहित्य में—मसलन तेलुगु काव्य और कथा को ही देखें—जहाँ बड़े ही तेज-तर्रार ढंग से लेखिकाओं और कवयित्रियों ने खुलेआम मर्द के पुत्र, पिता, भाई, पति-जैसे हर सम्बन्ध को नकारते हुए उसे दुष्ट, वर्गशत्रु, डाकू आदि घोषित कर दिया था। कहना व्यर्थ है कि ऐसे स्त्रीवाद पर क्रोध-आक्रोश बुरी तरह और पूरी तरह हावी है। कभी पश्चिमी स्त्रीवादी में ऐसा ही दौर आया था जिसमें पुरुष वर्ग को स्त्रियों के अव्वल, बल्कि एकमात्र शत्रु के रूप में देखा गया था। हिन्दी में ऐसा

स्त्रीवाद अतिवाद नहीं मिलता। यहाँ, पश्चिमी स्त्रीवाद आन्दोलन का जो वर्तमान स्वरूप है, बहुत-कुछ वैसा ही, रचना की मौलिकता में ढलकर प्रस्तुत हुआ है। स्त्री के प्रति भारतीय दृष्टिकोण सतीत्व, पातिव्रत्य, पुरुष-निर्भरता-जैसे सामन्ती मूल्यों को लिये हुए था जो अब भी पूरी तरह से खण्डित नहीं हुए हैं। कश्मीर से कन्याकुमारी और कोहिमा से कच्छ तक वर्ण, जाति और सामन्ती सामाजिक-धार्मिक-नैतिक मूल्यों के विरुद्ध लगभग हर ज़माने में स्त्रियाँ बग़ावत का बिगुल फूँकती आयी हैं। हमारा प्राचीन एवं मध्यकालीन साहित्य इस बात की गवाही देता है। लेकिन भारतीय परम्परा की गति अद्‌भुत है। यहाँ विद्रोहिणी स्त्री को देवी बनाकर प्रतिष्ठित भी किया जाता रहा और स्त्री का शोषण भी बदस्तूर चलता रहा। इस तरह विद्रोही स्त्री के तेज के आगे नैतिक रूप से हतप्रभ होकर समाज विद्रोह की धार को भोथरा बनाता रहा है। भारतीय नारी के अप्रतिम तेज, साहस और विद्रोह की प्रतिनिधि कवयित्री मीराँबाई हों या आधुनिक कवयित्री महादेवी वर्मा—इनके उठाये प्रश्नों का जवाब हमारा समाज फूलमालाओं से देता है। सम्भवतः उनके सवालों को ढँक देने के लिए भी ऐसा किया जाता हो। इस तरह भले ही विशिष्ट स्त्री-व्यक्तित्व को समादर मिलता हो, मगर समाज और परिवार में स्त्रीवर्ग की स्थिति में कोई विशेष अन्तर नहीं आ पाता। भक्त और सन्त कवियों के समान ही मध्यकालीन कवयित्रियों ने भी वर्ण, जाति, लिंग, भाषा, सम्पत्ति से जुड़े सामन्ती मूल्यों को खारिज़ करते हुए प्रेम के चरम मूल्य को स्थापित किया था। आधुनिक काल में स्वाधीनता आन्दोलन के दरम्यान, जिसमें क्रान्तिकारी संगठनों की भी सक्रिय भूमिका थी, स्त्रियाँ सत्याग्रही और क्रान्तिकारी बनकर, जेल जाकर अपने स्वतन्त्र वज़ूद को महसूस कर रही थीं। स्त्री-जागरण की पुकार क्रमशः तीव्र होने लगी थी। भारतीय संविधान यद्यपि स्त्री-पुरुष समानता की प्रतिज्ञा लेकर चलता है, किन्तु क़ानूनों में धर्मनिरपेक्षता और समता का आना अब भी बाक़ी है। हालाँकि मोटे तौर पर स्त्रियों की स्थिति पहले से बेहतर हुई है, फिर भी परिवर्तन की प्रक्रिया में उन्हें तरह-तरह की यन्त्रणाएँ झेलकर इसकी क़ीमत चुकानी पड़ रही है।

हिन्दी के वर्तमान साहित्यिक परिदृश्य में स्त्री-सम्बन्धी चिन्ता और लेखन को स्त्रीवाद के रूप में देखना संगत नहीं है अतः यह उचित ही है कि इसके लिए 'स्त्री विमर्श' जैसा व्यापक शब्द प्रयोग में लाया जाता है। यह विमर्श वैश्विक पैमाने पर हो रहे स्त्री-सम्बन्धी चिन्तन और आन्दोलन को मद्देनजर रखते हुए भारतीय परिप्रेक्ष्य को विशेष रूप से रेखांकित करता चलता है। यद्यपि स्त्रीवाद का लक्ष्य स्त्री-मुक्ति का रहा है, फिर भी इसके आन्दोलन के विभिन्न सोपानों में सैद्धान्तिक विचारों एवं व्यावहारिक कार्यक्रमों को लेकर चिन्तकों-कर्मियों में आपसी मतभेद भी गहरे रहे हैं।

स्त्री-मुक्ति के लक्ष्य की प्राप्ति के लिए माध्यम होगा स्त्री-सशक्तीकरण का। इसके लिए स्त्री को पहले तो पुरुष के बराबर सारे अधिकार पाने हैं और फिर पुरुष निर्भरता और अपने परम्परागत विरासत वाले पिछले 'स्त्रीत्व' से अलग अपनी पहचान बनानी है। हर कदम पर स्त्री का जीवन-संघर्ष पुरुष के संघर्ष की अपेक्षा बहुत ही अधिक कठिन होता है। यहाँ तक कि प्रेम के क्षेत्र में भी पुरुषवादी मानसिकता से उसकी टकराहट होती रहती है। परिवार में बचपन से ही उसकी स्थिति दूसरे दर्जे की नागरिकता वाली होती है। विवाह, मातृत्व, परिवार, समाज, क़ानून, धर्म-जैसी संस्थाएँ स्त्री-व्यक्तित्व पर निरन्तर दबाव डालती रहती हैं। आर्थिक आत्मनिर्भरता पाने के बावज़ूद सामन्ती एवं पूँजीवादी मूल्यों, संस्कारों एवं पुरुषवादी वर्चस्व को झुठलाना आसान नहीं, जानलेवा होता है। अतीत से लेकर आजतक की समस्त व्यवस्थाओं में स्त्री की ऐसी स्थिति बनाकर रख दी जाती रही है कि जिसके चलते स्त्री की देह तो देह, मन भी उसका अपना नहीं रह जाता पुरुष-वर्चस्व वाली व्यवस्थाएँ इस क़दर प्रेम के 'स्वरूप' तक को अपने अनुरूप निर्धारित करती रही हैं। सामन्ती परिवेश में सामान्यतः स्त्री-देह ऐसी 'वस्तु' थी जिस पर पुरुष (पति) का एकाधिकार होता था जबकि पूँजीतन्त्र में उस 'वस्तु' का अनेकविध 'उपयोग' स्त्री के जाने-अनजाने किया जाता है। सामन्तवाद ने यौनिक शुचिता के नाम पर स्त्री का शोषण-दमन किया तो पूँजीवाद भी कहाँ पीछे रहनेवाला है—वह स्वच्छन्द यौनता का नारा लगाकर स्त्री से कुछ कम सुलूक नहीं कर रहा। यौन-सम्बन्धों की स्वतन्त्रता और स्वच्छन्द यौन के फ़र्क़ को गड्ड-मड्ड करके पूँजीवादी व्यवस्था अपना उल्लू सीधा कर रही है। स्त्री-मुक्ति का एक घटक निश्चित रूप से देह की स्वतन्त्रता-प्राप्ति—अर्थात् स्त्री का अपनी देह पर पूर्ण अधिकार का होना—भी है।

इस तरह समकालीन भारतीय स्त्री की लड़ाई अपने 'भारतीय संस्कारों' और 'पश्चिमी सभ्यता' के आयातित मूल्यों-मानदण्डों के दो-दो मोर्चों पर है। हिन्दी कथा-साहित्य में इस तनाव को झेलती, टूटती-बिखरती और नये सिरे से निर्मित होती स्त्री के जीवन की अभिव्यक्ति हुई है और हो रही है। हमारे देश में एकक परिवार का सर्वथा स्वतन्त्र व्यक्तित्व भी अभी सम्भावना ही है। ग्रामीण परिवार और समाज अपने आतंककारी रूप को छोड़ नहीं पाया है। क़स्बे में गाँव घुसे हैं, कस्बे शहरों में और गाँव, कस्बे तथा शहर महानगरों में। इनका पूरी तरह न तो 'अपना' भारतीय संस्कार बचा है, ये पूरी तरह से पश्चिमीकृत ही हो पाये हैं। भारतीय समाज-व्यवस्था का यह संक्रान्तिकाल पूरी बीसवीं सदी चला। रूपान्तरण की इस प्रक्रिया के वर्तमान सदी में भी कुछ और समय तक चलते रहने की सम्भावना है। ऐसी अवस्था में जो दलितों, स्त्रियों, ग़रीबों एवं अल्पसंख्यकों के लिए दमन और शोषण का चक्र जारी है

उसके प्रतिकार का कारगर उपाय आरक्षण नहीं हो सकता। इन सभी तबकों की स्त्रियों को तो दमन और शोषण की दोहरी मार झेलनी पड़ती है—व्यवस्था के साथ-साथ अपने ही पुरुष-वर्ग की भी ! चूँकि निरक्षरता, अज्ञान तथा अन्य कारणों से उनके लिए अक्सर अपने सही शत्रु को पहचानना नहीं हो पाता इसलिए अत्याचार भी उन्हें अन्तहीन प्रतीत होता है। जिस गति से शिक्षा का प्रसार हो रहा है उसी मन्थर गति से इनकी स्थिति में धीमा परिवर्तन भी परिलक्षित किया जा सकता है मगर यह बदलाव अधिकतर बाहरी और मात्रात्मक ही—शिक्षा की गुणवत्ता के अनुपात में—है।

चिन्तकों ने पाया है कि स्त्रियों के व्यक्तित्व-विकास में सम्भवतः सबसे बड़ी बाधा विवाह-संस्था खड़ी करती है। सार्त्र का यह कहना कि विवाह की सफलता पति-पत्नी में से किसी एक के व्यक्तित्व (जो अक्सर पत्नी का होता है) के सम्पूर्णतः दमन/विलयन पर निहित है, भारतीय सन्दर्भों पर पूरी तरह लागू होता है। विवाह-संस्था में लाख खामियाँ होने के बावज़ूद समाज, सभ्यता और संस्कृति इसका कोई विकल्प नहीं ढूँढ़ पाये हैं। हिन्दी कथा-कहानी परम्परागत सोच के दायरे से बहुत अलग, बहुत क्रान्तिकारी की ओर अगर नहीं जा पाती तो शायद इसलिए कि उसका ज़ेहन व्यवस्था के भीतर रह कर ही विकल्प-खोजी है। हिन्दी कथा-साहित्य के दौर में स्त्री के जीवन-सन्दर्भों को लेकर गहरे संवेदनापूर्ण रचनाएँ होती रही हैं (कहानी के क्षेत्र में ही 'देवरथ' (प्रसाद), 'कहानी का प्लाट' (शिवपूजन सहाय), 'जहाँ लक्ष्मी क़ैद है' (राजेन्द्र यादव), 'टेबुल' (रेणु), 'मछलियाँ' (उषा प्रियंवदा), 'पुन्नी माटी' और 'जसी बहू' (संजीव), 'कसाईबाड़ा' और 'तिरिया चरित्तर' (शिवमूर्ति)—जैसी कहानियाँ गिनायी जा सकती हैं) जिनमें सामान्यतः या तो स्त्री-जीवन एवं स्त्री-शोषण के मनोवैज्ञानिक अथवा समाजशास्त्रीय पहलुओं को सामने रखने की क़ोशिश दिखती है। विश्व कथासाहित्य की तुलना में हिन्दी कथा-कहानी की मोटे तौर पर जो एक निस्तेज-सी छवि दिखायी देती है उसका एक कारण अगर इसमें जीवन-वैविध्य की कमी है तो दूसरा यह हो सकता है कि कथाकार राजनैतिक विचारों से लगभग आक्रान्त होकर लिखने चलते हैं। कथा का अनुभव तो यही बताता है कि जो कथाकार रचना में अपने राजनैतिक आग्रह छिपाने में जितना क़ामयाब होता है उसी अनुपात में वह जीवन को निकटता से रच पाने में भी निपुणता हासिल करता है। आग्रहपूर्ण विचारों के आवरण चाहे कितने ही पारदर्शी क्यों न हों, उनकी मार्फत देखने से कुछ-न-कुछ दृष्टिपथ से ओझल ज़रूर हो जाता है और वे जीवन का सही साक्षात्कार होने नहीं देते। सही रचनाकार अपनी व्यक्तिगत धार्मिक, राजनैतिक हर प्रकार की 'पक्षधरता' को भेदकर निष्कवच जीवन के पास पहुँचता है क्योंकि उसकी चरम पक्षधरता जीवन के प्रति होती है और वहीं से वह कथ्य और कला की सारी

शक्ति प्राप्त करता है।

लेकिन दलित और स्त्री-सम्बन्धी विमर्शों ने कला और सौन्दर्यात्मक प्रतिमानों पर प्रश्नचिह्न लगाना चाहा। पिछली सदी के पूर्वार्ध में प्रेमचन्द की कथात्मक उपस्थिति ने हमारी सौन्दर्यदृष्टि को बड़ी सूक्ष्मता से प्रभावित किया था—ख़ास तौर से रंगभूमि और गोदान-जैसे उपन्यासों और ईदगाह, बूढ़ी काकी, मन्त्र, सद्‌गति-जैसी दर्ज़नों कहानियों के द्वारा। प्रेमचन्द कथा की भावयोजना को अपने अनुभव में इस कदर ढाल कर प्रस्तुत करते थे कि कथा पाठक के अनुभव-संसार से एकमेक हो जाती थी—उसमें रच-बस जाती थी। दलित, स्त्री, आदिवासी, किसान आदि से सम्बन्धित कथा लेखन अपने श्रेष्ठांश में हमारी समझ को व्यापकतर बनाने का काम कर सकता है क्योंकि यह उन समस्त स्थानिक सूक्ष्मताओं को पकड़ ले आ सकता है जो हमसे प्रायः ओझल और अदेखी रह जाती हैं या जिन्हें हम देख कर भी नहीं देख पाते। और अगर ऐसा नहीं कर पाता है तो इसका एक बड़ा कारण उस पर व्यावहारिक (वोट-आधारित) राजनीति का अनपेक्षित दबाव भी है। आज हालत यह है कि क्रान्ति की बड़ी बातें करने वाली पार्टियों के लोग भी जाति-लिंग-आधारित आरक्षण की बात का या तो गोलमोल ढंग से समर्थन करने लग जाते हैं या फिर उस पर चुप लगा जाते हैं। हद तो यह है कि आरक्षण-विरोध को प्रतिक्रियावादी विचार मान लिया जाता है। कथा-कहानी तक में सही बात खोलकर रखने की साहसिकता का अभाव ही दिखायी देता है।

ऐसी ही स्थिति अल्पसंख्यकों—ख़ास तौर से मुसलमानों—को लेकर भी है, जहाँ विचित्र क़िस्म का विभ्रमपूर्ण माहौल बनाकर रखा गया है। राजनीति में मुसलमानों के रहनुमा बनने वाले चाहे वे मुस्लिम नेता हों या ग़ैर-मुस्लिम—किसी ने उनका भला नहीं किया, उलटे उनको क़मज़ोर और आशंकित बनाकर रखा है। इस भयभीत और आतंकित मानसिकता के ज़िम्मेदार उनकी तथाकथित भलाई चाहने वाले तत्व ही अधिक हैं जो अपना फ़ायदा उठा रहे हैं। आज़ादी के बाद से हर धर्म के सभी भारतीयों—ख़ासकर हिन्दू, मुस्लिम, सिख, ईसाई—के लिए अपने तथाकथित 'अतीत-मोह' से छुटकारा पा लेना और भविष्योन्मुख होकर देश के वर्तमान को सँवारना उचित था, लेकिन स्वार्थी नेताओं के ग़लत साम्प्रदायिक़ नज़रिये ने ऐसा होने न दिया। देश-विभाजन के पीछे अल्लामा इक़बाल की साम्प्रदायिक फ़िलासफी और क़ायदे-आज़म जिन्ना की राजनीति का सबसे बड़ा हाथ था जिसने मुसलमानों को (विशेषरूप से) न केवल अलग देश का निवासी बना दिया बल्कि उनकी मानसिकता में भी दरार पैदा कर दी। फिर साम्प्रदायिक राजनीति ने उन्हें भारत-विरोधी बनाने का काम किया। चाहे दक्षिण हो अथवा वाम लगभग सभी राजनैतिक दलों को मुसलमानों में असुरक्षा की भावना का होना अपने लिए फ़ायदेमन्द लगा। सबने हर चन्द क़ोशिश

कि इस असुरक्षा-भावना को स्थायी बना दिया जाये। उनका यह नकारात्मक प्रयत्न अप्रत्याशित रूप से सफल भी होता रहा। यही कारण है कि मुसलमानों को लेकर देश की राजनीति में ध्रुवीकरण हो चुका है—भाजपा, शिवसेना-जैसी हिन्दुत्ववादी धुर दक्षिणपन्थी पार्टियाँ मुस्लिम-विरोधी घोषित की जा चुकी हैं जबकि दूसरी वाम-दक्षिण-केन्द्रवर्ती पार्टियाँ खुद को मुसलमानों का ख़ैरख़्वाह बताते नहीं थकतीं। दरअसल मुसलमानों के 'अपने' कहे जाने वाले, उनका अलमबरदार बने, नेता भी उनके अपने नहीं—वे भी साम्प्रदायिक समस्याओं पर स्वार्थ की रोटियाँ ही सेंकते रहते हैं।

इक़बाल और जिन्ना धर्माधारित राजनैतिक दर्शन प्रस्तुत कर अलग मुल्क बनाने में सफल तो हो गये, पर पाकिस्तान और भारत दोनों ही देशों के लिए अन्तहीन समस्याएँ भी छोड़ गये। अंग्रेजों के ज़माने से ही मुसलमानों के ज़ेहन में यह ज़हर भरा जा रहा था कि भारत में उनके साथ भेदभाव किया जा रहा है। यहाँ उन्हें समान अवसर नहीं दिये जा रहे। यहाँ तक कि धर्म पर ख़तरे की बात करके मुसलमानों के भीतर धार्मिक उन्माद को जगाया गया। इक़बाल ने उन्हें 'अल्लाह के शेर' बताया और बहादुरी और ज़ेहाद के लिए ललकारा था। बँटवारे के बाद भी उन्हें निहित स्वार्थी तत्त्वों के द्वारा बार-बार समझाया गया कि भारत उनका 'अपना देश' नहीं हो सकता कि यहाँ उनके जान-माल की सुरक्षा सुनिश्चित नहीं। मुसलमानों की अशिक्षा, ग़रीबी और बेकारी-जैसी मूल समस्याओं को लेकर किसी ने क़ारगर क़दम उठाने की बात नहीं की। उलटे अनेक देशी-विदेशी तत्त्वों ने उनके बीच अन्धधार्मिकता फैलाने में कोई कोर-क़सर बाक़ी नहीं रखी। वैज्ञानिक शिक्षा उनके दिमाग़ को खुला और व्यापक बना सकती थी लेकिन् उन्हें इससे दूर ही रखा गया। अनेक राज्यों ने उर्दू को दूसरी-तीसरी राजभाषा का दर्ज़ा तो दिया लेकिन व्यवहार में इसका कोई ख़ास मतलब नहीं हो सकता था। इस देश में धर्म के नाम पर मुसलमान जितना ही संगठित होते गये, उतना ही उनके समानान्तर हिन्दू भी। लगता है, लोग बिलकुल ही भूल गये हैं कि यह परस्पर घृणा-आधारित राजनीति हमें कहीं नहीं ले जाने वाली। अस्सी के दशक में मुसलमानों के नेता बने डॉ. अब्दुल ज़लील फ़रीदी ने 'समझौते की नीति' के तहत मुस्लिम राजनीति की। इससे थोड़े-से खाये-अघाये मुसलमानों का जो भी भला हुआ हो, आम मुसलमानों को कोई लाभ नहीं हुआ। उसी दशक में सैयद शहाबुद्दीन-जैसे 'पढ़े लिखे' व्यक्ति ने अपनी राजनैतिक महत्त्वाकांक्षा के लिए बाबरी मस्ज़िद का इस्तेमाल करना शुरू किया। भूली-बिसरी उस मस्ज़िद के 'महत्त्व' को राई का पहाड़ बनाकर इस तरह पेश किया गया गोया वह इस्लाम का सबसे बड़ा मुद्दा हो। धर्म के नाम पर लामबन्द हुए तथाकथित हिन्दुओं के द्वारा बाबरी मस्ज़िद के ध्वंस का शर्मनाक कृत्य अन्धधार्मिक अतिवाद

का परिणाम बना। अब हर साल उस ध्वंस की बरसी मनाकर, अन्धधार्मिकता को उभार कर, विभिन्न पार्टियाँ निर्लज्जतापूर्वक अपना वोट-बैंक चिह्नित कर रही हैं। चाहे बम्बई और गोधरा के दंगोंवाले कांड हों, चाहे 1984 में हज़ारों सिखों का देशव्यापी कत्ल हो अथवा उड़ीसा में पादरी स्टेंस की बेटों-सहित जघन्य हत्या—अन्धधार्मिकता हमारे सेकुलर दामन पर लगातार दाग़ लगाती जा रही है। ज़्यादातर दंगे हिन्दू-मुसलमानों के बीच भड़के हैं, क्योंकि इन दोनों धर्मों के लोगों में अशिक्षा, ग़रीबी और बेकारी का—और अपराध का—अनुपात ज़्यादा है और ऐसे वर्ग को धर्म के आधार पर भड़काना आसान होता है। हाल के वर्षों में आरक्षण के नाम पर मुसलमानों को लेकर राजनीति होने लगी है। इस सम्बन्ध में एक विशिष्ट मुस्लिम बुद्धिजीवी मौलाना वहीदुद्दीन खान की बेबाक राय है कि, "...देश की आबादी का 15 प्रतिशत मुसलमान हैं। इसलिए उनकी माँग है कि मुसलमानों को सरकारी नौकरियों में इतना ही आरक्षण दिया जाए। मुझे कोई शक़ नहीं कि यह एक असम्भव माँग है। अगर तर्क के लिए यह मान भी लिया जाय कि सरकार राष्ट्रपति के अध्यादेश द्वारा या क़ानून बनाकर मुसलमानों के लिए सरकारी नौकरियों में 15 प्रतिशत आरक्षण सुनिश्चित कर देगी तो व्यवहार में इन पदों को भरने के लिए पर्याप्त मुस्लिम उम्मीदवार मिलना असम्भव है।" सच पूछा जाय तो धर्म-जाति से आक्रान्त भारत में मुसलमान अल्पसंख्यक हैं भी नहीं। अनेक मुस्लिम देशों से.ज्यादा मुसलमान भारत में हैं। उन्हें असमर्थ और असुरक्षित बनाये रखने में उनके अपने ही धार्मिक-राजनैतिक नेताओं का बड़ा हाथ है।

ज़ाहिर है कि आरक्षण मुस्लिम, दलित या स्त्री की समस्याओं के मर्ज़ की दवा नहीं। ग़रीबी-उन्मूलन, शिक्षा-प्रसार, जाति-धर्म-लिंग-निरपेक्ष नीति-जैसी ज़रूरी बातों को टालते रहने से हमारी समस्याओं का अम्बार लगता जा रहा है, भ्रष्टाचार का बोलबाला है और प्रजातन्त्र धीरे-धीरे खोखला हो रहा है। विडम्बना यह कि यह सब कुछ प्रजातन्त्र के नाम पर वोट की राजनीति के तहत हो रहा है।

हिन्दी का दलित, स्त्री एवं अल्पसंख्यक विमर्शों से सम्बन्धित कथा-लेखन वास्तविक धरातल पर बात कम ही कर पाता है। जातीय एवं धार्मिक सद्भाव के नाम पर लिखी गयी कथात्मक रचनाओं में वास्तविक संवेदनशीलता की बजाय पार्टीलाइन की चालाकियाँ अथवा भावुकताएँ ही अधिक झलक मारती दिखायी देती हैं। ग़रीब, क़मज़ोर और निरक्षर आदमी और औरत अपनी ही जाति, लिंग अथवा धर्म के लोगों द्वारा भी ख़ासा दमित-शोषित होते रहे हैं। सच्ची विडम्बनाओं और अन्तर्विरोधों को हिन्दी कथा-कहानी कम ही प्रस्तुत कर पा रही है।

हिन्दी कथा का स्वभाव और मानवीय सरोकार

कथात्मक रचनाओं यानी कहानी, उपन्यास, नाटक-सरीखी विधाओं में—इनके लिखित रूप में प्रस्तुत किये जाने के पूर्व से ही—लोक-रुचियों का प्रकटीकरण होता आया है, क्योंकि इनका सम्बन्ध लोकजीवन, लोकसंस्कृति और लोकमानसिकता से गहरा होता है। कथा में जीवन को यथातथ्य रखा जाना ज़रूरी नहीं, इसलिए अब वहाँ जीवन की ठोस बाहरी वास्तविकता की ज़गह आन्तरिक सच्चाइयों को उद्घाटित करने की प्रवृत्ति अधिक मिलती है। सभ्यता 'फैक्ट' (तथ्य) को पहचानती है, जबकि संस्कृति 'फिक्शन' (गल्प) को। गल्प तथ्य की बाहरी तहों को उधेड़ता हुआ उसकी आत्मा की सच्चाइयों को पकड़ने की कोशिश करता है। सांस्कृतिक मूल्य और मिथक समुद्र की व्यापकता में बसी अथाह गहराई की तरह होते हैं जबकि सभ्यता किनारों वाले उथले जल की भाँति होती है जहाँ लहरें किनारों के अनुसार अपनी दिशा में बदलाव लाती हैं। बीच समुद्र की लहरें प्राकृतिक रूप से हवा की दिशा के अनुसार गतिशील होती हैं, लेकिन तटवर्ती लहरें हमेशा किनारे की दिशा में ही बहती हैं; चाहे वहाँ हवा का बहाव किसी भी दिशा में क्यों न हो। जो कथा ऊपरी तौर पर सभ्यता, अर्थात् ऊपरी वास्तविकता, में आबद्ध होकर ही दम तोड़ देती है, उसके लिए निश्चित समय-समाज-आबद्धता ही अन्तिम किनारा या लक्ष्य होता है। सामयिकता के दबाव के हटते ही ऐसी कथाओं की ताज़गी और प्रासंगिकता भी चुक जाती है। जहाँ कथा का आभ्यंतरिक कथ्य सामयिक घटनाओं की उत्तेजना से परिचालित होकर अन्ततः उसी में पर्यवसित हो जाता है, उससे कला को ज़्यादा कुछ प्राप्त नहीं होता, बल्कि उलटे उसकी क्षति ही होती है।

दूसरी तरफ आन्तरिक सच्चाइयों वाली कथा मानवीय नियति के प्रश्नों से जुड़ी होती है। ऐसी रचनाएँ अपने समय और समाज की होकर भी उन्हीं तक सीमित नहीं रह जातीं बल्कि स्वतन्त्र और उन्मुक्त व्यंजनाओं वाली होती हैं। वैसे तो हर कथा का अपना समय और समाज होता है लेकिन अनचुक व्याप्ति और गहराई की

सम्भावनाओं वाली कथा ही टिकाऊ होती है। श्रेष्ठ कथाकार सामयिक घटनाओं-परिघटनाओं की व्याप्ति की पहचान करता है और कथाव्यंजना के द्वारा सामयिकता का अछोर अतिक्रमण कर पाता है। ऐसी कथारचनाओं में जीवन का चित्र जिस रूप में मिलता है वह विशिष्ट समय और समाज को विशेषतः अर्थवान बनाता है। ऐसा चित्रण राष्ट्रीयता तक की परिधि को लाँघकर जीवन के विश्वजनीन अनुभवों से मिल जाता है। अर्थात् कथा की सार्थकता उसके मानवीय होने में है और उसका यह मानवीय होना उसके राष्ट्रीय होने के बावज़ूद होता है। श्रेष्ठकथा सामयिक सामाजिकता का तिरस्कार या निषेध नहीं करती बल्कि अपनी रचनात्मकता के द्वारा उसे विस्तार देती है और इस तरह स्थिर समय में निबद्ध रहकर चुक जाने से इनकार कर देती है।

फ्रेडरिक ज़ेम्सन ने 'राष्ट्रीय उपन्यास' (नेशनल नॉवेल) की बात चलायी थी। हिन्दी में आंचलिक कथाओं की अच्छी-ख़ासी परम्परा बनी। सच पूछा जाय तो क्षेत्रीयता और राष्ट्रीयता कथा को सीमित और संकीर्ण दायरे में क़ैद करने वाली चीजें नहीं हैं। ये कथा की आत्मा के लिए देह की भाँति हैं—सुपरफ़ीशियल सीमांकन-भर हैं, कोई लक्ष्मण-रेखा नहीं कि जिसे पार नहीं किया जा सके। कथा के लिए क्षेत्रीय, राष्ट्रीय और वैश्विक साथ-साथ होना सम्भव ही नहीं, ज़रूरी भी है। इतना ही नहीं, कथा का स्वभाव समकाल को सर्वकाल में ढालने वाला होता है, इसके बावज़ूद कि वहाँ कथाकार की संस्कृति और राष्ट्रीयता भी बसी होती है। पंचतंत्र की कथाएँ अपनी सांस्कृतिक सुगन्ध के बावज़ूद काल और भूगोल को मापती नज़र आती हैं।

कहानी में राष्ट्रीयता की पहचान करना असम्भव नहीं। दरअसल कहानी में यह जातीय अथवा राष्ट्रीय स्मृतियों के रूप में बसी (और सुरक्षित) होती है। हम किसी भी अच्छी कहानी में इसे पा सकते हैं। प्रेमचन्द की 'मन्त्र', 'सद्गति', 'सवा सेर गेहूँ', 'आत्माराम', 'शतरंज़ के खिलाड़ी', 'क़फ़न', 'पूस की रात' जैसी कहानियों में परिव्याप्त जातीय स्मृतियों की शिनाख्त करना कठिन नहीं। हर देश की कहानियों में वहाँ के लोकजीवन, दन्तकथाओं और सामाजिक-राजनैतिक अभिप्रायों की अनुगूँजें भरी मिलेंगी। आज ही हिन्दी कहानियों में भी ऐसी अन्तर्ध्वनियों को महसूस किया जा सकता है। जैसे, आज़ादी के पहले 'दिल्ली चलो' की प्रसिद्ध ऐतिहासिक उद्घोषणा की (किंचित् विद्रूपात्मक?) ध्वनि का अहसास असगर वज़ाहत की कहानी 'दिल्ली पहुँचना है' में किया जा सकता है। या संजीव की रचना 'पूत-पूत-पूत' में देखा जा सकता है कि कहानी की प्रतीकात्मकता कहानी के बिम्ब को बहुत दूर तक प्रसारित कर देती है।

आलोचक हिन्दी कहानियों के आरम्भ से ही न केवल उनकी अनेक प्रवृत्तियाँ लक्षित करते, बल्कि अक्सर इस तथ्य को नज़रअन्दाज़ कर कि कथा में केवल यथार्थ ही नहीं, यथार्थ की कलात्मक अभिव्यक्ति महत्त्वपूर्ण है, उनका अपने मन-माफिक वर्गीकरण भी करते हैं। यही कारण है कि आज प्रेमचन्द बनाम प्रसाद स्कूल की बात भले ही पीछे छूट चुकी हो, लेकिन यथार्थ बनाम कलात्मकता का नक़ाब डाले दो-टूक श्रेणी-विभाजन करने वाली आलोचना अब भी ख़ूब नज़र आती है। सरसरी तौर पर देखने से इस बात में दम लगेगा कि मनुष्य के पराक्रम और/अथवा पराभव को लेकर चलनेवाली प्रवृत्ति अश्क, यशपाल, भीष्म साहनी, अमरकान्त आदि की कहानियों की केन्द्रीयता बनती हैं और मानवीय नियति, मानसिक कार्यव्यापारों और द्वन्द्वों को तरज़ीह देने वाली 'भिन्न' प्रवृत्ति जैनेन्द्र कुमार, अज्ञेय, निर्मल वर्मा जैसे कथाकारों में है, किन्तु यह ऊपरी और कामचलाऊ वर्गीकरण ही हो सकता है। भीतरी असलियत तो यह है कि अपने पहले और अन्तिम प्रभाव में कहानी को कहानी होना है। सत्तर-अस्सी के दशकों में ढेर सारी कहानियाँ मानो घटित का ही प्रतिरूप पेश करने में लगी थीं। इस तरह की रचनाओं में लेखकों की सामाजिक अथवा राजनैतिक इच्छापूर्ति उनके प्रच्छन्न नैतिक बोध के रूप में ज़ाहिर होती थी। हालाँकि थोड़ी-बहुत मात्रा में अब भी ऐसी रचनाएँ पत्र-पत्रिकाओं में मिल जा सकती हैं, फिर भी कथा-कहानी के पाठकों का विकसित सौन्दर्यबोध अब स्टीरियोटाइप, एकायामी और संकुचित कथ्य वाली कहानियों के प्रति वितृष्णा प्रकट करने लगा है। अनेक सम्भावनाशील कहानीकारों ने अपनी रचना-दिशा में किंचित् मोड़, व्यापकता एवं विकास के सुखद संकेत दिये। संजीव-जैसे कथाकार, जिन्होंने शुरुआती दौर में 'अपराध'-जैसी कहानी लिखकर एक ख़ास ढंग की पहचान बनायी थी, जल्दी ही अपनी उस तथाकथित इमेज को तोड़ने का उपक्रम करने लगे और बेहतर समझ का परिचय देते हुए अपनी कथायात्रा को नये विषयों और अनुभव-क्षेत्रों की दिशा में मोड़ दिया। फलस्वरूप उनकी परवर्ती कहानियाँ 'अपराध' को कहीं बहुत पीछे छोड़ चुकी हैं।

वैसे तो हर कहानी का एक वक़्त होता है मगर महान कहानियाँ सारे वक़्तों की होती हैं। जो अपने वक़्त के प्रति सच्चा होगा वही पिछले और अगले वक़्तों के बारे में भी सच्चा और ईमानदार हो सकता है। हिन्दी में जो कमज़ोर कहानियाँ मिलती हैं या तो वे सिर्फ़ अपने वक़्त को ही देखती हुई उसी से चिपककर—अर्थात् पूरी तरह से अख़बारी ढंग से सामयिक होकर—दम तोड़ देती हैं या फिर सिर्फ़ पिछले वक़्तों को ही निहारते हुए—अपने वक़्त से पूरी तरह कटकर—बेमानी हो जाती हैं। अपने वक़्त के प्रति सच्चा होने का जज़्बा उसी में हो सकता है जो वर्तमान के बारे में स्वस्थ

इतिहास-दृष्टि रखता हो। रचना की एक आँख अगर परम्परा को टोहती है तो दूसरी आँख भविष्य की थाह लेनेवाली होती है।

कहना फ़िज़ूल है कि परम्परा की पहचान हमें वर्तमान की पहचान बनाने में मदद देती है। महाभारत, बृहत्कथा, पंचतंत्र, कथासरित्सागर, दशकुमार चरित, कादम्बरी, गाथा शुकसप्तति, बैताल पंचविंशति, सिंहासन द्वात्रिंशतिका आदि के स्रोत अब भी सूखे नहीं हैं क्योंकि इनका बहुलांश हमारे जीवन-सन्दर्भों पर फिट बैठता है। अपने जीवन्त समकालीन कथाकारों की रचनाओं में हम पुराने क्लैसिक्स की जीवन्तता को महसूस कर सकते हैं। आज भी जो श्रेष्ठ कहानियाँ रची जा रही हैं, निकट से परीक्षा करने पर, उनके रक्त में पिछली महान रचनधओं की विरासत वाले गुणसूत्र (DNA) मौज़ूद मिलेंगे। हम चाहें न चाहें, भारतीय कथा-परम्पराओं की महान विरासत से अपने रक्त-सम्बन्ध को झुठला नहीं सकते, पर साथ ही यह भी तथ्य है कि हर पीढ़ी को अपना रक्त और गुणसूत्र भी तैयार करना पड़ता है।

कथा या 'फ़िक्शन' के अन्तर्गत आज जिसे 'नॉवेल' और 'शार्ट स्टोरी' कहते हैं, वह बहुत पुराना तो नहीं है। पश्चिमी साहित्य में इसकी जड़ें चौदहवीं सदी से—सर्वान्ते और बोकैशियो से—पहले नहीं पहुँच पातीं। बोकैशियों के 'डेकामेरान' में तत्कालीन समाज से सम्बन्धित मनुष्य के क्रिया-कलापों की जो एक हजार कहानियाँ हैं उनकी आलोचनात्मक और व्यंग्यपरक संवेदना उस सार्वजनीनता और सार्वकालिकता को छूती प्रतीत होती हैं जो कहानी की सिफ़त है, फिर भी आधुनिक अर्थों में, जीवन और जगत के यथार्थ चित्रण से जुड़ी कथा-कहानी का उदय विश्व की लगभग सभी महत्त्वपूर्ण भाषाओं में उन्नीसवीं सदी में हुआ। तभी से सद्यःआविष्कृत फ़ोटोग्राफी की तकनीक का भी उपयोग इस विधा ने करना शुरू किया। तब से लेकर अब तक, जीवन और समाज से गहरे रूप में जुड़े होने तथा गपशप और क़िस्सागोई-जैसे रोचक गुणों के कारण साहित्य की अन्य विधाओं की तुलना में कथा-कहानी को हर समाज में अपार लोकप्रियता मिलती रही है। आज ज़र्मन हो या फ्रेंच, जापानी हो या स्पैनिश—हर भाषा में यह महत्त्वपूर्ण विधा के रूप में स्थापित हो चुकी है। कथा वस्तुतः व्यष्टि और समष्टि के, व्यक्ति-मन और सामाजिक जीवन के द्वन्द्व, तनाव और टकराहट से निर्मित होती है। कहानी, उपन्यास, नाटक-जैसी विधाओं का सामाजिक सरोकार स्वतः सिद्ध है क्योंकि ये विधाएँ निरा स्वान्तःसुखाय नहीं हो सकतीं। यह डायरी लेखन-जैसी भी नहीं जिसमें खुद को सम्बोधित करके सन्तुष्ट हो लिया जाता है। कथा कहने वाले को सुनने वाला चाहिए ही चाहिए। लिखत में आने पर कथा किसी (अन्य) पढ़ने वाले के लिए होती है। कथा के विषय जीवन और जगत ही होते हैं। इस तरह कथा के उद्भव में ही उसका सामाजिक और

जनोन्मुख स्वरूप विद्यमान होता है। कविता में ज़रूर व्यक्तिनिष्ठ संवेदना होती है, लेकिन कथा में सामाजिक सन्दर्भ अनिवार्यतः आते हैं। यहाँ एक बात ज़ोर देकर कहने की है कि श्रेष्ठ कथाएँ समाजशास्त्र और मनोविज्ञान के 'आधार' पर नहीं लिखी जातीं, बल्कि वे वैसी उच्च भूमि पर होती हैं कि समाजशास्त्रीय और मनोवैज्ञानिक सिद्धान्तों का उपजीव्य बनती हैं।

रचनाकाल की दृष्टि से किसी कथा का नया या पुराना होना कोई बहुत गहरे मायने नहीं रखता। दरअसल हर अच्छी कथा अपनी संवेदना में आधुनिक होती है—दूसरे शब्दों में एक अच्छी 'पुरानी' कहानी नये पाठक/श्रोता के मन में अपना 'नया पाठ' तैयार करती रहती है—कहानी चाहे क्षण-विशेष की हो, अथवा सम्पूर्ण जीवन की घनीभूत संवेदना की। इस तरह से भी परम्परा नयेपन में अपना नवजीवन पाती रहती है। यद्यपि परम्परा और विरासत की जड़ें अनदिख होती हैं लेकिन होती हैं बेहद मज़बूत। ग्रामजीवन के रक्त में भारत की संस्कृतियाँ सहज गति से प्रवाहित होती रही हैं और हिन्दी कहानीकार ग्राम जीवन से कथा का कहन-ढंग और कथा की चेतना दोनों ही ग्रहण करके स्वयं को प्रासंगिक और तरोताज़ा बनाता रहा है। रेणु, शैलेश मटियानी, शिवप्रसाद सिंह, रामदरश मिश्र से लेकर शैवाल, संजीव, शिवमूर्त्ति, मैत्रेयी पुष्पा, चन्द्र किशोर जायसवाल-जैसे कथाकारों ने गाँव के स्वभाव से अपनी कथा के स्वभाव को मिलाने की सफल क़ोशिशें की हैं।

हिन्दी में कथा-कहानी की बात चलने पर प्रेमचन्द ही जाने-अनजाने प्रस्थान-बिन्दु मान लिये जाते हैं और यह बहुत अनुचित भी नहीं लगता। लेकिन प्रेमचन्द के बाद उनके ज़माने का यथार्थ अनेकमुखी बनकर और नये परिवर्तित रूपों में अभिव्यक्त होने लगा जो स्वाभाविक था। जो प्रेम 'उसने कहा था' कहानी में व्यक्ति को व्यक्तित्व और ज़िन्दगी का मक़सद दे रहा था, वही प्रेम निर्मल वर्मा की 'परिन्दे' में जीवन-भर की टीस बनकर प्रकट होता है। उसी प्रेम की विषादपूर्ण लय हमें रेणु की 'रसप्रिया', 'तीसरी क़सम' और शेखर जोशी की 'कोसी का घटवार'-जैसी अनेक कहानियों में मिलती है। आधुनिक प्रेम-कहानियाँ जीवन पर व्यावसायिकता के दबाव की भयावहता का सूक्ष्म रेखांकन करती हैं। मन्नू भण्डारी की 'यह सच है' और उषा प्रियंवदा की 'मछलियाँ' प्रेम के सहज-स्वाभाविक अंकुर के ऊपर रखी व्यावसायिकता की भारी और कठोर चट्टान की ट्रैजेडी को व्यक्त करती हैं। जिस समाज में सबकुछ तेज़ी से व्यावसायिकता का शिकार बनता जाता हो उसमें प्रेम की मासूमियत भी ग़ायब हो जाती है और उसकी स्थिति हास्यास्पद हो उठती है। ज्ञानरंजन की कहानी 'हास्यरस' प्रेम की संवेदना को पूरी तरह से विद्रूप बनाकर पेश करती है।

आज़ादी के आसपास की, और बाद में चलकर भी, कथाओं में एक क़िस्म की बौद्धिकता का समावेश हुआ। विभाजन का दर्द झेलता हुआ आज़ाद देश जिस जटिल और उलझे हुए परिवेश में खुद को पा रहा था उसमें शिक्षित मध्यवर्ग, उद्योगीकरण, शहरीकरण, ग़रीबी और बेकारी, टूटता-बिखरता गाँव, परिवार और समाज, स्वातन्त्र्योत्तर आकांक्षाएँ, महत्त्वाकांक्षाएँ और स्वप्न-भंग, आधुनिकतावादी फ़ैशन, चतुर्दिक अवमूल्यन, साम्प्रदायिकता आदि-जैसी अनेक अच्छी-बुरी बातें और समस्याएँ थीं जिनकी अभिव्यक्ति हिन्दी कथाकृतियों में ख़ूब की गयी। बदले और बदलते हुए परिवेश में नये भावबोध ने कथाकारों को नये शिल्प की खोज की दिशा में भी प्रेरित किया। अब पुराने अर्थ वाला स्थूल 'कथानक' सूक्ष्म 'कथाव्यंजना' में बदल गया। कथा-कहानी के क्षेत्र में विभिन्न वादों और आन्दोलनों का दौर भी चला। आंचलिकता, नयी कहानी, समान्तर कहानी, अकहानी, सचेतन कहानी, सक्रिय कहानी, सहज कहानी, जनवादी कहानी और न जाने क्या-क्या जिनके घटाटोप में कहानी का भला-बुरा दोनों हुआ। नयी कहानी के ज़माने में कहानी को इतना महत्त्व मिला कि वह साहित्य की केन्द्रीय विधा कहलाने लगी। उस दरम्यान कहानी की अनेक उच्च कोटि की पत्रिकाएँ परिदृश्य पर थीं—माया, कहानी, मनोहर कहानियाँ, सारिका, नयी कहानियाँ, नीहारिका, कहानीकार आदि विभिन्न कथामंचों और कथाशिविरों के आयोजनों ने, यहाँ तक कि 'धर्मयुग'-जैसे साप्ताहिक ने भी 'कथादशक' की योजना के द्वारा, कहानी को आम पाठकों के बीच में ला खड़ा किया, जिससे कहानी की लोकप्रियता स्वतःसिद्ध हुई। सामाजिक, राजनैतिक, आर्थिक, पारिवारिक आदि सम्बन्धों को उस काल की अनेक यादगार कहानियाँ शिद्दत से महसूस कराने में सफल रही हैं, जैसे—'अवलम्ब' (राधाकृष्ण), 'जहाँ लक्ष्मी क़ैद है' (राजेन्द्र यादव), 'परमात्मा का कुत्ता' (मोहन राकेश), 'ढलान' (कमल जोशी), 'ज़िन्दगी और जोंक', 'डिप्टी कलक्टरी', 'दोपहर का भोजन' (अमरकान्त), 'तीर्थोदक', 'सँवदिया' (रेणु), 'गुलकी बन्नो' (धर्मवीर भारती) आदि।

पुरातनपन्थी समाज की पतनगाथा और ढहते सामन्ती सम्बन्धों की मूल्यहीनता पर तीखी टिप्पणी करने वाली 'क़फ़न' से कहानी में जो परिपक्वता आयी उसके बाद भी हिन्दी कहानी पर्याप्त निखरती रही है। विशेष रूप से फणीश्वरनाथ रेणु, हरिशंकर परसाई, श्रीलाल शुक्ल-जैसे अन्यतम कथाकारों ने प्रेमचन्द के बाद के समाज को उसकी समग्रता में नये ढंग से पहचानने का कार्य किया। सामान्य जन के प्रति अगाध करुणा से भरे हुए ये कथाकार गहन-अन्ध व निकृष्टतम जीवन-स्थितियों का चरम साक्षात्कार करते समय भी मानवीयता की लौ को बुझने नहीं देते।

कहानीकारों ने परिवर्तित होते समाज में सबकुछ टूटता-बिखरता पाया था।

पीढ़ियों के आपसी रिश्ते दरक रहे थे। इस बदलाव को अलग-अलग कोणों से देखने वाली कहानियों में 'चीफ की दावत' (भीष्म साहनी), 'आर्द्रा' (मोहन राकेश), 'वापसी' (उषा प्रियंवदा) और 'पिता' (ज्ञानरंजन) अन्यतम हैं। परम्परागत नैतिकता प्रश्नों के घेरे में आ गयी थी, लेकिन स्वस्थ नैतिकता बनती हुई नज़र नहीं आ रही थी। इस सन्दर्भ में राजकमल चौधरी की कहानी 'मछलीजाल' मील का पत्थर बनी है। कृष्ण बलदेव वैद, मनोहर श्याम जोशी, ज्ञानरंजन, अशोक सेकसरिया-जैसे कहानीकारों ने भावुकता की परत-दर-परत छीलकर रख देने वाली कहानियाँ लिखीं। बाद में इब्राहीम शरीफ़ की मध्यवर्गीय नैतिकता की विडम्बनाओं को रेखांकित करती हुई कहानी 'मक्कार' सामने आयी थी। प्रेम, विवाह, सतीत्व आदि की परम्परागत धारणाओं पर खुले दिमाग़ से सोचा जाने लगा था। महेन्द्र भल्ला की कहानी 'एक पति के नोट्स' कई दृष्टियों से महत्त्वपूर्ण थी।

बीसवीं सदी के आखिरी कुछ दशकों में कहानी को लेकर जितना शोरगुल और हंगामा होता रहा, रचनात्मकता की दृष्टि से उतना ही उतार-चढ़ाव भी दिखायी दिया। मुद्राराक्षस ने इसे "आपाधापी और दिशाहीनता का दौर" बताया तो हालत को देखते हुए कहानियों के गम्भीर आलोचक नामवर सिंह ने यहाँ तक कह दिया कि, "कहानी लिखना हिन्दी में सबसे आसान काम रह गया है, और "हिन्दी की प्रथम श्रेणी की प्रतिभा कहानी के क्षेत्र में कम ही आती है।" प्रभाकर श्रोत्रिय ने पाया था कि उस दौर के कहानीकार "साधारणता के नाम पर सपाट रचना और कथा के नाम पर प्रारूप" प्रस्तुत कर रहे थे। ये सारी आलोचनाएँ अपनी ज़गह वाज़िब थीं फिर भी, विहंगम दृष्टि से देखने पर भी, सौभाग्य से कुछेक महत्त्वपूर्ण कहानियाँ और कहानीकार सामने आ ही जाते हैं। कृष्णा सोबती की 'ऐ लड़की' को जो महत्त्व मिला उसकी वह रचना हक़दार थी। विनोद कुमार शुक्ल, स्वदेश दीपक, सत्येन कुमार, असग़र वज़ाहत, संजीव, मंज़ूर एहतेशाम, उदय प्रकाश, पंकज बिष्ट, अरुण प्रकाश, अलका सरावगी, चन्द्रकान्ता, राजी सेठ, मृदुला गर्ग, शैवाल, मैत्रेयी पुष्पा आदि ने कोई ऐसी अच्छी कहानी लिखी ज़रूर है जिसमें उन्होंने अपनी ही बनायी सीमाएँ तोड़ी हैं।

आज के कहानीकारों ने समझ लिया है कि कहानी लेखन अख़बारी और वैचारिक लेखन से भिन्न और गहरे अर्थों में रचनात्मक है। कहानी सामयिक घटनाओं से उत्तेजना भले ही ग्रहण करे मगर अपनी व्यंजना की व्याप्ति में वह अछोर बनकर सामयिकता का अतिक्रमण करती है। शब्दों का अपव्यय, अतिमुखरता, बड़बोलापन, अतिरिक्त सैद्धान्तिक आग्रह आदि कहानी को सिर्फ़ प्रभावहीन ही नहीं बनाते बल्कि उसे कहानी ही नहीं रहने देते। कहानियाँ किसी विशेष विचारधारा से

श्रेष्ठ नहीं बनतीं बल्कि गहन अनुभूति और संवेदना के साक्षात्कार की कलात्मक अभिव्यक्ति से श्रेष्ठ बनती हैं। कहानी का चरम अर्थ उसकी एकदेशीयता अथवा वैचारिक एकपक्षीयता में नहीं, अपितु समकालीनता को विशेष अर्थवान बनाने और मानवीय बनने में है।

परिवार-समाज-देश और मनुष्य : प्रेमचन्द की कहानियाँ

पत्रकार प्रेमचन्द की जीवन-दृष्टि की ही भाँति उनके कथाकार की साहित्य-सृष्टि भी निरन्तार गतिमान और प्रगतिशील रही है। वे इस तरह से अनथक बड़ी मात्रा और गुणवत्ता में कहानियाँ लिख रहे थे गोया हिन्दी साहित्य की निर्धनता को दूर करने का बीड़ा उठाया हो। उनके पास सुनाने के लिए जैसे एक नया 'कथासरितसागर' हो! दरअसल उनकी कहानियों का संसार काफ़ी समृद्ध है। उन्होंने तीन सौ के लगभग कहानियाँ लिखीं, जिनमें विषयवस्तु और कला की दृष्टि से बड़ा वैविध्य है। इन कहानियों में गाँव, समाज, विभिन्न पेशों से जुड़े स्त्री-पुरुष, मनोविज्ञान, राजनीति, धर्म-सम्प्रदाय आदि हैं। कहने का मतलब यह कि वहाँ जीवन के बहुपक्षीय चित्र मिलते हैं। प्रेमचन्द हमेशा पात्रों को उनके पारिवारिक और सामाजिक परिवेश के साथ प्रस्तुत करते हैं। उनका हर व्यक्ति-पात्र परिवार और समाज से जुड़ा मिलता है, लेकिन प्रेमचन्द सामाजिक जीवन के अन्तस्सम्बन्धों के साथ-साथ उसके अन्तर्विरोधों को चित्रित करना नहीं भूलते। वहाँ समाज के विभिन्न वर्गों और आयु के लोग हैं। सेठ, ज़मींदार, पण्डित, बनिया, मुनीम, सरकारी तथा ग़ैर-सरकारी कर्मचारी, किसान, खेतिहर मज़दूर, छात्र, शिक्षक आदि जीवन के विभिन्न पहलुओं से सम्बन्धित चरित्रों की रंग-बिरंगी दुनिया प्रेमचन्द की कहानियों में बसी है।

अपनी अधिकांश कहानियों में प्रेमचन्द ने कथा की कहन-शैली को सहजता से अपनाया है। वे वस्तु और कला का समुचित समन्वय करते हुए अपने लक्ष्य को हमेशा सामने रखते हैं। उनका कहना था कि कहानी को अपने उद्देश्य से जुड़ा होना ही चाहिए—"वहाँ तो एक शब्द, एक वाक्य भी ऐसा न होना चाहिए, जो गल्प के उद्देश्य को स्पष्ट न करता हो।" ('साहित्य का उद्देश्य') वे यथार्थ, मनोवैज्ञानिक चित्रण, कल्पना और अनुभूति को कहानी कला के लिए ज़रूरी मानते थे। वे घटनाओं और पात्रों का महत्त्व कहानी में इतना ही मानते थे कि इनके द्वारा जीवन-सत्य को स्थिर किया जाता है। पहले वे घटना-प्रधान कहानियाँ लिखा करते थे, मगर धीरे-धीरे

मनोवैज्ञानिकता की ओर उनमें झुकाव हुआ। अन्ततः वे कठोर जीवन-यथार्थ की पकड़ वाली कहानियाँ लिखने में सफल हुए। 'मानसरोवर' प्रथम भाग के 'प्राक्कथन' में उन्होंने लिखा था—"कहानी जीवन के बहुत निकट आ गयी है। उसकी ज़मीन अब उतनी लम्बी-चौड़ी नहीं है। उसमें कई रसों, कई चरित्रों और कई घटनाओं के लिए स्थान नहीं रहा। अब वह केवल एक प्रसंग का, आत्मा की एक झलक का सजीव स्पर्शी चित्रण है। इस एकतथ्यता ने उसमें प्रभाव, आकस्मिकता और तीव्रता भर दी है।" इसके बावज़ूद भारत की दलित, शोषित और उपेक्षित—विशेषकर ग्रामीण-जनता के कष्टों के हृदय-वेधक चित्र प्रेमचन्द ने प्रस्तुत किये हैं। आम जनता के सुख-दुख उनकी रचनाओं में जीवन्त होकर बोलते हैं। भारतीय परिवार और समाज का जीता-जागता रूप वहाँ है।

तरह-तरह की सामाजिक समस्याओं के विषय में प्रेमचन्द अपने विचार दृढ़ता से व्यक्त करते रहे थे। धार्मिक अन्धविश्वासों के वे घोर विरोधी थे और मानते थे कि टकेपन्थी पुजारी और पण्डे हिन्दू जाति के कलंक हैं। उनका कहना था कि धार्मिक कट्टरता से भूमण्डल को जितनी यातनाएँ भोगनी पड़ी हैं, उनसे इतिहास के पोथे भरे पड़े हैं। इस लिहाज़ से क्या ईसाई, क्या बौद्ध, क्या हिन्दू सभी समान रीति से अपराधी हैं। विदेशी साम्राज्यवादी शक्तियाँ देश में जो साम्प्रदायिकता का ज़हर बो रही थीं, उससे देश का वातावरण विषाक्त बनता जा रहा था। सजग और सचेत लेखक के रूप में प्रेमचन्द ने हिन्दू-मुस्लिम एकता की ज़ोरदार वक़ालत की थी। उनकी रचनाओं में हिन्दू, मुस्लिम, ईसाई सभी संस्कृतियों में उपस्थित संक्रान्ति का प्रतिबिम्ब मिलता है। वे संस्कृति को सही सामाजिक सन्दर्भों में देखते हैं। हिन्दू, मुसलमान, पारसी, ईसाई अनेक सम्प्रदायों के पात्र प्रेमचन्द की कहानियों में उपस्थित होकर भारतीयता को चेहरा बनाते हैं। दरअसल प्रेमचन्द तथाकथित धर्म के छिलकों के भीतर छिपी मनुष्यता के मर्म को उद्‌घाटित करने के क़ायल थे। श्रेष्ठ रचनाकार मानव-मनोविज्ञान और सामाजिक व्यवहारों का सूक्ष्म पर्यवेक्षक होता है। प्रेमचन्द इसकी मिसाल थे। उन्होंने लिखा था—"वर्तमान आख्यायिका मनोवैज्ञानिक विश्लेषण और जीवन के यथार्थ स्वाभाविक चित्रण को अपना ध्येय समझती है।" अतः प्रेमचन्द धार्मिकता के आवरणों को हटाकर ज़िन्दगी की असलियतों को पकड़ना चाहते हैं। 'बूढ़ी काकी' में वे लाचार वार्धक्य की अनुभूतियों को ठोस व्यावहारिक उपेक्षाओं से टकराते हुए दिखाते हैं तो 'ईदगाह' में बच्चों और बड़ों की दुनिया के अन्तराल को, जो आर्थिक स्थितियों से पैदा हो जाता है, उद्‌घाटित करते हैं। ऊपर से देखने पर 'ईदगाह' चार-पाँच साल के बच्चों के मनोविज्ञान को धार्मिक-सामाजिक पृष्ठभूमि में प्रस्तुत करनेवाली कहानी प्रतीत होती है, किन्तु कहानी की व्यंजना बहुत दूर तक

पहुँचाती है। पैसों की महाजनी संस्कृति ने किस तरह मनुष्यों को अमीरी और ग़रीबी की दो परस्पर-विरोधी दुनिया में बाँट रखा है, कहानी अपनी भीतरी पर्तों में इस गम्भीर अर्थवत्ता को समेटे हुई है। धन के आधार पर निर्मित समाज में मानसिकता के भी अलग-अलग साँचे होते हैं जिनसे समाज में मनुष्यों की प्रवृत्तियाँ निर्मित होती हैं। इस कहानी में मनुष्य की आर्थिक विवशताओं के साथ जीवन की उत्सवी ज़मीन पर उग रही छोटी-छोटी खुशियों की टकराहट के मनोविज्ञान को प्रेमचन्द बचपन की पारिवारिक तथा सामाजिक पृष्ठभूमि में अंकित करते हैं।

प्रेमचन्द परिवार और समाज से व्यक्ति के वज़ूद को एकमेक करके देखने के पक्षपाती थे। इसीलिए 'अलग्योझा'-जैसी कहानी लिखते हैं जिसमें संयुक्त परिवार के बिखरने की तक़लीफ़ व्यक्त की गयी है। यह ऐतिहासिक सत्य है कि आज भारत के गाँवों और नगरों में संयुक्त परिवारों की ज़गह तेज़ी से ऐकिक परिवार लेते जा रहे हैं, अतः इस तरह की कहानियाँ अपने कथ्य का प्रभाव अक्षुण्ण रखने में सफल नहीं हो पातीं। हालाँकि ग्रामीण कृषि-व्यवस्था के कारण पहले संयुक्त परिवारों का प्रचलन एक ऐतिहासिक अनिवार्यता के तहत था, लेकिन आज की उत्पादन-व्यवस्था, आजीविका के साधनों और स्थानों में फैलाव आदि कारणों से परिवारों के परम्परागत ढाँचे में बदलाव आ गया है। परिवर्तन की इस संक्रमणशील अवस्था में यह कहना मुश्किल है कि संयुक्त परिवार अच्छे हैं या ऐकिक परिवार।

प्रेमचन्द संक्रान्तिकाल के कथाकार थे—वे जिस दौर में रचना कर रहे थे, आज ही की तरह उस वक्त भी, भारत पूरब और पश्चिम की मान्यताओं के ज़द्दोज़हद से ज़ूझ रहा था। परम्परागत जीवन-मूल्य पिछड़ रहे थे। नया औद्योगिक पूँजीवाद जन्म ले रहा था जिसने शहरीकरण, मध्यवर्ग और व्यक्तिवाद को प्रश्रय दिया। व्यक्तिवादी प्रवृत्तियों ने संयुक्त परिवार के परम्परागत ढाँचे को धक्का दिया। सामाजिक चेतना के कथाकार प्रेमचन्द इस विघटन को आँखों के सामने देख रहे थे जो खासतौर पर विधवाओं और बूढ़ों को अपना आसान शिकार बना रहा था। संकीर्ण स्वार्थी प्रवृत्तियाँ भावनाओं को जड़ और अमानवीय बनाने लगी थीं तथा आत्मीय रिश्तों को प्रदूषित किये दे रही थीं। 'पंच परमेश्वर' या 'बेटों वाली विधवा'-जैसी कहानियाँ इसका प्रमाण हैं कि प्रेमचन्द अपने समय और समाज की नब्ज़ पहचानने की क़ोशिश आरम्भ से ही करते रहे थे।

अपने विस्तृत और व्यापक कहानी-लेखन में प्रेमचन्द ने हर ज़गह सफलता पायी हो, ऐसा नहीं कहा जा सकता। अनेकों कहानियों में यथार्थपूर्ण दृष्टि, कथन की चुस्ती आदि के दर्शन नहीं होते। कहीं घटनाओं का विस्तार है तो कहीं सपाट और सरल समाधान देने का प्रयास। कहीं चरित्र अत्यन्त आदर्शवादी हैं तो कहीं

नीरस उद्देश्य का आरोप। कहने का मतलब यह कि उनकी सभी कहानियाँ कहानी-कला की कसौटी पर खरी नहीं उतरतीं। फिर भी अपनी आरम्भिक क़मज़ोर कहानियों से ही सीख लेकर धीरे-धीरे प्रेमचन्द सशक्त और कलात्मक प्रौढ़ता की दृष्टि से सफल कहानियों की रचना में प्रवृत्त होते हैं। उनकी सैकड़ों कहानियों में से कम-से-कम पचासेक कहानियाँ तो कहानी-कला की सबलता, लोकप्रियता आदि की दृष्टि से विश्व-स्तर की अवश्य ठहरेंगी। सुभागी, कुसुम, इस्तीफा, शूद्रा, मन्दिर, समरयात्रा, सत्याग्रह, लॉटरी, रामलीला, मुक्तिमार्ग, बासी भात में खुदा का साझा, पशु से मनुष्य, बालक, बड़े भाई साहब, प्रेम का उदय, निमन्त्रण, दूध का दाम, दीक्षा, कज़ाक़ी, चोरी, गुल्ली-डण्डा, नमक का दारोगा, मन्त्र, बूढ़ी काकी, ठाकुर का कुआँ, दो बैलों की कथा, नशा, ईदगाह, सवा सेर गेहूँ, आत्माराम, पूस की रात, सद्गति, शतरंज़ के खिलाड़ी, क़फ़न आदि तो प्रेमचन्द के और हिन्दी कहानी-साहित्य के कीर्ति-स्तम्भ की तरह हैं। विशेष रूप से 1920 से 1936 के बीच लिखी गयी कहानियों में प्रेमचन्द की कहानी-कला अपने प्रकर्ष पर पहुँची है। इन कहानियों में कहानी 'कहने'-'सुनने'- 'सुनाने' और 'दिखाने' की चीज़ बन गयी है। प्रेमचन्द की कलात्मक सरलता और सहजता को उनकी भाषा अनायास वहन करती है। क्योंकि उन्होंने अभिजात सौन्दर्य-बोध की भाँति ही अभिजात भाषा को भी अस्वीकार किया था। जन-सामान्य की भाषा, लोक-प्रचलित मुहावरे और कहावतें प्रेमचन्द की कहानियों में जीवन्त होकर आती हैं। कथ्य, भाषा और शिल्प इन तीनों की समरसता से प्रेमचन्द की कहानियों में कथारस की ऐसी चाशनी तैयार होती है जो पाठकों को अन्त तक बाँधे रखती है। कहानियों में गहन पारिवारिक-सामाजिक और मानवीय जीवन-मूल्यों, व्यंग्य-विद्रूप और साथ ही कथा-वाचक की मस्त फक्कड़ाना शैली के चलते आद्यन्त हमारी दिलचस्पी बनी रहती है। प्रेमचन्द की भाषा ने वातावरण रचने, मनोवैज्ञानिक सूक्ष्मताओं को पहचानने-पकड़ने और कथ्य को अत्यन्त सांकेतिक तरीक़े से अभिव्यक्त करने की पर्याप्त क्षमता विकसित कर ली थी। 'पूस की रात' कहानी के अन्त में कथानायक की ख़ुशी के भीतर की बेहद करुण बेबसी को लेखक ने कितनी सूक्ष्म कलात्मकता से उजागर किया है!

प्रेमचन्द की नज़रों से किसी का अन्तर्विरोध छिपा नहीं रह सकता था। ये अन्तर्विरोध चाहे जहाँ और जिसमें भी हों, प्रेमचन्द उन्हें निर्ममतापूर्वक उघाड़ कर रख देते थे। 'तावान' यानी ज़ुरमाना प्रेमचन्द की महत्त्वपूर्ण कहानियों में स्थान पाने के योग्य है जिसमें स्वाधीनता-आन्दोलन से जुड़े लोगों की मानसिकता और अन्तर्विरोधों का खुलकर चित्रण किया गया है। गाँधीवाद के प्रभाव में आकर सरकारी नौकरी छोड़ने वाले प्रेमचन्द ने 'स्वेदशी' आन्दोलन के पीछे छिपे पूँजीवादी स्वार्थों के चेहरे

को जान लिया था जो विदेशी सामानों की तुलना में रद्दी माल बनाता और बहुत महँगे दामों में बेचता था। 'तावान' मुनाफाखोर देसी पूँजीवाद की सीमाओं के बारे में इसी समझ में उपजी हुई कहानी है। सन् 1920 का दशक भावनाओं से परिचालित आन्दोलनों वाला समय था। विदेशी सामानों की दुकानों पर धरना देकर, सत्याग्रह करने वालों में अनेकों की महत्त्वाकांक्षा जल्द से जल्द नेता बनने की थी। नेता बनना उन्हीं दिनों एक व्यवसाय का रूप ग्रहण करने लगा था। सत्याग्रही विभिन्न सामाजिक स्तरों से आते थे। उच्च वर्ग से आने वाले नेतृत्व में भी शीघ्र ही ऊँचा स्थान पा लेते थे। आन्दोलन उनके लिए स्वार्थ-सिद्धि का साधर-भर था। इस तरह देखें तो उनका आचरण शोषक अंग्रेज़ों से बहुत अलग नहीं था। अपने ही देशवासियों के सुख-दुख का वे कोई ख़्याल नहीं करते थे। प्रेमचन्द दिखाना चाहते हैं कि आज़ादी की लड़ाई में जहाँ लाखों मूक बलिदानियों का सर्वस्व होम हो चुका था वहीं स्वाधीनता आन्दोलन से ऊपर-ऊपर जुड़े पैसे वाले 'नेता' सच्चे देशभक्तों के त्याग और बलिदान का अपने स्वार्थ के लिए उपयोग कर रहे थे। प्रेमचन्द हर चीज़ को, यहाँ तक कि स्वदेशी और स्वराज को भी, पैनी आलोचनात्मक दृष्टि से देखते थे। 'तावान' कहानी को समालोचकों ने उतना महत्त्व नहीं दिया है, जितने की वह वास्तविक हक़दार है।

आलोचकों के दृष्टिपथ से लगभग अछूती रह जाने वाली एक कहानी है : 'घास वाली'। ग्रामीण पृष्ठभूमि में अवस्थित इस विशिष्ट कहानी में प्रेमचन्द ने स्वाभिमान से दमकते सौन्दर्य के समक्ष आने पर रुक्ष सामन्ती प्रवृत्तियों के, उसके प्रभाव से अनुकूलित होने और बदलने की अद्भुत गाथा प्रस्तुत की है। गाँव के सामन्त चैन सिंह के लिए 'नीच जात' की हर सुन्दर स्त्री खिलौने की तरह थी, जिसे खेलकर फेंक देना ही उसकी फ़ितरत थी, लेकिन जब गाँव के एक ताँगे वाले की पत्नी—अप्रतिम सुन्दरी मुलिया—को वह देखता है जो केवल दलित ही नहीं, बेहद ग़रीब भी थी; तो ऐसे आसान शिकार को पाकर उसका वासना-लोलुप मन खिल उठता है। लेकिन मुलिया में उसे सौन्दर्य के साथ ऐसे स्वाभिमान का सामना करना पड़ता है कि उसके बलात्कार के लिए उद्यत मन की सारी योजना क़ाफ़ूर हो जाती है। एक साधारण घासवाली दिखने वाली मुलिया अपने तेज़-तर्रार स्त्रीत्व का ऐसा परिचय देती है कि ठाकुर चैन सिंह का जात, पैसे, ताक़त और जवानी का सारा दर्प बिखर जाता है, लेकिन आश्चर्य की बात यह होती है कि वह लज्जित और पराजित होकर भी मुलिया के बारे में बुरा नहीं सोच पाता। उलटे उसे अपनी ख़ामियों का तीखा एहसास होने लगता है। चैन सिंह पर उबलते हुए दूध की तरह जवानी उफना रही थी मगर मुलिया की बातों के ठण्डे छीटों से उफान नीचे बैठ गया। जैसे ठण्डे

पानी के छींटे पड़ने से खौलती चाशनी का फेन और मैल हट जाता है और चाशनी स्वच्छ बन जाती है, अब चैन सिंह का मन स्थिर होने लगा।

इस कहानी का 'ट्रीटमेंट' प्रेमचन्द ने सधे हाथों किया है और इसे हृदय-परिवर्तन की कहानी मान कर खारिज़ नहीं किया जा सकता। इसका सम्बन्ध प्रेमचन्द की सौन्दर्य-दृष्टि से गहरा है। कहानी अनेक मुक्त व्यंजनाएँ छोड़ती है। एक ओर प्रेमचन्द यह दिखलाने में सफल रहे हैं कि ग़रीबी सबसे बड़ा अभिशाप है और ग़रीब के लिए आबरू तो क्या अपनी ज़िन्दगी तक बचा पाना मुहाल हो जाता है। यह भी कि पैसा और कुसंस्कार आदमी को ग़लत रास्ते पर ले जाते हैं। सच्चा सुख अन्ध-वासना में नहीं, भावपूर्ण प्रेम में है। बदली हुई मानसिकता वाले चैन सिंह के शुद्ध मित्र-भाव को मुलिया मान देती है। इस कहानी में प्रेमचन्द स्त्री-पुरुष के रिश्ते को नये सन्दर्भ में देखने की क़ोशिश करते हैं। प्रेमचन्द उस सामन्ती सोच के विरोधी हैं जो स्त्री पर पुरुष का मालिकाना हक़ मानता है। प्रेमचन्द का मानना है कि स्त्री और पुरुष के दो स्वतन्त्र व्यक्तित्व हैं और उनमें जाति, धर्म, धन के फ़र्क़ से अलग, समानता के आधार और समान स्तर पर मित्रता सम्भव है।

प्रेमचन्द के कहानी-लेखन के आरम्भिक दौर में, जबकि ज़ाहिरा तौर पर उनके ऊपर आदर्श का मुलम्मा था, एक सुखद बात यह थी कि वहाँ भी हमें विश्वसनीय यथार्थ चरित्र और घटनाएँ मिलती हैं। शुरू से ही प्रेमचन्द परिवार, समाज और देश की ठोस समस्याएँ उठाते और अपने तईं 'सँभाहालते' रहे हैं। हमारे परिवार और समाज में विधवाओं की स्थिति कैसी है इसे उन्होंने बहुत निकट से जाना था। उन्होंने विधवा-जीवन के विभिन्न पहलुओं को उलट-पलट कर परीक्षित किया है। उनकी अनेक कथात्मक कृतियों में विधवा की छाप छोड़ने वाली उपस्थिति मिलती है। 'सुभागी' कहानी में इसी नाम की, ऐसी ही एक बाल विधवा है। इस अत्यन्त कर्मठ और बुद्धिमती युवती में प्रचलित सामाजिक रूढ़ियों की लीक से अलग चलने का अपार साहस है। माँ-बाप की सेवा वह बेटे से बढ़कर करती है। अन्ततः वह अपनी सरलता, लगन, परिश्रम, ईमानदारी और मेधा से सबको प्रभावित कर लेती है। जब उसके लिए ऊँची जाति और ऊँचे सामाजिक स्तर वाले युवक के लिए, उसके पिता की ओर से, विवाह का प्रस्ताव आता है तो पाठक यह सोचता है कि सुभागी के सुन्दर स्वभाव और उसकी कर्म-प्रियता ने समाज में विधवा-विरोध और जात-पाँत के बन्धन तोड़ दिये! प्रेमचन्द ने यहाँ एक ही साथ श्रम और नारीशक्ति दोनों के महत्त्व को प्रतिपादित करते हुए स्त्री-पुरुष, जात-पाँत आदि के भेद को सामाजिक दृष्टि से कृत्रिम साबित कर दिया है। सुभागी भी प्रेमचन्द की स्मरणीय नारी-चरित्रों में गिने जाने के क़ाबिल है।

प्रेमचन्द सिर्फ़ उत्तरी भारत के समाज को लेकर जिस प्रकार की कथा-रचना कर रहे थे, उससे प्रभाव अखिल भारतीय हो गया था। ऐसा इसलिए भी हुआ क्योंकि मोटे तौर पर, और कमोबेश, पूरे भारत की सामाजिक समस्याएँ एक-ज़ैसी रही हैं। उन्होंने पहली ही कहानी 'दुनिया का सबसे अनमोल रतन' से देश के प्रति अपनी उस प्रतिबद्धता की घोषणा कर दी थी जिसकी स्वाभाविक परिणति 'शतरंज़ के खिलाड़ी' में होनी थी। उनके कथालेखन का आरम्भिक कच्चापन भी उसी दिशा की ओर इंगित करता था जिधर उसके सहज विकसित होने वाली परिपक्वता की सम्भावनाएँ विराज रही थीं। प्रेमचन्द ऐसे रचनाकार हैं जो परिवार के हैं, समाज के हैं, देश के हैं और उनके ऐसा होने में कहीं कोई अन्तर्विरोध नहीं है। कहने का मतलब यह कि प्रेमचन्द की कहानियों को किसी तंग दायरे में बन्द करके नहीं रखा जा सकता। सच्चे लेखक की सिफ़त होती है कि वह स्थानीय होते हुए भी मानवीय होता है। प्रेमचन्द में यह गुण भरपूर था। चाहे 'पूस की रात' हो, 'क़फ़न' हो या 'आत्माराम'–अपनी सच्ची संवेदना में वे हर जगह मनुष्य-मात्र की नियति के कथाकार हैं।

स्त्री-मुक्ति का 'निर्मला' आख्यान

अपने एक पत्र में प्रेमचन्द ने लिखा था कि *निर्मला उपन्यास की रचना का उद्देश्य समाज की बुराइयों का पर्दाफ़ाश करना है।*

बीसवीं सदी के आरम्भिक चार दशक प्रेमचन्द का रचनाकाल रहे हैं। देश अंग्रेज़ों का गुलाम था। समाज का सामन्ती ढाँचा चरमराने लगा था। नया पूँजीवाद जन्म ले रहा था। 1857 की स्वतन्त्रता के लिए पहली लड़ाई का परवर्ती प्रभाव और भारतेन्दुयुगीन हिन्दी नवजागरण प्रेमचन्द के लेखन की जीवन्त पृष्ठभूमि तैयार कर रहे थे। आर्यसमाज तथा समाज-सुधार से जुड़ी अन्य कई संस्थाएँ सक्रिय थीं। राजनैतिक क्षेत्र में क्रान्तिकारी देशभक्तों की गतिविधियाँ तेजी पर थीं और कांग्रेस पार्टी में नयी सक्रियता दिखायी दे रही थी। देश के राजनैतिक क्षितिज पर महात्मा गाँधी का उदय हो चुका था।

सामाजिक और राजनैतिक दृष्टि से प्रेमचन्द अत्यन्त चेतना-सम्पन्न एवं जागरूक साहित्यकार थे। अपने लगभग पूरे लेखनकाल के दौरान वे पत्रकारिता से जुड़े रहे थे। एक सजग लेखक और पत्रकार के रूप में उन्होंने सामाजिक व्यवस्था को जड़ एवं पंगु बनाने वाले तमाम तत्त्वों का विरोध किया। अपने देश-काल की सही समझ रखने वाले साहित्यकार देश और समाज को भी अपनी रचनाओं से प्रभावित करते हैं। प्रेमचन्द अपने ज़माने की सामाजिक, नैतिक, राजनैतिक, आर्थिक सभी समस्याओं से भलीभाँति अवगत थे। अपने चारों ओर की उथल-पुथल से उनके भीतर भी एक प्रकार की मानसिक क्रान्ति उत्पन्न हो रही थी। 1905 में 'ज़माना' में प्रकाशित एक लेख में उन्होंने लिखा था, "वर्तमान शासन-प्रणाली का यह परिणाम हो रहा है कि हमारी शारीरिक और मानसिक शक्ति दिन-ब-दिन छीजती जा रही है। हम दैन्य और अपमान का जीवन स्वीकार करने को बाध्य किये जाते हैं, पग-पग पर हमको इस बात की याद दिलायी जाती है कि हम एक दलित जाति के जन हैं, हमारी स्वाधीनता का बेदर्दी से गला घोंटा जा रहा है। आज़ादी हमेशा लड़कर ली

जाती है। भीख माँगने से आज़ादी नहीं मिलती...जिस दिन मुल्क कुर्बानी के रास्ते पर चल पड़ेगा आज़ादी रखी हुई है।" उन्होंने ठान लिया था कि वे समाज और जनता से जुड़ा हुआ लेखन करेंगे। वे अपने युग के हर प्रकार के सामाजिक, राजनैतिक और सांस्कृतिक आन्दोलनों को अपनी रचनात्मकता में उतार रहे थे। वे मानते थे कि "इंटेलिजेंशिया में जो कुछ शक्ति और प्रभाव है, वह जनता से ही आता है। उससे अलग होकर वे हाक़िम की सूरत में ही रह सकते हैं, ख़ादिम की सूरत में जनता में होकर नहीं। उनकी आवाज़ उनकी है उसमें जन-समूह की आवाज़ की गहराई, गरिमा और गम्भीरता नहीं है। वे अपने प्रतिनिधि हैं, जनता के नहीं।" ('कुछ विचार') प्रेमचन्द जनता के साथ थे और जनता के प्रतिनिधि भी। अपने समकालीन सामाजिक जीवन की विसंगतियों को उन्होंने उघाड़ दिया था। जीवन की वास्तविक समस्याओं का समाधान ढूँढ़ने के लिए उनमें रचनात्मक बेचैनी थी।

प्रेमचन्द का 'निर्मला' उपन्यास इलाहाबाद से प्रकाशित पत्रिका 'चाँद' में 1924-26 में धारावाहिक रूप से छपा था। 1927 में हिन्दी में और 1929 में उर्दू में पुस्तकाकार प्रकाशित हुआ। महिलाओं की पत्रिका 'चाँद' में इस नायिका-प्रधान उपन्यास का छपना संगत ही था। प्रेमचन्द ने समाज में सदियों से घुटती हुई नारी की पीड़ा को गम्भीरता से महसूस किया था और नारी-शोषण के विभिन्न रूपों को जिन कथाओं में अभिव्यक्ति दी, 'निर्मला' उसकी महत्त्वपूर्ण कड़ी है। मध्यवर्गीय समाज के अन्तर्विरोधों को उन्होंने न केवल पैनी निगाहों से देखा है बल्कि रचनात्मक विश्लेषण भी किया है। विवाह, दाम्पत्य और परिवार से सम्बन्धित अनेक समस्याएँ 'निर्मला' में विवेच्य हैं। पुरुष-प्रधान समाज में स्त्री की दुरवस्था से लेकर दहेज़, बेमेल विवाह, स्त्री-पुरुष के सामाजिक सम्बन्ध, पुत्र पर पिता का आधिपत्य, विधवा-जीवन आदि अनेक समस्याओं को लेकर इसकी कथा रची गयी है। मुख्य रूप से 'निर्मला' का प्रतिपाद्य मध्यवर्गीय परिवारों में स्त्री का दमित, विवश और शोषित जीवन प्रस्तुत करना रहा है। स्त्री-मुक्ति का प्रश्न अर्थात् स्त्री के सर्वांगीण व्यक्तित्व-विकास की समस्या की बातें भी प्रेमचन्द के चित्रण से किसी न किसी रूप में जुड़ती हुई प्रतीत होंगी। इस उपन्यास की कथा का भवन पारम्परिक सामाजिक-पारिवारिक नैतिक जीवन-मूल्य और वैवाहिक त्रासदी से सम्बन्धित समस्याओं की भित्ति पर खड़ा किया गया है।

हमारे समाज में—विशेषकर मध्यवर्ग में—कन्या के विवाह के सन्दर्भ में दहेज़ बहुत बड़ी समस्या बनकर आता रहा है और तमाम क़ानूनों के बावज़ूद इस दानव से अब तक भी छुटकारा नहीं पाया जा सका है। ऐसा भी देखा गया है कि जहाँ वैवाहिक सम्बन्धों में दहेज़ स्थूलतः या प्रत्यक्षतः लिया-दिया नहीं भी जाता वहाँ भी यह रूप बदलकर प्रस्तुत होता रहता है। अपने इस निर्गुण रूप में भी दहेज़ कम

शक्तिशाली नहीं होता, लेकिन जहाँ प्रत्यक्ष रूप से इसकी माँग रखी जाती है वहाँ का तो कहना ही क्या? दहेज़ के प्रताप से कन्या के सारे ऐब छिप जाते हैं और इसकी अन्तहीन माँगों के अपूर्ण रह जाने पर उसके सारे गुण भी अवगुण मान लिये जाते हैं। इसके सामने व्यक्ति का महत्त्व नहीं रह जाता। चूँकि परिवार और समाज में बेटा और बेटी में फ़र्क़ किये जाने का रिवाज़ चला आ रहा है, इसलिए बेटी के विवाह के वक़्त दहेज़ की बुराई की जाती है, जबकि बेटे की शादी बग़ैर दहेज़ लिये नहीं करना चाहते। दहेज़ नहीं जुटा पाने के चलते समाज में बेटी अक्सर बोझ मान ली जाती है। कुछ तर्कप्रिय लोग दहेज़ का अर्थशास्त्र और समाजशास्त्र गढ़ते हुए बताते हैं कि लोग दहेज़ की निश्चित रक़म के अनुसार एक निश्चित सामाजिक हैसियत (स्तर) के परिवार में सम्बन्ध जोड़ने में सफल होते हैं। उपन्यास का पात्र भुवन मोहन कहता है : 'जो ग़रीब है उसे ग़रीबों के ही यहाँ सम्बन्ध करना चाहिए।' किन्तु वह यह भूल जाता है कि मध्य वर्ग के परिवारों को, दहेज़ के कारण भी, ग़रीब बनते देर नहीं लगती। समाज में बेटी के जन्म को अशुभ मानने और जन्मते ही मार डालने-जैसी अमानवीय कुप्रथाओं के पीछे दहेज़ प्रथा का हाथ होने से इनकार नहीं किया जा सकता। अगर बेटी जीवित बचकर विवाह के योग्य हो गयी तो घर वालों और समाज को किसी तरह जल्द से जल्द इस अवांछित बोझ को उतार फेंकने की चिन्ता सताने लगती है। बूढ़े, लालची, अपंग आदि से शादी कराके उससे पिण्ड छुड़ा लिया जाता है। फिर चाहे वह भाड़ में जाए!

समाज में बेमेल विवाह की समस्या का सीधा सम्बन्ध दहेज़ की समस्या से जुड़ता है। दहेज़ के अभाव में कन्या की शादी आँख मूँदकर किसी अयोग्य वर के साथ किसी तरह निबटा दी जाती है। इस प्रक्रिया से सिर के बोझ को अन्यत्र पटक कर राहत पाने की क़ोशिश की जाती है। ऐसे विवाहों में अगर वर खाते-पीते घर का हो तो इसे ग़नीमत समझा जाता है। कथा नायिका निर्मला का ब्याह ऐसा ही था। निर्मला का जन्म भी खाते-पीते परिवार में हुआ था। उसके और भी बहन-भाई थे। पिता के असमय देहान्त के पश्चात् परिवार को निर्मला के लिए दहेज की चिन्ता नहीं रह गयी थी। दहेज़ न दे पाने के कारण निर्मला के लिए तय किया हुआ रिश्ता भी टूट गया था। निर्मला की माँ कल्याणी के सामने विकराल समस्या थी। प्रेमचन्द लिखते हैं, "दरिद्र विधवा के लिए इससे बड़ी और क्या विपत्ति हो सकती है कि जवान बेटी सिर पर सवार हो? लड़के नंगे पाँव पढ़ने जा सकते हैं, चौका-बर्तन भी अपने हाथ से किया जा सकता है, रूखा-सूखा खाकर निर्वाह किया जा सकता है, झोपड़े में दिन काटे जा सकते हैं लेकिन युवती कन्या घर में नहीं बैठाई जा सकती।" कल्याणी सोचती थी कि, "अब अच्छे घर की ज़रूरत न थी। अच्छे वर की ज़रूरत

न थी। अभागिनी को अच्छा घर-वर कहाँ मिलता। अब तो किसी भाँति लड़की को पार लगाना था—उसे कुएँ में झोंकना था।" मध्यवर्गीय जीवन की यही विडम्बना है कि उसे अपने अनागत भविष्य की रक्षा के लिए वर्तमान को होम कर देना पड़ता है। कल्याणी तो भविष्य की चिन्ता से व्याकुल थी। उसके पास "मकान था, कुछ नगद था, कई हज़ार के गहने थे, लेकिन उसे अभी दो लड़कों का पालन-पोषण करना था, उन्हें पढ़ाना-लिखाना था। एक कन्या और भी चार-पाँच साल में विवाह करने योग्य हो जाएगी। इसीलिए वह कोई बड़ी रक़म दहेज़ में न दे सकती थी, आख़िर लड़कों को भी तो कुछ चाहिए।" फलस्वरूप निर्मला के लिए कुछ 'सस्ते में पट जाने वाले लड़के' देखे जाते हैं। बिना दहेज़ के सुन्दर, स्वस्थ, युवा लड़के भी मिल रहे थे लेकिन जात-पाँत तथा सामाजिक 'नैतिकता' का बन्धन वहाँ आड़े आ जाता है। आख़िर एक 'उत्तम ख़ानदान के पुराने रईस' का रिश्ता कल्याणी को मंज़ूर होता है—"लड़का रईस है। उम्र कोई पैंतीस साल होगी। तीन-चार सौ की आमदनी होगी। पहली स्त्री मर चुकी है उससे तीन लड़के भी हैं।" कल्याणी सोचती है कि पैंतीस साल की उम्र कोई ज़्यादा नहीं। वह पण्डित से कहती है—"आप ईश्वर का नाम लेकर वक़ील साहब को टीका कर आइए। आयु कुछ अधिक है, लेकिन मरना-जीना विधि के हाथ में है। पैंतीस साल का व्यक्ति बुड्ढा नहीं कहलाता। अगर लड़की के भाग्य में सुख भोगना बना है, तो जहाँ जाएगी सुखी रहेगी, दुःख भोगना है, तो जहाँ जाएगी दुःख झेलेगी। हमारी निर्मला को बच्चों से प्रेम है। उनके बच्चों को अपना समझेगी। आप शुभ मुहूर्त देखकर टीका कर आयें।" इस तरह पन्द्रह साल की निर्मला की शादी अधेड़ वक़ील तोताराम से कर दी जाती है।

मुंशी तोताराम का शब्द-चित्र प्रेमचन्द कुछ इस प्रकार से प्रस्तुत करते हैं—"साँवले रंग के मोटे-ताज़े आदमी थे। उम्र तो अभी चालीस से अधिक न थी, पर वक़ालत के कठिन परिश्रम ने बाल पका दिये थे। व्यायाम करने का उन्हें अवकाश नहीं मिलता था। यहाँ तक कि कभी-कभी घूमने भी न जाते, इसीलिए तोंद निकल आयी थी। देह के स्थूल होते हुए भी आये दिन कोई न कोई शिक़ायतें रहती थीं। मंदाग्नि और बवासीर से उनका चिरस्थायी सम्बन्ध था। अतएव बहुत फूँक-फूँक कर क़दम रखते थे।" उधर निर्मला रूप और यौवन से भरपूर थी। निर्मला और तोताराम की जोड़ी पर प्रेमचन्द की टिप्पणी है कि, "दोनों सूरतों में कितना अन्तर था। एक रत्नजटित विशाल भवन था, दूसरा टूटा-फूटा खँडहर।" वक़ील साहब के परिवार में पहली पत्नी से तीन लड़के थे। बड़ा मंसाराम सोलह वर्ष का, जियाराम बारह वर्ष का और छोटा सियाराम सात वर्ष का। घर में पचास वर्ष से ऊपर की वक़ील साहब की विधवा बहन रुक्मणी भी स्थायी तौर पर रहती थी। निर्मला

को, इस प्रकार, अपने से लगभग तिगुनी उम्र का पति ही नहीं उसके बेटे भी इस बेमेल विवाह की कृपा से प्राप्त हुए थे। यहीं से निर्मला के जीवन के दुःखान्त का प्रारम्भ होता है।

निर्मला को अपने पिता के समान आयु वाले पति के सामने उठने-बैठने में भी संकोच और लिहाज़ होता था। तोताराम से वह वैसा उन्मुक्त व्यवहार नहीं कर पाती थी जैसा अपनी उम्र के पति से करती। तोताराम के प्रति निर्मला के हृदय में सहज स्नेह नहीं था, सम्मान का भाव अवश्य था। तोताराम निर्मला का सम्पूर्ण समर्पण पाना चाहते थे। इसके लिए अपनी उम्र का उन्हें खचालन था। वे निर्मला को रिझाने के लिए मिठाइयाँ, आभूषण और अन्य तोहफ़े लाया करते थे। सिनेमा, सरकस, थियेटर और सैर-सपाटे पर ले जाते। प्रेम-भरी लम्बी-लम्बी बातें करते जो निर्मला को हास्यास्पद और जुगुप्साजनक मालूम पड़ती थी। निर्मला को माँ पर गुस्सा आता जिसने उसे इस बूढ़े से बाँध दिया। उसे तोताराम पर भी क्रोध आता जिसे बुढ़ापे में शादी का शौक़ चर्राया था। उपन्यासकार लिखते हैं कि, "बाँका सवार बूढ़े टट्टू पर सवार होना कब पसन्द करेगा, चाहे उसे पैदल ही क्यों न चलना पड़े? निर्मला की दशा उसी बाँके सवार की-सी थी। वह उस पर सवार होकर उड़ना चाहती थी, उस उल्लासमयी विद्युत्गति का आनन्द उठाना चाहती थी, टट्टू के हिनहिनाने और कनौतियाँ खड़ी करने से क्या आशा होती?" अर्थात् निर्मला-तोताराम दम्पति में शारीरिक और मानसिक हर दृष्टि से काफी अन्तर था—वहाँ शरीर और मन का कोई मेल नहीं था। जवानी के स्वाभाविक आकर्षण का तोताराम में जो अभाव था उसे वे ख़िजाब, सुरमे-जैसी कृत्रिम चीज़ों से पाने की हास्यास्पद क़ोशिश किया करते थे। अपनी शारीरिक अक्षमता को छिपाने के लिए वे बहादुरी की मनगढ़न्त कहानियाँ सुनाते थे लेकिन निर्मला पर वह झूठ तुरन्त ज़ाहिर हो जाता था। निर्मला को अपनी ओर आकर्षित करने के लिए तोताराम के पास बुद्धि, बल या रूप कुछ भी तो नहीं था। परिणामस्वरूप तोताराम ईर्ष्यालु होते गये। निर्मला के चरित्र में कोई दोष नहीं था। वह तोताराम के पुत्रों से आत्मीयतापूर्ण व्यवहार कर विमाता के कलंक से बचना चाहती थी। बच्चे जब उससे हिलने-मिलने लगे और निर्मला ने जब मंसाराम से अंग्रेज़ी पढ़नी शुरू की तो इसे तोताराम ने सन्देह की नज़रों से देखा। उन्होंने मंसाराम को घर से हटाकर बोर्डिंग में भेजने का निश्चय किया। ईर्ष्यादग्ध तोताराम इतनी नीचता पर उतर आये कि उन्होंने मंसाराम को झूठमूठ कह दिया कि निर्मला मंसाराम पर आवारागर्दी के आरोप लगाती है। दुखी होकर मंसाराम घर छोड़कर स्कूल में ही रहने लगा। वह इतना व्यथित था कि अपने जीवन को नष्ट कर देने पर तुल गया। वह गम्भीर रूप से बीमार पड़ा और उसे अस्पताल में भर्ती करना पड़ा। उसे अपने

बारे में पिता के अकारण सन्देह का पता चल गया था और इसी दुख में वह चल बसा। बेटे की मौत ने तोताराम को भीतर से हिलाकर रख दिया। बावज़ूद इस सब के तोताराम निर्मला पर सन्देह करते रहे। उन्हें अब ग़रीबी के दिन देखने पड़ रहे थे। इसी बीच निर्मला को एक बेटी पैदा हुई। मँझला लड़का जियाराम बिगड़ गया था। उसे निर्मला या तोताराम किसी पर विश्वास नहीं था। उसने निर्मला के गहनों की चोरी की और पकड़े जाने के भय से आत्महत्या कर ली। इन आघातों ने और अभावों के बीच बच्ची के जन्म ने निर्मला के स्वभाव को पूरी तरह बदल डाला। वह छोटे बच्चे सियाराम पर अत्याचार करने लगी। सियाराम घर से भाग गया। बेटे को खोजने के बहाने तोताराम भी घर से चले गये। अब निर्मला हर तरह से निराश्रित हो गयी। इस तरह बेमेल विवाह ने निर्मला के जीवन का सर्वनाश कर डाला।

प्रेमचन्द ने मर्मवेधी मनोवैज्ञानिक चित्र उपस्थित किये हैं। निर्मला के हृदय की प्यास को सन्तुष्ट करने में असफल, हास्यास्पद और दयनीय व्यवहार करने वाले तोताराम से निर्मला इतना चिढ़ने लगी कि उसे तोताराम के पास बैठना अच्छा नहीं लगता था। "वह अपना रूप और यौवन उन्हें न दिखाना चाहती थी, क्योंकि वहाँ देखने वाली आँखें न थीं। वह उन्हें इन रसों का आस्वादन लेने योग्य ही न समझती थी। कली प्रभात-समीर ही के स्पर्श से खिलती है। दोनों में समान सारस्य है। निर्मला के लिए वह प्रभात समीर कहाँ था!" निर्मला अपना अधिकांश समय तोताराम की छाया से अलग बिताने लगी। इस नवयुवती के मन से रोमांस की भावना सदा के लिए मिट गयी। आम मध्यवर्गीय परम्परित भारतीय नारी की भाँति निर्मला ने मन मारकर परिस्थितियों से समझौता कर लिया। कर्त्तव्य-पथ पर अपने जीवन को न्यौछावर कर देने का उसने निश्चय कर लिया। अपने दुर्भाग्य को स्वीकार करना बड़ी त्रासदायक स्थिति थी। निर्मला का व्यक्तित्व पूरी तरह दमित होता चला गया। रुपयों के बल पर एक अधेड़ व्यक्ति नवयौवना को पत्नी बनाता है, उसके चरित्र पर सन्देह करता है। हिन्दुओं में विवाह को अत्यन्त पवित्र माना जाता है। यह पवित्रता वर-वधू के दैहिक-आत्मिक सामंजस्य से ही सम्भव है। परन्तु ग़लत सामाजिक रूढ़ियों और मान्यताओं ने हमारी विवाह-संस्था को किस सीमा तक गँदला कर रखा है, 'निर्मला' में इस बात की शिनाख़्त की गयी है।

अनमेल विवाह में दाम्पत्य एक भारी बोझ और विवशता होता है जिसके तले पति और पत्नी दोनों ही कुढ़ते हुए असामान्य जीवन जीते हैं। निर्मला तोताराम से मन ही मन घृणा करती थी तो स्वयं तोताराम भी भयंकर रूप से आत्म-पीड़ा से ग्रस्त थे। ऐसी दशा में भी वे खुद को क़सूरवार नहीं समझते हुए सारा गुस्सा निर्मला पर ही निकालते थे। तोताराम इस विवाह को अपने ही तर्कों से उचित ठहराते थे—"मेरे

पिताजी ने पचपनवें वर्ष में विवाह किया था और मेरे जन्म के समय उनकी अवस्था साठ से कम न थी।" अनमेल विवाह के बारे में प्रेमचन्द कटु व्यंग्य करते हैं। युवक वृद्धा के साथ अथवा युवती वृद्ध के साथ कैसे खुश रह सकते हैं क्योंकि ऐसे बे-जोड़ के पति-पत्नी के तन और मन अलग ध्रुवों और अलग स्तरों पर होते हैं। बेमेल विवाह परिवार और समाज के मानवीय सम्बन्धों को बुरे ढंग से प्रभावित करता है। ऐसे दम्पतियों पर पास-पड़ोस के लोग आदतन भी सन्देह करते रहते हैं। निर्मला खुद को अकेली, अनाथ और असहाय समझने लगती है और भरी जवानी में ही उसका प्राणान्त हो जाता है। इस त्रासदी को हमारी समाज-व्यवस्था के कुफल के रूप में सफलतापूर्वक दिखलाने में प्रेमचन्द कृतकार्य हुए हैं।

अपने हर उपन्यास में प्रेमचन्द ने स्त्री को विशेष महत्त्व देकर प्रस्तुत किया है। उन्होंने उसे परिवार और समाज में बँधुआ मज़दूर से भी बुरी अवस्था में पाया था। अपनी सैकड़ों कहानियों और उपन्यासों में उन्होंने विशेषकर निम्न तथा मध्य वर्ग की स्त्री की पीड़ा को शब्द दिये हैं। चूँकि निम्न वर्ग की स्त्रियाँ अधिक शारीरिक श्रम करती हैं अतः वे पुरुषों की उस हद तक गुलाम नहीं होतीं जिस हद तक उच्च तथा मध्य वर्ग की पराश्रित महिलाएँ होती हैं। 'शिकार' तथा 'सुभागी' कहानियों में प्रेमचन्द ने श्रम तथा आर्थिक स्वतन्त्रता की दिशा में स्त्री-मुक्ति को देखा है। उच्च तथा ऊपरी मध्य वर्ग की महिलाएँ ज़्यादातर सजावट का समान होती हैं या वासना की पुतलियाँ। मध्यवर्गीय स्त्रियाँ तथाकथित नैतिकता के समस्त बन्धन, बाधाएँ और सड़ान्ध झेलती रहती हैं।

'निर्मला' में वर्णित लगभग सभी स्त्री-पात्रों की मार्फ़त उपन्यासकार ने जहाँ एक ओर मानो स्त्री की विभिन्न दशाओं का उपस्थापन ही करना चाहा है, वहीं दूसरी ओर स्त्री-जीवन की नारकीय परिस्थितियों से निकल पाने की दिशाओं के संकेत भी दिये हैं। आरम्भ में ही विवाह के मामले में लड़की समस्या बनी खड़ी मिलती है। निर्मला की बहन कृष्णा यह तल्ख सचाई बयान करती है कि, "हम लड़कियाँ हैं, हमारा कहीं घर नहीं होता।" माँ-बाप-भाई-बहन के शासन वाले भरे-पूरे मायके को छोड़कर उसे सास-ससुर-पति-जेठ-जिठानी-ननद-देवर के शासन में, अधीन भाव से, ससुराल आना पड़ता है। पराधीनता के साथ-साथ एक असुरक्षा-बोध स्त्री को जीवनपर्यन्त होता रहता है। पति चाहे कैसा भी क्यों न हो, उसी को आसरा मानना पड़ता है।

जब निर्मला की माँ कल्याणी अपने सामन्ती मनोवृत्ति वाले तानाशाह पति की बातों का विरोध करती है तो पति उदयभानु लाल उसे घर से निकल जाने को कहता है। वह कहता है, "मैं कमाकर लाता हूँ, जैसे चाहूँ खर्च कर सकता हूँ।" घर से

निकलने का निश्चय करके भी कल्याणी अपने दुधमुँहे बच्चे के कारण निकल नहीं पाती। 'आँचल में दूध और आँखों में पानी' वाली कल्याणी को जो तक़लीफ़ उसका पति अपने जीते-जी दे रहा था, उससे कई गुना ज़्यादा उसने मरकर, कल्याणी को विधवा बनाकर, दी। यह आश्चर्य की बात नहीं है कि प्रेमचन्द के पूरे कथासाहित्य में विधवाओं के चरित्र और उनकी कराह भरी हुई है। हिन्दी में उनकी पहली ही कहानी 'पंच परमेश्वर' में विधवा के साथ होने वाले अन्याय को लेकर पंचायत बुलाने की कथा है। 'निर्मला' में भी कल्याणी और रुक्मणी-जैसी विधवाएँ हैं—एक सन्तानों वाली तो दूसरी निःसन्तान। एक को सन्तानों के लिए कष्ट उठाना पड़ता है तो दूसरी को पति के परिवार वाले घर से निकाल बाहर करते हैं और वह अपने भाई के पास, द्वितीय कोटि की नागरिक के रूप में, शरण पाती है, जो उसे गुस्से में यह कहने से नहीं चूकता कि "क्यों बहिन, तुम्हें इस घर में रहना है या नहीं? अगर रहना है तो शान्त होकर रहो।" विधवापन तो मानो करुणा का पर्याय ही है। इसीलिए प्रेमचन्द लिखते हैं—"विधवा का विलाप और अनाथों का रोना सुनाकर हम पाठकों का दिल न दुखाएँगे। जिसके ऊपर पड़ती है, वह रोता है, विलाप करता है, पछाड़ें खाता है।"

मध्यवर्गीय गृहस्थ पत्नी का एक रूप है बाबू भालचन्द्र की पत्नी रँगीलीबाई। इस प्रसन्नमुख, रूपवती महिला का पति उतना ही कुरूप और कठोर स्वभाव का था। पति के मिथ्याचार, बेईमानी और दग़ाबाज़ी से अच्छी तरह परिचित होने पर भी रँगीलीबाई बेचारी बनकर उसे बर्दाश्त करती है, क्योंकि यह जानकारी उसे घुट्टी में मिली है कि पति के बग़ैर उसका जीवन भयंकर रूप से असुरक्षित रहेगा। आम तौर पर पत्नियाँ इसी तरह अपने मन को मारकर नियति से समझौता कर लेती हैं।

पुरुष-प्रधान समाज में स्त्री के व्यक्तित्व-विकास की समस्या को प्रेमचन्द बहुत जटिल पाते हैं। निर्मला जब अपने सौतेले बेटे मंसाराम से अंग्रेज़ी पढ़ना चाहती है तो पति उसके चरित्र पर गम्भीर सन्देह करने लगता है। सामान्यतः भारतीय पति-पत्नी के रूप में व्यक्तित्वहीन सौन्दर्य देखना पसन्द करता है। डॉक्टरी की पढ़ाई करनेवाला भुवन मोहन सिन्हा-जैसा सुशिक्षित युवक के मन में विवाह की जो कल्पना है उसमें पत्नी से ज़्यादा महत्त्व रुपयों का होता है। वह माँ से कहता है—"कहीं ऐसी जगह शादी करवाइए कि ख़ूब रुपये मिलें। और न सही, एक लाख का तो डौल हो। किसी धनी लड़की से शादी हो जाती तो ज़िन्दगी चैन से कटती। मैं ज़्यादा नहीं चाहता, बस एक लाख नगद हो या फिर कोई ऐसी ज़ायदादवाली बेवा मिले जिसकी एक ही लड़की हो।" उसे इस बात की फिक्र नहीं कि लड़की कैसी हो। उसका सिद्धान्त है कि रुपया सारे ऐबों को छिपा देता है। ऐसे समाज में सारे सम्बन्ध

व्यक्तित्व की ज़रूरतों से परिचालित होते हैं। पत्नी अगर दुधारू गाय हो तो कुरूप, कर्कश, निरक्षर, व्यक्तित्वहीन—कैसी भी चलेगी, क्योंकि सुन्दरता की 'ज़रूरत' की ख़ातिर पुरुष को अन्यत्र जाते संकोच नहीं होता। तोताराम को अपनी मातृहीन बेटी की देखभाल के लिए एक औरत की ज़रूरत थी तो अपनी विधवा बहन को, बहन के नाते उतना नहीं जितना ज़रूरत के नाते, अपने साथ रहने को बुला लिया था। नारी को अपने अधीन रखने का सरल उपाय सामन्ती व्यवस्था के पास यह था कि उसे व्यक्तित्व-विकास का अवसर ही न दिया जाए। रसोई और शयन-कक्ष में, ज़्यादा से ज़्यादा घर की चारदीवारी में उसकी दुनिया को सीमित कर दिया जाए। औरत को गृहस्थी के कामों से और आभूषणों से प्यार करना सिखाया गया और उसके वजूद को आनन्द पाने का साधन बनाकर छोड़ दिया गया। सामन्ती तन्त्र ने स्त्री और दलित को शिक्षा से वंचित रखा ताकि वे व्यक्तित्ववान और आर्थिक रूप से स्वतन्त्र नहीं हो सकें और संस्कारों तथा रिवाज़ों के भारी बोझ अपने सिर पर ढोते रहें। परिणामस्वरूप ये सदियों से दबाये-सताये जाते रहे।

'निर्मला' उपन्यास में सुधा को छोड़कर बाक़ी स्त्री-पात्र परम्परागत नारी की विवश मूर्त्तियाँ हैं। प्रेमचन्दकालीन समाज की दृष्टि से देखने पर सुधा का ओजस्वी चरित्र भले ही अविश्वसनीय और आदर्शवादी प्रतीत होता हो, मगर इसी चरित्र के माध्यम से उपन्यास में प्रेमचन्द ने स्त्री-मुक्ति की दिशा टटोलना चाही है। सुधा पढ़ी-लिखी स्त्री है। उसमें आत्मसम्मान और सामाजिकता का भाव है। जब उसे पता चलता है कि दहेज़ के अभाव में निर्मला का ब्याह डॉक्टर सिन्हा यानी उसके पति से नहीं हो पायी थी तो इसके लिए वह अपने पति को फटकारती है। हालाँकि दहेज़ न मिलने से शादी तोड़ देने के अपराधी उसकी नज़रों में वर और उसके पिता दोनों हैं, फिर भी वर ही अधिक अपराधी है। ऐसे व्यक्ति को वह लोभी और कायर समझती है और पति से दो-टूक लहज़े में कहती है—"दुर्भाग्यवश ऐसा ही एक प्राणी मेरा पति है, और मेरी समझ में नहीं आता कि किन शब्दों में उसका तिरस्कार करूँ।" यह तेज़-तर्रार स्त्री अपने पति को इस बात के लिए राज़ी कर लेती है कि वह पिछले किये अपराध की माफ़ी के बतौर अपने भाई का ब्याह बिना दहेज़ के निर्मला की बहन कृष्णा से कर दे। सुधा निर्मला की हर तरह से सहायता करती है। लेकिन उसका पति सिन्हा निर्मला को असहाय पाकर उसे अपनी वासना का शिकार बनाना चाहता है। पोल खुल जाने के भय से वह आत्महत्या कर लेता है। पति की आत्महत्या के कारण का पता सुधा को चल जाता है अतः उसे उसकी मौत पर दुःख नहीं होता। एक बदचलन व्यक्ति की पत्नी होने के 'सौभाग्य' की तुलना में वह वैधव्य के दुर्भाग्य को बहुत बुरा नहीं समझती। वह स्त्री और पुरुष के बीच दैहिक

स्तर पर भी परस्पर विश्वास देखना चाहती थी। प्रेमचन्द मानो सुधा के रूप में भविष्य की स्त्री की हलकी आहट सुन रहे थे। सुधा के व्यक्तित्व को ही मानो वे 'ग़बन' की जालपा में अपेक्षाकृत अधिक वास्तविक और विश्वसनीय बनाकर पेश करते हैं।

स्त्री-पुरुष के स्वस्थ सम्बन्धों को प्रेमचन्द निर्मला तथा मंसाराम के माध्यम से व्यक्त करते हैं, जिसे तोताराम की स्त्री को भोग की वस्तु मात्र मानने वाली सामन्ती दृष्टि सन्देह से देखती है। अपने वर्तमान में प्रेमचन्द विवाह संस्था का जो रूप देखते थे वह गँदलाया हुआ था। स्थिति में अब भी कोई ख़ास बदलाव नहीं हुआ है। विवाह के माध्यम से मानो पुरुष, यानी पति को पत्नी पर शारीरिक, मानसिक हर तरह का अत्याचार करने का लाइसेन्स मिल जाता है। पत्नी गोया पति की ज़रख़रीद ग़ुलाम बनकर रह जाती है। उसे पति के इशारों पर चलना पड़ता है, अन्यथा उसकी कोई गति नहीं। नारी के व्यक्तित्व को प्रस्फुटित करने का अवसर देने के बदले विवाह नामक बन्धन उसे जीवन भर के लिए मानो क़ैदख़ाने में डाल देता है। प्रेमचन्द समस्या को एकायामी रूप में प्रस्तुत नहीं करते। पाठक कल्पना कर सकता है कि अगर निर्मला का विवाह डॉक्टर भुवन मोहन से हुआ होता तो भी वह वैसे ही नाखुश रहने को अभिशप्त होती जैसे सुधा थी। इसका मतलब है कि विवाह-समस्या को प्रेमचन्द सिर्फ़ दहेज़ की समस्या में सीमित करके दिखाना नहीं चाहते थे।

स्त्री-मुक्ति-सम्बन्धी प्रेमचन्द की परिकल्पना आज पुरानी लग सकती है लेकिन हमारे देश के तत्कालीन जीवन-सन्दर्भों से यह गहरे जुड़ती है। यहाँ प्रेमचन्द विवाह-संस्था का विरोध नहीं करके उसमें अपेक्षित सुधार लाने की वक़ालत करते दिखायी देते हैं। लेकिन इस विवाह-चिन्तन और स्त्री-मुक्ति की चिन्ता को वे 'गोदान' में मालती और प्रोफ़ेसर मेहता-जैसे चरित्रों की मार्फ़त आगे बढ़ाते हैं। स्त्री-मुक्ति का आन्दोलन प्रेमचन्द के ज़माने में आज के-जैसे स्वरूप में हो भी नहीं सकता था क्योंकि तब भारत में स्वाभाविक रूप से सर्वप्रमुख और सर्वोच्च समस्या विदेशी दासता से मुक्ति पाने की थी। फिर भी प्रेमचन्द ने रचनाकार की अपनी प्राथमिकताओं की फ़ेहरिस्त में अपने सामने हमेशा ऊपर रखने की क़ोशिश की थी यह उनके सर्जक की जागरूकता का परिचायक है।

फिर से प्रेमचन्द

भारतीय साहित्य में देशीयता के सबसे बड़े लेखकों में प्रेमचन्द अन्यतम हैं। उनकी रचनाएँ लोकजीवन की जीवन्त धड़कनों से भरी हुई हैं मगर वहाँ राष्ट्रीयता की परिधि को लाँघकर विश्वजनीन जीवन से जा मिलने का भी सहज उपक्रम है। प्रेमचन्द के कथासाहित्य की सार्थकता उसके मानवीय होने में है। उनकी रचनाएँ अपने समय की गहन सम्पृक्ति में होकर भी अगले समयों तक पहुँचने की कुव्वत रखती हैं। कथा को सभ्यता और संस्कृति के 'फ़ैक्ट' और 'फ़िक्शन' को साथ लेकर चलना होता है। अपने समय की सामाजिक सच्चाइयों को प्रेमचन्द यथार्थवादी शिल्प में रचते हैं।

साधारण लेखक अपने समय का होता है लेकिन बड़ा लेखक अपने समय के साथ-साथ अगले समय का भी होता है। प्रेमचन्द का अपना समय उनकी रचनाओं में अच्छी तरह उपस्थित है। समय की रचनात्मक उपस्थिति केवल समाजशास्त्रीय अथवा ऐतिहासिक दस्तावेज़ के रूप में नहीं होती, हालाँकि कई आलोचक इस बात को सबसे अधिक महत्त्व देते हैं। साहित्य वस्तुतः समाजशास्त्र और इतिहास की अपेक्षा ज़्यादा बड़ा काम करता है। कलाकार अपने समय की मानवीय धड़कनें पकड़ता है। प्रेमचन्द ने यह काम बड़ी खूबी से किया है। हिन्दी आलोचना में सबसे ज़्यादा विवेचित होने वाले कथाकार हैं प्रेमचन्द, लेकिन उनका यह अधिकांश विवेचन बहुत कुछ एकांगी ढर्रे पर हुआ है। प्रेमचन्द के कथासाहित्य का अध्ययन जितना समाजशास्त्रीय मूल्यों की खोज के सन्दर्भ में हुआ है उतना कलात्मक मूल्यों के सन्दर्भ में नहीं। प्रेमचन्द की लोकप्रियता का कारण अकेले उनके समाजशास्त्रीय अथवा ऐतिहासिक दस्तावेज़-जैसा होने में नहीं। प्रेमचन्द की शिल्प-शैली भी उस तरह की सीधी-समतल-सरल रेखा में चलने वाली भी नहीं जैसा कि आम तौर पर उसे बताया जाता है। ग़ौर करने से पता चलता है कि प्रेमचन्द की परवर्ती रचनाओं की हर पंक्ति में बंकिम भंगिमाएँ हैं और उनमें गहरी व्यंजकता है। वास्तव में उनकी रचनाओं में प्रामाणिकता और कलात्मकता परस्पर घुले-मिले हैं।

प्रेमचन्द की भाषा-शैली और शिल्प की बिल्कुल निजी पहचान है। वे भारतीय जनजीवन से जिस रूप में स्वयं को जुड़ा हुआ महसूस करते थे, वह सम्बन्ध उनकी रचनाओं में उतर आया है। प्रेमचन्द का चित्रण यथार्थवाद की यूरोपीय परम्परा से हटकर भी है—हम चाहें तो यथार्थवाद की अपनी भारतीय और प्रेमचन्दीय कोटि बना सकते हैं। हिन्दी के कई आलोचक एक विशेष क़िस्म के यथार्थ, जीवन-दृष्टि और विचारधारा के आधार पर कथा-साहित्य के 'जेनुइननेस' की पहचान करते हैं : वे न केवल ताल्स्तॉय बनाम काफ़्का और प्रेमचन्द बनाम जैनेन्द्र-अज्ञेय जैसा बँटवारा करते हैं, बल्कि ऐसी बँधी दृष्टि पर नाज़ भी। अपनी ऐसी अद्भुत विश्लेषण-क्षमता से, अपने ही तरीक़े से, वे हिन्दी के कथा-कुल में अलग्योझा करवा कर अपनी रोटी सेंक रहे हैं—चाहे साहित्य का इससे कितना ही बुरा क्यों न होता हो।

यह तथ्य है कि हिन्दी साहित्य में यथार्थवादी और प्रगतिशील लेखन की अवधारणा विकसित करने में प्रेमचन्द के कथासाहित्य का सर्वाधिक योगदान है। प्रेमचन्द का विश्वास था कि, "लेखक या तो देखा हुआ लिखता है या जो लिख रहा है उसे कभी अवश्य देखेगा।" (प्रेमचन्द : घर में, पृ. 88) अर्थात् लेखन वास्तविक समाजार्थिक स्थितियों और लेखक की कल्पनाओं और स्वप्नों से सम्बन्धित होता है। वैसे यह सच है कि प्रेमचन्द की कथात्मकता वर्तमान के ठोस अस्तित्व और उसकी सार्थकता से गहरे जुड़ी है और उनमें वायवीय, किशोर या रूमानी कल्पनाएँ और प्रौढ़, सामाजिक साम्य के बड़े स्वप्न नहीं मिलते, क्योंकि ज़्यादातर वे जीवन की उपयोगी, वास्तविक ज़मीन पर ही खड़े मिलते हैं। इससे उनका लेखन प्रामाणिक और विश्वसनीय बनता गया।

अपने ज़माने की जनविरोधी राजनीति का सर्वग्रासी कुरूप चेहरा देखकर प्रेमचन्द ने उसका विरोध करना अपने लेखन का लक्ष्य बनाया था। इस दृष्टि से उनका समस्त लेखन राजनैतिक लेखन था, यद्यपि वे किसी विचारधारा-विशेष या दल-विशेष के भीतरी आदमी नहीं थे। सिर्फ़ अंग्रेज़ों की शोषक राजनीति के ही वे विरोधी नहीं थे, बल्कि स्वदेशी राष्ट्रीय आन्दोलन से जुड़ी पार्टी के सुविधाजीवी नेताओं के भी कटु आलोचक थे। हमारी आज की राजनीति के चेहरे का बड़ा हिस्सा भी प्रेमचन्द के ज़माने के राजनैतिक चेहरे से मिलता जुलता लगता है। 1933 में प्रेमचन्द ने अंग्रेज़ी हुकूमत की राजनीति को इस रूप में देखा था : "ब्रिटिश राजनीति की कुछ ऐसी चालें होती हैं जो साधारण आदमी की समझ में नहीं आतीं। समय पर बात पलट जाना, हरेक बात को स्थिति की दशा तथा अवसर को रबड़ की तरह खींच कर उसका अपने मन के अनुकूल अर्थ लगा लेना और घोर अन्याय और अत्याचार को भी न्याय तथा दयालुता की दुहाई से रँग देना, यह ब्रिटिश राजनीति

की ही विभूति, प्रसाद, तत्परता तथा महत्ता है।" कहना न होगा कि हमारे कतिपय वर्तमान राजनैतिक दल उस जनविरोधी ब्रिटिश राजनीति से प्रभूता मात्रा में विभूति और प्रसाद ग्रहण कर चुके हैं। इस सन्दर्भ में किया गया प्रेमचन्द का संघर्ष आज के रचनाकारों के लिए प्रेरक हो सकता है। लेकिन इसके साथ ही आज के रचनाकार को सावधान रहते हुए अपनी कला को एकायामी और स्टीरियोटाइप होने से बचाने के लिए संघर्ष करना पड़ेगा।

प्रेमचन्द की भाषा बाहरी घटनाओं पर निर्भर रहते हुए उनके भीतर से अपनी अर्थवत्ता प्राप्त करती चलती है। लेकिन आज के रचनाकार को बाह्य घटना-निर्भरता अपरिहार्य प्रतीत नहीं होतीं—बल्कि जहाँ घटनाएँ हैं भी तो वहाँ वह अपनी भाषा को जीवन के गूढ़तम और वृहत्तर आशयों तक पहुँचाने की क़ोशिश करता है। इस तरह वह अपने लेखन को बहुआयामिता प्रदान करता है। प्रेमचन्द की घटना-निर्भरता इस कारण थी कि एक सजग-सक्रिय पत्रकार होने के कारण भी वे मनुष्य की स्थूल सामाजिकता को अपेक्षाकृत अधिक महत्त्व दिया करते थे। उनके आदर्शयुक्त यथार्थवाद की अवधारणा में उनके रचनाकार और पत्रकार इन दोनों ही रूपों का समन्वय देखा जा सकता है।

प्रेमचन्द का लेखन सुविधा का, सुविधा में या सुविधा के लिए नहीं था। वे हमेशा खुद को ऐसा मज़दूर बताते थे जिसके हाथ में फावड़े की ज़गह क़लम थी। उन्होंने कठिनाइयों से भरा यह रास्ता जानबूझकर सोच-समझकर अख़्तियार किया था। उन्होंने अंग्रेजों की बँधी-बँधाई नौकरी छोड़ी थी, अलवर रियासत की ओर से आई हुई मोटी तनख़्वाह की पेशकश ठुकराई थी। ऐसा भी नहीं था कि प्रेमचन्द की मानसिकता परम्परागत (सामन्ती) संस्कारों के प्रभाव से पूरी तरह से मुक्त रही हो। रचनाकार के व्यक्तित्व और कृतित्व में असंगतियों का पाया जाना कोई अज़ूबा नहीं और वे प्रेमचन्द में भी मिल सकती हैं। ज़मींदार परिवार में बेटी के लिए वर तय करना और लड़की दिखाने से इनकार करना, दामाद के द्वारा आगे की पढ़ाई के बारे में सलाह माँगे जाने पर उस पर क़ानून पढ़कर वकालत करने के लिए दबाव डालना आदि बातें उनकी व्यवहार-बुद्धि की परिचायक होती हुई भी उनके लेखन की संगति में नहीं हैं। दूसरी ओर देश सेवा और राष्ट्र-निष्ठा के नाम पर वे अपनी नौकरी और प्रतिष्ठा तक की ज़रा भी परवाह नहीं करते थे। यहाँ तक कि बीस आने रोज़ के हिसाब से उन्होंने गोरखपुर में खादी कपड़ों के बण्डल लेकर फेरी लगाने का काम भी किया। उन्हें कोई ख़ास चिन्ता नहीं होती थी कि घर में प्रायः ही पधारते रहने वाले अतिविशिष्ट अभ्यागतों को बिठाने के लिए ढंग की कुर्सी नहीं थी। लेकिन इससे यह निष्कर्ष निकालना ग़लत होगा कि प्रेमचन्द अभावों में सन्तुष्ट रहने वाले

जीव थे। वे रूस वालों की इस बात के लिए तारीफ़ करते थे कि उन्होंने क्रान्ति के बाद अपनी स्थिति उन्नत बना ली थी। धर्म के मामले में उनके विचार क्रान्तिकारी थे। उनका कहना था कि, "मेरी समझ में नहीं आता कि हिन्दू धर्म किस पर टिका हुआ है।" कबीर की तरह वे ख़ुद को न हिन्दू न मुसलमान मानते थे।

उन्होंने जीवन के विविध क्षेत्रों के बारे में विचार-मंथन किया था और अपने मंतव्य प्रकट करते रहे थे। वे स्त्रियों को पुरुष से बड़ा समझते थे; दोनों में समानता चाहते थे और स्त्रियों के अधिकारों के प्रबल समर्थक थे—हालाँकि स्त्रियों के नौकरी करने के ख़िलाफ़ थे। इस सम्बन्ध में उनका कहना था कि, "ज़रूरत इस बात की है कि स्त्रियाँ शिक्षित हों और उनके साथ-साथ स्त्रियों को वह अधिकार मिल जाए जो सब पुरुषों को मिले हुए हैं। जब तक सब स्त्रियाँ शिक्षित नहीं होंगी और सब क़ानून-अधिकार उनको बराबर न मिल जायेंगे, तब तक महज़ बराबर काम करने से ही काम नहीं चलेगा।" (प्रेमचन्द : घर में, पृ. 192) स्त्री-समस्या को वे पुरुषों से अलग बाँटकर नहीं देखते थे और समझते थे कि "समाज से लड़ने के लिए स्त्रियाँ कितनी विवश हैं, उससे कम विवश पुरुष नहीं हैं।" वे स्त्री-पुरुष को परस्पर पूरक के रूप में मानते थे। उनका साफ़-साफ़ कहना था, "जब स्त्रियाँ अपने को पुरुषों से अलग समझने लगेंगी तो याद रखो, संसार भयंकर हो जाएगा।" (वही, पृ. 137, 122)। प्रेमचन्द यद्यपि अपनी समझ और कला का निरन्तर विकास करते गये, तथापि उनमें कोई निश्चित और व्यवस्थित विचारधारा ढूँढ़ पाना नामुमकिन है और इस बात में प्रेमचन्द की कला की जीत है। लेकिन इसका एक परिणाम यह हुआ कि आलोचकों को अपने-अपने विचार प्रेमचन्द पर आरोपित करने का मौक़ा ख़ूब मिला। कलाकार एक व्यवस्थित और सुसंगत विचारधारा लेकर ही रचना में प्रवृत्त हो, ऐसी कोई अनिवार्यता नहीं होती। हाँ, उसे मनुष्य और मानवता के सौन्दर्य और क्षमता में गहरी आस्था होनी चाहिए, जो प्रेमचन्द में थी। यही कारण है कि उनके साहित्य में जीवन के सौन्दर्य, सच्चाई, गति, संघर्ष और बेचैनी पैदा करने का भरपूर माद्दा है और यही बात उन्हें बड़ा लेखक बनाती है। उन्होंने जीवन को उसकी समग्र परिवेशगत पृष्ठभूमि में देखा है : घर, परिवार, गाँव, समाज, शहर—सबके चित्रण उन्होंने किये हैं। उन्होंने क़िताबों से नहीं, जीवन से अपने कथानक लिये हैं हालाँकि वे स्वीकारते हैं कि 'कथा का ढंग' उन्होंने ताल्स्तॉय, रोमाँ रोलाँ और रवीन्द्र नाथ से सीखा।

साहित्य आरम्भ से ही प्रेमचन्द का अपना स्वाभाविक क्षेत्र रहा था। उनका विश्वास था कि, "जब तक यहाँ के साहित्य में तरक्की न होगी, तब तक साहित्य, समाज और राजनीति सबके सब ज्यों-के-त्यों पड़े रहेंगे।... साहित्य इन तीनों चीज़ों

की उत्पत्ति के लिए एक बीज का काम देता है। साहित्य और समाज तथा राजनीति का सम्बन्ध बिल्कुल अटल है।" (वही, पृ.69) जैनेन्द्र कुमार का कहना था कि, "प्रेमचन्द समाज के निदान में उतरते हैं, उसकी आत्मा की गहराई में नहीं"—और यह भी कि उनमें जितनी सामयिकता है उतना 'तथ्यावगाहन' नहीं। अगर प्रेमचन्द उस काम को अंज़ाम नहीं दे पाये जिसकी ओर जैनेन्द्र कुमार ने संकेत किया है तो उसके कारण हैं। पहली बात तो रचनाकार की प्रवृत्ति, रुझान और मानसिकता की है। हिन्दी साहित्य के जिस ऐतिहासिक क्षण में प्रेमचन्द उपस्थित हुए थे उस समय यह सम्भव है कि प्रेमचन्द को भौतिक प्रश्नों को छोड़ देना उचित नहीं लगा हो, या फिर इतना वक़्त ही नहीं मिला हो कि वे सामयिक प्रश्नों की उपेक्षा कर जीवन के दूसरे गहरे और गूढ़ रहस्यों में प्रवेश करते। जैनेन्द्र जी को यह भी शिक़ायत थी कि प्रेमचन्द के पात्र 'खानाबन्द आदमी' हैं, अर्थात् उनमें पर्याप्त खुलापन नहीं है। श्रीविष्णु प्रभाकर को प्रेमचन्द से यह शिक़ायत रही है कि उनमें गहन अनुभूतियों का अभाव है—"उनको पढ़ते समय मन को सन्तोष होता है, सुख होता है पर किसी गहन अनुभूति से हम तिलमिला नहीं उठते।" लेकिन प्रेमचन्द की परवर्ती रचनाएँ, यहाँ तक कि उनकी अनेक कहानियों, जैसे—आत्माराम, ईदगाह, सद्गति, शतरंज के खिलाड़ी, क़फ़न आदि, इस बात का प्रतिवाद करती लगती हैं। वैसे इस बात में सच्चाई है कि प्रेमचन्द को नगर-जीवन की जटिलताओं में जाने का अवसर नहीं मिला। एक और बात है कि प्रेमचन्द की मानसिकता में एक प्रकार का 'देहातीपन' है। पश्चिमी तौर-तरीक़ों और शिक्षित आधुनिक युवा वर्ग के प्रति वे नकारात्मक रुख रखे हुए मिलते हैं। हालाँकि उनमें अपने समाज और संस्कृति के प्रति आत्मालोचन का भाव मिलता है, फिर भी वे पश्चिम की तुलना में अपनी सभ्यता और संस्कृति को श्रेष्ठ मानते हैं। वे किसान और मध्यवर्गीय भारतीय जीवन के विशेष रूप से कथाकार थे और उनकी सीमाएँ प्रायः इन वर्गों की सीमाएँ भी हैं। ये दोनों वर्ग व्यक्तिगत सम्पत्ति के त्याग की कल्पना भी नहीं कर सकते। प्रेमचन्द अपने केन्द्रीभूत विषय या समस्या से सीधे जुड़ने वाले चरित्रों के परे का दृश्य कभी नहीं देखना-दिखाना चाहते और अपने दृष्टि-पथ की सीमा सदैव बनाये रखते हैं। फलतः उनके परिवेश का बहुत-कुछ छूट जाने का ख़तरा भी बना रहता है। परवर्त्ती काल में फणीश्वरनाथ रेणु-जैसे रचनाकार ने प्रेमचन्द की इस सीमा से सबक लेकर परिवेश को उसकी व्यापकता और समग्रता में देखने की क़ोशिश की।

एक साहित्यिक के लिए आत्मालोचन वह अनिवार्य गुण है जिससे उसका लेखन समय का साथ देता चलता है; वह खुद को माँजता और तरो-ताज़ा होता रहता है। प्रेमचन्द ऐसे जनपक्षधर लेखक थे जिसे गुलाम देश में रहते हुए दोहरी भूमिका

निभानी पड़ रही थी : एक ओर वे अंग्रेज़ शासकों के विरोधी थे तो दूसरी ओर अपने देश के लोगों की बुरी आदतों की भी कड़ी आलोचना करते थे। लखनऊ में वायसराय के आगमन पर स्वागत में चालीस हज़ार रुपयों की आतिशबाजी की गयी थी जिसे देखने के लिए लोगों का हुजूम उमड़ पड़ा था। प्रेमचन्द इसे देश की जनता के पैसों का विरोधी शासन द्वारा किया जाने वाला अपव्यय तो मानते ही थे, इस बात का उन्हें दूना रंज़ था कि लोग इस घरफूँक तमाशे पर खुश हो रहे थे। वे शिवरानी देवी के आगे बार-बार अपनी खीझ प्रकट करते रहते थे कि, "बहुत दिन लग जाएँगे हिन्दुस्तानियों को अपनी मनोवृत्ति बदलने में। क्योंकि इधर वे कोई 500 वर्ष से गुलामी में रह चुके हैं, तुम क्या समझती हो कि उनकी आत्मा 10-20 साल में सुधर जाएगी।...अगर यहाँ के सभी आदमी ज़िम्मेदार ही होते तो इस तरह का मुल्क न होता। हमारी इसी कमी से सरकार राज्य कर रही है। मुट्ठी-भर अंग्रेज़ पैंतीस करोड़ आदमियों पर राज्य करें इसके माने क्या हैं? हममें चरित्रबल, आत्मबल कुछ भी नहीं है।" (वही, पृ. 50 और 117) प्रेमचन्द का यह आत्मालोचन आज की परिस्थितियों में भी उतना ही प्रासंगिक है। आज हालाँकि देश आज़ाद हो चुका है, फिर भी आज़ादी का सकारात्मक लाभ उठाने की बजाय देश भ्रष्टाचार में आकण्ठ डूब रहा है। ऐसा चौतरफा भ्रष्ट आचरण प्रेमचन्द सहन नहीं कर सकते थे।

उस ज़माने के लेखक अपने सामाजिक और राष्ट्रीय दायित्वों के प्रति कम गम्भीर नहीं थे। स्वतन्त्रचेता प्रेमचन्द जब फ़िल्मों के लिए लेखन करने निमित्त बम्बई गये थे तब भी अपने लेखन-सम्बन्धी दायित्वों के प्रति पूरी तरह सचेत थे। वे बच्चों को अपने साथ नहीं ले गये क्योंकि वे पढ़ाई कर रहे थे और प्रेमचन्द ने बम्बई में उनका नामांकन इसलिए नहीं कराया कि इस तरह वे उस ज़गह से बँध जाते। उनका सोचना सही था क्योंकि कुछ ही दिनों में उन्होंने पाया कि वहाँ जो कुछ था वह वैसे मालिक लोगों के हाथों में था जो सिर्फ़ पैसा कमाना जानते थे और जिनकी नज़रों में लेखक का कोई महत्त्व नहीं था। प्रेमचन्द यह मानते थे कि लेखक का काम जनता का नेतृत्व करना है मगर साथ ही उन्हें इस बात का एहसास भी था कि उस पर पब्लिक और गवर्नमेंट दोनों का दबाव होता है—पब्लिक मारने की धमकी देती है और गवर्नमेंट ज़ेल में डालती है। स्वाभिमानी प्रेमचन्द पूछते हैं कि क्या इससे डरकर लेखक लिखना बन्द कर दे? आख़िर लेखक भी कोई चीज़ है। उसका भी अस्तित्व है। वह जो कुछ लिखता है अपनी कुरेदन से ही।

प्रेमचन्द में संघर्ष का भाव बहुत था। वे अपने सम्पर्क में आने वाले लोगों से बराबर काम करने, बुराइयों से लड़ने की बात किया करते थे। वे मज़दूरों से भी ज़्यादा खटते थे, यह बात उनके विपुल मात्रा में लिखे गये साहित्य से भी अच्छी तरह

प्रमाणित होती है। वस्तुतः वे एक ही साथ दो सिरों से जलने वाली मोमबत्ती की तरह थे जो ज़ल्दी भले बुझ गयी मगर रोशनी भरपूर दे गयी। मुक्तिबोध-जैसे अनेक जाने-माने परवर्ती हिन्दी (तथा अ-हिन्दी) साहित्यकारों के वे जाने-अनजाने प्रेरणास्रोत बने। नये लेखकों से मिलने के लिए प्रेमचन्द हमेशा तैयार रहते थे, क्योंकि उन्हें पता था कि साहित्य की बागडोर उन्हीं के हाथों सुरक्षित रहेगी। वे मानते थे कि नये रचनाकारों का मार्गदर्शन करना उनके-जैसे वरिष्ठ लेखकों की ज़िम्मेदारी थी। वे अतिवादी नहीं थे। बुद्ध के मज्झिम निकाय की तरह भारत का मध्य वर्ग ही उनकी राह था। प्रेमचन्द का साहित्य हमें नैतिक और मानवीय बनाता है। उनकी उदार मानवीयता की ज़द में मनुष्य की तो बात क्या, तमाम तरह के जीव-जन्तु, पशु-पक्षी भी आ गये हैं। गाय, बैल, कुत्ता, तोता आदि तो उनकी कई रचनाओं में प्रमुख पात्र की भूमिका में भी आये हैं। प्रेमचन्द भोले-भाले और मूक प्राणियों के केवल पक्षधर ही नहीं, बल्कि भोलेपन के सौन्दर्य को कथा में रचने वाले अद्‌भुत लेखक भी हैं—चाहे वह भोला-भाला किसान-मज़दूर हो, बालक-बालिका हो, अथवा कोई अन्य प्राणी। प्रेमचन्द ने कई रचनाओं में किसानों-मज़दूरों, बच्चों और पशु-पक्षियों को आपस में संज़ीदगी से बतियाते और दुख-दर्द बाँटते दिखाया है। प्रेमचन्द की पत्नी शिवरानी देवी ने उनके प्राणी मात्र से प्रेम होने की बात करते हुए लिखा है कि जाड़े के दिनों में खुद तो कम्बल ओढ़ते थे मगर घोड़े को दुशाला ओढ़ाते थे। पत्नी की नज़रों में प्रेमचन्द एक सन्त लेखक थे। हरिशंकर परसाई ने अपने व्यंग्य लेख 'प्रेमचन्द के फटे जूते' में प्रेमचन्द की मानसिकता का बढ़िया विश्लेषण किया है।

हमें भारतीय परम्परा के श्रेष्ठ अवदानों से जोड़ने का काम प्रेमचन्द बिना किसी शोर-शराबे के करते हैं। वे स्वदेशी के भक्त थे, स्वदेश और स्वराज्य के प्रेमी थे। स्वदेश पर गर्व था, लेकिन यह गर्व मिथ्या नहीं था। अपनी क़मज़ोरियों से वे वाक़िफ़ थे। वे बड़े आत्मालोचक भी थे और अंग्रेज़ों के गुणों से सीख लेने को कहते थे। 1934 में भी प्रेमचन्द की मान्यता थी कि जो आदमी जितनी ही अपनी ज़रूरत बढ़ाता जाता है, वह उतना ही ज़्यादा अपनी गुलामी की बेड़ियाँ मज़बूत करता जाता है। प्रेमचन्द के जीवन और चिन्तन का प्रभाव उनकी लेखिका पत्नी शिवरानी देवी पर गहरा पड़ा था, जिन्होंने यथासम्भव तटस्थता बरतते हुए प्रेमचन्द-जैसे कलाकार के मानस और व्यवहार की गतिविधियाँ प्रस्तुत की हैं : उनकी व्यक्तिगत कमियों और खामियों पर संयमित आलोचनात्मक नज़र डाली है। यह आजकल के उन रचनाकार दम्पतियों से अलग ढंग का प्रयास था क्योंकि आज के लोग तो अपने नितान्त निजी कपड़े भी सार्वजनिक रूप से धोते नज़र आते हैं।

क्या भूमण्डलीकरण के इस दौर में अंग्रेज़ी और अंग्रेज़ी के व्यापक प्रभाव का

मुक़ाबला प्रेमचन्द के देसी हथियार से किया जा सकता है? क्या आज एक बार फिर से प्रेमचन्द तक पहुँचना पुरागामिता होगी? क्या यह चिन्ता का विषय नहीं है कि हम अपनी उस देसी पहचान और विरासत को धीरे-धीरे खोते जा रहे हैं जिसकी तरफ प्रेमचन्द और रेणु-जैसे लेखकों ने हमारा ध्यान आकृष्ट किया था? आज हमारी अस्मिता के जितने टुकड़े जाति, उपजाति, आदि के आधार पर होते जा रहे हैं, वैसी जटिल सामाजिक, आर्थिक, राजनैतिक, साम्प्रदायिक समस्याएँ प्रेमचन्द के ज़माने में नहीं थीं। आज जटिलताएँ बढ़ती ही जा रही हैं और लेखक का कार्य कठिनतर होता जा रहा है। फिर भी, आज के सन्दर्भ में भी, प्रेमचन्द के अल्पसंख्यकों, दलितों और स्त्रियों के सम्बन्ध में विचार अवश्य ही महत्त्वपूर्ण हैं। ये विचार पर्याप्त या पूर्ण नहीं कहे जा सकते लेकिन यह बहुत अस्वाभाविक भी नहीं है। आज अगर प्रेमचन्द मौज़ूद होते तो अवश्य ही उनकी रचनात्मकता इस बदली हुई स्थिति को भी सफलतापूर्वक समेट लेती, इसमें सन्देह नहीं क्योंकि प्रेमचन्द हमेशा अपने वर्तमान में सक्रियता से उपस्थित रहने वाले रचनाकार थे। ऐतिहासिक रूप से देखा जाए तो प्रेमचन्द हिन्दी कथासाहित्य में नयी चेतना लाने वाले लेखक थे। लेकिन उनके कथाशिल्प का एक ख़ास ढंग था और परवर्ती साहित्य में जिससे भिन्नता का होना लाज़िमी था। प्रेमचन्द के आकर्षण और व्यापक स्वीकृति का एक कारण उनके द्वारा वस्तु एवं रूप के प्रति अतिवादी दृष्टियों का परिहार भी रहा है। लेकिन आज के लेखकों को प्रेमचन्द के शिल्प से विचलन करते हुए दूसरे रास्तों की तलाश करनी पड़ेगी। सच पूछा जाए तो हिन्दी कथासाहित्य में प्रेमचन्द-जैसा लिखने वाला कोई भी कथाकार नहीं मिलता—कोई उनकी नक़ल भले ही कर ले, किन्तु नक़ल से कोई दूसरा प्रेमचन्द, रेणु, परसाई या श्रीलाल शुक्ल नहीं बन सकता। ऐसा इसलिए सम्भव नहीं है क्योंकि इन सारे कलाकारों ने अपनी-अपनी कला की समस्त सम्भावनाओं को पूरी तरह से निचोड़ लिया है। अतएव, वही रचनाकार सफलता पा सकता है जो अपनी अलग राह निकाल सकता हो। प्रेमचन्द से सीखते हुए प्रेमचन्द से अलग और आगे की चीज़ लिखना आज के लेखकों के लिए ज़रूरी है।

बीसवीं सदी के हिन्दी लेखन में भारतीय जीवन—ख़ासकर ग्रामीण जीवन—'गोदान', 'मैला आँचल', 'परती: परिकथा' और 'रागदरबारी' में विशेषतः जीवन्त रूप में उपस्थित किया गया जो इस बात का द्योतक है कि प्रेमचन्द के ज़माने से भिन्न स्थितियों को प्रेमचन्द की कला से भिन्न कला में रचने की आवश्यकता महसूस की गयी। तमाम भिन्नताओं के बावज़ूद प्रेमचन्द के समय और कला से आज के हालात और लेखन में कुछ समानताएँ भी मिलें तो अचरज नहीं होना चाहिए। प्रेमचन्द के चित्रण में एक प्रकार की सर्व-भारतीयता है, यानी उनका एक

अखिल भारतीय परिप्रेक्ष्य बनता है। मनुष्य ही प्रेमचन्द के लेखन का लक्ष्य था और मनुष्य से उनका सम्बन्ध निरा बौद्धिक न होकर आत्मीय था। उनकी रचनाएँ केवल हिन्दी साहित्य के मानस को ही नहीं, व्यापक सामान्य जन-मानस को भी आन्दोलित करती रही हैं। यह देखना रोचक होगा कि गाँधी की तरह प्रेमचन्द ने भी लेखकीय आचरण का अपना देसी 'मॉडल' तैयार किया था।

प्रेमचन्द के देहान्त के पश्चात् देश-दुनिया और साहित्य में बहुत-कुछ बदला है। ये बदलाव सकारात्मक और नकारात्मक दोनों ही प्रकार के हैं। प्रेमचन्द से हमारा संवाद ही नहीं, वाद-विवाद भी होता रहा है और हो रहा है। प्रेमचन्द के अन्तर्विरोधों पर चर्चा और आन्दोलन भी हुए और हो रहे हैं जो उनकी प्रामाणिकता और जीवन्तता की ओर भी इंगित करते हैं। आज की परिस्थितियों में प्रेमचन्द से ग्रहण करने को बहुत कुछ है। लेकिन खुद प्रेमचन्द को इस बात का एहसास हो रहा था कि उनके लेखन से एकरसता-जैसी चीज़ पैदा हो सकती थी। इस बात से उन्हें असन्तोष था और इस सन्दर्भ में उन्होंने जैनेन्द्र कुमार को लिखा भी था कि, "मैं पुराना हो गया हूँ और पुरानी शैली निभाए जाता हूँ। कथा को बीच में से शुरू करना या इस तरह शुरू करना कि उसमें ड्रामा का चमत्कार पैदा हो जाए, यह मेरे लिए मुश्किल है।"

आज यथार्थवाद के विभिन्न रूप हो गये हैं, यहाँ तक कि जादुई यथार्थवाद भी सामने आया। सम्भव है बहुतों को प्रेमचन्द इस उत्तर-आधुनिक परिदृश्य में पुराने लगने लगे हों मगर वे चुके नहीं हैं। उनकी प्रासंगिकता अब भी बरकरार है। प्रेमचन्द के पूर्व हिन्दी-उर्दू का कथा-साहित्य या तो ख़ालीपन (जिसमें, बक़ौल साहिर लुधियानवी, 'न कोई ज़ादह, न मंजिल, न रोशनी का सुराग़' ही था), या लगभग अतिनाटकीयता का शिकार था। प्रेमचन्द ने धीरे-धीरे सधे हाथों से उसे यथार्थवादी बनाया। उन्होंने हिन्दी कथा-साहित्य में जिस यथार्थवादी परम्परा की नींव डाली, परवर्ती काल में भी उसमें विकास की सम्भावनाओं के बीज देखे जाते रहे। प्रेमचन्द ने जब लिखना आरम्भ किया था उस समय यूरोप में यथार्थवाद प्रकृतवाद से अलग हो चुका था जबकि हिन्दी कथा-साहित्य में उस वक़्त स्वैर-कल्पना, तिलिस्म और ऐयारी वाले शिल्प का प्राधान्य था। प्रेमचन्द के अपने यथार्थवाद का स्वभाव सामाजिक और आलोचनात्मक रहा, फिर भी उनका शिल्प अतिनाटकीय, अस्वाभाविक एवं अलौकिक तत्त्वों से रहित नहीं कहा जा सकता। यह बात विशेष रूप से 'निर्मला' और 'कायाकल्प' उपन्यासों के मद्देनज़र कही जा सकती है। आज हम जानते हैं कि तथ्यात्मक चित्रण से अलग अतिनाटकीय और अलौकिक के चित्रण से भी रचना से विशिष्ट अर्थ निकाले जाते हैं। प्रोफ़ेसर फ्रंचेस्का ओरसीनी ने 'कायाकल्प' के अध्ययन में ऐसे अर्थ-संधान की दिशा में एक अच्छी क़ोशिश की

है। प्रेमचन्द के आरम्भिक ज़माने में तिलिस्मी-ऐयारी के साथ-साथ ऐसे ऐतिहासिक उपन्यास भी थे जो पाठकों को अतीत-गौरव में पहुँचाते थे। अनबुझ तृष्णा और लालसा की व्यर्थता, पर साथ ही आदर्श के लिए संघर्ष के भाव को दिखाने के लिए 'कायाकल्प' में प्रेमचन्द पुनर्जन्म, अलौकिकता, विज्ञानकथा, अतिनाटकीयता आदि को मिलाकर अपने ही यथार्थवादी ढाँचे को अतिक्रमित करना चाहते हैं। दरअसल इसे प्रेमचन्द की कला-विषयक बेचैनी और उनकी प्रयोगधर्मिता के सन्दर्भ में देखने की ज़रूरत है।

प्रासंगिकता अतीत की सार्थकता और वर्तमान की अर्थवत्ता का द्वन्द्वात्मक सम्बन्ध होती है उसकी एक कसौटी लोकप्रियता भी हो सकती है। प्रेमचन्द अब भी लोकप्रिय हैं तो इसका मतलब है कि वे अब भी प्रासंगिक हैं। आज प्रेमचन्द के ज़माने की कुछेक बातें अपना पुराना औचित्य खो चुकी हैं, जैसे प्रेमचन्द संयुक्त परिवार के विघटन के जिस दर्द को लेकर 'बड़े घर की बेटी' और 'अलग्योझा'-जैसी रचनाएँ कर रहे थे, उसका पैनापन अब काफ़ी भोथरा हो चुका है। इसके बरक्स फणीश्वरनाथ रेणु 'संवदिया' कहानी के माध्यम से क्षीण पड़ते जा रहे जिस सामन्ती मूल्य को बचाकर रखना चाहते हैं, वह महत्त्वपूर्ण प्रतीत होता है। लेकिन प्रेमचन्द की कला में ऐसा खुलापन भी मिलेगा जिसके अर्थापन की सही दिशा का चुनाव आगामी समय कर सकता है। मुक्तिबोध इसीलिए प्रेमचन्द के कथासाहित्य को एक बहुत बड़ा नैतिक प्रभाव डालने वाला तथा उदार और उदात्त नैतिकता की तलाश की प्रेरणा देने वाला मानते थे। यह प्रेमचन्द की कला का खुलापन ही है जो 'नमक का दारोगा', 'आत्माराम', 'नशा', 'सद्‌गति', 'पूस की रात', 'क़फ़न', 'मुक्तिमार्ग', 'शतरंज़ के खिलाड़ी'-जैसी कहानियों को नये अर्थ-सन्दर्भों से भर देते हैं।

हालाँकि आज की परिस्थितियों में प्रेमचन्द से ग्रहण करने को बहुत कुछ है, फिर भी यह सच है कि अकेले प्रेमचन्द सम्पूर्ण नहीं होते—जैनेन्द्र, अज्ञेय, यशपाल, रेणु, श्रीलाल शुक्ल, नागार्जुन, भीष्म साहनी, निर्मल वर्मा-जैसे अनेक कथाकार प्रेमचन्द से अलग होकर भी उनके साथ-साथ खड़े हैं। प्रेमचन्द के रहते हुए भी ये कथाकार बड़े हैं और उतने ही ज़रूरी हैं।

यह सच है कि प्रेमचन्द हिन्दी कथासाहित्य के उदय-शिखर हैं, लेकिन उनके बाद भी आलोक प्रखरतर हुआ, इसमें सन्देह नहीं।

समन्वित यथार्थ का जादू–'मैला आँचल'

यूरोप में उपन्यास चार सौ साल पुराना हो चुका है और निस्सन्देह इसने इस दरम्यान अपना एक बहुआयामी व्यक्तित्व भी बना लिया है। इसकी तुलना में हिन्दी उपन्यास का सौ वर्षों का जीवन छोटा जरूर है, मगर कम वैविध्यपूर्ण और परिपक्व नहीं। अपने देश, काल और संस्कृति के साथ उपन्यास का रिश्ता अन्य साहित्यिक विधाओं की तुलना में अधिक सीधा, स्पष्ट, पर साथ ही जटिल भी, होता है। एक लचीली साहित्यिक विधा के रूप में उपन्यास व्यक्ति और समूह-मन के छिपे हुए अंशों की खोज करते हुए समय की प्रगति के समानान्तर स्वयं को विकसित करता चल रहा है। अतः अब वक्त आ गया है कि यूरोपीय, चीनी, जापानी आदि की भाँति भारतीय उपन्यास की बात की जा सकती है। यहाँ ध्यान रखने की बात यह है कि उपन्यास सामाजिक इतिहास-लेखन से नितान्त भिन्न प्रकार का लेखन है क्योंकि यहाँ व्यक्ति का द्वन्द्वात्मक इतिहास लिखा जाता है। इतिहासकार के लिए जो घटनाएँ नितान्त महत्त्वहीन और भुला देने योग्य होती हैं, अक्सर वे ही उपन्यासकार के लिए महत्त्वपूर्ण और आधारभूत बन जाती हैं। उपन्यास मानव-अस्तित्व की चिन्ता करता है जबकि इतिहासकार सामाजिक वास्तविकता की। उपन्यासकार के लिए मनुष्य की सम्भावनाएँ, उसके स्वप्न, उसके विचार, उसकी भावनाएँ बाहरी तथ्यात्मकता की अपेक्षा बहुत अधिक आकर्षक होती हैं तथा समय और समाज को प्रभावित भी करती हैं। मनुष्य संसार में रहता है और इसी में उसका अस्तित्व है। इस दिये गये सामाजिक अस्तित्व और सांसारिक नियति का विरोध और संघर्ष ही उपन्यास-रचना का कारण बनता है। इस तरह उपन्यास मानव-अस्तित्व के पक्ष में 'दुनियावी प्रगति' का विरोध करता है। इसीलिए उपन्यासकार न तो अतीतजीवी होता है और न भविष्यवक्ता ही; वह मात्र मानव-नियति की पड़ताल करनेवाला ही होता है। उपन्यासकार इस सच्चाई को देख लेता है कि ऐतिहासिक घटनाओं के पीछे जो बातें कारणभूत होती हैं, वे ही व्यक्ति के जीवन को भी नियन्त्रित करती हैं। इस तरह अगर समाज व्यक्ति का

आईना है तो व्यक्ति भी अपने जीवन में समाज को प्रतिबिम्बित करता है। जब जटिल सामाजिक-ऐतिहासिक स्थितियाँ मनुष्य के निजी-जीवन को दबाने और छिन्न-भिन्न करने लगती हैं—व्यक्ति जीवन को प्रशासनिक प्रयोगों का माध्यम बनाकर, व्यवस्था और नौकरशाही का अन्तहीन शिकार बनाने लगती हैं—तो उपन्यास मनुष्य के दुख-दर्दों और चीखों को दर्ज करता है। लेकिन उसकी खूबी यह होती है कि ऐसा वह जीवन-सौन्दर्य की खोज के लिए करता है।

बीसवीं शताब्दी—खास तौर पर उत्तरशती में—उपन्यास और यथार्थवाद दोनों की अवधारणाएँ पर्याप्त परिवर्तित, संशोधित और विकसित होती रही हैं। यथार्थवादी की आधुनिक समझ के प्रतिष्ठाता जॉर्ज लुकाच ने स्वयं यथार्थवाद-सम्बन्धी अपने आरम्भिक सोच में संशोधन और विस्तार किया था जो लुकाच के बाद भी अब तक जारी है। लुकाच ने जाहिर किया था कि यथार्थवाद तथ्यात्मक वास्तविकता का प्रतिबिम्ब मात्र नहीं होता, बल्कि वास्तविकता की भीतरी तहों के उद्‌घाटन के द्वारा जीवन-सत्य का प्रतिनिधित्व होता है। लेकिन वह सत्य कोरा नहीं होता। अपने प्रसिद्ध लेख 'उपन्यास क्यों महत्त्वपूर्ण है' (Why the novel matters) में डी.एच. लॉरेंस ने लिखा था कि "एक उपन्यासकार के रूप में मैं स्वयं को वैज्ञानिक दार्शनिक और कवि से श्रेष्ठ मानता हूँ। ये सभी लोग भले ही जीवित मनुष्य के विभिन्न अंशों के महान विशेषज्ञ हैं, लेकिन कभी सम्पूर्णता नहीं पाते। जबकि उपन्यास जीवन की एक द्युतिमान पुस्तक है। पुस्तकें अपने-आप में जीवन नहीं होतीं—वे जीवन का रूपान्तर-भर होती हैं। लेकिन उपन्यास ऐसा रूपान्तरण है जो सम्पूर्ण जीवित मनुष्य को झकझोर देता है और ऐसा कविता, दर्शन, विज्ञान अथवा किसी अन्य विषय की पुस्तक नहीं कर सकती।"[1] कहना न होगा कि अपनी यथार्थ-अंकन-क्षमता के द्वारा ही उपन्यास ऐसा कर पाता है। उपन्यास का जन्म ही तब हुआ जब लेखक ने मनुष्य की नवीन जीवन-स्थितियों को शिद्दत से महसूस किया, और साथ ही उस जीवन-यथार्थ को नये ढंग से अंकित करने की आवश्यकता भी महसूस की। पिछली सदी में जोला ने जीवन की तथ्यपरक वास्तविकता का फोटोग्राफी (जिसका आविष्कार उन्हीं दिनों हुआ था) की विवरणात्मकता के सहारे जैसा चित्रण किया उसे लुकाच ने प्रकृतवादी बताया था। यथार्थवाद जीवन का यथातथ्य, सपाट और सतही भाषिक अनुकरण नहीं, बल्कि उस यथातथ्यता की सूक्ष्मातिसूक्ष्म आलोचना और विरोध है। लेकिन यथार्थवाद अंकन सीधा, साफ, सरल और एकरूपी भी नहीं होता और इसी से कालान्तर में यथार्थवाद के अनेक रूप प्रवर्तित किये गये। स्वयं उपन्यास का कोई बँधा-बँधाया निश्चित रूप या ढाँचा नहीं होता। यही कारण है कि विश्व कथासाहित्य के इतिहास में उपन्यास और यथार्थवाद दोनों की संरचना और समझ

पूरी तरह निश्चित-निर्धारित और स्थिर नहीं रही है।

यह विस्मयजनक तथ्य है कि प्रेमचन्द में हिन्दी उपन्यास ने अपना वास्तविक आरम्भ ही नहीं पाया, बल्कि वहीं लगभग परिपक्वता भी प्राप्त कर ली थी। हिन्दी कथा साहित्य को प्रेमचन्द के बाद जो शिखर-पुरुष मिले, उनमें फणीश्वरनाथ रेणु की सर्वथा विशिष्ट पहचान बनी। आलोचकों ने निरपेक्ष रूप से आंचलिकता को रेणु के महत्त्व का न केवल एकमात्र कारण बताया, बल्कि (उसी एकांगी भाव से) परोक्षतः आंचलिकता को यथार्थवाद-विरोधी भी मान लिया। जो लोग रचना की सतह पर मुखरित होने वाली आलोचना को ही यथार्थवाद को सपाट अभिव्यक्ति में सीमित कर देना चाहते हैं। कुछेक आलोचकों की ऐसी हठधर्मिता और कठमुल्लेपन के कारण भी यथार्थवाद के कई छिटपुट चेहरे सामने लाने की कोशिशें होती रही हैं।[2] आंचलिकता कोई ऐसी अद्वितीय विशेषता नहीं जो केवल हिन्दी कथासाहित्य को ही प्राप्त हुई हो, यद्यपि हिन्दी और रेणु की आंचलिकता की अपनी विशेषताएँ हैं। सच तो यह है कि आंचलिकता में यथार्थवादी शिल्प का अग्रिम विकास हुआ है। रूसी कथासाहित्य में जहाँ ताल्स्तॉय, दॉस्तावस्की, गोर्की, शोलोखोव जैसे दिग्गज उपन्यासकारों की परम्परा मौजूद थी, वहाँ भी उपन्यास साहित्य का विकास आंचलिकता के शिल्प को लेकर साठ के दशक में 'पोवेस्त्र' उपन्यासों में देखने को मिला। दरअसल आंचलिकता में यथार्थवाद के कई चेहरे विन्यस्त होते हैं और इसीलिए यहाँ जिस तरह का यथार्थवादी रूप दिखायी देता है, उसे समग्र या समन्वित यथार्थवाद (कम्पोजिट रीयलिज्म) कहा जा सकता है। रेणु की आंचलिकता हिन्दी कथासाहित्य में विलक्षण है। यह यथार्थवाद एक ही साथ आंचलिक, राष्ट्रीय और विश्व स्तर पर सार्वभौम है। अपने-आप में यह यथार्थवाद शास्त्रीय, सामाजिक, आलोचनात्मक, व्यंजनात्मक और चमत्कारपूर्ण है। यह तथ्यपरक सामाजिक-सांस्कृतिक इतिहास को बड़ी कलात्मक कुशलता से रचता है। 'मैला आँचल' के द्वारा रेणु ने हिन्दी उपन्यास को मानो यह सबक दिया है कि उपन्यास 'यथार्थ से छुटकारा' नहीं वरन् यथार्थ-जीवन की गहरी सच्चाइयों का प्रतिनिधि चितेरा है।

उपन्यास-कला को समझने के लिए संरचनावादियों और बाद के आलोचकों ने भाषा का सहारा लिया। आलोचना की यात्रा वस्तुतः यथार्थवाद को अलग-अलग कोणों से देखकर उसके विभिन्न आयामों को प्राप्त करने की दिशा में ही हो रही है। रूस के प्रसिद्ध साहित्य-चिन्तक मिखाइल बाख्तिन उपन्यास (बल्कि सम्पूर्ण साहित्य) को यथार्थ का ज्ञान नहीं, बल्कि यथार्थ के अन्तर्गत भाषा का व्यवहार मानते थे। उनका कहना था कि उपन्यास तथा अन्य साहित्य-रूपों के द्वारा भाषा में नयी अवधारणाएँ पैदा होती हैं। इस तरह साहित्य (उपन्यास) जीवन का नहीं बल्कि जीवन

साहित्य का अनुकरण करता है क्योंकि उपन्यास में वास्तविकता साथ कुछ और (ought to be) की भी सम्भावना रहती है। 'मैला आँचल'-जैसा बड़े फलक वाला उपन्यास वस्तुतः विभिन्न विधाओं के जटिल तन्तुजाल से निर्मित होता है। यहाँ कविता, नाटक, आत्मकथा, जीवनी, स्मरण, डायरी, रेखाचित्र—ये सब कुछ हैं और मजा यह कि अलग से महसूस नहीं भी होते। इसके बावजूद उपन्यासकार रेणु ने इसमें एक-एक शब्द का प्रयोग उसी अद्वितीयता से किया है जैसा कोई कवि कविता में करता है।[3] आखिर उपन्यास आरम्भ में महाकाव्यात्मक कविता की चुनौती का उत्तर बनकर ही तो सामने आया था। नलिन विलोचन शर्मा ने 'मैला आँचल' को 'सम्पूर्णता में काव्य का प्रभाव उत्पन्न' करनेवाला उपन्यास कहा भी था। कविता के सन्दर्भ में कहा जाता है कि कवि कविता का आविष्कार नहीं करता बल्कि कविता तो हमेशा कहीं पीछे मौजूद रहती है जिसे कवि खोज लेता है। यही बात अंग्रेजी के एक उपन्यासकार और समीक्षक डेविड लॉज उपन्यास के बारे में कहते हैं। उनका कहना है कि उपन्यासकार उपन्यास नहीं लिखता, बल्कि उपन्यास ही उपन्यासकार को 'लिखता' है।[4] यद्यपि कविता और उपन्यास दोनों ही शाब्दिक कला के दो रूप हैं फिर भी दोनों में समानता के बावजूद भिन्नता अधिक है। मिखाइल बाख्तिन ने इस अन्तर को भाषिक आधार पर इस प्रकार से बताया है कि महाकाव्य और गीतिकाव्य एकालामी (monologic) होते हैं जबकि उपन्यासों में भाषा का संवादी (dialogic) तथा बहुस्वरोंवाला (polylogic) रूप मिलता है। उपन्यास की भाषा के भीतर सीधे, सपाट, स्पष्ट, अनेकार्थी, अप्रत्यक्ष, जटिल, व्यंग्यात्मक आदि तरह-तरह के उत्सवधर्मी (carnivalesque) कथन होते हैं। कहने का अर्थ यह कि उपन्यास में यथार्थवाद के बहुस्तरीय तथा वैविध्यपूर्ण उपयोग की सर्वाधिक गुंजाइश होती है। 'मैला आँचल' में भाषा अर्थात् औपन्यासिक वर्णनात्मकता के सारे रूप और रंगत दिखायी पड़ते हैं। यहाँ साहित्यिक, अर्धसाहित्यिक और बोलचालवाली हर प्रकार की भाषा है। अंचल की, समूह की, वर्ग-विशेषों की, पीढ़ियों की और अलग-अलग उम्र के चरित्रों की भाषा की विभिन्न छटाएँ हैं। रचनाकार की, कथावाचक (नैरेटर) की, मुख्य पात्रों और गौण पात्रों की भाषा में से जो असंख्य आवाज़ें पैदा होती हैं, वे मुक्त भी हैं क्योंकि उपन्यासकार की अपनी आवाज़ (अगर कोई है तो) कहीं पर हावी नहीं होती। रेणु के यहाँ फोटोग्राफिक बिम्ब हैं ; फिल्म—कला की तकनीक है और सघन, पारदर्शी तथा काव्यात्मक भाषा है। यह भाषा प्रायः व्यंग्य और विडम्बना के रूप में प्रकट होती है। रोलाँ बार्थ ने इस प्रकार की भाषिक विशेषता को शास्त्रीय यथार्थवादी पाठ (क्लैसिक रियलिस्ट टैक्स्ट) की सिफत बताया था।[5] रेणु कहन-शैली अर्थात् कथा की वाचिक परम्परा के माने हुए उस्ताद हैं (जिसका निदर्शन 'परती : परिकथा'

में विस्तारपूर्वक हुआ है।) उनकी कहन-शैली ('गप्प रसाने का भेद') अपने आप में भाषा का एक विलक्षण प्रकार है, जो उपन्यास की भाषा के ऊपर अलग से अपने स्वतन्त्र अस्तित्व का भी किंचित् आभास कराती रहती है। 'मैला आँचल' इस बात को पूरी ताकत से प्रमाणित करता है कि उपन्यास की कोई एक भाषा और शैली नहीं होती, बल्कि यहाँ भाषाओं और शैलियों का संगम—बल्कि कुम्भ मेला—लगा होता है। रेणु का कौशल यह है कि वे उनके बाहर रहते हुए भी इनसे इस तरह काम लेते रहते हैं गोया खुद इनके भीतर हों। रेणु से बेहतर भाषा के संवाद-प्रवण स्वभाव की पहचान वाला लेखक हिन्दी में ढूँढ़ना मुश्किल है। भाषा को 'उत्पन्न' कर रेणु उसे छोड़ नहीं देते, बल्कि उसमें सतत सक्रिय रहते हैं।[6] रेणु की भाषा का एक छोटा किन्तु अत्यन्त महत्त्वपूर्ण अध्ययन करते हुए कैथरिन हैंसन ने उचित ही दावा किया था कि रेणु के "कथासाहित्य में प्रयुक्त भाषा और रूप से उभरनेवाली संरचना के विश्लेषण से न केवल रेणु की आंचलिकता को बल्कि उनकी मूल्य व्यवस्था और विश्व-दृष्टि को समझा जा सकता है। सुश्री हैंसन लिखती हैं : "रेणु पर हिन्दी भाषा को भ्रष्ट करने का आरोप लगाते हुए यह कहा गया कि वह कलाकार की स्वतन्त्रता का दुरुपयोग कर रहे हैं। रेणु के आलोचक उनकी भाषा के कलात्मक उद्देश्यों की परीक्षा लगभग नहीं करते।... रेणु पाठक को छपे हुए पृष्ठों की सुरक्षित दुनिया से बाहर खींचते हैं और मौखिक परम्परा में प्रवेश कराते हैं।... इस तरह रेणु भाषा की उस मर्मज्ञता को उद्घाटित करते हैं जो आधुनिक हिन्दी साहित्य में बेजोड़ है।"[7] 'मैला आँचल' और 'परती : परिकथा' में रेणु 'उत्तरी भारत के अशिक्षित लोगों द्वारा सृजित सच्ची मूलभूत हिन्दी' के माध्यम से जीवन की समस्त मासूमियत, स्पष्टवादिता, खरेपन, सच्चाई, जीवन्तता और जटिलता को सफलतापूर्वक उपस्थित कर देते हैं।

औपन्यासिक भाषा का निकट से पर्यवेक्षण करने पर पता चलता है कि लूसिएँ गोल्डमान की 'विश्व-दृष्टि' वाली अवधारणा बहुत पुख्ता नहीं, क्योंकि उपन्यास में भाषा(ओं) की इतनी सारी गूँजें और अनुगूँजें रहती हैं जो अलग-अलग विश्व-दृष्टियों से झगड़तीं और एक दूसरे को काटतीं या खारिज करती रहती हैं। ऐसी हालत में उपन्यासकार एकमात्र और दो-टूक विश्व-दृष्टि को पाठकों के ऊपर कैसे आरोपित या स्थापित कर सकता है? शास्त्रीय (क्लैसिक) यथार्थवादी उपन्यासों के सन्दर्भ में आलोचक पहले समझते थे कि वहाँ उपन्यासकार तथा पात्रों की अलग-अलग आवाज़ों का आन्तरिक रूप से समन्वय होता है। लेकिन इस बात को भुलाना ठीक नहीं कि यथार्थवादी रचनाओं में मासिक व्यवहारों का अनुकरण भी विडम्बना-रूप में परिवर्तित हो सकता है। रेणु-जैसा श्रेष्ठ रचनाकार आम तौर पर पायी जाने वाली सीधी, सपाट, पिष्टपेषित, साधारण और तुच्छ भाषारूपों को भी गहन व्यंजनापूर्ण बना

देता है। कोई भी पाठक महसूस कर सकता है कि रेणु हमेशा अपने कान (वस्तुतः सभी इन्द्रियाँ) सजग-सचेत रखते हैं और भाषा के गँवार, भदेस, निम्न और स्तरहीन रूपों को भी अत्यन्त व्यंजक और ग्राह्य बना देते हैं। ऐसी स्थिति में यद्यपि रचनाकार न तो अपने पात्रों का और न अपने विचारों का ही उद्घोषक होता है, फिर भी उपन्यास की भाषा के माध्यम से एक अत्युच्च प्रकार का विवेक व्यक्त होता है। उपन्यास का ('उपन्यासकार' का?) यह विवेक अतिवैयक्तिक अथवा परावैयक्तिक विवेक कहा जा सकता है।[8] इस विवेक को ठीक-ठीक लुसिएँ गोल्डमान की विश्व-दृष्टि कहना कठिन है। रेणु अपनी रचनाओं के पीछे कुछ इस तरह छिप जाते हैं कि उन्हें ढूँढ़ पाना असम्भव हो जाता है। और इस बात में भी उनकी कला की महानता निहित है।

रेणु भाषा के, और (इसलिए भी) उपन्यास कला के, बहुत बड़े जादूगर हैं। जीवन का यथार्थ पक्ष जादुई भी हो सकता है। सन् पचास के दशक के उपन्यास की आलोचना के सिलसिले में 'जादुई यथार्थवाद' जैसी शब्दावली का जिक्र शुरू भी हो गया था। जिस प्रकार 'यथार्थवाद' संज्ञा का पहले-पहल प्रयोग चित्रकला के क्षेत्रों में और फिर उपन्यास के सन्दर्भ में किया गया था उसी प्रकार 'जादुई यथार्थवाद' संज्ञा का भी। एंजेल फ़्लोरिस ने 'स्पानी-अमेरीकी कथा साहित्य में जादुई यथार्थवाद 'शीर्षक से एक लेख, मई 1955 (हिस्पानिया-38) में लिखा था। बोर्खेस की रचनाओं के सन्दर्भ में खास तौर से 'जादुई यथार्थवाद' का उल्लेख किया गया था। इसके पहले 'विलक्षण या वैविध्यपूर्ण साहित्य' (Fantastic literature), चमत्कारी यथार्थ (marvelous real) जैसे शब्द भी सामने आये थे। यह 'चमत्कारी यथार्थ' (Real Marvilloso) वाली अवधारणा प्रस्तुत करते हुए कारपेण्टियर ने कहा था कि यह यथार्थ किसी जादुई परिप्रेक्ष्य का अनुपूरक नहीं, बल्कि यह ऐसा यथार्थ है जो अपने आप में ही अनोखा या विलक्षण है। नोबेल पुरस्कार-विजेता उपन्यासकार गैब्रील गार्सिया मार्खेज का भी यही मानना है। मार्खेज के मुताबिक लैटिन अमेरिका की सामाजिक वास्तविकता में जो यथार्थवाद मिलता है, वह अनिवार्यतः जादुई यथार्थवाद है। जादुई यथार्थवाद के पक्षधरों का तर्क है कि लैटिन अमेरिका-जैसे अविकसित अर्धविकसित देशों में पतनोन्मुख सामन्ती समाज-व्यवस्था तथा नवोदित पूँजीवाद साथ साथ बसते हैं। इस तरह पुराने रिवाज और विश्वास तथा नवीन वैज्ञानिक तर्कवाद दोनों परस्पर एक-दूसरे पर हावी होते रहते हैं और इस प्रकार के सह अस्तित्व में जादुई यथार्थवाद जन्म लेता है। जादुई यथार्थवाद में कृषक समुदाय, ग्राम समाज अथवा कबीलों के जीवन से ग्रहण किया हुआ कथा का कच्चा माल होता है। ऐसे सामुदायिक जीवन के मिथकों को चित्रित करने की एक जटिल पद्धति का ही नाम

है जादुई यथार्थवाद। जीवन की आदिमता और आधुनिकता की परस्परता से उद्भूत स्थितियों का उत्पन्न होना स्वाभाविक है। कहा जा सकता है कि भारत की परिस्थितियाँ लैटिन अमेरीकी देशों से बहुत भिन्न नहीं हैं, क्योंकि यहाँ मध्ययुगीन ठेलागाड़ी और इक्कीसवीं सदी की सैटेलाइट-कम्प्यूटर जैसी असुविधाएँ और सुविधाएँ एक साथ उपस्थित हैं। जादुई यथार्थवाद इस तरह आदिम और समकालीन दोनों है। जाक लाकाँ-जैसे चिन्तक तो मानते हैं कि जादुई यथार्थवाद को समकालीन उत्तर-आधुनिकतावादी कथात्मक तर्क के सम्भावित विकल्प के रूप में देखना चाहिए।[9]

'मैला आँचल' में जादुई यथार्थवाद का गुण इतिहास और फन्तासी के मेल से पैदा होता है वामनदास, चलित्तर कर्मकार, कालीचरण, बालदेव, प्रशान्त-जैसे अनेकानेक चरित्रों में इतिहास और कपोल कल्पना के घालमेल से यहाँ विलक्षण अनेकार्थता उत्पन्न की गयी है। जब यथार्थ बहुत तीव्र और नाटकीय हो जाता है तो अविश्वसनीय-सा लगने लगता है। पाठक में आश्चर्य और विस्मय कुछ वैसे ही उत्पन्न होता है जैसे जादू के प्रभाव से सामान्य दर्शक भौंचक्का रह जाता है। नील कोठी और अंग्रेजी कुशासन के अनुभव और स्मृतियाँ, अशिक्षा, गरीबी, अन्धविश्वास, किंवदन्ती, भूत-प्रेत, डायन-पिशाच, नदी-जंगल, पशु-पक्षी, पार्टी-ऑफिस, अस्पताल, जुलूस आदि मिल-जुल कर 'मैला आँचल' में जादुई यथार्थवाद की पृष्ठभूमि तैयार करते हैं। यहाँ जिस इतिहास का उपयोग किया गया है, वह सामाजिक तथा व्यक्तिपरक छोटी से छोटी घटनाओं और मिथकों सबको समेट लेता है। त्योहार, गीत, गाथा, नाच आदि के द्वारा रेणु किसी अति-प्रतीकात्मकता को नहीं बल्कि यथार्थ की जीवन्तता को ही प्रस्तुत करते हैं। सूक्ष्मता से देखें तो हमें लगेगा कि प्रतीक हमें जीवन से किंचित् विच्छिन्न भी करते हैं। इस दृष्टि से रेणु अपनी रचना में कथा और चरित्रों को प्रतीकों में बदलने या उलझने से बचाते हैं। अतः उनके चरित्रों में प्रतीकों का ठण्डापन नहीं—वहाँ पूरी सजीवता और ताजगी है, सच्चा जीवन-सौन्दर्य है। रेणु कठिन ऐतिहासिक समय को औपन्यासिक कला में ढालने वाले जादूगर हैं। सलमान रुशदी ने अपने विख्यात उपन्यास 'मिडनाइट्स चिल्ड्रेन' में भारत की आजादी और देश-विभाजन की घटना से औपन्यासिक कथा की प्रतीकात्मक शुरुआत की थी। उनके चरित्र और घटनाएँ आद्यन्त प्रतीकवत् रहते हैं ; साथ ही कथा में अपेक्षित गहराई और प्रभाव लाने के लिए कथा-समय को उन्हें लम्बा खींचना पड़ा। 'मैला आँचल' में रेणु आजादी की घटना को केन्द्र में रखते हुए सिर्फ दो वर्षों की ऐसी महागाथा प्रस्तुत कर देते हैं जिसमें सामूहिकता के भीतर हर चरित्र का निजी व्यक्तित्व भी अक्षुण्ण है। रेणु ने उस सम्पूर्ण कलात्मकता का निदर्शन 'मैला आँचल'

में किया है जिसका रूप रूशदी में बाद में चलकर नये ढंग से प्रस्तुत हुआ। रेणु जानते हैं कि गहन अँधेरों-भरी पीड़ादायक आशाहीनता के बावजूद मानव-अस्तित्व अपने अनोखे सौन्दर्य की झलक से हमें चौंकाता है। इसी से 'मैला आँचल' में समस्त आशावादिता के विरुद्ध एक प्रकार की आशावादिता है। 'मैला आँचल' में रेणु खोयी हुई मानवीय अस्मिता की तलाश में भूगोल, इतिहास और राजनीति की गहरी छानबीन करते हैं। अंचल के गहन सांस्कृतिक जीवन में उनका औपन्यासिक सत्य अघोषित और छिपा हुआ रहता है। वह मुखर नहीं होता। यही रेणु की कला की खासियत है कि 'मैला आँचल' में कथा की समस्त रोचकता के भीतर से प्रहसन और विडम्बना की भयावह उदासी का भीतरी सच पाठक के मन में उभरकर सामने आता है।

'मैला आँचल' में जीवन और समाज की महाकाव्यात्मक विराटता और सघनता में रचा गया है, इसके बावजूद इसका स्थापत्य विस्मयकारी ढंग से इतना सरल सुस्पष्ट है कि उपन्यास के अन्त तक पहुँचकर भी पाठक के लिए उसका आरम्भ याद रखना सम्भव होता है। 'खुला समापन' (open ending) भी 'मैला आँचल' की जादुई सफलता का एक और कारण और प्रमाण बनता है।

सन्दर्भ

1. दे. डी. एच. लॉरेन्स :"सेलेक्टेड लिटरेरी क्रिटिसिज्म" (एन्थोली बील द्वारा सम्पादित, पृ.105)
2. जैसे कैथेरीन बेल्सी ने अपनी पुस्तक "क्रिटिकल प्रैक्टिस" (1980) में "अभिव्यक्तिपरक यथार्थवाद" (एक्सप्रेसिव रियलिज्म) की अवधारणा प्रस्तुत की थी।
3. फ्रांस में बसे प्रसिद्ध चेक उपन्यासकार मिलान कुण्डेरा के अनुसार "1857 के बाद से उपन्यास का इतिहास उसके कविता बनने और महानतम उपन्यासकारों के कवि बनने का है।" ("दि ग्रेटेस्ट ऑफ दि नावेलिस्ट्स बिकम पोएट्स...") दे. मिलान कुण्डेरा "दि आर्ट ऑफ दि नॉवेल", पृ.142-43
4. दे. 1990 में प्रकाशित डेविड लॉज की आलोचना पुस्तक 'आफ्टर बाख्तिन', पृ.16-17
5. अपनी प्रसिद्ध पुस्तक "S/Z" (1970 में प्रकाशित) में बार्थ का कहना था कि "क्लैसिक रीयलिस्ट टैक्स्ट" में प्रोक्ति (डिस्कोर्स) 'मैटालैंग्विज' का काम करती है।
6. मिशेल फूको (Michel Foucault) ने इसे "author as function rather than origin of discourse" (लेखक प्रकार्य है, न कि प्रोक्ति का मूल) कहा है।
7. दे. आलोचना-87 (अक्टूबर-दिसम्बर 1988) में प्रकाशित "रेणु की आंचलिकता : भाषा और रूप" शीर्षक लेख।
8. मिलान कुण्डेरा का शब्द उधार लें तो-supra personal wisdom.
9. फ्रेडरिक जेम्सन के लेख, "ऑन मैजिक रीयलिज्म इन फिल्म" 'क्रिटिकल इन्क्वायरी' विंटर-1986 में प्रकाशित, पृ.302) के साक्ष्य से।

व्यंग्यकथा और परसाई

व्यंग्य श्रेष्ठतम लेखन की आन्तरिक प्रकृति होता है। श्रेष्ठ रचना चाहे वह किसी भी विधा में क्यों न हो, अनिवार्यतः और अन्ततः व्यंग्य होती ही है। इस अर्थ में हम व्यंग्य को चाहें तो तीव्रतम क्षमताशाली व्यंजनात्मकता के रूप में भी देख सकते हैं। व्यंग्य सहृदय में हलचल पैदा करता है। वह अपने प्रभाव में सान्द्र और प्रशान्त हो ही नहीं सकता। अपने प्रभाव में व्यंग्य करुण या कटु कुछ भी हो सकता है मगर वह बेचैनी जरूर पैदा करेगा। ओ "हेनरी, मोपसाँ, चेखव और प्रेमचन्द की श्रेष्ठतम कहानियाँ व्यंग्य ही हैं—अपनी कहानी विधा के बावजूद वे महान् व्यंग्य रचनाएँ भी हैं। 'मैगी का उपहार', 'नैकलेस', 'क्लर्क की मौत' से लेकर 'क़फ़न', 'नशा' और 'शतरंज के खिलाड़ी' तक में व्यंग्य की जो तीव्रता अन्तर्भूत है, वही 'भोलाराम का जीव' में है। परसाई इस तरह विश्व साहित्य की महान् और सप्राण रचनात्मक व्यंग्यधारा से सहज ही जुड़ जाते हैं। हरिशंकर परसाई हिन्दी गद्य की स्वाभाविक परम्परा में हैं। इस परम्परा से बहुत-कुछ ग्रहण करते हुए और उसे बहुत-कुछ प्रदान करते हुए परम्परा की रूढ़ियों को तोड़ते हुए, वे उसका पुनर्निर्माण करते हैं। साहित्य में व्यंग्य जीवन और परिवेश की सबसे तीव्र और मुखर आलोचना होता है। व्यंग्य समय की सारी जटिलताओं की सरल पहचान कराता है, कुछ वैसे ही, जैसे शिकारी या खोजी कुत्ता अपराध-स्थल को सूंघकर अपराधी का ठीक सुराग लगा लेता है। इस तरह व्यंग्य का अनिवार्य रिश्ता समय और समाज की गड़बड़ियों से होता है। व्यंग्यकार गड़बड़ियों से टकराता तो वर्तमान में ही है मगर वर्तमान के उलझे सूत्रों को सुलझाते हुए भूत-भविष्य से भी निरन्तर 'संवाद' स्थापित करता रहता है।

व्यंग्य बीसवीं शताब्दी की देन नहीं है। जो व्यंग्य विधा का आरम्भ बीसवीं सदी से समझते हैं वे व्यंग्य को नहीं समझते। व्यंग्य हर काल में अपने समय के अन्तर्विरोधों और विडम्बनाओं को उघाड़ता रहा है, क्योंकि ये अन्तर्विरोध और विडम्बनाएँ हर समय और समाज में थीं और मोटे तौर पर संवेदनशील रचनाकार

अपनी बेलाग प्रतिक्रिया प्रकट करने को मौजूद था। व्यंग्य अपनी जरूरत हर समय महसूस कराता रहा है, बल्कि यूँ कहिये कि समाज हर समय अपनी विसंगतियों के द्वारा व्यंग्य का उपजीव्य प्रस्तुत करता है। चाहे आप 'मृच्छकटिक' से बात शुरू कीजिए या 'अन्धेर नगरी' से—व्यंग्य प्राचीन काल से जीवन, समाज और व्यवस्था की असंगतियों पर प्रहार करता आया है, यह बिल्कुल जाहिर बात होगी। यह प्रहार कमजोरों-असहायों के पक्ष में व्यवस्था की क्रूरता पर होता है, अतः व्यंग्यकार बहुमत के पक्ष में खड़ा होने वाला सही प्रजातन्त्री होता है। व्यंग्यकार भाववादी हो ही नहीं सकता। जो भाववादी हैं वे असल व्यंग्यकार नहीं हो सकते क्योंकि जन पक्षधरता से किनाराकशी व्यंग्य की धार को बिल्कुल कुन्द कर देती है। व्यंग्य राज्याश्रय में नहीं रह सकता। राज्याश्रय में विदूषक और मसखरे पला करते हैं, सच्चे व्यंग्यकार नहीं। व्यंग्य जन-विरोधी व्यवस्था का जन्मघात प्रतिपक्ष होता है। अतः व्यंग्य गतिशील होता है। व्यंग्य सक्रियता है, सक्रियता के लिए है। गैर-जिम्मेदार रचना हास्य भले हो जाए, वह व्यंग्य नहीं हो सकती। व्यंग्य मानवीय स्थितियों की तलाश में जीवन पर की गयी आलोचनात्मक टिप्पणी है। 'मैला आँचल', 'राग-दरबारी', और 'रानी नागफनी की कहानी'—जैसी कृतियों का केन्द्रीय स्वभाव व्यंग्य का है, तेवर व्यंग्य का है—उनके वस्तु-सन्दर्भ और ट्रीटमेन्ट चाहे ऊपर से बहुत अलग ही दिखायी क्यों न देते हों। व्यंग्य हर तरह की घुटन और जकड़न का विरोध करता है। यही कारण है कि स्वीकृत साहित्य रूपों-विधात्मक प्रेमों—को भी वह बखूबी तोड़ता-जोड़ता है। व्यंग्य की परिधि में व्यक्ति और विश्व का अलगाव टूटता है। व्यंग्य की सूक्ष्म और तीक्ष्ण दृष्टि दोनों के बीच सहज हार्मोनी की तन्तुओं को पहचान लेती है। व्यंग्य अपनी परम्परा, इतिहास और जातीय स्मृतियों को टटोलते हुए उनका जीवन्त उपयोग करता है। कई अंशों की पुनर्रचना करता है और पारम्परिक कच्चे माल से नया उत्पादन भी करता है। प्राचीन की पृष्ठभूमि में वह समकालीन स्थितियों का वैचित्र्य, मनोनुकूल ढंग से, उजागर करता है। व्यंग्य यथार्थ की फैन्टेसी और फैन्टेसी का यथार्थ होता है। इनके बीच से वह सहज आदमीयत की खोज करता है, सहजता जो पाने के लिए संघर्ष करता है। यह मानवीय संघर्ष उसे हर छद्म का विरोधी बना देता है और जनमानसिकता का साक्षात्कार भी कराता है। व्यंग्य जनमानसिकता को जनचेतना में तब्दील करने की सक्रियता बन जाता है। व्यंग्य दूरवर्ती भाववादी आदर्शों का विलोम होकर भी जीवन की गन्दगी को साफ करने की प्रतिबद्धता और गहरी कोशिश होता है। अतः व्यंग्य में भावुकता नहीं, संवेदना होती है, निराशा नहीं, सक्रियता होती है। व्यंग्य के पाँव जमीन पर होते हैं, उसकी चेतना सामाजिक होती है। उसका सम्बन्ध वास्तविक परिस्थितियों से होता है। उसका अनुभव-संसार

विशाल और विस्तृत होता है। व्यंग्य साधारणता में छिपे अद्वितीयता के आकर्षण को ढूँढ़ निकालता है। व्यंग्य फूहड़ता का निषेध है क्योंकि वह साधारण को स्तरीय बनाता है।

वास्तव में व्यंग्य लेखक की सामाजिक चेतना की तीव्रतम अभिव्यक्ति होता है। मोटे तौर पर परम्परा व्यंग्य को सुधारवादी मान लिया जाता है और शायद परसाई के पूर्व हिन्दी के खालिस व्यंग्य लेखन को प्रेरणा और परिणाम के रूप में सुधारवाद को देखना बहुत असंगत है भी नहीं, मगर हरिशंकर परसाई के व्यंग्य-लेखन का पैना तेवर सुधारवाद से सन्तुष्ट होने वाला नहीं। वह तो वास्तविक परिवर्तनकामी चेतना को उत्तेजित करता है। वह सही अर्थों में यथार्थवादी और क्रान्तिधर्मी है। व्यंग्य अपने असली रूप में प्रगतिशील होता है, अतएव साहित्य की पुनरुत्थानवादी शैली शिल्प, विधा या प्रवृत्ति और जो भी हो, व्यंग्य तो नहीं है। मगर इस परिवर्तनकामी प्रगतिशीलता को परसाई सपाट और इकहरा नहीं बना देते। वे जीवन की संश्लिष्टता को जानते हैं; फलतः उनकी सघन जीवनानुभूति उनके व्यंग्य को रचनात्मक बनाती है और समस्त तात्कालिकता के बावजूद औसत अखबारी रपटों से उसे ऊँचा उठा देती है। ऐसा नहीं कि परसाई में इस नियम के अपवाद नहीं मिलते। 'जे.बी. कृपलानी और मंधाराम', 'चुनाव के नज्जारे' तथा लोहिया, जयप्रकाश, मेहता आदि से सम्बन्धित रचनाओं में व्यंग्यकार का आक्रोश व्यक्तिगत ढंग से किंचित् द्वेषपूर्ण भी दिखायी दे सकता है। या दूसरी ओर कृष्ण मेनन का पक्ष लिया जाना और जवाहर लाल की भूलकर भी आलोचना नहीं करना 'तत्सामयिकता की बँधी दृष्टि' और कच्चेपन के परिणाम भी मिल सकते हैं, पर ये उदाहरण अपवादस्वरूप ही हैं जो नियम को पुष्ट करते हैं, उसे हानि नहीं पहुँचाते।

परसाई की दृष्टि क्लासिकी नहीं है। वैसे लेखन में उन्होंने कबीर और तुलसी दोनों का बाना धारण किया है, पर कबीर उनकी मानसिकता के, तुलसी की अपेक्षा ज़्यादा, निकट हैं और उन्हें खुद इसका एहसास है। वे लिखते हैं "तुलसीदास परम्परागत सामन्ती आदर्शवादी विश्वासबाध्यता के कारण समाज की विसंगतियों को स्पष्ट नहीं देख सके या उन्हें नज़रअन्दाज़ किया।... कबीर की बात निराली है। कथ्य रूप में, दृष्टि में पूरे विद्रोही थे। वे सामाजिक विसंगतियों को, पाखण्डों और मिथ्याचारों को आर-पार देखते थे।...तुलसीदास कहते थे, "पूजिय विप्र शील गुण हीना" तो कबीर कहते थे, "साधो, पाण्डे निपट कुचाली !" कबीरदास में विद्रोह था,...कबीर का यही व्यक्तित्व मुझे लुभा गया। अपने समय की विसंगतियों, पाखण्डों, मिथ्याचारों के उद्घाटन और उस पर प्रहार के लिए मैंने अपने को कबीर की परम्परा से जोड़ा।"[1] कबीर की ही भाँति परसाई की अधिकांश रचनात्मक प्रेरणा

तात्कालिकता है और उन्हें इसका सचेत एहसास भी है। वे कहते हैं : 'समय-समय पर', 'सुनो भाई साधो' शीर्षक से लिखे गये ये व्यंग्य स्तम्भ हैं। जिस घटना से तात्कालिक रूप से बात उठी, वह उसी लेख में स्पष्ट है। आगे उस आधार पर विस्तार होता है।" परसाई का विश्वास है कि जो साहित्य सामयिक सवालों से मुँह चुराता है, वह भला शाश्वत कैसे हो सकता है? भविष्य तो हमारे वर्तमान में ही छिपा रहता है। सामयिक शाश्वत की इस द्वन्द्वात्मकता से परसाई की रचना में प्रभावकारी कलात्मकता आती है—संघर्ष और करुणा का अद्‌भुत मेल पैदा होता है। तुलसी जिस प्रकार के समन्वयी मिष्टभाषी सन्त थे, कबीर उससे अलग दो-टूक प्रतिवादी किस्म के थे। परसाई का मौलिक रंग कबीर के निकट पड़ता है। कबीर की ही भाँति परसाई व्यंग्य के तीखेपन के जोखिम भरे परिणामों से न केवल अवगत हैं बल्कि उन्हें झेला भी है। राजनैतिक प्रतिबद्धता और विवेक का अचूक समन्वय परसाई के व्यंग्यों में है। परसाई लेखन को उद्देश्य नहीं, सदैव उसे माध्यम बनाये रखते हैं, परिणामस्वरूप उनका लेखन अपने बृहत्तर उद्देश्य, व्यक्ति की सामाजिक नियति को बदलने को कभी ओझल नहीं कर पाता। परसाई यह नहीं भूलते कि व्यंग्यकार की नियति सत्तात्मक यथार्थ की विसंगतियों के विरोध में रहने की है—भले वह सत्ता कितनी ही सूक्ष्म और अमूर्त क्यों न हो। व्यंग्य का प्रकार्य (फंक्शन) विसंगतियों के मर्म की टोह लेते हुए उस पर चोट करना है। अतः व्यंग्य निरुद्देश्य नहीं हो सकता। जैसे शुद्ध कविता का नारा एक छलावा है वैसे ही शुद्ध व्यंग्य-जैसी किसी चीज का अस्तित्व सम्भव ही नहीं हो सकता। परसाई का व्यंग्य अशुद्ध है क्योंकि वह सोद्देश्य जितना है, उतना ही कलात्मक भी।

उपन्यास के नाम पर परसाई की दो रचनाएँ मिलती हैं : 'तट की खोज', 'रानी नागफनी की कहानी'। 'तट की खोज' को परसाई, सम्भवतः उनके आकार को लेकर, लम्बी कहानी या लघु उपन्यास मानते हैं। (वाणी प्रकाशन, 1982, भूमिका) यहाँ नारी-मुक्ति अर्थात् नारी-व्यक्तित्व के स्वतन्त्र विकास के बारे में जैनेन्द्र के 'त्यागपत्र' से अलग समाजार्थिक (सोशियोइकोनॉमिक) दृष्टि से यथार्थवादी रुख अपनाया गया है। कई दृष्टियों से 'तट की खोज' में अपरिपक्वता या कच्चापन झलकता है, किन्तु लेखक को आरम्भिक कृति होने के कारण वह स्वाभाविक है। 'तट की खोज' में लेखक की आरम्भिक रचना के शिल्प का सहज संकोच है। अतः वहाँ व्यंग्य का वह खुला उभार नहीं मिलेगा जो 'रानी नागफनी की कहानी' में है। नागफनी का शैल्पिक खुलापन लेखकीय आत्मविश्वास का, व्यंग्य के शिल्प पर उसकी पकड़ का, द्योतक है। 'तट की खोज' समग्रतः व्यंग्य रचना नहीं है। वह नारी-चरित्र के माध्यम से शरदचन्द्रीय भावुकता और जैनेन्द्रीय भाववादिता का

यथार्थपरक जवाब है। परसाई की आत्मसजगता समाजोन्मुखी होकर मुक्तिबोध के आत्मसंघर्ष की याद दिलाती है। परसाई मध्यवर्ग की उपज है और ज़्यादातर इसी वर्ग की जिन्दगी को इस वर्ग के आगे खोलकर रखते रहे हैं। मुक्तिबोध की कविताओं वाली शिल्पगत जटिलता और संश्लिष्टता का सामना परसाई को कुछ तो अपनी व्यंग्यविधा के कारण और कुछ सम्प्रेषण के प्रति अपनी अतिरिक्त सचेष्टता के कारण नहीं करना पड़ा। परसाई की भाषा रचनात्मक, ताजी, जीवन्त और सहज है। किस प्रकार वे रचनाकार की संवेदना को वैचारिक प्रतिबद्धता में तब्दील करते हैं, वह ऊपर से मालूम नहीं पड़ता। परसाई असहायता पर आँसू नहीं बहाते, उसे समाज से जोड़ने और कर्म में बदलने की कोशिश करते हैं। मार्क्सवाद उनके लिए कोरा सिद्धान्त नहीं। वह भारतीय परिस्थितियों की कसौटी पर परखी जाने वाली जीवन-दृष्टि है। मार्क्सवाद उनकी रचनाओं की बुनावट में अच्छी तरह जज्ब हो गया है, रच-बस गया है। कई मार्क्सवादी रचनाकारों की भाँति कोई फाँक या दरार वहाँ नहीं लक्षित होती।

'रानी नागफनी की कहानी' में संरचना के कई स्तर हैं। वह एक व्यंग्यकृति है, एक व्यंग्य उपन्यास है, एक औपन्यासिक पैरोडी है और एक सफल फैन्टेसी है। वास्तव में व्यंग्य अपने-आप में 'आधुनिक दृष्टि' होता है। उसमें 'एब्सर्डिटी' को पहचानने-पकड़ने की अपूर्व क्षमता भी होती है और इसलिए वह यथार्थ को 'फैन्टेसी' के माध्यम से देखता है। जब हम उन्नीसवीं सदी के हिन्दी गद्य परिदृश्य पर ध्यान देते हैं तो वहाँ कई महत्त्वपूर्ण आरम्भिक कथा-कृतियों में फन्तासी-शिल्प का सुन्दर प्रयोग मिलता है। इंशा अल्लाह खान की 'रानी केतकी की कहानी', शिव प्रसाद सितारे हिन्द की 'राज भोज का सपना' और भारतेन्दु हरिश्चन्द्र की 'एक अद्भुत अपूर्व स्वप्न' की फैन्टेसी तत्कालीन जीवन की विसंगतियों की टकराहट से उपजी थी। फैन्टेसी-शिल्प का सम्बन्ध परिवेशगत विडम्बनाओं की जटिलता से प्रत्यक्ष रूप से होता है। अमानवीय व्यवस्था की क्रूरता की अभिव्यक्ति का सबसे सक्रिय और कलात्मक शैल्पिक माध्यम फैन्टेसी है। उन्नीसवीं सदी के पूर्वार्द्ध में तीनों महत्त्वपूर्ण गद्यकृतियों—'नासिकेतोपाख्यान', 'प्रेमसागर' और 'रानी केतकी की कहानी'—में आद्यंत प्रेम की प्रतिष्ठा मिली है। वास्तव में जर्जर सामन्ती नैतिकता के संरक्षण के लिए प्रेम को एक मूल्य के रूप में स्थापित करने की कोशिश वहाँ हुई है। परसाई की 'रानी नागफनी की कहानी', 'इंशा अल्लाह खान', 'इंशा' की 'रानी केतकी की कहानी' की फैन्टास्टिक पैरोडी है और यहाँ परसाई अपने समसामयिक परिवेश में प्रेम और मानवीयता के अवमूल्यन को लेकर चिन्तित होते हैं और साथ ही सामन्ती अवशेषों और पूँजीवादी अन्तर्विरोधों की दुःस्थिति पर तीखा व्यंग्य करते हैं। 'रानी केतकी...' का शिल्प सीधा-सादा फैन्टेसी का है, किन्तु 'नागफनी' की व्यंग्यात्मक

फैन्टेसी में तीखी वक्रता है। 'केतकी' की फैन्टेसी में अपने सामाजिक परिवेश से पलायन और यथार्थ का नकार है, जबकि 'नागफनी' में वस्तुतः यथार्थ का सही साक्षात्कार और संघर्ष का भाव है। दोनों की कथावस्तु के कतिपय उपशीर्षकों की तुलना से भी यह बात जाहिर हो जाती है—

रानी केतकी की कहानी (इंशा अल्लाह खान 'इंशा')	रानी नागफनी की कहानी (हरिशंकर परसाई)
आना जोगी महेन्दरगिर का कैलाश पहाड़ से और हिरन-हिरनी कर डालना कुँवर उदयभान और उसके माँ-बाप का	फेल होना कुंवर अस्तभान का और करना प्रेम की तैयारी
रानी केतकी का मदनबान के आगे रोना और पिछली बातों का ध्यान करके जी से हाथ धोना	टूटना प्रेम राजकुमारी नागफनी का और करना तैयारी आत्म-हत्या की
भभूत माँगना रानी केतकी अपनी माँ रानी कामलता से...	मिलना नागफनी और अस्तभानका और मचलना मन का
रानी केतकी का चाहत से बेकल हो फिरना और मदनबान का साथ देने से नहीं करना	जलना विरह में और बहलाना मन तरह-तरह से
रानी केतकी का भभूत आँखों में लगाकर घर से बाहर निकल जाना और सब छोटे-बड़ों का तिलमिलाना	होना बीमार और लगना पेनिसिलन
बातचीत मदनबान का रानी केतकी के साथ	भेजना प्रेमपत्र और खुलना भेद का
महाराज और महारानी के पास मदनबान का फिर आना और चितचाही बात का सुनना	इन्टरव्यू मुफ्तलाल का और होना डिप्टी कलेक्टर
जाना महाराज और महारानी और गुसाईं महेन्दरगिर का रानी केतकी को लेने के लिए	विवाह प्रस्ताव राजा निर्बल सिंह का
ढूँढ़ना गुसाईं महेन्दरगिर का कुँवर उदयभान और उसके माँ-बाप को...	आना जोगी प्रपंचगिरि का
हिरण और हिरनी के खेल का बिगड़ना	होना बातचीत राजा से मुफ्तलाल का

और कुँवर उदयभान और उसके माँ-बाप का नये सिरे से रूप	
राजा इन्दर का कुँवर उदयभान के ब्याह का ठाट करना	मिलना मुख्य अमात्य से
ठाट करना गुसाईं महेन्दरगिर का	होना भेंट भैया साब से और लगना पता जीव का
आ पहुँचना कुँवर उदयभान का ब्याह के ठाट के साथ दुल्हान की ड्योढ़ी पर	पकड़ना जीव को और देना मुख्य अमात्य को
वारी-वारी होना मदनबान का नारी केतकी पर...	होना बातचीत शादी की
दूल्हा उदयभान का सिंहासन पर बैठना	होना शादी औ रहना सुख से सबका

'केतकी' के कुछेक पात्रों के नाम प्रतीकात्मक हैं मगर 'नागफनी' में यह प्रतीकात्मकता काफी व्यंग्यात्मक हो गयी है। इंशा की केतकी (नायिका) परसाई के यहाँ नागफनी बन जाती है तो यह बदले हुए सौन्दर्य-बोध की विद्रूपात्मक स्थिति है। इंशा का नायक उदयभान परसाई में साभिप्राय अस्तभान हो गया है। केतकी की सहेली का नाम है मदनबान जबकि नागफनी के अनुरूप ही उसकी सहेली-करेलामुखी-भी है। केतकी का पिता है जगत परकास जबकि नागफनी के पिता का नाम है भयभीत सिंह। उदयभान के पिता का नाम इंशा ने सूरजभान रखा था—परसाई ने अस्तमान के पिता का नाम राखड़ सिंह बताया है। इंशा के गुसाईं महेन्दरगिर परसाई के यहाँ जोगी प्रपंचगिरि बन गये हैं। परसाई के यहाँ सारे नाम व्यंग्यात्मक हैं—भैया साब, मुफ्तलाल, राजा निर्बलसिंह, उड़ाऊमल, विद्यादमन, ज्ञानरिपु आदि।

व्यंग्य परसाई का स्वभाव है और व्यंग्य का स्वभाव है फैन्टेसी। फैन्टेसी व्यंग्य का सहज उच्छलन है। फैन्टेसी के कारण रचनाकार को अनेकों सुभीते अपने-आप ही मिल जाते हैं। वह बे-सिर-पैर के यथार्थ को बिना किसी विधात्मक और शैल्पिक बन्धन के प्रस्तुत कर सकता है। ऊपरी क्रमबद्धता, तरतीब और स्थूल विश्वसनीयता की यहाँ कोई परवाह नहीं होती। मगर फैन्टेसी में सही और प्रभावपूर्ण टिप्पणी करने की अपार क्षमता होती है क्योंकि यहाँ व्यंजनात्मकता की दिशाएँ असीमित होती हैं।

'रानी नागफनी' ढहते सामन्ती सम्बन्धों और कमजोर पूँजीवादी शैशव की सन्धि-रेखा पर पैदा हुई है। परसाई जीवन के सारे क्षेत्रों—सामाजिक, आर्थिक, राजनैतिक, धार्मिक, शैक्षिक, कलात्मक—में घूम-फिरकर बताते हैं कि यह सारा-का-सारा बंजर प्रदेश फूहड़ झाड़-झंखाड़ों से अटा पड़ा है। यहाँ नागफनी ही उग सकती है,

केतकी नहीं। एक 'फार्स' के रूपबन्ध में यह व्यंग्य रचना मानवीय सम्बन्धों के ह्रास और अवमूल्यन की भयानक त्रासदी है, लेकिन जिसे पैरोडी के शिल्प में जबरन कामदी दिखाकर उसकी फूहड़ता को और उभारा गया है। आज के परिवेश में शिक्षा, प्रेम, नौकरी, परिवार, समाज, सरकार, विरोधी दल—हर स्थान, स्थिति और वस्तु की अपनी विसंगतियाँ और विडम्बनाएँ हैं। अन्याय और अनाचार का हर जगह बोलबाला है। राज्यों में जो युद्ध लड़े जाते हैं उनके घोषित कारण तो बड़े ही महान होते हैं। जैसे मनुष्य की स्वतन्त्रता, गरिमा, और मानव-अधिकारों की रक्षा वगैरह, किन्तु असल कारण (जो बड़ा ही भोंड़ा और हास्यास्पद हुआ करता है) का पता जनता को चलने नहीं दिया जाता। केन्द्रीय और महत्त्वपूर्ण समस्याओं से जनता का ध्यान भटकाने में युद्ध अच्छी भूमिका अदा करते हैं और आड़े समय शासन को मदद पहुँचाते हैं। सच तो यह है कि युद्ध के लिए व्यवस्था को किसी कारण का इन्तजार नहीं करना पड़ता क्योंकि युद्ध उसके लिए समस्या नहीं, अन्य समस्याओं से बचाव होते हैं। ऐसे युद्ध मित्रभाव से लड़ी गयी दो पहलवानों की कुश्ती होते हैं, जहाँ दाँव पर क्या लगा है, यह नहीं देखा जाता।

परसाई इस व्यंग्य रचना में भारतीय परिवेश में साम्राज्यवादी, सामन्ती, पूँजीवादी सभी ताकतों के गठबन्धन से उत्पन्न दुरवस्था का वास्तविक खाका खींचते हैं। किस प्रकार से परम्परागत जीवन-मूल्य बेमानी हो जाते हैं, लोगों की संवेदनाएँ पथरा जाती हैं, पारिवारिक-सामाजिक सम्बन्धों में यान्त्रिकता आ जाती है—इन सन्दर्भों को परसाई सूक्ष्म पर्यवेक्षण के सहारे प्रस्तुत करते हैं नेपथ्य में छिपे व्यवस्था के अदृश्य हाथों को भी दिखला देते हैं। स्थितियों की फैन्टेसी में परसाई की प्रभावकारी कल्पना वास्तविकता को और भी गहरा करने वाली और पाठक को हँसना रोककर सोचने के लिए मजबूर करने वाली है। तथाकथित प्रेम या परीक्षा में 'फेल' होने पर आत्महत्या की 'तैयारी' करना, आत्महत्या में 'मदद' करने के लिए सरकार की परिवहन से लेकर पुलिस तक की सारी व्यवस्था का मुस्तैद होना, जूतों के व्यापार के बहाने एक राज्य का दूसरे राज्य पर आक्रमण करना, राखड़ सिंह द्वारा लड़के के विवाह के लिए टेण्डर आमन्त्रित करना आदि सैकड़ों प्रसंग हैं जो हमारे असहाय परिवेश का विश्लेषण करने से सामने आये हैं। लोक सेवा आयोग की इण्टरव्यू, चिकित्सा-व्यवसाय की पोल, चित्रकार और कवि के कला सम्बन्धी आश्चर्यजनक विचार, तथाकथित प्रेम और बिरह का फैन्टास्टिक वर्णन, विपक्ष के नेता के प्राण का दीमक बनकर मुख्य अमात्य की कुर्सी में लगा होना, आदि बातें व्यवस्था के कुरूप चेहरे को बेनकाब करती हैं। साधुओं की 'लीलाओं' का 'केतकी' और 'नागफनी' दोनों ही रचनाओं में वर्णन मिलता है। 'केतकी' में साधु की भूमिका नायक के प्रति

विशेष सहानुभूतिपूर्ण है। वहाँ साधु के चमत्कारिक, जादुई रूपों की विस्मयपूर्ण स्वीकृति है साधु को असली कुरूप चेहरे और शासन के साथ उसकी मिलीभगत और षड्यन्त्र पूर्ण सम्बन्धों को प्रच्छन्न कर दिया गया है जबकि परसाई कपटी साधुओं के व्यवस्था और शासन से मधुर सम्बन्धों को साफ उधाड़ देते हैं। वे बेलाग-लपेट के बताते हैं कि साधुओं के अपराधपूर्ण धन्धों से राजनेताओं के चरित्र सीधे जुड़े होते है। 'नागफनी' के प्रकाशन के बाद से भारतीय राजनीति में 'नेता' और 'साधु' के अनोखे रिश्ते आम खबरें बनकर बासी हो चुके हैं। परसाई का प्रपंचगिरि यथा नाम तथा गुण है। परसाई तथाकथित प्रजातन्त्र की भी बखिया उधेड़ते हैं जिसमें न शासन को जनहित की चिन्ता है न विरोधी दल को। दोनों की एकमात्र चिन्ता येन-केन प्रकारेण कुर्सी हथियाने और उस पर बने रहने की होती है। पूँजीवादी प्रजातन्त्र की सारी राजनीति कुर्सी के लिए और कुर्सी के इर्द-गिर्द होती है। परसाई बड़ी ही सक्षमता से दिखाते हैं कि यह ऊल-जलूल व्यवस्था कितनी सड़ चुकी है और इसके अस्तित्व में बने रहने का कोई तर्क नहीं है। व्यवस्था के प्रतीकों की कमजोरियों को न केवल कथा-प्रसंगों और घटनाओं के माध्यम से परसाई उजागर करते हैं, अपितु निर्बलसिंह, भयभीत सिंह, अस्तभान-जैसे नामों के द्वारा इसकी क्षयिष्णुता को भी जाहिर कर देते हैं। वे दिखाते हैं कि जर्जर सामन्ती, निर्बल पूँजीवादी और भ्रष्ट प्रजातान्त्रिक व्यवस्थाएँ जानलेवा अन्तर्विरोधों और विडम्बनाओं से ग्रस्त हैं और उनका पतन अवश्यम्भावी है। परसाई की इस आलोचनात्मक यथार्थवादी फैन्टेसी में किसी किस्म का रूमानी या आदर्शवादी भावबोध नहीं है।

'नागफनी', 'केतकी' की पैरोडी होते हुए भी एक स्वतन्त्र-सार्थक व्यंग्य रचना है। यह अवश्य है कि 'रानी केतकी...' के समानान्तर 'रानी नागफनी...' का पाठ बेहद दिलचस्प और अर्थगर्भ होगा। सच पूछा जाय तो स्वयं 'रानी केतकी की कहानी' को सही सन्दर्भ न देखने के लिए 'रानी नागफनी की कहानी' के पाठ की सिफारिश की जा सकती है। 'केतकी' में एब्सर्ड को जादू-टोने के अज्ञान के छल से स्वीकार लिया गया है, जबकि परसाई जीवन के हर उस हिस्से को उघाड़ देते हैं जहाँ एब्सर्ड को छिपाने-बचाने की कोशिश होती दिखती है। आज के युग में दो-टूक चरित्र भले ही समाज में स्वाभाविक रूप से नहीं दिखायी पड़े मगर रचना में तो खरी-खरी और दो-टूक बातें ही व्यंग्य को पैना और धारदार बनाती हैं। कहा जा सकता है कि परसाई ने स्मरणीय चरित्र भले ही नहीं गढ़े हों मगर उन्होंने स्वयं व्यंग्य का ही अपना एक अपूर्व चरित्र गढ़ दिया है। उनके व्यंग्य के सौन्दर्यशास्त्र का भवन साफ, पारदर्शी और सहज गद्य के सुदृढ़ आधार पर खड़ा है। कुछ लोग परसाई पर आरोप लगाते हैं कि वे रचना में संकेतों से काम लेने की बजाय व्याख्या कर देते हैं। वास्तव में वे लोग परसाई के साथ न्याय नहीं करते। सच तो यह है व्याख्या

के बुलडोजर से व्यंग्य कुचल ही जाता है। व्यंग्य तो संकेतों में ही खिलता है। परसाई संकेत ही करते हैं मगर कभी दुरूहता या संदिग्धार्थता को बरदाश्त नहीं करते और इससे उनका पारदर्शी व्यंग्य चमकता ही है। संकेत जहाँ सन्देह पैदा कर सकता हो वहाँ उसे नुकीला बनाने का अद्भुत कौशल परसाई को प्राप्त है।

परसाई में कोरे हास्यवाली निष्क्रियता नहीं है अतः परसाई का व्यंग्य पाठक को वही नहीं रहने देता जो वह उस व्यंग्य को पढ़ने के पहले रहा होता है। यहाँ सक्रियता और सजगता है, सावधानी है। प्रेमचन्द की तरह परसाई अपनी रचना से पाठक को जगाने-उठाने का काम लेना चाहते हैं, यह स्पष्ट है। अतः उनका व्यंग्य पाठक से सीधा संवाद स्थापित करता है, प्रेम से गलबहियाँ डालकर उसे अपने विश्वास में लेता है और इस तरह उसके अकेलेपन से उसे निकालकर समाज के बीच बिठला देता है। सहजता, साफगोई, जिन्दादिली, ज़िम्मेदारी का एहसास और दोस्ताना लहजा लेकर आया हुआ यह व्यंग्य पाठक के मन में भ्रष्ट व्यवस्थाओं के प्रति तीव्रतम घृणा के उपरान्त प्रतिकार का भाव भर देता है। परसाई मानव-नियति के नहीं, मानवीय कर्म के रचनाकार हैं। वे साधारण को असाधारण से रचते हैं।

'नागफनी' पैरोडी से अधिक ही है। वह एक मॉक-हिरोइक (तथाकथित वीरता का मुँह चिढ़ाने वाली कृति) रचना भी है। पैरोडी अपने आप में वैसे भी उच्चकोटि का व्यंग्य नहीं, द्वितीय कोटि का व्यंग्य होती है। 'नागफनी' में पैरोडी की विधा को रूपगत तथा अर्थगत अनेक विधि विस्तार देकर, व्यंग्य के उच्च स्तर पर उठाकर, उसे नये आयाम दिये गये हैं। परसाई ने नीतिकथाओं या बोधकथाओं (फेबल्स) की पैरोडी को भी इसी तरह सफलतापूर्वक ऊँचा उठाया है। व्यंग्य के अन्तर्गत विधागत वैविध्य भी परसाई की प्रासंगिकता और ताजगी का एक कारण बनता है। जो लोग यह नहीं जानते कि 'रानी नागफनी की कहानी', 'रानी केतकी की कहानी' की पैरोडी है और जिन्होंने 'रानी केतकी' नहीं पढ़ी है वे भी 'रानी नागफनी...' का वास्तविक स्वाद ले सकते हैं। इस दृष्टि से देखें तो 'नागफनी...', 'केतकी' पर निर्भर एक पराश्रित पैरोडी बिल्कुल नहीं है यह एक स्वतन्त्र कृति है और इस तथ्य में परसाई की रचनात्मकता की शक्ति और क्षमता का रहस्य भी है।

परसाई समसामयिक हैं लेकिन चुक जाने वाले कोरे तात्कालिक नहीं क्योंकि उनके पास सही सामाजिक चेतना और इतिहासबोध है। फलतः परसाई के हाथों में व्यंग्य आईने की तरह नहीं, एक्स-रे प्लेट की तरह होता है जिसमें व्यवस्था और लोगों की बीमारी की थाह ली जा सकती है।

परसाई को विभिन्न कथा-रूपों की न केवल जानकारी और पहचान है बल्कि उनका सही इस्तेमाल भी उन्हें आता है। पंचतंत्र से लेकर किस्सा तोता-मैना और

अत्याधुनिक कथा-प्रयोगों के सफल उपयोग उन्होंने अपनी कृतियों में किये हैं। यही कारण है कि 'नागफनी' पैरोडी, फैन्टेसी और एब्सर्ड के भीतर से गुजरकर भी इन सबसे अलग व्यंग्य को चरम प्रकर्ष पर पहुँचाने वाली अनोखी शरारती रचना बन जाती है। व्यंग्य की यह शरारत पाठक के मन को कटु-मधु, प्रिय-अप्रिय के भावों से यथास्थिति में बदलाव के लिए उकसाती है, प्रेरित करती है। यह परसाई के व्यंग्य की विशिष्ट रचनात्मक उपलब्धि है।

सन्दर्भ

1. सुनो भाई साधो, पृ. 8

व्यंग्यव्यंजित आत्म-आक्रोश : रागदरबारी

अपने बारे में (श्रीपत राय के इस मंतव्य और भविष्यवाणी कि 'महाऊब का महा उपन्यास अपठित रहना ही जिसकी नियति है को झुठलाते हुए 'गोदान' और 'मैला आँचल' की तरह 'रागदरबारी' भी हिन्दी का 'बेस्ट सेलर' अर्थात् बहुपठित और लोकप्रिय उपन्यास साबित हुआ है। आज जिसकी पठनीयता को लेकर किसी को शंका करने की गुंजाइश नहीं। पिछले पैंतीस सालों में इसका खुमार कम हुआ हो, ऐसा नहीं लगता। उलटे, इस बीच इसने लगभग 'क्लैसिक' का दर्जा पा लिया है। हर क्लैसिक की भाँति इसकी नियति भी आलोचना के चढ़ाव-उतार से गुजरने की रही है। 'गोदान' के स्थापत्य से नन्ददुलारे वाजपेयी-जैसे आलोचक बड़े नाखुश थे, 'मैला आँचल' की प्रतिकूल आलोचनाएँ रामविलास शर्मा और अन्य प्रगतिशील आलोचकों ने की थीं। पर इनसे कृतियाँ अप्रभावित ही रहीं। अभी हाल में डॉ. नामवर सिंह ने अपने आलोचकीय जीवन का सबसे बड़ा पछतावा 'मैला आँचल' के महत्त्व को सही वक्त पर नहीं पहचान पाने को माना है। हिन्दी आलोचना में एक ओर जहाँ इस बात के ढेरों प्रमाण हैं कि अनेक कृतियाँ अपनी ताकत से कम, मगर आलोचकों के प्रयत्नों से ज़्यादा, उछली हैं, वहीं दूसरी ओर थोड़े-से ऐसे उदाहरण भी मिलते हैं जहाँ आलोचक चाहकर भी कृतियों को दबाये रखने में सफल नहीं हुए हैं। व्यक्तिगत और वैचारिक पूर्वाग्रह न केवल लेखकीय, अपितु आलोचकीय असफलता का सबसे बड़ा कारण होता है। ऐसे आलोचक की भीतरी मंशा के चलते न केवल उसकी व्याख्या और विवेचन गलत दिशा में होने लगते हैं, बल्कि कृति से उसकी अपेक्षाएँ और माँगें साहित्येतर होने लगती हैं। आलोचक के अकबकाने की एक स्थिति वह भी होती है जब वह किसी रचना को अपने आग्रह के बँधे-बँधाये फ्रेम के भीतर पूरी तरह से समेट नहीं पाता और संरचनात्मक नवीनता और प्रयोग को रचना की असफलता के रूप में देखता-दिखाता है। क्लैसिक की नियति को प्राप्त होने वाली 'रागदरबारी' भी प्रशंसा का पात्र और अनपेक्षित-अतिरंजित आलोचनाओं

का शिकार खूब बनी है। इन आलोचकों ने 'रागदरबारी' को तरह-तरह के सवालों के घेरे में खड़ा करना चाहा लेकिन विवेचन में वे पूर्वाग्रह-मुक्त रह नहीं पाये। पूर्वाग्रह-मुक्त आलोचना ही कृतियों के साथ न्याय कर पाती है। वैसी आग्रही-दुराग्रही आलोचना के सामने आकर 'रागदरबारी' का सामान्य रसग्राही पाठक ऊहापोह में पड़कर सोचने लगता है कि क्या 'रागदरबारी' में मानवीय संवेदना का अभाव है? क्या इसमें चित्रित जीवन सिर्फ भोंड़ा और कुरूप ही है? क्या उपन्यास ग़लत लोगों पर, या ग़लत कारणों से, हँसता है? क्या उपन्यास किसी कलाकार-रचनाकार के द्वारा नहीं बल्कि एक अभिजात सौन्दर्याभिरुचि वाले सत्तासुख-भोगी अधिकारी के द्वारा लिखा गया है? क्या उपन्यासकार का 'एप्रोच' सम्पूर्णतः निषेधवादी है? क्या वह सिर्फ तमाशाई बनकर ही तमाशा नहीं देख-दिखा रहा? पाठक एक तरफ कृति से अभिभूत होता है और दूसरी तरफ आलोचकीय विवेचनों से विचलित भी। कृति-विमुख आलोचनाएँ इसी तरह यथार्थ-विमुख भी होती हैं और विभ्रम पैदा कर देती हैं।

श्रीलाल शुक्ल लम्बे समय से लिखते रहे हैं और विस्मयजनक बात तो यह है कि कोई बीस बरस पहले (1983 ई. में) आई.ए.एस. से सेवानिवृत्त होने के बाद से लेखन में और भी अधिक सक्रिय रहे हैं। नौकरी और लेखन दोनों में श्रीलाल शुक्ल 'मध्यवर्गीय सफलता' का जीवन जीते रहे हैं। अपने बारे में उनका कहना है कि उन्होंने कभी आर्थिक सुरक्षा का अनुभव नहीं किया। 'अभावग्रस्त बचपन, मेहनत और चिन्ताओं से भरा विद्यार्थी जीवन' रहा उनका। गाँव और गरीबी का उन्होंने व्यक्तिगत रूप से तो साक्षात्कार किया ही, उनका तटस्थ अध्ययन-विश्लेषण करने के अवसर भी उन्हें खूब मिले। भले ही निजीतौर पर किसानी नहीं करते हों लेकिन उन्होंने किसान—खास तौर से 'अवध के किसान'—की जिन्दगी को बहुत निकट से और खुली आँखों से देखा है। बच्चों को गरीबी जल्दी ही सयाना बना देती है। छह साल की उम्र में उन्होंने भी जान लिया था कि गन्ना पैदा करनेवाले किसानों के बच्चों को खाने के लिए गुड़ नहीं होता—वह सारा का सारा बिक जाने के लिए होता है। फिर भी किसान का लगान नहीं चुक पाता और खेत हाथ से निकल जाते हैं। 'अवध के वे किसान' नामक अपने निजी अनुभवों और आँकड़ों के आधार पर लिखे गये लेख में श्रीलाल शुक्ल बताते हैं कि रबी और खरीफ मिलाकर किसी तरह लगान निकल भी जाए तो उधार लिये बिना जीवित रहना और सामाजिक दायित्वों का निर्वाह करना अर्थशास्त्र और प्राणिशास्त्र का चमत्कार ही समझा जाना चाहिए। श्रीलाल शुक्ल मानते हैं कि 'इतिहास शोध का ही नहीं, प्रतिशोध का भी विषय है।' उनको इस बात की थोड़ी आश्वस्ति भी है कि 1932 में एक किसान परिवार की दुर्दशा के प्रत्यक्ष द्रष्टा और भोक्ता इस व्यक्ति ने 1952 में एक वेतनजीवी अफसर

की हैसियत से जमींदारी उन्मूलन की प्रक्रिया में विनम्र योगदान भी किया। 'बिस्रामपुर का सन्त' उपन्यास के 'परिशिष्ट' में भी श्रीलाल शुक्ल किसानों और भूमि से सम्बन्धित अपने विचारों की जानकारी देते हैं। वे मानते हैं कि भूदान आन्दोलन से भूमि-समस्या का कोई 'व्यावहारिक और स्थायी समाधान' नहीं मिल पाया। इसके दूसरे छोर पर कुछेक वामपंथी हिंसक संगठन भी उभरे। समस्या फिर भी जस-की-तस रही। व्यक्ति और नौकरशाह श्रीलाल ने इस प्रकार से सामन्ती पूँजीतन्त्र की लगातार बनी रहनेवाली आतंकप्रद उपस्थिति में अपने कार्य की सार्थकता का अनुभव भले न किया हो, लेकिन रचनाकार के रूप में सामाजिक प्रतिबद्धता रखनेवाली किसी कलाकार के लिए 'रागदरबारी' जैसे लेखन की सार्थकता के अनुभव से बढ़कर और क्या हो सकता है?

गाँव और गरीबी का चोली-दामन का सम्बन्ध हिन्दी (और हिन्दुस्तान के) अधिकांश कथा-लेखकों के टेसुआ-बहाऊ वर्णनों का आधार रहा किया है। प्रेमचन्द ने जहाँ गहन संवेदना के साथ इसके व्यापक परिप्रेक्ष्य को देखा-दिखाया था, वहीं स्वातन्त्र्योत्तर ग्रामकथा लेखन में रेणु ने कृषक जीवन में भौतिक अभावों के बावजूद उस जीवन में मौजूद सांस्कृतिक समृद्धि से जुड़ी खुशियों को बटोर लिया था। श्रीलाल शुक्ल ने गाँव और गरीबी के चित्रण के प्रति प्रेमचन्द और रेणु के मॉडलों से अलग ही रुख दिखाया। उन्होंने शल्य चिकित्सक वाली ऐसी निर्ममता से काम लिया है जो अत्यन्त करुणोत्पादक स्थितियों में भी भावुकता को दूर झटक देता है। 'मैला आँचल' का गाँव 'गोदान' के गाँव से, समय के लिहाज से, लगभग एक दशक की दूरी पर है तो 'रागदरबारी' का गाँव 'मैला आँचल' के गाँव से कोई दो दशकों की दूरी पर। गाँवों में होनेवाले परिवर्तनों और परिवर्तनों की तह में छिपी हुई प्राणधारा को पकड़ने की, रेणु और शुक्ल ने, अपने-अपने ढंग से ईमानदार कोशिशें की हैं। 'गोदान' और 'मैला आँचल' की भाँति ही 'रागदरबारी' की रचना की अपनी मौलिकता और अपना औचित्य है।

ग्रागीण भारतीय परम्परा के सकारात्मक व नकारात्मक पहलुओं में श्रीलाल शुक्ल की आरम्भ से ही दिलचस्पी रही है। बहुत पहले श्रीलाल शुक्ल ने वी.एस. नॉयपाल की, उन दिनों विवादास्पद रूप से चर्चित पुस्तक 'एन एरिया ऑव डार्कनेस' की समीक्षा 'मि.नैपाल और अन्धकार का एक प्रान्तर' शीर्षक से लिखी थी। नायपॉल भारत और ट्रिनेडाड को लेकर खरी-खरी और दो-टूक बातें कहने के लिए खासे बदनाम रहे हैं लेकिन यह उनके आत्मालोचन की एक शैली रही है। 'एन एरिया ऑव डार्कनेस' में भारतीयों की बुरी आदतों की आलोचना ('दे हैव फैन्टेस्टिक कैपेसिटी फॉर इनेक्टिविटी') उनकी अन्य रचनाओं में भी खूब हुई है। उनके उपन्यास

'ए हाउस फॉर मि. विश्वास' में ट्रिनिडाडवासी भारतीय मूल के लोगों की लतों की आलोचना भी खूब है। भारतवंशी ट्रिनिडाडवासी (हालाँकि वे ट्रिनिडाड में बहुत कम ही होते हैं, लेकिन वैसे भी सच्चा कलाकार विश्व-नागरिक होता ही है!) नायपॉल के लिए ऐसी आलोचना करना उनका अधिकार है, इसलिए भी कि इस आलोचना के पीछे अपनी परम्परा और वर्तमान को सही परिप्रेक्ष्य में समझने-परखने की उनकी मंशा थी। विद्याधर नायपॉल की उक्त पुस्तक में हालाँकि बेलाग और दो-टूक बातें कही गयी थीं लेकिन भारतीय बुद्धिजीवियों ने नायपॉल को एक ऐसे विदेशी शख्स के रूप में ही देखा, जिसे मानों भारत के बारे में बोलने का कोई हक नहीं हो—खासकर घूस लेनेवाले, खुशामद करने वाले या खुले में मल-त्याग करने वाले भारतीयों के बारे में। आलोचकों ने लगभग एक स्वर में बेहद तीखी और प्रतिकूल प्रतिक्रियाएँ व्यक्त की थीं। सच तो यह था कि नायपॉल 'बाहरी' व्यक्ति होने के बावजूद भारतीयता को अपनी धमनियों में भी महसूस कर सकते थे जबकि उनकी तुलना में नीरद चौधरी ऐसे 'भीतरी' व्यक्ति थे जिन्हें अपनी स्वतःप्राप्त भारतीयता के ठप्पे से बेहद चिढ़ थी। इस तरह ये दोनों भारत के कटु आलोचक विपरीत ध्रुवों पर भी थे। (श्रीलाल शुक्ल ने नायपॉल के विचारों को 'एक कलाकार की खीझ' के रूप में अधिक देखा और ईमानदार 'आत्म-आक्रोश' के रूप में कम। फलस्वरूप वे इस सन्देहपरक निष्कर्ष पर पहुँचे थे कि "कहीं नैपाल भी तो चेतन-अचेतन रूप से उन देशी और विदेशी लेखकों के अकेन्द्रित वर्ग के तो नहीं हैं जो भारत की दुरवस्था को केवल एक तथ्य जैसा वर्णित करके ऐसी कृतियों की सृष्टि करते हैं, जो न साहित्य है, न सूचना-संग्रह का माध्यम।" क्या श्रीलाल शुक्ल नहीं जानते कि अपने जिस औपन्यासिक शिल्प की नवीनता और प्रयोग के लिए नायपॉल जाने जाते हैं वह निबन्ध, संस्मरण और कथातत्त्व के अत्यन्त पठनीय सम्मिश्रण से बना है? अपनी मान्यता को स्पष्ट करते हुए श्रीलाल शुक्ल बताते हैं कि , "नैपाल एक समाजशास्त्रीय निबन्ध नहीं लिख रहे थे, पर कलाकार की हैसियत से ही उनसे यह अपेक्षा की जा सकती थी कि वे समाज के उस बृहत्तम अंग को अपना विश्लेषण नहीं, तो कम-से-कम अपनी समझ देते जो देखने में आकर्षक भले ही न हो, पर जिसकी संस्कृति नृशास्त्रीय अर्थ में नहीं बल्कि समाजशास्त्रीय अर्थ में, अपनी स्वतन्त्र और पूर्ण संस्कृति है। उन्होंने भारतीयों के लिए लिखा है कि वे इतिहास-बोध से शून्य हैं, पर उन्हें स्वयं इस समाज को समझने के लिए अपने इतिहास बोध को—ब्रिटिशराज से पहले चले आते हुए इतिहास की पृष्ठभूमि को, नज़रअन्दाज़ नहीं करना चाहिए था।"

जो लोग सरसरी तौर पर या फिसलती निगाहों से 'रागदरबारी' पढ़ेंगे, वे कुछ

ऐसी ही सलाह स्वयं श्रीलाल शुक्ल को देने की हिमाकत कर सकते हैं किया भी है। श्री मुद्राराक्षस के बहाने इतिहास ने श्रीलाल शुक्ल से मानो प्रतिशोध लिया है! मुद्रा ने 'रागदरबारी' को उपन्यास नहीं, 'व्यंग्य लेख संग्रह' कहा है। कहना न होगा कि जहाँ नायपॉल के बारे में श्रीलाल शुक्ल के विचार पूरी तरह सही नहीं थे, वहीं 'रागदरबारी' के बारे में मुद्राराक्षस की धारणा बेबुनियाद थी। 'इतिहास का प्रतिशोध' ऐसा ही करुण होता है! भारत जैसे पुराने देश की सुदीर्घ समृद्ध संस्कृति और सभ्यता-समीक्षा की बात बहुत सीधी और सरल नहीं हो सकती। नॉयपॉल चाहे ट्रिनिडाड की बात करें चाहे भारत की—दोनों में उनकी हैसियत 'टूरिस्ट' जैसी हो गयी है! श्रीलाल शुक्ल देश में ही ज़्यादातर रहते हुए भी आउटसाइडर और ऑब्जर्वर बने रहते हैं, साक्षी और भोक्ता कभी-कभार ही। उनकी आत्मस्वीकृति है कि, 'प्रकटतः लखनऊ के हैसियतदार मुहल्ले में मैं एक मध्यमवर्गीय मुहल्ले में रहते हुए मैं एक मध्यमवर्गीय सरकारी अफसर की जिन्दगी गुजार रहा हूँ। पर मेरा एक पैर गरीबी के खेमे में है जिसे मैं जीवन के पूर्वार्ध में जान चुका हूँ और दूसरा पैर सम्पन्नता के उस खेमे में है जो मेरे पास-पड़ोस में दिखायी देती है। और उन दोनों में से किसी भी खेमे में सुकून और अपनेपन का अनुभव नहीं कर पाता हूँ।' नायपॉल और श्रीलाल शुक्ल दोनों के लिए बेघर होने की व्यथा और अपनापन से भरे सुकूनदेह घर की तलाश महत्त्वपूर्ण हैं। यह केवल संयोग नहीं है कि दोनों रचनाकारों के लेखन में घर और मकान के बिम्ब खासी अहमियत रखते हैं और बार-बार आते हैं। नायपॉल का क्लैसिक बन चुका उपन्यास 'ए हाउस फॉर मिस्टर विस्वास' भौतिक और आध्यात्मिक-आत्मिक दोनों ही स्तरों पर घर की तलाश की महागाथा है। श्रीलाल शुक्ल की कुछ पुस्तकों के नाम 'मकान' और 'यह घर मेरा नहीं' इसी बिम्ब से सम्बन्धित हैं। दोनों लेखकों का दर्द एक-जैसा होते हुए भी अलग शिल्प और शैली में व्यक्त होता है। नायपॉल इस दर्द और आक्रोश को निबन्धात्मकता की गम्भीर गरिमा में रचते हैं। श्रीलाल शुक्ल का बेहद निर्मम और ईमानदार 'आत्म-आक्रोश' जब व्यंग्य-विनोद-विरूप और कटुता से घुलमिल कर निकलता है तो हमेशा महसूस होता है कि यह जो ऊपर से झाड़-झंखाड़ और दिगंत प्रसारित बालुका-राशि ही दिखायी देती है, उसके नीचे ऐसी अन्तःसलिला निरन्तर प्रवाहित है जो मधुर आत्मीयता से सराबोर है। रचना के भीतर की इस अन्तर्धारा को यदि पाठक महसूस नहीं करता तो 'रागदरबारी' कभी इतना लोकप्रिय नहीं हो पाता। रचना में जो यह तीव्र आत्मालोचना है वह गहन आत्मीयता के कारण-स्वरूप है गोया कोई अपने ही पारिवारिक बन्धु-स्वजन के उघड़े हुए दुर्गुणों को छिपाने अथवा उनका बचाव कर पाने की स्थिति में खुद को न पाकर भीतर की चिढ़, कुढ़न, आक्रोश को हँसकर दबा रहा हो!

श्रीलाल शुक्ल बताते हैं कि उनकी आरम्भिक साहित्यिक यात्रा 'कविता की कोशिश' वाली थी मगर "1945 तक मुझमें यह समझ आ गयी थी कि मैं पद्य लिख सकता हूँ...पर कविता नहीं लिख सकता।" कहना न होगा कि 'पद्य' में भी श्रीलाल शुक्ल व्यंग्य ही लिख रहे थे—"क्या करिश्मा है ऐ रामाधीन भीखमखेड़वी/खोलने कॉलिज चले आटे की चक्की खुल गयी!" ('मैला आँचल' के होली-गीतों और जोगीड़ों के द्वारा रेणु ने भी अपनी व्यंग्यात्मक 'कवि-प्रतिभा' का अच्छा प्रमाण दिया था!) 'गोदान' और 'मैला आँचल' के गाँवों से 'रागदरबारी' का गाँव इस अर्थ में 'आगे' बढ़ा है कि जब "हाकिम बोला कि हम किसानों में किसानों की तरह खायेंगे अर्थात् सिर्फ मटर की घुंघनी से काम चल जाएगा," लेकिन यहाँ हालत यह है कि "मटर शहर से मँगानी पड़ेगी। यहाँ मटर कहाँ?" लगभग उन्हीं दिनों दिये गये एक साक्षात्कार में रेणु ने कहा था कि मुर्गी गाँव में बोलती है लेकिन अण्डा शहर में बिकता है। जैसे रेणु का अंचल पूर्णिया जिले में ही सिमटा नहीं था, वैसे ही श्रीलाल शुक्ल का शिवपालगंज भी पूरे देश में पसरा हुआ था। दोनों के लेखन को आंचलिक भी कहा गया है लेकिन यह आंचलिकता गहरे अर्थों वाली है। किसी रचना के आंचलिक होने का अर्थ यह नहीं कि वह राष्ट्रीय नहीं है, बल्कि वह इस अर्थ में कहीं ज़्यादा ही 'राष्ट्रीय' होती है कि प्रतीकात्मक रूप में अंचल में सम्पूर्ण राष्ट्र को और सम्पूर्ण राष्ट्र के भीतर अंचल को देखती-दिखाती है। 'रागदरबारी' बताता है कि आजादी के पहले और आसपास के, प्रेमचन्द और रेणु के गाँवों के विकास की दर और दिशा क्या थी।

'मैला आँचल' और 'रागदरबारी' दोनों में जो एक खास चीज रेखांकित करने योग्य है, वह है रस जीविता। 'रागदरबारी' ने अपने खास अन्दाज़ में मामूलीपन और सपाट जीवन को रसमय बना दिया है और यह अगले ही प्रकार का जीवन-रस है। यह दबे-कुचले, असहाय, विरूप लोगों के उस अतर्कित जीवट को पहचानने की कोशिश है जो तमाम भयंकर अभावों-आपदाओं और भ्रष्टता के बावजूद उस जिजीविषा को बचाये रखता है जो अपने-आप में शहरी अमानवीयता और बनावटीपन के खिलाफ मौन जेहाद-जैसा है। यहाँ रंगनाथ के रूप में एक ऐसे शहरी बुद्धिजीवी की आँखों से देखा गया गाँव है जिसे गाँव-शहर दोनों की स्थितियों का पता है और दोनों की तुलना में से व्यंग्य उभरकर और खुलकर सामने आ जाता है। कथानक, शिल्प, शैली आदि के लिहाज से 'रागदरबारी', 'गोदान' की बनिस्बत 'मैला आँचल' और 'परती : परिकथा' से कहीं अधिक प्रभावित है। व्यंग्य को भी जोड़ लें तो रेणु और परसाई का योगफल भी यहाँ है। चूँकि श्रीलाल शुक्ल यहाँ विलक्षण (fantastic) यथार्थ की रचना फैन्टेसी में गये बग़ैर करने में समर्थ हुए हैं, अतः

इसका व्यंग्य गाँव की अभिधेयात्मक जिन्दगी का डिटेल्स नहीं प्रस्तुत करता बल्कि गाँव की जिन्दगी की तीव्रतम आलोचना करता है। इसे शिवपालगंज का हू-ब-हू फोटोग्राफ नहीं बनाकर शिवपालगंज के एनीमेटेड कार्टून का रूप दिया गया है। यह एनीमेशन विस्तीर्ण नहीं होते हुए भी जितना प्रहारात्मक है उतना ही तटस्थ और निष्पक्ष भंगी भी रखता है। शैली और संरचना की दृष्टि से 'रागदरबारी' स्वयं श्रीलाल शुक्ल के दूसरे उपन्यासों से भी काफी अलग हटकर है।

व्यंग्य यथार्थवादी शिल्प में हमेशा फन्तासी की निर्मिति ही नहीं होता, लेकिन वह तब भी विलक्षण, आकर्षक और कारगर हो सकता है। 'रागदरबारी' में व्यंग्य नंगे यथार्थ की एब्सर्डिटी को चतुराई से पकड़ने से अधिक उपजा है। ऊपर से देखने पर कथा के ढेरों प्रसंग, घटनाएँ और क्रियाएँ अभद्र, निन्दनीय और निरर्थक जान पड़ सकती हैं किन्तु उसका अन्तिम लक्ष्य–जहाँ व्यंग्य का सूक्ष्म संकेत हमें पहुँचाना चाहता है–अत्यन्त, मानवीय है। लंगड़ का संघर्ष भी वैसे तो निरर्थक जान पड़ेगा–खास तौर से 'मैला आँचल' के बावनदास के बलिदान में पर्यवसित होने वाले गाँधीवादी संघर्ष की तुलना में–लेकिन इसके व्यंग्यात्मक अंकन के पीछे रचनाकार का 'अप्रोच' कितना मानवीय है इसे पाठक सहज ही भाँप लेता है। बड़े युद्धों की छाया से भरी छोटी-छोटी लड़ाइयों का बेलाग विवरण 'रागदरबारी' हमारे आगे इस प्रकार से धर देता है कि आप ऊब नहीं सकते–अपनी बेडौल-भौंड़ी तस्वीर सामने पाकर चिढ़ या तिलमिला भले ही सकते हैं। व्यंग्य, हास्य, विनोद, प्रहसन आदि उस तत्त्व से सीधे जुड़ते हैं जिसे कलाओं और साहित्य में सामान्यतः मनोरंजन, और विशेषतः, नन्दनतत्त्व कहा जाता है। लेकिन जिससे कोई कथारचना वास्तव में कला बनती है, वह चीज है किस्सागोई, जिसकी अपनी ही शर्तें होती हैं और कम ही कथाकार उसे आदि से अन्त तक इकसार धाराप्रवाह-रूप से निबाह ले जाते हैं। कथावाचक में इतने धैर्य और संयम की अपेक्षा होती है कि वह श्रोताओं के धैर्य की परीक्षा तो न ले परन्तु उसकी उत्सुकता को, गोया अनजाने ही, बहुत धीरे-से जगाये, उसे निरन्तर उकसाता चला जाये और बड़ी स्वाभाविक गति से शमन की ओर बढ़े या फिर झटके देता चले। लेकिन इस क्रम में कभी भी श्रोता की दिलचस्पी को कम न होने दे। यह अपने-आप में बड़ी साधना है। श्रीलाल शुक्ल किस्सागोई की भारतीय परम्परा से परिचित ही नहीं हैं बल्कि उसे नये सन्दर्भ और आयाम देते हुए भी प्रतीत होते हैं। सन्दर्भ कुसहर प्रसाद के झगडे और पंचायत का हो, जोगनाथ के मुकदमे का या कार्तिक पूर्णिमा में 'देवी मन्दिर' के मेले का–पूरा 'रागदरबारी' कथा रस से ओत-प्रोत है। लेकिन हिन्दी के तर्क-बुद्धि-प्रवण आलोचक की मुसीबत यह होती है कि वह 'कथा' नहीं, 'कथा-दृष्टि' ढूँढ़ता है। उसे तो ठोस 'वैचारिकता' चाहिए

ताकि कथाकार की 'प्रतिबद्धता' स्थापित की या उखाड़ी जा सके! सवाल है, कथा 'दृष्टि' बँधी होनी चाहिए या खुली? अथवा लेखक का अपना 'जीवन दर्शन' रचना में 'प्रकट' होना चाहिए या नहीं? 'प्रतिबद्ध आलोचक' भी आलोचना करते वक्त मार्क्स-एंगेल्स की यह राय भुला देना पसन्द करते हैं कि लेखक रचना में अपने निजी विचारों को जितना ही अधिक छिपा सके वह उतना ही महान होता है। ट्रैजेडी यह है कि ऐसे 'प्रतिबद्ध' आलोचक में वैचारिक बद्धमूलता या कठमुल्लापन जितना ही अधिक मिलता है, 'सेंस ऑफ ह्यूमर' उतना ही कम। ऐसे आलोचकों को 'दृष्टि' से जितनी प्रीति है, 'लीलाभाव' से उतनी चिढ़ है। वे 'लेखकीय धर्म' की बार-बार दुहाई देते हैं और उनका यह 'धर्म' स्वभाव के अर्थ वाला नहीं होता बल्कि 'रिलीजन' वाला अर्थ रखता है। अतः ऐसे में पिटे-पिटाये यथार्थ की एकायामिता को ही वे चरम कलात्मक अभिप्रेत साबित कर दें तो क्या आश्चर्य ! 'सेंस ऑफ ह्यूमर' से उनकी एलर्जी का आलम यह है कि अक्सर वे व्यंग्य को उपहास और मखौल का पर्याय समझ बैठते हैं या तीनों को आपस में गड्ड-मड्ड कर देते हैं। वे बार-बार शिकायत करते हैं कि व्यंग्यकार हमेशा व्यंग्य ही क्यों करता है, वह गाहे-ब-गाहे गम्भीर और अभिधेयात्मक क्यों नहीं होता। शायद उन्हें पाठक की बड़ी परवाह होती है जिसे वे आम तौर पर 'सामान्य बुद्धि' का मानकर चला करते हैं और सोचते हैं कि वह सूक्ष्मातिसूक्ष्म व्यंजनाओं में जाने की अकल नहीं रखता। ऐसा आलोचक अगर पाठक को उसके हाल पर ही छोड़ दे तो दोनों का भला हो ! ऐसे आलोचक का अभिधेयार्थ-प्रेमी स्वभाव भला किस्सागोई की रसावहता से भी क्यों न परहेज करे ! सो, वह बड़ी गम्भीरता के साथ 'लीला' में वस्तु की खोज करता फिरता है। वह वकवत् ध्यान लगाये रचना में लेखक की जीवन-दृष्टि को गणित के अंकों की भाँति हासिल कर लेने की ताक में रहता है और इसी नजरिये से रचना का विवेचन और विमोचन करता है। जीवन-दृष्टि को वह रचना में से नोच-निकालकर कहता है—लो, यह निकल आयी कथाकार की ठोस, मछली-जैसी 'दृष्टि'! और इस प्रदर्शन के वक्त उसके अन्दाज़ का आलम ऐसा, गोया कि पानी में तैरती सारी-की-सारी मछलियों को ही उन्होंने हासिल कर लिया हो! होता यह है कि श्रेष्ठ लेखक नेपथ्य में रहते हुए बेमालूम तरीके से अपने निजी संकेत पूरी रचना में व्यक्त-विन्यस्त कर देते हैं, जिन्हें ढूँढ़-छान पाना बड़ा कठिन होता है। लेकिन 'जीवन-दृष्टि' हासिल करने के नाम पर उपन्यास को इतिहास और समाजशास्त्र में रिड्यूस कर देना सही आलोचना का काम नहीं है। उपन्यास के अध्ययन के फलस्वरूप समाजशास्त्र भले ही तैयार किया जा सकता हो, लेकिन समाजशास्त्र के अध्ययन के द्वारा श्रेष्ठ उपन्यास नहीं रचा जाता।

'रागदरबारी' किस विधा की रचना है, इसको लेकर ऊहापोह में पड़ने की कोई

जरूरत नहीं है। यह उपन्यास है और उपन्यास जाहिर तौर पर एक सर्वाधिक मिश्रित और सर्वाधिक लचीली विधा है। उपन्यास का कोई स्थिर और पूर्णतः सुनिश्चित-सुनिर्धारित ढाँचा नहीं होता और अगर होता भी हो तो देखा गया है कि श्रेष्ठ कथा रचनाएँ प्रायः अपनी विधात्मक सीमाओं को तोड़ती-फोड़ती भी विकसित होती हैं। 'रागदरबारी' नयी जमीन तोड़नेवाली रचना भी है क्योंकि 'रागदरबारी' से पहले हिन्दी में व्यंग्य के शिल्प में कोई सम्पूर्ण यथार्थपरक उपन्यास नहीं लिखा गया। इस दिशा में हरिशंकर परसाई के औपन्यासिक प्रयत्न भी सम्पूर्ण नहीं कहे जा सकते। परसाई के आरम्भिक औपन्यासिक प्रयास 'तट की खोज' में बेहद कच्चापन है—वहाँ व्यंग्य भी आद्यन्त नहीं और जो भी है, वह भाषा की सतह पर ज़्यादा है। 'रानी नागफनी की कहानी' अवश्य परिपक्व-प्रौढ़ औपन्यासिक रचना है लेकिन 'रानी केतकी की कहानी' (इंशा अल्लाह खाँ) की पैरोडी होने के चलते वहाँ मध्यकालीन बातावरण का उपस्थापन कथाकार की विवशता हो गयी और इस मजबूरी से बँधे होने के चलते वह वर्तमान का बिलकुल सीधा और दो-टूक साक्षात्कार नहीं कर सका। परसाई की अन्य कथात्मक रचनाओं जैसे 'लंका-विजय के बाद', 'सुदामा के चावल', 'इन्स्पेक्टर मातादीन चाँद पर', 'भोलाराम का जीव' आदि में भी उनका व्यंग्य वर्तमान की विरूपता को उजागर करने के लिए 'पैरोडी' और फैन्टेसी का सहारा लेता है। जीवन-यथार्थ का सीधे साक्षात्कार करते हुए उस पर लगातार व्यंग्य करते चला जाना और कथा-प्रवाह को रोचक बनाये रखना कम जीवट का काम नहीं है। किस प्रकार से पूँजीवादी प्रजातन्त्र में अवशिष्ट सामन्ती व्यवस्था की मानसिकता, अभाव और अशिक्षा के कारणों से, भेस बदलकर गुटबन्दी, भाई-भतीजावाद, खुशामदीपने और अनेकविध भ्रष्टाचार के रूप में सारे जीवन सन्दर्भों पर काबिज हो गयी है—'रागदरबारी' की यह शिनाख्त ही मोटे तौर पर इसका मुख्य कथ्य है। यहाँ गाँव या कस्बा या नगर-महानगर का विभाजन फिजूल है क्योंकि दिगन्तव्यापी इस विसंस्कृतिकरण के तमाशे का पूरा देश ही हिस्सा बना हुआ है। इस सार्वदेशिक पतन के माहौल में कथाकार पाता है कि हर स्तर पर स्वस्थ प्रवृत्ति और मानसिकता के दर्शन दुर्लभ हो गये हैं, और "ठीक आदमकदम कोई नहीं है।" रचनाकार परिवेश के भयंकर प्रदूषण और दबाव को उसकी पूरी भयावहता के साथ व्यंग्य की मार्फत उपस्थित करने में सक्षम है। शिल्प और शैली का कसाव और सन्तुलन ऐसा है कि रचनाकार का अपना स्वर अलग से मुखरित नहीं होता। कुछ लोगों का यह सुझाव कि 'रागदरबारी' के संजयनुमा पात्र रंगनाथ को 'पॉजिटिव कैरेक्टर' होना चाहिए था। (जो कि अगर होता भी तो क्या और कितना फर्क पड़ जाता) वस्तुतः कलात्मकता में कृत्रिमता के गैर जरूरी हस्तक्षेप से अधिक कुछ नहीं। मूल्यहीनता, संस्कारहीनता,

क्रियाहीनता, ज्ञानहीनता और क्षुद्रताओं पर कठोर व्यंग्यात्मक प्रहार और तीखी-सजग आलोचना करता है 'रागदरबारी' और इससे आगे बढ़कर हल प्रस्तुत करने की अपेक्षा रखना साहित्य के स्वभाव के प्रति एक किस्म की ज्यादती ही कही जाएगी।

यहाँ ध्यान देने की बात यह है कि सामाजिक प्रश्नों से कोई रचनाकार भले ही खुद को अछूता रख ले, मगर किसी व्यंग्यकार के लिए ऐसा कर पाना सम्भव नहीं है। इसलिए अगर श्रीलाल शुक्ल मानते हैं कि उनका कथालेखन उनके लिए 'लेखन विलास' नहीं, बल्कि 'लिखने की मजबूरी' है तो इसमें सच्चाई है। वे तो यह मानते हैं कि 'सूनी घाटी का सूरज' (1955) और 'अज्ञातवास' (1955-56) दरअसल स्वतन्त्र उपन्यास नहीं होकर 'रागदरबारी' लिखने की तैयारी मात्र थे। यह कल्पना करना कठिन नहीं कि (बकौल नेमिचन्द्र जैन) यह तथाकथित 'असन्तोष का खटराग' और (बकौल श्रीपतराय) 'महाऊब का महा उपन्यास' रचने के लिए आई. ए.एस. अधिकारी श्रीलाल शुक्ल को कितनी जद्दो-जहद करनी पड़ी होगी—"इसने छह साल मुझे बीमारी की हालत में रखा। उन गँवार चरित्रों के साथ दिन-रात रहते हुए मेरी जबान खराब हो गयी।" कथाकार गँवार लोगों के प्रति आत्मीयता का इजहार कभी और कहीं भूलकर भी, विज्ञापनी लहजे में, नहीं करता मगर जिस लाग-डाँट की शैली का प्रयोग वह करता है उसमें आम आदमी की सेहत की गहरी फिकर है (जैसी डॉक्टर में होती है), इसीलिए एक अलग किस्म का बेइन्तहा, यद्यपि अप्रकट, अपनापन है। श्रीलाल शुक्ल के व्यंग्य में ऐसी एक ओढ़ी हुई निस्संगता है जिसकी आड़ में वे करुणाभाव को प्रच्छन्न रखने का प्रयत्न करते हैं। उनके औपन्यासिक स्थापत्य की भीतरी बुनावट में जीवन के प्रति गहरी आस्था झलक मारती है। यह गहन मानवीयता ही इस कृति को क्लैसिक का दर्जा दिलाती है। वैसे वक्ती साहित्य बनाम शाश्वत-शास्त्रीय साहित्य का द्वन्द्व बड़ा जटिल मामला है। जिनमें अर्थ-संकेतों का असीम खुलापन होता है वैसी वक्ती रचनाएँ भी क्लैसिक का ओहदा हासिल कर लेती हैं। कबीर के साखी-सबद में यही बात है और 'रागदरबारी' में भी। श्रीलाल शुक्ल के शिल्प का तकाजा था कि रचना में गम्भीरता न आने पाये। व्यंग्य रचना 'रागदरबारी' का लेखक जानता है कि ग्रामीण संस्कृति में बिम्ब सर्वाधिक महत्त्व के होते हैं और इसलिए उसने बिम्बात्मक भाषा के ज़रिए उनका पूरा-पूरा और सार्थक व्यवहार और उपयोग किया है। ग्रामीण जीवन की प्रहसनप्रियता को व्यंग्य के घड़ीसाजवाले बारीक चिमटे से बड़ी कुशलता और खूबी से पकड़ा गया है। विचारणीय है कि 'रागदरबारी' में शुद्ध हास्य, शुद्ध विनोद या शुद्ध प्रहसन नहीं मिलते—ये सर्वत्र प्रमुखतः व्यंग्य-सम्मिश्रित हैं।

'रागदरबारी' का व्यंग्य कहीं भी सतही और भोथरा नहीं है। सफल व्यंग्य बुद्धि

के शार्पनेस का प्रमाण होता ही है। 'रागदरबारी' के व्यंग्य में छिपी हुई ब्याजस्तुतियों और अप्रस्तुत प्रशंसाओं से उसके आकर्षण की तीव्रता महसूस की जा सकती है। गाँव की गन्दगी और जहालत, अन्धविश्वास और भोली चालाकियाँ अपनी ऊपरी वास्तविकता में जितनी अपराजेय दिखायी देती हैं, उनकी जड़ों को श्रीलाल शुक्ल व्यंग्य की उतनी ही पैनी नोंक से इस कदर कुरेद-कुरेद देते हैं कि ठस समस्याओं की भेद्यताएँ और कमजोरियाँ साफ-साफ उघड़ आती हैं। शिवपालगंज में कॉलेज, थाना, डाकबंगला, कोऑपरेटिव-जैसे शहरी चिह्न भी गँवई-गँवार रूप धारण कर लेते हैं। भ्रष्टता का वहाँ एक ऐसा सर्वग्रासी प्रसार है कि गाँव-कस्बा-शहर तीनों ही कथाभूमियों की सीमाएँ मिटती-सी आपस में घुल-मिल जाती हैं। एक पढ़े-लिखे किन्तु व्यावहारिकता की दृष्टि से अनुभवहीन नवयुवक रंगनाथ की नजरों से ज़्यादातर भ्रष्टता और फूहड़ता के 'दर्शन' किये गये हैं और यह साक्षात्कार इतना उत्तेजक होता जाता है कि अपनी उत्कट भावप्रवणता में आकर लेखक खुद भी जब-तब छोटी-मोटी टिप्पणियाँ देने का लोभ संवरण नहीं कर पाता। श्रीलाल शुक्ल शोषक या शिकारी के मनोभावों और प्रवृत्तियों को व्यंग्य का जितना निशाना बनाते हैं उतना ही शिकार अथवा शोषित होने वाले के पराजित मनोविज्ञान और लतों-आदतों को भी। इस बात को उनके व्यंग्य के किंचित् नये पन के रूप में देखा जा सकता है जिससे यह तथ्य सामने आता है कि 'रागदरबारी' एकपक्षीय लेखन नहीं है। दरअसल यह महाभारत की भाँति सभी सम्बन्धित पक्षों की अनैतिकता, भ्रष्टता और फूहड़ता को तीखी व्यंग्य-दृष्टि से तार-तार करता है—यहाँ तक कि जो पात्र कथा-विकास का माध्यम होने का भ्रम पैदा करता है, खुद उसकी क्षुद्रताओं को भी बख्शा नहीं जाता। इस तरह 'रागदरबारी' व्यंग्यपूर्ण आत्मालोचन का जीवन्त दस्तावेज बनता है और उसके इस 'आत्म' में समाज का हर पक्ष शामिल है। अर्थात् 'रागदरबारी' वर्गीय लेखन साफ तौर पर नहीं है। इससे सही के प्रति लेखकीय पक्षधरता बाधित नहीं होती बल्कि अधिक मानवीय बनती है। अपनी प्रकृति में से ही व्यंग्य यथास्थिति-विरोधी और परिवर्तनकामी होता है—हाँ, हास्य की प्रवृत्ति भले ही यथास्थितिवादी भी हो सकती है।

वास्तव में उपन्यास में निषेध-नकार जैसा जान पड़ने वाले 'अप्रोच' की यह अन्तर्धारा ही मानवीय प्रतिबद्धता है। बात यह है कि ऊपरी तौर पर व्यंग्य हालाँकि 'नकार का दर्शन' होता है लेकिन वह निषेध के लिए निषेध नहीं होता, या निषेध के प्रचलित अर्थों में पूरी तरह नकारवादी नहीं होता क्योंकि उसका नकार हमेशा गर्हित के अस्वीकार से ही सम्बन्धित होता है, जिसमें बड़े सूक्ष्म स्तरों पर परिवर्तन एवं नवनिर्माण के सुझाव व चिन्ता जुड़ी होती है। यहाँ यह भी ध्यातव्य है कि व्यंग्य

में लेखकीय दृष्टि अपने विषय को उसके पूरे परिदृश्य—दिक् और काल—की जद में लाकर देखती है। इसके लि ए लाजिमी तौर पर उसे विषय से अलग कुछ दूरी पर (दूरी बनाकर) खड़े होकर दृश्य-स्थिति का जायजा लेना होता है—समझ-झरोखे बैठकर जग का मुजरा लेय! इस सापेक्षिक दूरी के चलते ही वह कार्य, कारण और प्रक्रिया सब कुछ को देख-महसूस सकता है।

'रागदरबारी' में अनेक स्थलों पर 'असंयमित'-सी प्रतीत होने वाली व्यंजक भाषा दरअसल वर्णन की और वर्ण्य वस्तु की माँग है। वैसे यह भाषा गँवई जीवन में जो खुलापन है उसके समक्ष कहीं नहीं ठहरती। गाली-गलौज वाली अभिव्यक्तियों की बात की जाय तो इस लिहाज से 'आधा गाँव' की भाषा कहीं अधिक 'असंयमित' लगेगी। फिर भी श्रीलाल शुक्ल की भाषा ग्रामीण अभिव्यक्तियों की बेजोड़ ताकत से अभिभूत हो उनका अनुसरण करने की रचनात्मक कोशिशें करती नजर आती है। व्यंग्य-भाषा की सक्रियता का यह अप्रतिम उदाहरण है—भले ही व्यंग्य शब्द-व्यंजना पर ही क्यों न निर्भर करता हो।

व्यंग्य-रचनाओं में व्यंग्य की लक्ष्य वस्तुओं, स्थितियों या व्यक्तियों को उनकी सम्पूर्णता में नहीं, अधूरेपन या इकहरेपन में देखा जाता है, अर्थात् चोट वहीं की जाती है जहाँ विकृत या अभावात्मक पक्ष होते हैं—मारेसि मोहि कुठाँव ! लेकिन व्यंग्य के क्षण-विशेष में वह विशिष्ट पक्ष ही प्रतिनिधि हो उठता है। इसी में व्यंग्य की पूर्णता प्रकट होती है। हास्य, व्यंग्य, विनोद, प्रहसन आदि स्तरीय होने पर ही सफल होते हैं अन्यथा वे आत्म-विरोधी और खुद ही हास्यास्पद हो जाते हैं। इसलिए सही-सच्चे व्यंग्य को किसी सीमित दृष्टि, जैसे 'अभिजात मूल्य' या 'पाश्चात्य मूल्य' से जोड़कर देखना उचित नहीं। सच्चे व्यंग्य की मूल्य-प्रकृति देशज होने के बावजूद अनिवार्यतः वैश्विक और मानवीय होती है।

ऐसा नहीं है कि व्यंग्य की या 'रागदरबारी' की कोई सीमा नहीं। व्यंग्य की सीमाएँ 'रागदरबारी' की सीमाएँ बनी हैं, मगर उनसे रचना का औचित्य और प्रभाव बहुत बाधित नहीं होता। व्यंग्य के औजार से कथानक-डिटेल्स का काम लेना महाकठिन है। शिल्प के रूप में व्यंग्य को लेकर चलने से कथाभूमि पर डगमगाना और कभी-कभी रपटना कोई आश्चर्य की बात नहीं। यही कारण है कि वैष्णव की फिसलन की तरह लेखक से व्यंग्य के जोम में छोटी-मोटी, क्षम्य किस्म की, चूकें होती रही हैं। एक उदाहरण तो रंगनाथ का वैद्यजी से 'सही' सम्बन्ध स्थापित करने में हुई भूल का ही है। आरम्भ में वैद्यजी को रंगनाथ का 'मामा' बताया जाता है (अर्थात् वैद्यजी रंगनाथ की माँ के भाई हुए, पृ. 9), फिर बताया जाता है कि रंगनाथ रुप्पन के ममेरे भाई (पृ. 32 पर, अर्थात् रुप्पन की माँ के भाई के बेटे) हैं। (पृ. 34 पर,

तथा पूरी किताब में) रंगनाथ वैद्यजी को 'मामाजी' कहता है। विद्वान लेखक के लिए यह तुच्छ कुछ वैसा ही है, जैसे न्यूटन ने अपनी छोटी-बड़ी दो बिल्लियों के कमरे में आने-जाने के लिए दीवार में छोटे-बड़े दो छेद बनवाये थे!

उपन्यास में एकाध स्थल पर व्यंग्य का आक्रोश अस्पष्ट-अबूझ-सा भी रहता है अर्थात् आक्रोश का पात्र कौन अथवा क्या है, खुल नहीं पाता। जात-पाँत, चुनाव, भारतीय जीवन प्रणाली, जनता की लतों, नेतागीरी आदि अनेक बातों को कहीं-कहीं लेखक एक साथ व्यंग्य की जद में ले लेता है तो पता नहीं चल पाता कि कब किस पर कहाँ चोटें पड़ रही हैं। लगता यही है कि सामूहिकता पर अन्धाधुन्ध प्रहार करने से चोटों का प्रभाव या तो बिखरने लगता है या चोटें निशाने पर नहीं पड़तीं।

सम्भवतः विस्तृत कथाभूमि की स्तर-बहुलता एवं विविध पहलुओं के कारण भी व्यंग्य का खुला और व्यापक प्रयोग नहीं मिलता। हो सकता है कि व्यंग्य की सीमाओं के कारण भी 'रागदरबारी' में पुरुष पात्रों की तुलना में सजीव स्त्री पात्रों की लगभग अनुपस्थिति मिलती है। यह और बात है कि तल्ख व्यंग्य के द्वारा नारी की पारिवारिक-सामाजिक दैन्य स्थिति पर टिप्पणियाँ की गयी हैं। जीवन के हर पक्ष को संकीर्ण स्वार्थपूर्ण राजनीति विकृत करती जा रही है—चाहे वह प्रेम हो, विवाह या परिवार। यह व्यंग्य गरीबी, संघर्ष और दुःख के अतिरंजित ग्लैमराइजेशन के खिलाफ है और यह अराजकता का तीव्र प्रतिवाद करता है। 'रागदरबारी' का व्यंग्य गाँव-देहात के रो न पाने की मजबूरी से पैदा होने वाली कड़वी मुस्कराहट है। दूसरी तरफ वह वैसी चालाकियों को भी नोट करता चलता है जब गाँव का शातिर भोलेपन से कचहरी में हलफ़नामा देता है कि—"हम तो देहाती आदमी हैं सरकार, पढ़े-लिखे नहीं हैं।" व्यंग्य कथाकार नोट करता है कि आजादी मिलने के बाद लोभ-लालच, स्वार्थ, खुशामद, अन्धभक्ति, गुटबाज़ी खूब बढ़े और साइकिल रिक्शा चलनेवालों का एक वर्ग तेजी से पनपा। चाहे रिक्शा चालक हों या ट्रक ड्राइवर, गाड़ीवान हों या ठेले वाले, मजदूर हों या किसान या छोटे दुकानदार—इनमें वर्गचेतना विकसित नहीं हुई या नहीं होने दी गयी। कथा में स्थान-स्थान पर दलित-प्रसंग आते रहे हैं जिनके विषय में बहुत संक्षेप में कहा जाये तो ये साठ के दशक की सामाजिक स्थिति का तीखा बयान करते हैं, यथा—"ज़मींदारी टूटने का यह नतीजा तो नहीं निकला कि चमरही गाँव के भीतर समा जाती या वहाँ ढंग के दो-चार कुएँ और मकान बन जाते, पर इतना तो हो ही गया कि किसी बाँभन के निकलने पर पहले-जैसा 'गार्ड ऑफ़ आनर' न दिया जाय। इसीलिए "हाय ! कहाँ वे दिन ! और कहाँ आज के दिन!" की दीनता के भाव से बचने के लिए बाँभनों ने और खास तौर से वैद्यजी ने—यथासम्भव उधर से निकलना बन्द कर दिया था। "करवटें लेते दलित जीवन की यह बानगी

सामाजिक-आर्थिक शोषण का पर्दाफाश करती ही है। नियोजित ढंग की गन्दगी (जो खुले में गलत्याग से लेकर धर्मशाला, मन्दिर, बस अड्डे और हमारे तरह-तरह के विचारों तक में उपस्थित है) को व्यंग्यकथाकार जीवन पर इस कदर आरोपित पाता है कि बरबस अपने भीतर का क्रुद्ध आक्रोश प्रकट करता रहता है—"वातावरण बदबू और धार्मिक सम्भावनाओं से भरा-पूरा था।" परिवर्तन और विकास के आधुनिक चिह्नों को भी मध्यकालीन भ्रष्टता में जो व्यवस्था बदल रही है वस्तुतः वह बद्धमूल सामन्ती मानसिकता वाली है और वह मानो सम्पूर्ण राष्ट्रीय परिदृश्य को बड़े-से बेडौल आईने में तब्दील किये दे रही है। ऐसी हालत में व्यंग्यकार अपना तीव्र असन्तोष ज़ाहिर करते हुए इस व्यवस्था को लगातार मुँह बिराता जा रहा है।

चाहे वह आम नागरिक हो या लेखक-पाठक, देश और देशवासियों की सारी हालत-ज़हालत के लिए किसी मूर्त-अमूर्त व्यवस्था को पूरी तरह से ज़िम्मेदार ठहराकर खुद अपने निष्क्रिय, निरपेक्ष और अनुत्तरदायी होने पर पर्दा नहीं डाल सकता। इस लिहाज़ से उपन्यास के अन्त में 'गाया' जाने वाला विडम्बना-भरा 'पलायन संगीत' अत्यन्त महत्त्वपूर्ण है। रंगनाथ उर्फ़ मोटे तौर पर लेखकीय प्रवक्ता का अपने ऊपर किया जाने वाला व्यंग्य और हँसी-मज़ाक पलायन के क्रूर यथार्थ की ट्रैज़िक गम्भीरता को तनिक भी कम नहीं कर पाता। उलटे गहराता है। जो 'बाहरी' व्यक्ति (लेखक या रंगनाथ) तमाशबीन था उसका तमाशे से खासा मनोरंजन हो रहा था, लेकिन जब पाँच महीनों में उसने देख लिया कि "जो खेल मज़ाक में शुरू हुआ, उसमें लोगों के हाथ-पाँव टूटने लगे हैं और हँसकर जो धूल दूसरों की आँखों में झोंकी गयी, उससे उनकी आँखें फूट गयी हैं।" फिर वह 'साक्षी' भाव में आकर पाता है कि अविश्वसनीय जान पड़ने वाले फूहड़ मज़ाक ही गम्भीर तथ्य बनने लगे—जोगनाथ ज़ेल से छूट जाता है, उसे पकड़ने वाला दारोगा दर-दर गिड़गिड़ाता और 'ज़ुर्माने भरता' फिरता है, सनीचर सचमुच गाँव-सभा का प्रधान हो जाता है। यह 'साक्षी' जो अब तक "यथार्थ का प्रदर्शन करता था, अब उसके जीवन में यथार्थ के दर्शन की शुरुआत हुई।" अब उसने समझ लिया कि पढ़-लिख लेने से आदमी मनुष्य नहीं बन जाता—"वह होने के लिए...कुछ और भी करना होता है।" मगर यह समझ और ज्ञान, सक्रिय बनने का भाव, सामयिक ही रहता है; स्थायी नहीं होने पाता और जैसे ही कर्म का कुरुक्षेत्र सामने नज़र आता है, हमारा बुद्धिजीवी पलायन के बहाने ढूँढ़ने लगता है—"कीचड़ से बचो। यह ज़गह छोड़ो। यहाँ से पलायन करो।...यहाँ के झंझटों में मत फँसो।...भागो, भागो, भागो। यथार्थ तुम्हारा पीछा कर रहा है।" बुद्धिजीवियों की विडम्बना पर यह तल्ख व्यंग्य इसलिए महत्त्वपूर्ण है कि यह किसी को नहीं बख़्शता—अपने-आप को भी नहीं। शहर से गाँव और गाँव से शहर तक

कुसंस्कारों का ही प्रसार और बोलबाला होता गया है। ऐसे में 'पलायन संगीत' का व्यंग्य वस्तुतः हताशा-तोड़क होने का संकेत करता है। यह सिर्फ़ हमारे बुद्धिजीवियों के ही नहीं, शासकों-प्रशासकों के 'विचारहीन विचारों' की भी पोल खोलता है।

'रागदरबारी' बीसवीं सदी के महत्त्वपूर्ण हिन्दी उपन्यासों में इसलिए आता है क्योंकि इसने हमारे राष्ट्रीय जीवन की निरर्थकता के विशाल बंजर में हँसी-मुस्कराहट के रूप में जिजीविषा बोने की भरपूर क़ोशिश की थी। इसमें इसकी सार्थकता है और महत्त्व भी।

अपनी ऊँचाइयाँ आप निगलती हुईं (ज्ञानरंजन की) कहानियाँ

अलग तेवर वाले अपने कथा-व्यक्तित्व से नयी कहानी की भावुक रूमानी संवेदनशीलता को नकारते हुए पिछली सदी के साठ वाले दशक में राजकमल चौधरी, महेन्द्र भल्ला, अशोक सेक्सरिया और ज्ञानरंजन-जैसे कहानीकार दाखिल हुए थे। हालाँकि इन्होंने संख्या में ज़्यादा कहानियाँ तो नहीं लिखीं फिर भी समकालीन कहानी रचना के इतिहास में अपनी अलग पहचान दर्ज़ कर सके थे।

ज्ञानरंजन वैसे विरल रचनाकारों में से हैं जो कहानीकार के रूप में वैसे आलोचकों के लिए समस्या और चुनौती बनते हैं जिनके लिए विधाओं के खाने पूर्व-निश्चित-निर्धारित होते हैं और जिनमें 'सार्टिंग' की जाने वाली चिट्ठियों की तरह रचनाओं को बेखटके डाला जा सकता है। भुवनेश्वर, रेणु, निर्मल वर्मा जैसों की अपरम्परित में ज्ञानरंजन ने कहानी के आयाम को बढ़ाते हुए अपना योगदान किया है। ज्ञानरंजन की कहानियों ने कहानी के खाँचे को इस रूप में लचीला बनाया कि अपने रूपाकार में वे विधात्मक अतिक्रमण से बचने की कोशिश नहीं करतीं। कभी-कभार ललित निबन्धात्मक प्रतीत होने के बावज़ूद अपनी सम्पूर्ण संवेदना में वे निखालिस कहानी ही होती हैं। रचना में व्यंग्य तथा शैली की तीव्र स्पष्टता के बावज़ूद इनके ही द्वारा कहानी अपना अभिप्रेत पा लेती है।

ज्ञानरंजन की कहानियाँ आधुनिक और सामयिक जीवन के दोहरे चेहरों तथा स्थितियों और मनःस्थितियों के बीच के तीखे संघर्ष को ईमानदार अभिव्यक्ति देने की उद्दाम आकांक्षा से प्रेरित-परिचालित लगती हैं। ज्ञानरंजन का शिल्प जीवन-यथार्थ के प्रति सन्तुलित दृष्टि रखने के कारण यथावश्यक निर्भीकता, मोहहीनता निर्ममता और आक्रामकता से लैस है। एक ओर जड़ स्थिति के प्रति गहन असन्तोष और विक्षोभ है तो दूसरी ओर तथाकथित प्रगति की दिशा को लेकर सचेत सावधानी भी। यहाँ नयी कहानी की पुरानी पड़ गयी संवेदना, अनुभव और मुहावरे, उसका रूमानी कल्पनालोक—ये सब ढहकर बदले हुए यथार्थ की कड़ी-कड़वी ज़मीन से आ लगे हैं।

फिर भी प्रेम-जैसी सार्विक अनुभूति अपने ज़माने के तमाम मोहभंग के बावज़ूद सूक्ष्म किन्तु गहन प्रतीत के रूप में उपस्थित है।

कहीं भी और कभी भी ज्ञानरंजन लोगों, चीज़ों और स्थितियों का सरलीकरण नहीं करते। स्थूलता और सतहीपन ज्ञान के रचनाकर्म की भंगिमा और स्वभाव में नहीं है। भाषा सपाट और सामान्य कथन की ओर रुख नहीं करती। वहाँ भाषा और विचार बंकिम रूप में, अपनी ही परतें उधेड़ते हुए, आगे बढ़ते हैं। ज्ञानरंजन मनःस्थितियों के मूर्तीकरण के द्वारा उनके भीतरी फ़र्क़ को भाषा में साफ़ उतारने की सफल क़ोशिश करते हैं। ज़ाहिर है कि 'चाय घूँट ली' से वे सिर्फ़ यही नहीं बताना चाहते कि 'चाय पी ली'। शब्दों को उनके गौजूँ अर्थ तक पहुँचाने की यह प्रक्रिया इस भाषा को रोचक बनाती है। इस ख़ासियत को पाकर गद्य मानो कविता की कोमलता और सूक्ष्मता में जज़्ब तो होने लगता है लेकिन किसी तथाकथित दार्शनिकता में नहीं। क्योंकि जीवन और अस्तित्व की समस्याओं को ज्ञानरंजन की कहानियों में न तो चालू मुहावरों में टालने की और न उनके प्रति सिनिक रुख़ अपनाने की ही प्रवृत्ति है, बल्कि कथासन्दर्भ के भीतर चुनौती को स्वीकारने और जूझने का संकल्प सक्रिय महसूस होता है। ज्ञानरंजन थोथे और कोरे वास्तवपरस्त नहीं, वे अस्तित्व की यातना के सवालों को नकार नहीं देते, उनसे भिड़ते हैं। उनकी आत्मविश्लेषणपरक अभिव्यक्तियों में अस्तित्ववादी वर्णनपद्धति को देखना उचित नहीं क्योंकि ज्ञानरंजन के पात्र उस अर्थ में आउटसाइडर और भगोड़े नहीं हैं। सही-ग़लत से गुज़रते हुए वे इन सब से और खुद से लड़ते रहते हैं। सम्भव है, काफ़्का और कामू से ज्ञान के शिल्प ने कुछ सीखा हो मगर ये कहानियाँ नियतिवादी नहीं हैं—अस्तित्व की समस्या के सन्दर्भ में व्यक्ति और समाज के संघर्ष दो नहीं रह ज़ाते। संयुक्ति के ऐसे ही अनछुए बिन्दुओं को ज्ञानरंजन पहचानने और अर्थगर्भित करने की क़ोशिश करते हैं।

'सम्बन्ध' शब्द की चाबी से ज्ञानरंजन के रचना संसार को खोला जा सकता है। यह 'सम्बन्ध' पारिवारिकता से विकसित होता हुआ सामाजिक और मानवीय जीवन स्थितियों तक में अपना सीमा-विस्तार करता है। इन कहानियों में व्यक्ति और दुनिया के जटिल लगावों और सरोकारों का मनोविज्ञान और समाजशास्त्र व्यंजित है। अपने सामने की वस्तुओं और विषयों में ज्ञानरंजन का कहानीकार जटिल सामाजिकता की पहचान कर लेता है। इस प्रक्रिया में ज्ञानरंजन अपने संक्रमण शील समय में पारिवारिकता, स्नेह और आत्मीयता के जो रंग खोये हुए हैं उनकी पूरी शिद्दत से तलाश करते हैं। ऊपर-ऊपर से देखने पर ऐसी कहानियों में पीढ़ियों के अन्तर, द्वन्द्व और विद्रोह दिखायी पड़ सकता है, लेकिन बात इनसे ज़्यादा गहरी होती है। अपने

शहर की सड़कें, नीम, पीपल और अमरूद-जैसी समय चीज़ों के बहाने ज्ञानरंजन सर्वहारा फलद अच्छाइयों का, स्वस्थ सौन्दर्य-बोध का और सबसे बढ़कर आदमीयत का प्रत्यक्षीकरण करते है। इन अच्छाइयों पर मँडराने वाले ख़तरों के तीख़ें एहसास और गहन संघर्ष से ऐसी कहानियाँ पैदा होती हैं–"शहर मेरी दुनिया बनता जा रहा था। मेरा घर, मेरे दोस्त का घर, मेरी प्रेमिका का घर–यहाँ सारे घर इकट्ठा हो गये थे। यहाँ की सड़कें, यहाँ के अमरूद, यहाँ की आकाश-रेखा और क्या-क्या नहीं। सब कुछ अच्छा था। इस अच्छे पर जकड़ तगड़ी होती जा रही थीं। ऐसा डर था कि यह जकड़ एक दिन जंग से ख़दबदा जाएँगी और कभी नहीं खुलेंगीं।" (अनुभव)

'पिता' कहानी को लेकर आलोचकों की विभिन्न प्रतिक्रियाएँ रही हैं और अक्सर इसे पीढ़ियों के द्वन्द्व या अन्तर की निश्चित परिप्रेक्ष्य के भीतर प्रासंगिक लगने वाली कहानी के रूप में देखने की गलती की जाती रही है। यह उषा प्रियंवदा की 'वापसी' या भीष्म साहनी की 'चीफ़ की दावत' की परम्परा वाली कहानी भी नहीं है जहाँ सहानुभूति सम्पूर्णतः पुरानी पीढ़ी के वास्ते सुरक्षित है। यह नयी पीढ़ी के तथाकथित विद्रोही तेवर वाली कहानियों-जैसी भी नहीं हैं जहाँ पुरानी पीढ़ी बिलकुल गलीज़ और निकम्मी होती है जबकि नयी पीढ़ी बिलकुल दूध की धोयी। वास्तव में 'पिता' कहानी पीढ़ियों के अलगाव की नहीं, आश्चर्यजनक रूप से पीढ़ियों की अत्यन्त सूक्ष्म तथा प्रच्छन्न समानता और लगाव की कहानी है जहाँ सन्तुलित ट्रीटमेंट के द्वारा दोनों पीढ़ियों के समस्त गुणावगुण–स्वार्थ, उदारता, ज़िद्द, स्नेह, स्वाभिमान और करुणा–को बड़ी महारत से सदा गया है। पिता की प्रतिबद्धता भले ही 'अपने मकान' यानी परम्परागत अतर्क्य जीवन मूल्यों से हो, किन्तु अपने अस्तित्व की उस छूट गयी ख़लिश को लेकर उनकी परेशानी क्या कहानी में ज़ाहिर नहीं होती? पुत्र मानवीय सम्बन्ध की तलाश में पिता से कम पीड़ित नहीं होते। इस तरह से 'पिता' कहानी दो पीढ़ियों के तथाकथित संघर्ष से बहुत आगे की–सम्भवतः पीढ़ियों की ऐसी आपसी 'समझ' की कहानी है जिससे आगे की कहानी लिखी जानी बाक़ी है।

'पिता' हिन्दी की उन थोड़ी-सी भाग्यशाली कहानियों में से है जिनका नाम लेखक के नाम से जुड़कर चमक जाता है। हालाँकि ज्ञानरंजन सरीखे मूलतः कहानीकारों के सन्दर्भ में ऐसी कहानियाँ दर्जनों की संख्या में लोकप्रियता पा सकी हैं। फिर भी एक विशिष्टता का आरोप 'पिता'-जैसी कहानियों पर चस्पाँ हुआ तो चल निकला। आखिर वह क्या है जो 'पिता' में तो है और जो अन्यत्र, 'फेन्स...', 'अनुभव', 'हास्यरस', 'सम्बन्ध' आदि में नहीं? सम्भवतः लोकप्रियता के तत्त्व व्यक्तिगत रुचि-निर्भर अधिक होते हैं, अन्यथा ज्ञान की कहानी कला दर्जनों

कहानियों में प्रकर्ष पर है। 'पिता' निस्सन्देह एक ऐसी श्रेष्ठ कहानी है जो आलोचकों के द्वारा सही सन्दर्भ में विवेचित विश्लेषित नहीं किये जाने का शिकार होकर भी प्रसिद्ध हुई। शायद सशक्त रचना पाठकों के मन में अपनी सार्थकता प्रमाणित कर ही लेती है।

'पिता' की रचना के पहले और साथ-साथ हिन्दी में पीढ़ियों के आपसी अपरिचय और द्वन्द्व को उभार कर लिखी जाने वाली कहानियाँ आ रही थीं, जिनमें दो अत्यन्त उल्लेखनीय हैं—भीष्म साहनी की 'चीफ की दावत' और उषा प्रियंवदा की 'वापसी' दोनों ही कहानियों में पुरानी और नयी पीढ़ी के बीच अलगाव की एक दुर्लंध्य दीवार की ओर संकेत है। नयी पीढ़ी अपनी भौतिक प्रगति की जिस योजना में संलग्न है उसमें पुराने जीवन-मूल्य और नैतिकता सहायक नहीं जान पड़ती अतः वह इनका तिरस्कार करती है। स्वार्थ उसका नया जीवन-सत्य है और इसकी सीमा में रहकर वह जैविक सम्बन्धों का निर्वाह-भर करती है। फलस्वरूप उसके मातृक-पैतृक सम्बन्ध तक अमानवीय होने लगते हैं। उसके जीवन में माँ-बाप के लिए स्वाभाविक जगह नहीं बचती। 'चीफ की दावत' में माँ को पुराने सामानों की तरह पहले तो अफसर की नज़रों से छिपाने की कोशिश होती है मगर बाद में उसकी उपयोगिता समझ में आने पर उसका इस्तेमाल किया जाता है। 'वापसी' में पिता की जगह धीरे-धीरे पुराने सामानों वाले स्टोर में और अन्ततः घर से बाहर पहुँचा दी जाती है। दोनों कहानियों के अन्डरटोन में यह बात ध्वनित होती है कि हमारे पारिवारिक सम्बन्ध आदर्शच्युत हो गये हैं क्योंकि नयी पीढ़ी ने स्वार्थ का गलत मार्ग पकड़ लिया है। सारी लेखकीय सहानुभूति पिछली पीढ़ी के लिए सौंप कर नयी पीढ़ी को उसकी मजबूरियों में निहत्था और असहाय बनाकर छोड़ दिया गया है। पारिवारिक और सामाजिक परिवर्तन की जटिल प्रक्रिया को सतही और इकतरफा निगाहों से देखा गया। नयी कहानी और उसके बाद के दौर में ठीक इसके उलट भी बातें हुईं। पीढ़ियों के संघर्ष के नाम पर नयी पीढ़ी का पक्ष लेकर जो कहानियाँ लिखी गयीं उनमें पुरानी पीढ़ी निकम्मी साबित की गयी, जो एक पारम्परिक-ऐतिहासिक बूढ़े की तरह नयी पीढ़ी के सिन्दबादी कन्धों पर गैर-जरूरी बोझ बनकर उसकी गति को शिथिल-अवरुद्ध बना रही थी। इन कहानियों के ट्रीटमेन्ट में नयी पीढ़ी के सर्वभंजक 'विद्रोही' तेवर को बड़ा ही प्रगतिशील साबित किया गया। पीढ़ियों के द्वन्द्व को चित्रित करने वाले इन दोनों ही रूपों में एक बात निर्द्वन्द्व रूप से मान ली गयी कि नयी और पुरानी पीढ़ियों में नहीं पटने वाला एक अलगाव, एक फाँक है और यह अनिवार्य भाव से है क्योंकि सारे सम्बन्ध-सूत्र टूट चुके हैं। इस प्रकार की कहानियाँ हमारी संवेदनाओं को क्षणमात्र के लिए भले ही झकझोर दें किन्तु इनका सन्दर्भ बड़ा ही सामयिक,

सीमित और एकांगी होता है। बुद्धि और समाजशास्त्रीय तथ्यों के आलोक में इनका प्रभाव फीका पड़ जाता है।

ज्ञानरंजन व्यक्ति, परिवार और समाज के बदलते सम्बन्धों की संश्लिष्टताओं को अद्वितीय कलात्मक क्षमता से समझाने वाले कहानीकार हैं। 'पिता' कहानी में दो पीढ़ियों के जिस 'सम्बन्ध' की बात है वह सीधा और इकसार नहीं, जटिलताओं और उलझावों-भरा है। ज्ञानरंजन सीधे-सपाट रास्ते पर निर्बाध दौड़ने की 'सरलता' वाले रचनाकार नहीं, वे गहन और संश्लिष्ट अनुभूतियों के जंगल में घुसने की जोखिम-भरी चुनौती स्वीकार करके चलते हैं। 'पिता' में 'चीफ की दावत' और 'वापसी' का तथाकथित सरलता तथा पक्षधरता वाली कमजोरियाँ नहीं हैं, यहाँ अलगाव मुख्य नहीं, मुख्य हैं वे गहन-गझिन संवेदनाएँ और अनुभूतियाँ जहाँ दो पीढ़ियाँ अलग नहीं, एक-मेक होने की प्रक्रिया में प्रतीत होती हैं। पिता और पूत्र दो पीढ़ियाँ नहीं रह जाते, पिता 'पिता' में और पुत्र भी 'पिता' में तब्दील होने लगता है। पुत्र का पिता-विरोधी मुखौटा सच नहीं है, यह वास्तविकता ज्ञानरंजन खोल देते हैं। जिद और स्नेह, स्वार्थ और उदारता, असहायता और स्वाभिमान के लक्षण पिता में है तो पुत्र में भी उसी तरह से हैं। यह तटस्थ और वस्तुगत दृष्टि ज्ञानरंजन की 'पिता' कहानी को अत्यन्त विशिष्ट बनाती है।

'पिता' कहानी में दो नहीं, तीन पीढ़ियाँ हैं—नायक, उसके पिता और नायक का पुत्र। नायक भी पिता है। आधी रात को घर लौट कर 'मात्र आध पल' को बिजली जलाता है ताकि फर्श पर बिछे बिस्तरे में लेटे पत्नी-बच्चे की स्थिति जान सके, 'अपने बिस्तर' का अन्दाज़ ले सके। परिवेश भी भीषण गरमी ने आपसी सम्बन्धों को चटखा दिया लगता है। एक दायित्ववान पिता की तरह नायक अपनी उठती डकार तक दबा लेता है कि कहीं उस चुप्पी में खलल न पड़ जाय जो चारों तरफ भरी है। घर में सब जल्दी सोते, जल्दी खाते, जल्दी उठते हैं। नायक देर से लौटता है और अपने पिता की भाँति जागता रहता है। गर्मी है और दोनों की आँखों में नींद नहीं। उमस, बदहवासी, चिपचिपाहट, थकान एक साथ वातावरण पर तारी हैं। दूसरे कमरों के कोई आहट, कोई बहुत मासूम-सी ध्वनि भी नहीं। सिर्फ दो जगह आवाजें हैं। नायक का पुराना पंखा चिढ़ाती-सी आवाज करता है और उधर पिता की चारपायी की चरमराहट-वहाँ भी नींद नहीं।

इस तरह एक-जैसी गरमी की तल्खी बर्दाश्त करते पुत्र और पिता नींद से कोसों दूर रहते हैं। पुत्र 'घूम फिर' कर रहा है और पिता बिस्तरा बाहर लगाकर बैठे रहते हैं या रोती बिल्ली के अशुभ भयावनेपन को मकान से दूर तक खदेड़ आते हैं। वे भयंकर गर्मी में भी स्वेच्छा से पंखे के बिना परेशान होते हैं तो वह (यानी नायक

यानी पिता नम्बर दो) पंखे के बावजूद परेशान है। दोनों रात में उठकर टहलते हैं। नायक पिता की जिस बेचैनी को देखे जा रहा है उसमें क्या उसकी खुद की बेचैनी नहीं प्रकट होती? वह पिता की गर्मी के उपलक्ष्य में कही गयी बड़बड़ाहटों का तटस्थ 'श्रोता' भर नहीं है।

पिता मकान की चौकीदार करते हुए, पसीना चुवाते, थक गये हैं। 'हे ईश्वर!' की बुदबुदाहट में उनकी बेचैनी निकलती है। 'वह' तनाव में है। पिता खुद को अनिवार्य सुविधाओं से वंचित रखकर तसल्ली की उम्मीद में रहते हैं। घर में बाकी सब आराम में रहकर भी तसल्ली नहीं पाते। उन्हें बच्चों की सुखी रखने-देखने के सुख से अलग शायद यह सुख भी हो कि वे बच्चों को, अपने पिता को सुखी करने नहीं देते। बच्चे पिता से क्रुद्ध हैं। पिता नयी स्थितियों से, जबकि उनकी अपनी जवानी की स्थितियाँ कोई भिन्न न थीं। पिता का झूठी वैनिटी में विश्वास नहीं पर जवानी में 'हाल एंडरसन' की फैशनेबुल दुकान से कपड़े सिलवाकर पहनने का फख्र भी है। पीढ़ियों के विकास के अन्तर के बावजूद जीवन-क्रम में समानता तो है ही।

नायक की पीठ दुख रही है। दुख मन का ज़्यादा है। पिता का बाहर सोना उल्टे-सीधे कपड़े पहननना, उनकी औपचारिकता-विरोधी हरकतें और आदतें घर-भर को निजी सम्मान के विपरीत और बुरा लगता है। घर का हर सदस्य अपने ढंग से पिता को 'सभ्य और सम्मानित' बनाने पर आमादा है। दूसरी ओर पिता की भी एक ही जिद—इस मामले में अधिक घेरे जाने पर वे अक्सर करारी और हिंसक बातें कह जाते हैं।

पिता की 'सुविधा' के लिए सतत चिन्तित सुखी बच्चे क्रोधी और पिता-विरोधी होते जा रहे हैं। यह पिता की भारी असुविधा है। दरअसल वे अपनी सुविधा के लिए पिता को सुविधा में रखना चाहते हैं—मध्यवर्गीय प्रतिष्ठा-बोध के तहत पिता को अन्दर सोना चाहिए, ढंग के कपड़े पहनना चाहिए क्योंकि मुहल्ले के इस 'सम्मानित' परिवार में चार भले लोग आया-जाया करते हैं!

पिता अपने बच्चों को उनकी राह चलने से मना नहीं करते, पर पुत्र "भूखे के सामने खाते समय होने वाली व्यथा-सरीखी किसी स्थिति में रहते हैं। पिता की असम्पृक्ति उन्हें टीसती है। पुत्रों के जीवन में वाशबेसिन, शॉवर, बिस्किट, महँगे फल अनिवार्य सुविधा बनकर जुड़ चुके हैं, पिता का जीवन-मूल्य इन्हें निजी जीवन में घुसने देने के विरुद्ध निर्मित हुआ है। यह पिता की सुपीरियोरिटी का भाव पुत्र समझना नहीं चाहते। यही भाव उन्हें घर के लिए सुविधा जुटाने के क्रम में रिक्शे के भाड़े को लेकर झगड़ने की हीन स्थितियों में गुजरने के बावजूद बना रहता है। पुत्र पिता को इस 'त्याग' को अपने 'बौनेपन' के सन्दर्भ में लेते हैं। पुत्र को नींद

नहीं आती, इसका एक कारण पिता (के स्वभावगत वैचित्र्य) की चिन्ता है, और पिता को भी नींद नहीं आने का एक कारण पुत्र (के प्रवृत्तिगत वैचित्र्य) की चिन्ता है। दो पीढ़ियों के इस महीन फर्क में कितना बड़ा साम्य है।

पिता घर से बाहर (आँगन में) रहते-रहते, स्वेच्छा से, बाहरी-जैसे हो गये हैं। पुत्र (वह) घर के भीतर रहकर भी बाहरी–Outsider–हो गया है। उसे देर से लौटने पर बीवी-बच्चा सोते मिलते हैं। उसे पत्नी के जवान कूल्हों के स्पर्श से भी कोई उत्तेजना नहीं मिलती। उसके मस्तिष्क में 'भिचाव' रहता है। उसके जीवन में "विषाद सर्वोपरि" है। ये सारे–Outsider–के लक्षण हैं।

पिता में बूढ़ेपन की जो जिद है वह पुत्र के युवापन के अभिमान में तब्दील हो गयी हैं। पिता की अपनी युवावस्था की सूचनाएँ कुछ भिन्न नहीं। पुत्र को पिता कठोर, अहंकारी और विजयी लगते हैं, जबकि वह खुद ऐसा है और इसके लिए "खुद को छुरा भोंके देने, दीवार पर सर पटकने या सोती बीवी के साथ पाशविक हो जाने का ढोंग" सोचता है। वस्तुतः यह एक प्रकार की असहायता है, जब पिता 'हे ईश्वर' की गुहार लगाते हैं और इन्हीं विपन्न स्थितियों में पुत्र ने भी "ईश्वर को बुदबुदाना चाहा" है। इस प्रकार दोनों ही पीढ़ियाँ समान रूप से पीड़िता हैं।

पिता के प्रति पुत्र के मन में असन्तोष और सहानुभूति है। पुत्रों के प्रति पिता के मन में क्या भाव है, यह जान लेना बहुत कठिन नहीं। दोनों ही मानवीय सम्बन्ध की तलाश में पीड़ा के सहभागी, सहभोगी हैं। यहाँ दो पीढ़ियों का संघर्ष नहीं मुखरित होता–कहानीकार पीढ़ियों के बीच ऐसी आपसी 'समझ' की ओर संकेत करता है जो 'पिता' कहानी को सामान्य रचनाओं से बहुत ऊँचा उठा देती है। पीढ़ियों के संघर्ष में से विकसित होती ऐसी आपसी समझ की कहानी हिन्दी में दूसरी नहीं मिलेगी।

इस विचार से कि पिता सो गये होंगे, पुत्र को परम शान्ति मिली और लगा कि अब वह भी सो सकेगा। पिता और पुत्र में पीढ़ियों का एक ही रक्त बह रहा है। दोनों में क्रोध, जिद, असन्तोष और श्रेष्ठत्व भाव समान रूप से हैं और दोनों समान रूप से असहाय किन्तु संघर्ष-रत हैं।

फिर भी एक फर्क रह जाता है। पिता "हे राम, तू ही सहारा है" कहकर जँभाई लेते हैं। पर अधनींद से जगे पुत्र का कौन सहारा है? पिता पानी से खाट की बाध भिगों कर निखरी खाट पर सो जा सकते हैं। नयी पीढ़ी की मध्यवर्गीय चेतना उसे इस बात की इजाजत नहीं देती। स्तब्ध कमरे के अन्दर लू की तरह गरम हवा में पुत्र बिस्तर पर जगा लेटा है। सुबह दूर है। पुत्र (पिता नम्बर दो) की बेचैनी अगली पीढ़ी की बेचैनी है। इस तरह हम पाते हैं कि ज्ञानरंजन की कथायात्रा अन्तर्गमन

करती हुई बाहर की दुनिया को जितना बाहर देखती है उतना ही अपने भीतर भी। अतः ज्ञान का दोहरा आत्मसंघर्ष अन्दर-बाहर के अभियोजन की खोज के सन्दर्भ में देखा जाना चाहिए। ज्ञान का विद्रोह कभी वायवी और एकांगी नहीं होता क्योंकि वे स्थितियों का सरलीकरण नहीं करते उनके यहाँ अनुभवों का संसार भयावह इसलिए है चूँकि वह काफी संश्लिष्ट और उलझन भरा है और इन जटिलताओं को समझने की ईमानदार तड़प उनके काव्य-विवेक से लगी हुई रहती है। यह विवेक हर छद्म, काइयाँ और स्नॉब स्थितियों को उघाड़ने में जुटा यातनाग्रस्त होता रहता है, पर विचलित नहीं होता। वह तनाव में जीते हुए अनवरत सहज मानवीय सम्बन्धों और स्थितियों की तलाश करने वाले कथानायक का विवेक है।

व्यक्ति-सम्बन्धों की बदलती संवेदनाओं के प्रति ज्ञानरंजन हमेशा अपनी खुली, पैनी और सचेत निगाह का परिचय देते हैं। इन संवेदनाओं की मार्मिक अभिव्यक्ति का रूप कहानियों में इतना छद्महीन है कि मानो यह अवचेतन के पक्ष से होने वाला सच्चाई का बयान हो। विचारों की समस्त संश्लिष्टताओं के बीच विवेक (conscience) की अनुगूँज हमें मुक्तिबोध की कहानियों की याद दिलाती है। यहाँ व्यक्तिगत और सामाजिक सम्बन्धों की उलझन की तीव्रतम पहचान है। ज्ञानरंजन पाठक (यानी 'सामाजिक') को बड़े कौशल से इन्वॉल्व कर लेते हैं। यह पाठक भी पात्रों की तरह या पड़ोसी की तरह है, जिससे बेलाग बातें की जा रही हैं–

"मैं समझता हूँ कि अगर भाग्य के काम करने का सही ढंग रहा तो मुमकिन है कि मेरा भी आपकी ही तरह इस दुनिया से कोई गम्भीर रिश्ता न रह जाय।" (सम्बन्ध)

यह समझना भूल होगी कि यह वाक्य परम्परागत रूप से 'सहृदय' समझे जाने वाले पाठक को 'स्वार्थी' बताते हुए सम्बोधित है। दरअसल लेखक एक ही नियति भोगते हुए व्यक्ति से जुड़ने की अनौपचारिक कोशिश में लगा हुआ है और दूसरे के बहाने खुद को आगाह कर रहा है। यातना की यह साझेदारी "सम्बन्ध" कहानी में हौलनाक अनुभवों के विनिमय के द्वारा चाही जा रही है–

"बस सोच के रह जाता हूँ कि जिस तरह आपकी माँ बचपन में ही मर गयी थी, मेरी भी मर गयी होती तो बहुत-सी बेहूदा स्थितियों से मेरा भी बचाव हो जाता।" यह कोई रचनाकार का व्यक्तिगत 'डरावना अनुभव संसार' नहीं, बेहोश सम्बन्धों को जगाने की कोशिश है, उस आत्मीयता को पाने की बेचैनी है जो विडम्बना भरी स्थितियों की रेती के बहुत नीचे जा छुपी है। शीतलता और तरल तृप्ति का संसार पता नहीं कहाँ है, धरातल पर तो सूखी-चिलकती असीम बालुका-राशि है। इस तलाश में पाठक को कहानीकार अपनी बेहद अनौपचारिक सहजता से शामिल कर लेता है।

एक अर्थ में ज्ञानरंजन का लेखन कॉस्मोपॉलिटन है। वे किसी निश्चित कथा-क्षेत्र-कस्बे या शहर या ग्रामीण इलाके को परिचित पात्रों के माध्यम से निश्चित समस्याओं और विशेषताओं में देखने के बजाय अस्तित्व और जीवन के सार्वभौम मुद्दों की बारीकियों में जाना पसन्द करते हैं। इससे उनके आलोचकों को "विविधता का अभाव खटकता है तो इसमें आश्चर्य नहीं होना चाहिए। ज्ञानरंजन का नायक कायर और कमजोर नहीं है, वह पौरुषमय तो है मगर महाबली भी नहीं। अक्सर वह चार्ली-चैप्लिन की भाँति नायक का नया विदूषकीय संस्करण जैसा नजर आता है, जो अपने विद्रूप के साथ डींगबाज, शेखी बघारनेवाला, बड़बोला, खुद की पोल उघाड़नेवाला क्रान्तिकारी, अपनी नज़रों में महत्त्वपूर्ण, दम्भी, पीड़ित, करुण और दयालु है। वह 'क्रान्ति तरंग' में बहनेवाला नशेड़ी (गँजेड़ी के तर्ज पर) है, किसी कुन्दन सरकार को घण्टा बना हुआ जो चूतड़ पर लात खाकर सितारों वाले रेस्तराँ से बाहर सड़क पर गिरता है। वह 'घण्टा' बनने से इनकार करता है, झाड़-पोंछकर वह फिर से सड़क पर आ जाता है। यह नायक-प्रतिनायक-खलनायक सबका मिश्रण है यानी कि सामान्य आदमी है जो सामान्यतः व्यक्तियों के काइयाँपन, दो-मुँहेपन और अनिर्णय की स्थितियों को बिना किसी लाग-लपेट के लहजे में बतलाता चलता है। संक्षेप में वह अपने वर्ग के लोगों की पोल है जहाँ से झाँककर कहानीकार अपने समय और समाज का जायजा लेता है। अपनी कहानियों में ज्ञानरंजन ने निष्कर्मा बुद्धिजीवियों के खिलाफ स्याही का नहीं, तेजाब का इस्तेमाल किया है।

"मैं बाहर निकलने के बाद फिर कॉफी हाउस पहुँचा और बैठ गया। तबसे मैं ये समझिये कि वहीं बैठा हूँ।" (अनुभव)

ज्ञानरंजन की कहानियाँ स्नॉबरी के खिलाफ तीखी प्रतिक्रियाएँ हैं और फिर चाहे वह कला, सेक्स, क्रान्ति, समाज, जीवन या किसी क्षेत्र की स्नॉबरी क्यों न हों आत्मालोचन और आत्म-सजगता से लैस ये कहानियाँ सामयिक जीवन की विविध विडम्बनाओं पर बार-बार चोट करती हैं। प्रेम-सन्दर्भों के पारिस्थितिक बदलाव से लेकर अध्यात्म-चिन्ता तक को हमले का शिकार बनाया गया है इनमें—

"तब मैं निजी पीड़ा के शौर्य में डूबा हुआ था। मैंने एक लात सामने की कुर्सी पर लगायी। घर वालों को इस प्रतीकात्मक तरीके से धमका दिया। उसके बाद मैं शिमला की शान्तवादियों में अपने शौर्य की कुलफी बनाता रहा और अन्ततः इस सूक्ष्मता पर पहुँचा जिसे मनुष्य एकान्त कहते हैं। इस अनुभव ने मुझे मात कर दिया। मैंने सार्वजनिकता का झण्डा हटा दिया और केवल बाँस रहने दिया।" (-अनुभव)

—व्यक्तिवाद और पूँजीवादी छद्म नैतिकता को तार-तार करता हुआ (इसका

श्रेष्ठ उदाहरण 'गोपनीयता' कहानी है) कहानीकार व्यक्ति और समाज के बनावटी द्वन्द्वभाव का तिरस्कार करता है और प्रतिकार के द्वारा अपेक्षित दिशा का संकेत भी करता है। यहाँ 'विद्रोह' छद्‌म नहीं है, बल्कि 'छद्‌म विद्रोह' के प्रति यहाँ जबरदस्त विद्रोह है जो एकांगी बिल्कुल ही नहीं है। चूँकि कलाकार रूप में ज्ञानरंजन जल्दबाज नहीं है अतः वे विद्रोह में होश गँवा नहीं बैठते—जैसी दुर्घटनाएँ आज की हिन्दी कहानियों में आम हैं। ज्ञानरंजन में गजब का रचनात्मक सन्तुलन है। भाव हो कि रूप-पिष्टपेषित के वे दुश्मन हैं और उसे निर्ममतापूर्वक, झटके से तोड़कर भी उनका रचनाकार क्रूर और कातिल नहीं हो जाता। क्योंकि वे रचते हैं अतः उनका लक्ष्य अन्ततः मानवीय बना रहता है।

मैं शैली में लिखना ज्ञानरंजन को इतना प्रिय है कि यह उनके लेखक की आदम ही बन गयी लगती है। इस शैली से वैसे अनौपचारिक आत्मीय वातावरण के निर्माण में सहूलियत हो जाती है जहाँ रचनाकार का अपना स्वभाव सहज गमन कर सके। ज्ञानरंजन दृश्य-श्रव्य बिम्बों के अन्तरंग पर्यवेक्षक हैं। वे वातावरण को देखते-सुनते और सूँघते चलते हैं। वातावरण के प्रति उनका यह चौकन्नापन कमोबेश सभी कहानियों (और खासकर 'मनहूस बंगला', 'याद और याद', 'गोपनीयता' आदि) में तीव्रता से उपस्थित है। ज्ञानरंजन के पाठकों को सुपरिचित स्थितियों की बारम्बारता तो नहीं पर कभी-कभार दुहराव महसूस होता है। लेकिन ज्ञानरंजन के प्रसंग में आलोचकों का यह आग्रह कि उनकी कहानियों में एक किस्म की 'तटस्थता'—(ठहराव?) है, मुझे नहीं जँचता। ज्ञानरंजन में निस्संगता नहीं, एक ठोस आन्तरिक सहजता है जो हर किस्म की रूमानी भावुकता को वैसे ही झटक देती है जैसे अन्य आरोपित मुद्राओं को। यह उनकी आत्मीय सहजता ही है जो कहानी को कविता के सूक्ष्म संवेगात्मक स्तर तक पहुँचाने लगती है। अपनी कहानी 'सम्बन्ध' के विषय में ज्ञानरंजन का कहना है कि इसे "मैंने कई बार कविता की तरह पढ़ा है, शायद इसे अभी भी पढ़ सकता हूँ।" इसी तरह अपनी पहली कहानी 'दिवास्वप्नी' के विषय में वे स्वीकार करते हैं, इसकी पृष्ठभूमि में 'लोर्का' की मेरी एक प्रिय कविता 'दिवास्वप्नी' के रूप में बदल गयी। यह विचित्र बात है कि जब मैं कमरे में बैठकर जोर-जोर से कविताएँ पढ़ता हूँ तो कहानी लिखने की उमंग उठती है...। (—"प्रतिनिधि कहानियों की भूमिका) बिम्ब, प्रतीक और फैन्टेसी में बोलने की प्रवृत्ति भी ज्ञानरंजन के कविता से लगाव को जाहिर करती है। यह रोचक अध्ययन का विषय होगा अगर उनकी कहानियों को मुक्तिबोध और धूमिल की कविताओं के समानान्तर खड़ा करके पढ़ा जाए।

वस्तु और शिल्प दोनों में ही ज्ञानरंजन बहिर्गमन की भावना के विरुद्ध हैं।

रूप और भावगत स्तरों पर उनकी कहानियाँ न केवल बाहर से भीतर की ओर (रेणु और निर्मल वर्मा की याद दिलाती हुई) यात्रा करती हैं, बल्कि भीतर से बाहर की दुनिया के साथ सन्तुलन-अभियोजन की खोज भी करती हैं और इसी अर्थ में रेणु और निर्मल से आगे पहुँचती हैं। ज्ञानरंजन का यह अन्तर्गमन मतलब रचना की अन्तर्धारा, उसके अण्डरटोन से है। किसी ऐसी सूक्ष्म दार्शनिक शून्यता तक नहीं पहुँचता कि जहाँ जाकर चीज़ें अमूर्त और वायवीय होकर हाथ से फिसलने लगें। अन्तर्मन की समस्त सूक्ष्मताओं के बावजूद ज्ञानरंजन की यथार्थ की पकड़ बड़ी मजबूत है। भाषा को छीलते हुए महीन अर्थों तक पहुँचने की कला ज्ञानरंजन में प्रकर्ष पर है—

"वह (माँ) अपने मरने तक सब कुछ बचा और सुरक्षित देखते रहने की तमन्ना लिए खड़ी है। चाहे वह घी का खाली डिब्बा हो, कुर्सी हो या छोटे भाई का शरीर। कृपया इस पर ध्यान दीजिए, यह सबसे ज़्यादा हत्यारी किस्म की हिंसा है।" ('—सम्बन्ध')

व्यंग्य के कारगर हथियार का इस्तेमाल करते हुए ज्ञानरंजन को देखना एक रोचक अनुभव है। पहले वे कोमल, रूमानी शब्दावली का सिलसिला रचते हैं और उसे चरम पर पहुँचाते-न-पहुँचाते अचानक किसी रूक्ष और सूखे शब्द के प्रयोग से उसे काट देते हैं। कुछ इसी प्रक्रिया से ज्ञानरंजन की रचना "कविता, बनते-बनते भी कहानी में ही तब्दील हो जाती है। जीवन में सब कुछ काव्यमय (Epical) नहीं होता, कवित्वमय भी नहीं, क्योंकि आदमी एक दिये गये विरुद्ध परिवेश में रह रहा है और, ज्ञानरंजन के शब्दों को ही उधार लेकर कहें, "आदमी को मजबूरन अपने वातावरण से वफा बरतनी ही पड़ती है, छल मुमकिन नहीं।" (याद और याद)। भावुक कल्पनाशीलता की धूल झाड़कर कहानी को ब्यौरे की सचाइयों वाली सड़क पर आना ही पड़ता है। 'बहिर्गमन', 'घण्टा' जैसी कहानियाँ हर-छल-छ्द्म के नकाब को चोंधकर रख देती हैं।

ज्ञानरंजन की कहानियों के रू-ब-रू होते ही सबसे पहले उनकी भाषा में आवाज की भंगिमा का सुखद नयापन ध्यान खींचता है, फिर और कुछ। प्रदर्शन और चौकने के भाव ज्ञानरंजन की भाषिक संवेदना की सचेतनता के अंग हैं क्योंकि कहानीकार पाठक को झटका देने का इरादा रखता है। किन्तु, भाषागत चमत्कार उत्पन्न करने की सायासता के बावजूद कहानी का सम्पूर्ण प्रभाव ओछा या हल्का या सतही नहीं है। इसका कारण रचनाकार की सन्तुलित जीवन-दृष्टि है।

ज्ञानरंजन की कहानियों में जो बात सबसे ऊपर तक उठती है वह है उनकी सामाजिक चेतनाशीलता और यह जागरूकता जितनी संवेदनागत है उतनी ही

भाषिक भी। यहाँ भाषा का अत्यन्त सजग और सचेत इस्तेमाल हुआ है–इस हद तक कि चेष्टा पकड़ में आ जाती है। ज्ञानरंजन में बोली जाने वाली भाषा की ध्वनि नहीं है, यहाँ सोचने की भाषा का रचाव मिलता है। कथ्य की सपाटता और सपाट बयानी कोई काव्यमूल्य नहीं बन सकती–साहित्य के लिए इसका कोई महत्त्व नहीं हो सकता। कहानी-साहित्य में ज्ञानरंजन की भाषा सपाटता (अभिधा) को काव्यमूल्य बनाने की मनोवृत्ति का तीव्र प्रतिवाद करती है। भाषा के सर्जनात्मक प्रयोग से ही ज्ञानरंजन के पौरुषमय शिल्प का साथ भाषा बखूबी देती चलती है। सच पूछा जाए तो कम कहानियों में वस्तु, शिल्प और भाषा की ऐसी बढ़-चढ़कर आपसी प्रतिद्वन्द्विता देखने को मिलती है।

भाषागत तर्क के द्वारा ज्ञानरंजन स्थितियों और मनःस्थितियों को तब तक छीलते चलते हैं जब तक कि विचारों की सारी कृत्रिम छाल उतर न जाए और भीतर की असलियत झाँकने न लगे। रचना की चुनौती का वे धैर्यपूर्वक और जमकर सामना करते हैं और यही प्रवृत्ति प्रतिरोधी तत्त्वों से भिड़ने के वक्त भी दिखायी देती है। प्रतिरोध जहाँ प्रबल है वहाँ भाषा दूने वेग से प्रहार करती है। इस भाषा में अँधेरे को चीरकर रख देने की ताकत है, फिर चाहे अँधेरा खुद का ही क्यों न हो, वहाँ भी भाषा की वैसी ही दो-टूक निर्ममता दिखायी देती है। यह भाषा घाघ अन्याय को क्षमा नहीं करती, चाहे शोषित अपराधी के भोलेपन को तल्ख सहानुभूति भले देती हो। सामाजिक परिदृश्य में व्यक्ति के अनिर्णय की मजबूरी को हलके व्यंग्य के मार्फत कैसी सशक्त अभिव्यक्ति, यह भाषा देती है–

मैंने सोचा कि गणेश मुझे न याद आये न दिखे। फिर भी मैं प्रसन्न नहीं हुआ। मैंने सोचा कि मैं गणेश से बचूँगा। वह उधर से आयेगा तो मैं इधर से निकल जाऊँगा। लेकिन तब भी प्रसन्न नहीं हुआ। मैं निर्णय करके भी मनहूस का मनहूस ही रहा।"

एकरस जिन्दगी की ऊब, यान्त्रिकता और निरर्थकता का भान कराती हुई यह पंक्ति कितनी सार्थक प्रतीत होती है–"बगल में मिन्नी टाइम टेबुल के अनुसार और घड़ी की सूइयों की तरह बीतती होगी।" ('चुप्पियाँ') ऐसी बिम्बात्मक भाषा को व्यंग्य का लहज़ा सान पर चढ़ा कर और भी धारदार बना देता है। 'रचना-प्रक्रिया', 'हास्यरस', 'बहिर्गमन' और 'घण्टा' में विशेष रूप से भाषा का 'क्रिस्टलाइज्ड' रूप देखने को मिलता है। कुछ कहानियों में भाषा खरीदे जाते हीरे के टुकड़े के समान है जिसमें तराश भी है और धूल (हीरक-कण) भी। अपने कहानी-संकलनों ('फेंस के इधर और उधर', 'यात्रा', 'सपना नहीं', 'क्षणजीवी') में ज्ञानरंजन का कथा-विकास भाषा-विकास के क्रम से कहीं ज़्यादा त्वरित हुआ है। एक क़िस्म की भाषा भी, कथ्य

की ही भाँति, जब रचनाकार के स्वभाव का अंग बन जाती है तो उससे रचनाकार के बँध जाने का ख़तरा बढ़ जाता है। ज्ञानरंजन अपनी भाषा के मैनरिज़्म को पूरी तरह तोड़ पाने में सफल नहीं हुए हैं। भाषा में खिलन्दड़ेपन की जो सीमा है वह ठाँव-कुठाँव झलक मारने लग जाती है तो कथ्य की तीक्ष्णता कुन्द पड़ने लगती है। कौशल से गढ़े गये भाषागत टुकड़े शुरू-शुरू में ताज़गी का अहसास कराते हैं, बाद में, भेस बदलकर आने पर भी, पुनरुक्ति का आभास देने लगते हैं और उनकी चमक मुरझायी हुई लगती है। ज्ञानरंजन की अतिरिक्त भाषिक सजगता इस ओर उनके सचेत होने का बोध तो कराती रही है, किन्तु उनकी रचनात्मकता में किसी नये प्रतीक्षित बदलाव का सबूत बहुत दिनों से नहीं दे पायी है।

ज्ञानरंजन की कथायात्रा अन्तर्गमन करती हुई बाहर की दुनिया को जितना बाहर देखती है उतना ही अपने भीतर भी। अतः उनके इस दोहरे निरीक्षण को अन्दर-बाहर के अभियोजन की खोज के सन्दर्भ में देखा जाना चाहिए। ज्ञान का विद्रोह कभी एकांगी और वायवीय नहीं होता क्योंकि वे स्थितियों का सरलीकरण नहीं करते। उनके यहाँ अनुभवों का संसार भयावह, काफ़ी उलझन-भरा और संश्लिष्ट है, लेकिन इन जटिलताओं को समझने की ईमानदार तड़प उनके काव्य-विवेक से लगी हुई रहती है। यह विवेक हर छल, छद्म, काइयाँपन और स्नाब स्थितियों को उघाड़ने में जुटा यातनाग्रस्त होता रहता है पर विचलित नहीं होता। यह तनाव में जीते हुए अनवरत सहज मानवीय सम्बन्धों और स्थितियों की तलाश करने वाले कथानायक का विवेक है।

औरत और गुरबत की व्यथा-कथा

हिन्दी उपन्यासों के जागरूक पाठक अब भी याद करते हैं जब गोविन्द मिश्र *वह/अपना चेहरा* लेकर आए थे जो कई दृष्टियों से अलग और ताज़गी-भरा था। तब से उन्होंने निरन्तरता और स्तरीयता के साथ अनेक उम्दा कथा-कृतियाँ दी हैं। अब की वे जो कथा-रंग लेकर आए हैं उसमें अपना प्रौढ़-परिपक्व विश्लेषण भी भरपूर मिला दिया है। स्मृतियों के कोहरे से झाँकते ये रंग-पैटर्न और कोलाज आकृतियाँ अर्थपूर्ण ज़रूर हैं।

निजी स्मृतियों में व्यक्ति सर्वाधिक मौलिक होता है और रोचक भी। सम्भवतः इसलिए संस्मरण, जीवनी, आत्मकथा, डायरी जैसी रचनाओं में पाठक आकर्षण महसूस करता है। इन विधाओं की विशेषताएँ इस उपन्यास में गुँथी हुई हैं। *कोहरे में क़ैद रंग* बड़े होते बचपन की स्मृति-कथा है। स्मृतियों में विचरण सदैव स्वच्छन्दता या स्वतन्त्रता नहीं होती, विवशता भी होती है। अगर इस उपन्यास में पाठक को महसूस हो कि अधूरा-सा कथानक, अधूरे-अधबने चरित्र ही केन्द्रीय समस्या के गिर्द जुटा लिए गए हैं और तर्क-विश्लेषण को समर्पित हो गए हैं तो अचरज़ नहीं होना चाहिए। लेकिन यह अधूरापन भी संवेदनशील पाठक को अर्थ-भरा लगेगा क्योंकि गोविन्द मिश्र ने यह काम बड़ी संजीदगी से किया है। वे मानते भी हैं, "जीवन का मर्म डूबने और डुबोने में ही है।" फिर चाहे वह कोई व्यक्ति हो, कोई काम हो, कोई बात हो, कुछ हो, लेखक डूबना जानता है—डुबो लेना भी।

कथासूत्र क्षीण भले न हो—कुछ ख़ास भी नहीं। कथानक का बाहरी लुब्बो-लुआब कुछ यों है कि उपन्यास का नैरेटर एक लेखक है (जो लेखक खुद भी हो सकता है) जिसका बचपन गरीबी में और संघर्ष में गुज़रा—ज़्यादातर माँ के साथ। पिता अलग दूर ग्रामीण और क़सबाई जगहों में रहते थे और प्राइमरी स्कूल के शिक्षक थे। माँ अपने ग़रीब मायके में रहती थी और वह भी शिक्षिका थी। नौकरी के साथ ट्यूशन करके वह बेटे का भविष्य बनाना चाहती थी। किशोर बेटा ख़ुद भी ट्यूशन करते

हुए पढ़ाई कर रहा था। इसी उम्र में अपनी एक सहपाठिनी सरस्वती से उसका बेहद लगाव हो गया। कॉलेज में भी वे दोनों साथ रहे—एक-दूसरे के बेहद क़रीबी, प्रेमी और राज़दार। लेकिन हाय रे समाज ! उन्हें बिछड़ना था, सो बिछड़े। लड़की की किसी और से शादी हो गयी। लड़का पढ़ाई कर बड़ा अफ़सर बना। माँ के संघर्ष और तपस्या के प्रति कृतज्ञता ज्ञापित करते हुए उसकी पसन्द की कन्या से विवाह किया। पर पचास की उम्र में पहुँचकर उसे ठीक सरस्वती जैसी ही पैंतीस वर्षीय रेवा मिली तो एक बार फिर से प्रेम के अतृप्त क्षणों को जी लेने के लिए, लेखक का अधेड़ मन व्याकुल हो उठा। लेकिन इस उम्र के प्रेम में सिर्फ़ भावुकता और 'पैशन' नहीं रहता, अब उसमें गम्भीरता और वैचारिकता आ जाती है। प्रेम 'भावुक' नहीं 'बौद्धिक' भी होता है। प्रेम का यह 'प्रौढ़ रूप' उपन्यास में ख़ूब चित्रित हुआ है—लगभग उतना ही जितनी कि किशोर एवं युवा प्रेम-स्थितियाँ चित्रित हुई हैं। बाद में तर्क-वितर्क और वाद-विवाद वाला आत्ममंथन एक आदर्श जोड़े की झलक दिखाकर उपशमित होता है।

औपन्यासिक वर्णनों के क्रम में तरह-तरह के पात्र आते हैं और गुज़र जाते हैं। पिता, रामेश्वर, नाना, मुल्लू मामा, चट्टो बाबू, रघुवर दयाल दीक्षित तथा अन्य अनेक पुरुष पात्रों के चरित्र अधखुले रहते हैं फिर भी इनमें से कुछ में लेखक की पकड़ से छूट सकने की भी सम्भावनाएँ इन्हें आकर्षक बनाती हैं। स्त्री चरित्रों में नानी, सविता, सावित्री, सरस्वती, माँ, टूटू मौसी, रेवा ध्यान खींचती हैं। इन चरित्रों में अनेक तो नगण्य और उपेक्षित जीवन-स्थितियों वाले हैं और उपन्यास में इसी अतिसाधारणता के चलते 'विशिष्ट' बन गए हैं। कहना न होगा गोविन्द मिश्र के अंकन की ताक़त से ही वे ऐसा बन सके हैं।

लेखक ने भारतीय सामाजिक जीवन के तीन क्षेत्रों—गाँव, क़सबा, शहर—तक अपना कथा क्षेत्र फैलाया है। गाँव की ग़रीबी और जहालत से निजात पाने के लिए नैरेटर के पिता शहर भाग खड़े होते हैं लेकिन नियति साथ नहीं छोड़ती। वे प्राइमरी शिक्षक बनते हैं। शिक्षिका, सुन्दर पत्नी पाकर भी अकेले रहने को अभिशप्त। मन्द, शान्त, दमित व्यक्तित्ववाले पिता कभी बहुत खुलकर हँसते नहीं। जीवन में रोटी और पैसे सबसे महत्त्वपूर्ण हो जाते हैं। पिता अपने पिता और अपने पुत्र से कहाँ कितना जुड़े हैं, समझना असम्भव है। पिता से अलग किंचित् बहिर्मुखी व्यक्तित्व है माँ का, जो अधिक व्यावहारिक और दुनियादार महिला है। ऐसे माता-पिता का पुत्र बड़ा होकर सोचता है कि माँ-बाप ने मुझे अपने बल चलना तो सिखा दिया था लेकिन सोचना नहीं। हमारे परिवारों में बच्चों की स्वतन्त्र चेतना के विकास की सम्भावना ही नहीं रहने दी जाती। माँ बेटे की भौतिक प्रगति और कल्याण के लिए खटती रहती

है। साथ ही वे 'रईसों से सम्बन्ध बनाने, बनाए रखने की कोशिश करती रहती थीं कि उनसे उन्हें सुरक्षा मिलेगी।'

नाना और नानी के चरित्र अपनी साधारणता में अनन्य हैं—ख़ास तौर से नानी का चरित्र। क़द की तीन फुट, दुबली-पतली सींक-सी, ऊपर से ग़रीब। तिस पर ग़ज़ब की स्वाभिमानिनी। अपने जीवन में जिन्होंने सिर्फ़ दो ही बस्तियाँ देखीं—एक अपना मायका, दूसरी अपनी ससुराल। बच्ची थी तो 'राजा बेटी', फिर शादी के बाद भैयाबाई, फिर महाराजिन। असली नाम ही सिरे से ग़ायब। लेकिन अपने निष्कलुष, निष्प्रयोजन, सबके लिए बहते प्रेम की मार्फत उन्होंने अपने वजूद को अर्थापित किया। एक टूटू मौसी के अपेक्षाकृत कृत्रिम पात्र को छोड़ दें तो बाक़ी स्त्रियों का जीवन ऐसा है कि जिसे देखकर नानी की हूक की याद आती है—"क्या करें, हे भगवान, बता दे कोई कौन-से कर्म करने से औरत का जनम न मिले।" हमारे समाज में सावित्री-जैसी लड़कियों को इस लायक़ भी नहीं समझा जाता कि स्कूल भेजने का ख़र्च गवारा किया जाए। ये वैसा फालतू सामान होती हैं जिन्हें विवाह के मौक़े पर घर के बाहर फेंकने तक घर में बर्दाश्त किया जाता है। बचपन से ही औरत की मजबूर ज़िन्दगी का आरम्भ हो जाता है। इसके बावजूद लेखक औरतों में एक जन्मजात स्वाभाविक शालीनता के दर्शन करता है। चूँकि मिश्र जी जीवन को भरा-पूरा देखने के आकांक्षी हैं अतः वे तुच्छ, नगण्य, उपेक्षित को—अकसर जिन्हें हर कोई नज़रअन्दाज़ करता रहता है—हमेशा मद्देनज़र रखते हैं। "कुओं पर ज़्यादातर औरतें होतीं। पानी निकालती हुई वे सुन्दर लगतीं। भरे-भरे शरीर, ऊपर से मस्ती। ...वे जितनी बाहर से भरी दिखतीं, उतनी ही भीतर से भी, जीवन से भरी।"

रेवा को एक केस-हिस्ट्री बनाकर पेश किया गया है। वह पारम्परिक विवाह-प्रथा की क्रूरता का शिकार हुई थी। दुबारा किया गया विवाह एक ऐसा प्रयोग था, जिसे ख़ुद लेखक की ही नज़र लग गयी। इस प्रसंग में लेखक की निष्पक्षता पर आसानी से प्रश्नचिह्न लगाया जा सकता है।

मुल्लू मामा जितने ही निरीह-असहाय थे उनके उलट और तीव्र प्रतिक्रिया-स्वरूप भी उनकी पत्नी अजब तो एक अच्छी-ख़ासी स्त्री गुण्डा बन गयी थी।

1947 के आसपास के बड़े होते 'आज़ाद' बचपन की स्मृति-कथा वाली इस रचना की शुरुआत जितनी आत्मीयता और मार्मिकता से की गयी है, काश, अन्त तक वही 'टेम्पो' बना रह पाता! पृ. 75 तक कथा का एक क्रम चलता है जो हठात् झटके से टूट जाता है और हाई स्कूल का एक बच्चा पृ. 76 पर अधेड़ लेखक के अवतार में सामने आता है। यहाँ से आगे की कहानी टुकड़ों में बँटी हुई चलती है। यही अधेड़ ब्यूरोक्रैट लेखक को—उसकी जवानी के दिनों की सरस्वती का नया

अवतार रेवा मिलती है। शुरू का आधा उपन्यास पढ़ते वक़्त कृष्ण बलदेव वैद के उसका बचपन की याद आना स्वाभाविक है और बाद के हिस्सों पर अमृतलाल नागर के अमृत और विष के शिल्प की। सम्भव है, ये दोनों प्रसिद्ध हिन्दी उपन्यास अनजाने-अचेतन भाव से लेखक के ज़ेहन में रहे हों। इस तरह उपन्यास के किसी हिस्से में कथानक तीव्रता और व्यग्रता से गतिशील होता है तो कहीं थसथसाकर बैठता नज़र आता है। आख़िरकार कथा की बैलगाड़ी को विचारों के सोंटे मार-मारकर लेखक आगे बढ़ाता है और कैसे भी ठाँव पर पहुँचकर जैसे राहत की साँस लेता है।

लगता है जैसे आधी कथा कह चुकने के बाद लेखक इस बारे में सचेत हुआ हो कि यह रास्ता पता नहीं कहाँ ले जाएगा। सो, अब वह अपना 'फ़ोकस' ठीक करने लगता है, "इन पात्रों में क़रीब-क़रीब सभी का वैवाहिक जीवन ख़राब है, कुछ का है ही नहीं...अपनी समाज-व्यवस्था में विवाह...भारतीय समाज की सबसे जानलेवा चीज़ है। शुरू में ही कुचलकर रख देती है, उसके बाद तो चलती-फिरती लाशों की तरह जीते हैं लोग।" (पृ.97) आधी किताब के बाद से ही पाठक पर ज़ाहिर हो जाता है कि यह दिशाहीनता से ग्रस्त होने लगी है। ख़ुद 'लेखक' मानो आजिज़ होकर कहता है, "पर मेरे मन में विवाह या ऐसा कोई विषय नहीं है, यह भी नहीं है कि किधर जाएगा यह उपन्यास, हो सकता है, पूरा न भी हो पाए। तब भी कम-से-कम यह सन्तोष तो रहेगा कि कुछ उन लोगों की कहानियाँ तो दर्ज कीं जो दुनिया से ऐसे चले गए जैसे थे—'बेआवाज़', अंग्रेज़ी में जिसे कहते हैं 'अनसंग'!" (पृ.वही) वैसे कथाकार ने बहुत सारे विषय छुए हैं लेकिन अधूरेपन का शिकार होकर वे परिणति तक नहीं पहुँचने से रह जाते हैं। उपन्यास की समस्या एक नहीं—अनेकमुखी है, ग़रीबी, जहालत, स्त्री-विमर्श, प्रेम, विवाह, विवाहेतर सम्बन्ध, नौकरशाही—यहाँ तक कि रचना की समस्या भी विचारित है। लेकिन कुल मिलाकर देखें तो कथाकार रचना की केन्द्रीय प्रतिज्ञा बनाकर चलता है विवाह-संस्था की विवेचना के बहाने नारी-विमर्श को। साथ में गाँव-क़सबा-शहर सबको समेटती हुई कथा चलती है, गाँव में किसान हैं जो अपने नंगे, ख़ूबसूरत, पुख़्ता पैरों पर खड़े रहते हैं लेकिन आजीवन खटते हुए भी कुछ नहीं पाते। सारा जीवन अधभूखे, अधनंगे, अशिक्षित रह जाना और कलह का जीवन जीना यही उनका भविष्य पहले भी था और अब भी है। भरपेट खाना जीवन की मुख्य प्राप्ति था। गाँव में स्त्रियों के दो ही काम हैं—खटना और सहना। बुनियादी चिन्ता है—भूख। गाँव में शिक्षक जैसी छोटी-मोटी नौकरी भी हो तो भले ही चमक-दमक नहीं, लेकिन 'थोड़ा-थोड़ा सब कुछ' होता है। गाँव में बच्चे पैदा होते, बड़े होते और 'कुछ भी हो जाते' जैसे पहाड़ी से कोई ढेले फेंक रहा हो—कौन

ढेला अटकता है, भटकता है या कितनी दूर तक जाता है—यह उसका भाग्य!

देश स्वतन्त्र हो गया इसका पता शरणार्थियों को देखकर ही लगा। फिर यह भी देखा गया कि स्वतन्त्र भारत के प्रशासक अंग्रेज़ों की जगह पर बैठकर अंग्रेज़ों जैसा बनने-दिखने की कोशिश में लगे रहे। स्वतन्त्र भारत में समाज की मानसिकता ज़रा भी स्वतन्त्र नहीं हुई। लेखक के अनुसार, "भारतीय समाज में आर्थिक स्थिति आपकी मानसिकता तय करती है, यहाँ स्त्रियों और ग़रीबों की मनःस्थिति काफ़ी कुछ एक-जैसी होती है। उनमें अपनी तरफ़ से पहल करके कुछ करने का आत्मविश्वास कम होता है।" हमारे समाज में स्त्री को कौन ठीक से समझ, रख सकता है—पिता? पति? पुत्र? शायद कोई नहीं। ज़्यादातर स्त्रियों के पास अपने सपने भी नहीं होते—जो होते हैं वे भी परम्परा और समाज-प्रदत्त ही होते हैं, जिनका दायरा परिवार तक ही सीमित या विस्तृत होता है। हमारे रिश्ते-नाते परिवार से ही बँधे होते हैं। अधिकांशतः ग़रीबों और स्त्रियों की जीवन-यात्रा एक ख़राब परिस्थिति से दूसरी बदतर परिस्थिति में चालू रहती है। ग़रीबी और जहालत में रहती हुई स्त्री की हालत की आसानी से कल्पना की जा सकती है। या तो वह स्त्री 'भैयाबाई' की तरह वह सब करने लगेगी जिन्हें पुराने ख़याल की औरतें नहीं कर पातीं और जिन्हें आदमियों ही का काम समझ लिया जाता है, या फिर वह अजब की तरह ख़ूँख्वार बन जाएगी। औरतें अत्यन्त चरम परिस्थितियों में ही हत्या या आत्महत्या जैसे कृत्यों से जुड़ती हैं। कामकाजी और सुन्दर स्त्रियों के लिए भेड़िएनुमा समाज में किस प्रकार से 'इज़्ज़त और नौकरी' दोनों साथ-साथ बचानी पड़ती है, ये वही जान सकती हैं। लेखक बताता है कि स्त्री की यही नियति है कि उसे जंगल में अपना रास्ता बनाना है, यातना को रो-रोकर बहा देना है, यह जानते हुए भी कि कुछ नहीं मिलनेवाला हर हाल में काम करते जाना है। घर की 'सुरक्षा' वस्तुतः स्त्री के लिए 'सींखचे' हैं—यहाँ तक कि 'रईस घर की इकलौती लाड़ली लड़की' के लिए भी घर क़ैद जैसा महसूस होता है। इसीलिए, अपने फ़ैसले ख़ुद करना, आत्मनिर्भरता और स्वतन्त्रता स्त्री के लिए सबसे बड़े जीवन-मूल्य हैं।

इनसे भी बड़ा मूल्य हो सकता है प्रेम, जो मनुष्य को मनुष्य बनाता है लेकिन हमारा समाज इसे भ्रष्ट और विकृत बनाने में कोई कसर नहीं छोड़ता। "हमारा समाज जो प्रेम जहाँ दिखा उसे चींथने दौड़ पड़ता है, पग-पग पर बलिदान ही माँगता है।" (पृ. 113) जबकि सच्ची बात तो यह है कि, "प्रेम-स्थितियों से स्वयं को झटककर निकाल लेना मूर्खता है...क्योंकि ये ही तो हम मन लगाकर जीते हैं, शेष को जीते कहाँ हैं, ढोते हैं।" (पृ 116) प्रेम एक प्राकृतिक देन है जिसे सब ले नहीं पाते, समाज जिसके लिए व्यक्ति को टोकता-रोकता रहता है। लेखक समाज का दृष्टिकोण समझ

नहीं पाता। उसे आश्चर्य होता है कि, "किसी को चाहना किस कोण से ग़लत हो सकता है? प्रेम तो ऐसा वरण है जो आत्मा और मन की पुकार पर परम एकान्त में—बाहर से निरपेक्ष रहते हुए—भीतर ही भीतर घटित होता है। इसके उलट समाज विवाह के अन्तर्गत जिस 'प्रेम' की स्वीकृति देता है उसमें शायद ही मन और आत्माओं का मिलन हो पाता है।" "विवाह के अगुआ...उनका काम तो था विवाह करा देना...साले मरते रहें...निकालोगे कैसे, ब्याह नहीं व्यूह है, हमारा रचा हुआ!" (पृ. 115) यह एक क़िस्म का प्रतिशोध-भाव भी है कि ख़ुद जिस क़ैद और घुटन को बर्दाश्त किया उसमें दूसरों को भी डाल दिया जाए। लेखक की दृष्टि में भारतीय मध्यवर्ग का 'यह व्यवहार एक आदत है'। इसलिए ताज्जुब की बात नहीं थी जो लेखक की माँ 'प्रेम-एम में विश्वास नहीं करती थीं।' उनके लिए तो 'लड़के को लड़की चाहिए तो कोई भी।' हाँ, उन्हें इसका ज़रूर ध्यान था कि बहू में तीन चीजें हों—अपनी जाति की, रंग गोरा, काठी इकहरी। वे जल्दी-से-जल्दी घर में बहू लाकर बेटे को 'उलझा' देने में सफल भी हो गयी। 'लेखक' कहता है कि 'यह वह समय था 50 के आसपास का, जब माँ-बाप द्वारा तय किए गए सम्बन्ध के बाहर, अगर कुछ बना तो उसे लेकर अपराध-भावना पैदा हो जाती थी।' (पृ. 153) उपन्यास के एक पात्र का कहना है, 'मेरे लिए जैसे कोई स्थायी नौकरी, वैसे ही विवाह, जिसे आप खींचे चले जाते हैं आदतन।' वस्तुतः इस उपन्यास के पात्र 'क़रीब-क़रीब सब नियतिवादी' हैं क्योंकि सबके यहाँ विवाह नियति बनकर आता है। दरअसल प्रेम आकर्षण के माध्यम में विश्वास तक पहुँचे, यह स्वाभाविक है लेकिन कितने वैवाहिक जीवन में यह सच्चा प्रेम उपस्थित हो पाता है?

पर विवाह का विकल्प क्या है? अगर सामाजिक व्यवस्था बनाए रखनी है तो विवाह-जैसी संस्था भी आवश्यक होगी। इसका एक अद्भुत नुस्ख़ा है लेखक के पास, "...स्त्री को स्वतन्त्रता दे दी जाए—विवाह के पहले, और विवाह के बाद भी।" (पृ. 157) लेकिन क्या ऐसा ही पश्चिमी समाज में नहीं हो रहा? क्या उसे हम आदर्श स्थिति समझ लें? फिलहाल जो हमारे देश में वैवाहिक परिदृश्य मिलता है उसमें लेखक का सामान्यीकृत कथन यह है, "औरत का काम है शादी के बाद, जिससे शादी हुई है उसके आगे पसर जाना फिर उसकी आड़ में होशियारी से इधर-उधर चाहे जो करना।" लेकिन मर्द भी तो शादी के बाद यही करते हैं, है कि नहीं? लेखक का यह भी तर्क है कि माँ-बाप सम्बन्धी, आदि के द्वारा जितने विवाह तय और सम्पन्न होते हैं, उतने या उससे ज़्यादा ही 'विवाहोपरान्त विवाहेतर सम्बन्ध' होते हैं, जिन्हें अवैध कहा जाता है। लेखक के अनुसार, "वे ज़्यादा वैध हैं क्योंकि दो जीवों की भीतरी आवाज़ से निःसृत हैं। ज़िन्दगियाँ हमारी थीं पर समाज ने हमें तय करने

नहीं दिया तो हम अब तय करते हैं...अवैध हैं ये सम्बन्ध जिन्हें हमारे ऊपर लादा गया, जिन्हें अपनी अनिच्छा से भी चलाना पड़ता है।" (पृ. 180) इसलिए लेखक ऐसे तथाकथित अवैध सम्बन्धों की वकालत करता है, "...मुझे तो लगता है कि जब तक विवाह नाम की संस्था है, विवाहेतर सम्बन्ध होंगे ही होंगे। वैवाहिक जीवन ठीक-ठाक चलता रहे इसके लिए भी वे ज़रूरी हैं।" (पृ. 157) इस वकालत में घपला है, तर्काभास है। आप परिवर्तन भी चाहते हैं और यथास्थिति भी। फिर प्रायः जो सम्बन्ध प्रेमी युगल स्वयं बनाते देखे गए हैं उनमें भी अच्छे-ख़ासे प्रतिशत में दरार देखी गयी है। अतः कुल मिलाकर असल अपराधी 'विवाह' नामक सम्बन्ध ही ठहरता है न? कैसा भी विवाह क्यों न हो वह समस्या का समाधान नहीं, बल्कि ख़ुद समस्या ही बन जाता है।

लेखक परिपक्व उम्र के प्रेम की बात करता है जहाँ "विश्वास पहले आया, प्रेम बाद में पीछे-पीछे।" सम्भव है, ऐसा वैवाहिक सम्बन्ध स्थायी और समस्याहीन हो। लेकिन युवा प्रेम में आकर्षण तो प्रेम का बड़ा और ज़रूरी हिस्सा होता है और शादियाँ अधिकतर इसी उम्र में होती हैं तो क्या विवाह की उम्र और भी बढ़ा दी जाए ताकि परिपक्व प्रौढ़ प्रेम का विवाह तक पहुँचे? क्या यह हास्यास्पद नहीं लगता? उपन्यास के अन्त में टूटू मौसी के उदाहरण के द्वारा लेखक जो आदर्श दाम्पत्य का समाधान रखता है वह पश्चिमीकृत व्यक्तित्व के गरिमामंडन से अधिक कुछ नहीं। पश्चिम का अनुकरण वैसे भी भारतीय परिस्थितियों में कोई बढ़िया समाधान नहीं हो सकता। भले ही यह आदर्श सुनने में बड़ा भला लगता हो कि पति-पत्नी दोनों अपनी वैयक्तिकता का विकास और स्वतन्त्रता का इस्तेमाल करते हुए वैवाहिक जीवन को सफल करें—मगर सचमुच के जीवन में देखने को बिलकुल नहीं मिलता। विवाह तो वहीं 'सफल' दिखायी पड़ता है जहाँ पति-पत्नी में कम से कम एक ने इसकी वेदी पर अपने व्यक्तित्व की बलि चढ़ा दी हो—विशेषकर पत्नी ने! हमारा परम्परागत भारतीय अनुभव तो ऐसा ही रहा है!

कुल ले-देकर 'लेखक' के विचार जैनेन्द्र कुमार के उस विचार के क़रीब जान पड़ते हैं जिसमें उनका मानना था कि लेखक या कलाकार के लिए पत्नी के साथ-साथ एक अदद प्रेमिका भी होनी चाहिए—पहली उसका 'पालन-पोषण' करने के लिए, दूसरी रचनात्मक 'प्रेरणा' के लिए! 'लेखक' का कहना है, "रेवा और मेरे बीच वह प्रेम है जो न किसी की जगह लेने आता है, न किसी को हटाने। जैसे उसका जो उसके पति, मेरा जो मेरी पत्नी से सम्बन्ध है उनका पूरक है यह।" (पृ. 165)

उपन्यास में यह 'रेवा खण्ड' या रेवा प्रसंग एक ख़ास लेखकीय योजना के तहत आता है, इसे सजग पाठक अवश्य ही सूँघ लेगा। रेवा 'लेखक' की पूर्व प्रेमिका

सरस्वती के रूप-रंग की ही है। लेखक के लिए सुस्वभाव-युक्त युवती का बाह्य सौन्दर्य महत्त्वपूर्ण है और सुन्दरता का कालीदास के ज़माने से बना-बनाया भारतीय प्रतिमान उसके सामने है ही, “चेहरा भरा-भरा, स्निग्ध, बड़ी-बड़ी आँखें, सुडौल होंठ, होठों के पीछे झलकती शुभ्र दन्त-पंक्ति, भोला चेहरा, तपे सोने-जैसी त्वचा, लम्बी, उँगलियों वाले हाथ” वग़ैरह। वैसे आज की सौन्दर्य-दृष्टि परम्परा से कुछ भिन्न हुई है उसका आभास भी गोविन्द मिश्र कराते हैं। हमारे समाज में विवाह की संस्था लोगों के व्यक्तित्व को किस तरह छिन्न-भिन्न और नष्ट कर देती है उसके ‘लेखक’ ने कई उदाहरण सविता, सावित्री, सरस्वती आदि के रूप में रखे हैं और रेवा को भी उसी श्रेणी में दिखाया है। अब जबकि पहली शादी के हौलनाक अनुभवों के बाद रेवा ने अपनी शर्तों पर दूसरी शादी कर ली है, ‘लेखक’ का उससे परिचय होता है तो लगता है नियति ने जैसे उसे सरस्वती से दुबारा मिला दिया हो। रेवा से वह प्रेम की पींगें बढ़ाने को उद्यत है, अतः रेवा के दूसरे विवाह को भी वह चालाकी से पहले विवाह की ही कोटि में घसीट लेता है, “मुझे लगा कि वे एक कुएँ में रहते थे--वे तीन। उसके कुएँ में प्रसन्न थे।” इतना ही नहीं रेवा का अच्छा-भला पति राकेश ‘लेखक’ को खलनायक जान पड़ता था, “वह उस कुएँ का ढकना था...सिर्फ़ पत्नी नहीं, अपने परिवार को लेकर बहुत ‘पज़ेसिव’ था।” मज़े की बात है कि ‘लेखक’ खुद खलनायक की भाँति राकेश से बचते हुए रेवा से मिलता रहता है और अनुमान पर बनी अपनी धारणाओं को राकेश के चरित्र पर आरोपित करता है। रेवा-राकेश की कहानी में वस्तुतः राकेश, लेखक की तमाम चालाकियों के बावजूद, एक पॉजिटिव चरित्र बनकर उभरता है।

गोविन्द मिश्र वैसे तो पाठकों के लिए ‘कन्विंसिंग डिटेल्स’ प्रस्तुत करनेवाले माहिर कलाकार हैं लेकिन रेवा-राकेश प्रसंग में उनकी अन्यथा नीयत भी झलक ही जाती है। रेवा की बेटी की उमर की गिनती में उनसे हुई एक छोटी-सी भूल साधारण चूक ही मानी जाती लेकिन यह ‘लेखक’ की अलग मंशा की खोट से जुड़कर मासूम गड़बड़ी नहीं रह जाती। पृ. 78 पर रेवा की ‘दो साल की बच्ची, जो चल रही थी’ अचानक उसी हफ़्ते की शाम को--पृ. 89 पर ‘वह चार साल की हो रही थी।’ बात यह है कि लेखक रेवा के पति को यहाँ से नकारात्मक चरित्र बनाने की सोच लेता है, उसे बच्ची के प्रति इतना ‘ऑब्सेस्ड’ दिखाना चाहता है जो चार साल की बच्ची को भी ‘अपने हाथों से खिलाता था’ (मानो यह कोई भयंकर ‘मनोग्रन्थि’ अथवा चारित्रिक ‘अपराध’ हो!) बच्ची की उम्र सम्बन्धी यह ‘ग़लतबयानी’ लेखक की गम्भीर तर्कप्रियता में छेद करती हुई प्रतीत होती है। किसी लेखक के लिए पाठकों के निकट अपनी विश्वसनीयता में इतना-सा हलकापन भी अच्छी बात नहीं होनी

चाहिए। हालाँकि 'लेखक' का 'अपने उपन्यास' के बारे में कहना है, "...मेरे इस उपन्यास में तो वे पात्र हैं जो सचमुच थे...उनका जीवन, उनकी 'जेन्युइननेस'।"

इस प्रसंगोल्लेख का अर्थ यह नहीं कि रचना के 'जेन्युइननेस' पर कोई प्रश्नचिह्न लगाया जा सकता है। वैसे पाठकों के समक्ष गोविन्द मिश्र का 'पूर्व-स्वीकृत' लेखकीय रूप तो है ही। 'सर्जना चुपचाप होती है' वाली सूक्ति में विश्वास करनेवाले गम्भीर साहित्य-साधकों की परम्परा में गोविन्द मिश्र आते हैं। यहाँ भी 'लेखक' के रूप में वे सृजन की केन्द्रीय समस्या ईमानदारी और जेन्युइननेस को ही मानते हैं और इस मामले में उनकी गम्भीरता किसी विज्ञापन और प्रचार की मोहताज नहीं है। प्रस्तुत उपन्यास के भीतर के उपन्यास-लेखक का कहना है, "लेखन में मैं अपनी गुत्थियाँ सुलझाता हूँ जो हल हमें जीवन में नहीं मिल पाते उन्हें लिखने में ढूँढ़ा करता हूँ—अगर वे हैं तो।...गन्दे और वीभत्स को देखते चलें तो सुन्दर भी हमारी पहचान में जल्दी आ जाता है...वही हमें जीवित रखता है।...ख़ुद को बाहर जाने दो, बाहर का भीतर आने दो।" (पृ. 149) लगभग दो-सौ पृष्ठों की इस कथा कृति में गोविन्द मिश्र अपनी जानी-पहचानी भाषा-शैली, शिल्प की छटा ज़रूर-बिखेरते हैं। परिवेश, परिस्थिति, रूप, रोमांस, विश्वसनीय, सूक्ष्मस्वाभाविक चित्रण-वर्णन करने में वे सिद्धहस्त हैं जिससे उनकी कथाओं में ग़ज़ब की पठनीयता होती है। लेकिन प्रस्तुत रचना के उत्तरार्ध पर विचारात्मकता हावी हो गयी है जो रह-रहकर कथा की द्रवणशीलता को ठोस निबन्धात्मकता में बदलती दिखायी देती है। इसे एक प्रयोग के रूप में भी देखा जा सकता है और 'रचना-दोष' ('काव्य-दोष') के रूप में भी, क्योंकि इससे रचना की व्यंजकता कम हुई है और वह एकार्थक बनती गयी है, यहाँ तक कि कभी-कभी महसूस होता है गोया हम दो पात्रों के संवाद के रूप में कोई विचारात्मक निबन्ध पढ़ रहे हों जिसका विषय है—विवाह-संस्था की सार्थकता! वस्तुतः उत्तरार्ध की कथावस्तु के सूत्र बहुत टूटे-बिखरे और झीने हैं, जिन्हें निबन्धात्मक विचारों की थिगलियाँ लगाकर जोड़ा गया है। लेखक में कथा बुनने की क्षमता कम है, ऐसा तो नहीं कहा जा सकता, तो क्या हमारा प्रौढ़ कथाकार विचारक बनने की तृष्णा का शिकार हो गया है? बौद्धिक संलापों और तर्क-वितर्कों से—यहाँ तक कि उपन्यास के भीतर उपन्यास लिखने के नागर जी द्वारा अपनाए गए, शिल्प के दुहराव से भी कथाकार वह हासिल नहीं कर पाता जो उपन्यास के पूर्वार्द्ध के अत्यन्त आन्तरिकता और आत्मीयता-पूर्वक रचे गए अतीत अनुभवों के द्वारा कर पाता है। 'लेखक' के भीतर जो अतीत छूट गया है, चिपक गया है उससे वह कैसे मुक्त हो, यह समस्या थी जिसका हल वह अतीत को नए सिरे से रचकर निकालता है। यह उसका अतीत का ऋण-शोधन भी है। 'लेखक' की प्रतिज्ञा थी, "इस उपन्यास

में मैं सामाजिक-राजनीतिक परिस्थितियों या उन परिस्थितियों के कारणों में न जाकर सिर्फ़ जीवन की कहानियाँ, छोटे-छोटे नाचीज़ लोगों की कहानियाँ उठाना चाहता हूँ जो परिस्थितियों का सोचे बग़ैर अपना जीवन, वह जैसे भी आता है जिए चले जाते हैं। अधिकांश लोग ऐसे ही जीवन बिताते हैं, जो सामने आया उसे झेलते हुए।" (पृ. 95) वह यह ज़रूर बता सका है कि नगण्य मानव-अस्तित्त्वों के भी अपने मायने होते हैं, यद्यपि वह स्थितियों का विश्लेषण भी कम नहीं करता। वह जानता है कि, "आप किस समय में पैदा हुए हैं, इसका असर पड़ता है" तो क्या यह नहीं जानता कि रचनाकार अपने समय को अतिक्रमित भी करता है—विचारों, जीवन चर्चा, रचना—सब में? बल्कि वह इस विषय में पर्याप्त सचेत है कि, "अगर सिर्फ़ वर्तमान ही जीवन की असली चीज़ है तो जीवन सिमटकर कितना छोटा रह जाता है।" (वही) यही हाल तर्क-बुद्धि बनाम भावना का है, "हम बुद्धि के बल पर काफ़ी कुछ सही-सही, दूर तक देख जाते हैं, चाहते भी हैं, खुद को रोकना पर रोक नहीं पाते।" कहीं कारण है, शिल्प के स्तर पर उपन्यास में अतीत को वर्तमान और वर्तमान को अतीत काटता चलता है लेकिन भविष्य की कोई आहट नहीं सुनाई देती। फिर भी, अधूरेपन के बावजूद भी, कथा के भीतर चलनेवाले स्त्री-विमर्श और विवाह-विमर्श अर्थपूर्ण अवश्य हैं। गोविन्द मिश्र के लेखन का मौलिक रंग लिए हुए है यह उपन्यास, और अवश्य पठनीय है।

चर्चित उपन्यास

कोहरे में क़ैद रंग : गोविन्द मिश्र; भारतीय ज्ञानपीठ, नयी दिल्ली; 2004; 150 रुपए

समकालीन कहानी : आधे-अधूरे चित्र

हिन्दी कहानी का विधात्मक महत्त्व इस बात से स्वतः प्रमाणित हो जाता है कि कहानी लगभग एक दशक के लिए आधुनिक हिन्दी साहित्य के केन्द्र में भी रह चुकी है। हिन्दी कहानी को अपनी विशिष्ट पहचान दिलानेवाले प्रेमचन्द की कलात्मक प्रौढ़ि-प्राप्त कोई दर्जन-भर कहानियाँ विश्व की श्रेष्ठतम कहानियों के बीच सहज ही जगह पा सकती हैं। यह भी सच है कि हिन्दी कहानी पर विचार करनेवाले आलोचकों के ध्यान से अक्सर अनेक अच्छी कहानियाँ और कहानीकार उतरे रहते हैं। भगवती प्रसाद वाजपेयी की 'निंदिया लागी' जैसी कहानी की संवेदना का विश्लेषण होना अब भी आलोचकों पर उधार है। राधाकृष्ण ने 'एक लाख छियानवे हजार...' और 'अवलम्ब'-जैसी कुछ अद्‌भुत कहानियाँ लिखी थीं। इसी तरह कमल जोशी ने 'ढलान' नामक बेजोड़ कहानी प्रस्तुत की थी। द्विजेन्द्रनाथ मिश्र 'निर्गुण', हृदयेश आदि की भी कई कहानियाँ पुनर्विचार की माँग करती हैं। इन कहानीकारों ने मात्रा और गुणवत्ता दोनों का ही हिसाब लगभग बराबर रखा है, मगर हिन्दी आलोचक सच्चे गुण पर रीझने की बात जैसे बिसरा चुके लगते हैं।

जिन कहानियों और कहानीकारों का जिक्र आलोचक बार-बार करते रहते हैं और उन्हें दुहराते हुए कभी थकते नहीं, उनके आगे-पीछे और साथ-साथ बराबर उनसे उम्दा कहानियाँ प्रस्तुत होती रही हैं। हिन्दी कहानी के आलोचक की समस्या सही कहानी को निष्पक्षता से पहचानने और विश्लेषण करने की रही है। यह दीगर बात है कि ऐसे आलोचक कहानीकारों का विश्लेषण अपनी निजी पहचान की मार्फत ज़्यादा करने के विश्वासी रहे हैं।

सौ-सवा सौ वर्षों की विकासयात्रा में हिन्दी कहानियाँ अपने वैविध्यपूर्ण रंगों और तेवरों से किसी को भी प्रभावित और चमत्कृत कर सकती हैं। कथ्य, शिल्प और शैली कभी बँधी, कभी बिखरी, तो कभी सुलझी और निखरी हुई मिलेगी। राधाकृष्ण और हरिशंकर परसाई, यशपाल और निर्मल वर्मा, भीष्म साहनी और रामकुमार,

अमरकान्त और रेणु, ज्ञानरंजन और राजकमल चौधरी, शिवमूर्ति और संजीव तथा शैवाल के अलावा भी अनेक कहानीकारों ने हिन्दी कहानी के कितने ही उलझे हुए पेचों-खम सँवारे-सजाए हैं। फिर भी मजेदार बात यह है कि हिन्दी के आलोचक रचनाकारों से 'अमुक' ढंग की अपेक्षा रखते हैं, उसे 'तमुक' दिशा में बढ़ने के संकेत देते हैं और हुक्म-उदूली के लिए लानत भेजते हैं, हुक्मतामीली पर 'झमुक' बातों के लिए उसकी पीठ थपथपा, पुरस्कारों-शाबाशियों से लाद, उसे चर्चित और लोकप्रिय भी 'बना' देते हैं। हिन्दी कहानी के कतिपय आलोचकों का यह बाएँ हाथ का काम ठहरा, मगर इसका खमियाजा अक्सर अच्छी कहानियों को भुगतना पड़ा है। खास तौर से उन ठेठ देसी कहानियों को जो देसी जमीन, खालिस देहाती और कस्बाई संवेदनाओं की परम्परा से उपजे भाषा-शिल्प में रची जाती रहीं। प्रेमचन्द के जमाने से अब तक आलोचकों की कृपा से हिन्दी कथा-साहित्य को यथार्थवाद निर्देशित करता रहा है, क्योंकि उन्हें यथार्थवाद ही अलं था, जबकि यथार्थवाद का कोई एक और एकमात्र चेहरा नहीं होता और प्रकृतिवाद से लेकर जादुई यथार्थवाद तक यथार्थवाद के रूप और प्रकार भी अनेक हैं। स्वच्छन्दतावाद और आदर्शवाद भी पूरी तरह यथार्थ विच्छिन्न नहीं कहे जा सकते। कहने का मतलब कि यथार्थवाद आज की कहानियों के विश्लेषण का कोई विश्वसनीय पैमाना नहीं हो सकता। न कहानी केवल कथ्य ही है। हिन्दी कहानी अनेक बार विदेशी शिल्प से प्रभावित, कभी उसके भार से दबी और कभी प्रभावी भी साबित हुई है। उसने कविता-जैसी कोमल और सूक्ष्म विधा से भी लयात्मक भाषा ग्रहण की है। जरूरत इन विशेषताओं और प्रभावों को रेखांकित करने तथा पूरी निष्पक्षता से विश्लेषित-विवेचित और मूल्यांकित करने की है।

यथार्थवादी या कोई भी शिल्प दुनिया में किसी देश या लेखक-विशेष का कॉपीराइट नहीं। साथ ही ओ' हेनरी, मोपासाँ, चेखव, गोर्की, प्रेमचन्द और हेमिंग्वे के शिल्प की अपनी-अपनी शख्सियत तो है ही। इन कहानीकारों का शिल्प उनकी अपनी कथापरम्परा से निर्मित हुआ है, लेकिन जब मनोहर श्याम जोशी और उदय प्रकाश जादुई यथार्थवाद के शिल्प का प्रयोग करते हैं, तो वह बिलकुल लैटिन अमेरिकी देशों में स्पेनी कथा-साहित्य के प्रभाव से निर्मित प्रतीत होता है—सिर्फ स्थान-पात्र भारत के प्रतीत होते हैं। इस प्रकार के प्रभावों का भी अपना महत्त्व है, मगर उस महत्त्व की सीमा भी बिल्कुल स्पष्ट होती है।

कहानियों का सम्बन्ध भले ही मनुष्य के आदिम उत्सुक स्वभाव से हो, फिर भी उसका स्वरूप सांस्कृतिक अधिक है। लेखन-सामग्री का पर्याप्त विकास होने के पहले कहानी कहने, सुनने और देखने की चीज थी। बिम्बों का भौतिक प्रस्तुतीकरण

ही नाटक बना। सभ्यता की तेज भाग-दौड़ में भी कहानी पिछड़ी नहीं, बल्कि समय के साथ खुद को बदलती और प्रासंगिक बनाती चली है। कहानी कभी खत्म नहीं होती; हो नहीं सकती—जीवन की तरह। हर भाषा की कहानी का अपना सांस्कृतिक परिवेश होता है। हिन्दी तथा भारतीय भाषाओं की कहानी परम्परा से ही 'कहने' और 'सुनने' की चीज मानी जाती रही है। हिन्दी में आरम्भिक कहानीकारों में सहज ही इस तत्त्व को भाँपा जा सकता है कि लेखक कहानी सुनाता जा रहा है। कहानी में नाटकीय तत्त्वों के समावेश को भी इस प्रसंग से जोड़ा जा सकता है। चंद्रधर शर्मा गुलेरी, जयशंकर प्रसाद, प्रेमचन्द, शिवपूजन सहाय, राजा राधिकारमण प्रसाद सिंह, रामवृक्ष बेनीपुरी आदि की कहानी-शैली में कहानी 'कहने' की प्रवृत्ति प्रबल है और इसका चरम विकास फणीश्वरनाथ रेणु में हुआ। कहा जा सकता है कि कहानी 'लिखना' और 'पढ़ना' हिन्दी में बाहर से आया प्रभाव है और निर्मल वर्मा को इस कला में महारत हासिल हुई। जैनेन्द्र सोचते हुए कहते और कहते हुए सोचते रहते हैं—और इस प्रक्रिया से कहानी में दार्शनिकता उत्पन्न हुई।

समस्त कलाएँ और विज्ञान, बल्कि सच पूछा जाए तो समस्त मानवीय प्रयत्न जीवन और जगत को समझने की कोशिशें हैं। सारे सिद्धान्त और नियम वस्तुतः प्रयत्नों को सिलसिला देते हैं जो एक खास क्षण में पूर्ण सत्य का रूप धरकर सामने आते हैं, दूर के अगले वक्तों में भले ही वे अधूरे या किंचित् अप्रासंगिक सिद्ध हो जाएँ। जीवन देखने के नजरिए कहानियों से झाँकते हैं और बताते हैं कि जीवन एक तरफ तो बड़ा ही सरल और सीधा होता है, मगर दूसरी तरफ वह उतना ही जटिल और टेढ़ा-मेढ़ा भी है। कभी कहानियाँ जीवन का पीछा करती हैं, तो कभी जीवन कहानियों का पीछा करता है।

कविता और कहानी दोनों आदि-विधाएँ हैं और एक-दूसरी से बिलकुल अलग-अलग और निरपेक्ष भी नहीं। कुछ लोग ऐसे हैं जो कहानी में कविता लिखते हैं, तो ऐसे भी कुछ हैं जो कविता में कहानी प्रस्तुत करते हैं। मुक्तिबोध—जैसे रचनाकार ने दोनों काम किए हैं। इससे दोनों विधाओं के सम्बन्ध का निश्चित रूप से विकास हुआ है तथा हुआ है इनकी संवेदनाओं की प्रकृति में कुछ-न-कुछ परिवर्तन परिवर्धन भी। कुछ लोग कहानी को गद्यात्मक और बहिर्मुख तथा कविता को इसका प्रतिलोम मानकर चलने के आग्रही हैं। उनकी समझ से कहानी जीवन की विराटता का सीधा साक्षात्कार करती है, जबकि कविता में ऐसा सम्भव नहीं। कहने की जरूरत नहीं कि यह समझ की संकीर्णता है। हर कहानी का और हर गद्य-भाषा का प्रवाह एक-जैसा नहीं होता। यह प्रवाह संवेदित वस्तु तथा वर्णित रूप के मेल पर निर्भर करता है। कविता-भाषा के साथ भी यही बात है। अतः प्रवाह कभी

अत्यन्त वेगवान, क्षिप्र, तो कभी मृदु-मंथर हो सकता है। राजकमल चौधरी-जैसे लेखक ने कहानी और कविता के लिए बिलकुल अलग-अलग काव्यभाषा का प्रयोग किया जो विस्मयजनक है। चूँकि कहानी अब केवल घटना या परिस्थिति-निर्भर नहीं रह गयी है, अतः उसकी भाषा में अपेक्षित सूक्ष्मता के प्रयोग से भी कभी-कभार यह कविता जैसी दिखायी देने लगती है। ये दोनों विधाएँ समय के साथ-साथ बहुत कुछ लचीली बनती गयी हैं।

कहानी अपने स्वरूप और स्वभाव से ही जनोन्मुख होती है, उसे सायास जनतान्त्रिक और जनवादी बनाना या बताना कूटबुद्धि या धूर्तता है। कहानी में जनवादी, कलावादी-जैसे विशेषण लगाना साहित्यिक दृष्टि से बेमतलब है। कलात्मकता और मनुष्यता के चरम संश्लेष से ही श्रेष्ठ कहानियाँ बनती हैं। हिन्दी साहित्य में कौन-सा ऐसा दौर था, जिसमें बहुजन कहानियों में चित्रित नहीं हुआ हो और सिर्फ 'अभिजन' की तसवीर ही आँकी जाती रही? प्रेमचन्द से अलग भी 'मधुआ', 'विराम-चिह्न' (प्रसाद), 'कहीं धूप कहीं छाया' (बेनीपुरी) और 'कहानी का प्लाट' (शिवपूजन सहाय)-जैसी जनजीवन के संघर्ष और दुख-दर्द को लेकर बेचैन कर देनेवाली कहानियाँ लिखी गयी थीं। ऐसी विरासत को भुलाना स्वयं को वंचित और पर-निर्भर बनाना है।

हिन्दी साहित्य में खुलेआम विचारधारा के फीते से रचना की नाप-जोख करने की विडम्बना रही है। परिणाम यह हो रहा है कि रचनात्मकता से शून्य लोग भी विचारधारा की लाठी भाँजकर लेखक बन बैठे हैं। सवाल है कि रचना के माध्यम से लेखक की विचारधारा को पहचानने की माँग क्या जायज है? क्या कहानी के 'मास्टर्स' ओ'हेनरी, मोपासाँ, चेखव की कहानियों में पाठक को कहानीकार की विचारधारा हाथ लगती है? खुद प्रेमचन्द की रचनाओं में से विचारधारा छानकर लानेवाले भी क्या उसे निर्विवाद रूप से प्रस्तुत कर सके हैं? पाठक कहानी के पास लेखक की विचारधारा की खोज में नहीं जाता, मगर हिन्दी का आलोचक लेखक की निजी विचारधारा का पता लगाकर ही उसकी कहानी को छूता या छोड़ता है। दरअसल कहानी में अनुभव-क्षेत्र और संवेदना की गहनता का महत्त्व है, न कि विचारधारा का। चाहे वाम की हो या दक्षिण की, विचारधारा के मिश्रण से कहानी अच्छी नहीं बन सकती, हाँ, बुरी जरूर बन सकती है। विश्वनाथ त्रिपाठी और मैनेजर पाण्डेय-जैसे आलोचक रेणु की जिस 'तीसरी कसम' कहानी पर दिलो-जान से फिदा हैं, उसमें कहाँ है लेखक की विचारधारा? और रेणु की निजी विचारधारा से अगर हम वाकिफ हों भी तो इससे कहानी का क्या आता-जाता है? इस विचारधारा अथवा जीवन-दर्शन के हस्तक्षेप ने जैसे परवर्ती पन्त-काव्य का सत्यानाश किया है, वैसे ही

स्वातन्त्र्योत्तर हिन्दी आलोचना का भी। दृष्टि के मामले में रचनात्मक समग्रता की हिन्दी साहित्य में जैसी भयंकर उपेक्षा हुई है वैसी सम्भवतः किसी दूसरे समकालीन भारतीय साहित्य में नहीं हुई।

कहानी के सन्दर्भ में उत्सुकता, पठनीयता और विश्वसनीयता, ये एक-दूसरी से बिलकुल अलग चीजें नहीं हैं। इन्हीं तत्त्वों को एकसार करके कुशल कथाकार कहानी की कीमियागरी करता है। हिन्दी कहानी का वर्तमान परिवेश हर प्रकार के विवादी-प्रतिवादी (खुदा के फजल से संवादी भी) स्वरों से अटा पड़ा है। कहानीकारों की अपनी ढपली, अपना राग (विराग भी) है। आलोचक किसी की बीन पर नाचता और किसी पर पगुराता नजर आता है। शामत बेचारे पाठक की है, जो जब किसी कहानी को पसन्द करता है और उसे आलोचकों की सूची में खोजता है, तो पाता है कि आलोचक की प्रशंसा कोई और ही 'थर्ड रेट' कहानी और कहानीकार बटोर रहे हैं। पिछली उत्तरशती में हिन्दी की चर्चित कहानियाँ वस्तुतः कुछेक अपवादों के साथ 'प्रायोजित' कहानियाँ थीं। इसके पीछे के छिपे साहित्येतर कारणों को दरकिनार भी कर दें, तो विचारधारा को श्रेष्ठ लेखन की कसौटी मानने का भी यह एक परिणाम था। विचारधारा की मुखरता के बिना कुछ लोगों को साहित्यिक आस्वाद बड़ा फीका लगता है। जिन्हें कलावादी समझा जाता है, वे भी किसी-न-किसी विचारधारा का (मार्क्स न सही, फ्रायड या लॉरेंस या अन्य अनेक...) इस्तेमाल पान की पीक के समान करते हैं और इस प्रक्रिया में अपने अच्छे-खासे कपड़ों को ही उगालदान बना डालते हैं।

हिन्दी कहानी को ऐसे अच्छे-खासे कनफ्यूज्ड परिदृश्य में हमारे सामने हिन्दी के वयस्क तथा युवा पाँच कहानीकारों के कहानी-संग्रह हैं, जो समकालीन कहानी की विविध प्रवृत्तियों और शैलियों का विचित्र (किन्तु क्या प्रतिनिधि भी?) 'कोलाज' बनाते हैं। सुरेन्द्र वर्मा, सत्येन कुमार, अशोक सेकसरिया, मिथिलेश्वर तथा हंसकुमार पाण्डेय का लेखन तथा वय-क्रम भी यही है। इन कहानीकारों की कहानियों के माध्यम से हिन्दी कहानी की मिट्टी का एक ऐसा टुकड़ा हमारे हाथ आता है, जिसकी जाँच के आधार पर हिन्दी कहानी की पूरी जमीन के बारे में बात करना बहुत गैर-वाजिब भी नहीं।

सुरेन्द्र वर्मा ने नाटककार के रूप में अपेक्षाकृत अधिक नाम-गाम कमाया। वे कथाकार के रूप में भी चर्चित हुए। कहानीकार के रूप में उतने ही नहीं, जितने उपन्यासकार के रूप में और उसमें भी 'मुझे चाँद चाहिए' को लेकर। कहानियाँ

ज़्यादा नहीं लिखीं। कहानियों के अब तक कुल दो संग्रह आए हैं। हाल में (1999 में) उनका संकलन 'प्यार की बातें' तथा अन्य कहानियाँ, वाणी प्रकाशन से छपकर आया है (1974 में यह इसी नाम से भारतीय ज्ञानपीठ, नयी दिल्ली से छपा था।) भारतीय ज्ञानपीठ वाले संस्करण के फ्लैप के अनुसार संकलन की कहानियाँ उन थोड़ी-सी कहानियों में से थीं, जो नारों और दावों से भले ही परे थीं, परन्तु जिन्दगी से नहीं। कहानियों से गुजरने पर पाठक पाता है कि यह जिन्दगी न सच्ची है, न पूरी। अगर किसी तरह की जिन्दगी है भी तो बड़ी सँकरी और छद्म है। यह निस्सन्देह वैसी ठोस जिन्दगी नहीं है, जिसे हम रोज अपने चारों ओर पाते हैं। इन कहानियों की सबसे बड़ी समस्या है दैहिक भोग यानी रोमांस और सेक्स की। और इस समस्या का चित्रण भी ऐसा, जो हमें किसी व्यापक मानवीय आधार या ऊँचाई पर नहीं पहुँचाता। मध्यवर्गीय ओछी और टुच्ची हरकतों को रस ले-लेकर इस प्रकार से हलके व्यंग्यात्मक लहजे में प्रस्तुत किया गया है कि वह आलोचनात्मक होने की बजाय 'रसात्मक' हो जाता है। इस तरह कहानी परिणति में अपने प्रतिपाद्य को ही गुम अथवा उसका निषेध करती-सी लगती है। लेखक की कहानी पर से न केवल पकड़ छूट जाती है, वरन् वह अपने यौन-वर्णन के प्रवाह में बहकर उसमें ऊभ-चूभ करने, गोते खाने लगता है। इस सीमित और सँकरी जिन्दगी के छोटे और सीमित कैनवास पर रंगों का खूब जमकर इस्तेमाल किया गया है। इस कैनवास पर लॉनवाले बँगले हैं, फेंस पर मेहँदी की लतर है, गैराज और कारें हैं, फैशनेबुल कपड़े, बच्चे और नारियाँ, अच्छा भोजन है, बैंक बैलेन्स है। ऊब, प्रेमिका और रोमांस के होने-न-होने की स्थिति में षड्यन्त्र अथवा गम भी है। यानी ये बनावटी जीवन के बनावटी अनुभवों की बनावटी कहानियाँ हैं। भाषा-शैली के उपयोग से सायास जुटाई गयी रोचकता भी उनकी निरुद्देश्यता को भेद नहीं पाती। जाहिर तौर पर यहाँ दैहिक स्थितियों के डिटेल्स और उनके सूक्ष्म विवरणों से रोचकता लाने की कोशिश है—इस हद तक कि कहानीकार जो भी कहना चाहता है, सपाट शब्दों में ही कह डालता है (कहीं-कहीं चालू फिल्मी प्रतीकों में भी)—थोड़ी भी व्यंग्यवस्तु की गुंजाइश नहीं छोड़ता।

व्यापक जीवन के गहरे सम्पर्क में आने से जो बात आती है, उसका इन कहानियों में नितान्त अभाव है। फलस्वरूप सुरेन्द्र वर्मा एक खास तरह के स्थिर वातावरण और पात्रों को ही विभिन्न कहानियों में दुहराते रहते हैं। पाठक के लिए उनके किसी पात्र को सहानुभूति दे पाना कठिन है। कहानीकार सेक्स और रोमांस की एक कृत्रिम दुनिया ही नहीं रचता, बल्कि बाकी चीजों और कामों को गौण और हेय भी मानता है। दैनन्दिन पारिवारिक जीवन के दुहराव, ऊब और एकरसता को

स्वाभाविक मानकर परस्त्री-गमन को उचित ठहराना और फिर इसके लिए अपराध-भाव से ग्रस्त और त्रस्त भी रहना—इसी दुविधा से बना है सुरेन्द्र वर्मा के अधिकतर कथानायकों का जीवन, जहाँ किसी के भी प्रति निष्ठा का पूरा अभाव है। यह रुग्ण मानसिकतावाला और डरा हुआ पात्र है। सुरेन्द्र वर्मा के पात्र के लिए सेक्स अपने-आपमें ऐसा उद्देश्य है जिसे पाने के लिए वह बेचैन तो है, मगर जिसके प्रति संजीदा और ईमानदार भी नहीं। यही कारण है कि कहानीकार के रूप में राजकमल चौधरी की तुलना में सुरेन्द्र वर्मा उनका पासंग भी नहीं ठहरते। राजकमल चौधरी के यहाँ पात्र सुविधापरस्त नहीं। यौन-जीवन से वे प्रतीकों का भी काम लेते हैं। वे यौन-सम्बन्धी सामाजिक मान्यताओं और नैतिकताओं की धज्जियाँ बिखेरते तथा नयी नैतिकता की दिशा की ओर संकेत करते हैं। उनकी 'मछलीजाल' जैसी कहानी इस दृष्टि से हिन्दी कहानी की एक उपलब्धि मानी जानी चाहिए।

'प्यार की बातें' संग्रह में कुल आठ कहानियाँ हैं, जिनमें 'काउन्टर' और 'सलाहकार' इन दो कहानियों के सिवा बाकी छहों कहानियाँ रोमांस के वर्णन के सहारे टिककर ही अपने पाँव फैलाती हैं। रूमानी स्थितियों के चित्रण में सुरेन्द्र वर्मा सिद्धहस्त हैं। 'कॉमिक' कहानी को कहानीकार ने एक एंटीरोमांटिक और विद्रूपात्मक परिणति दी है और इस बात से उसकी सभी कहानियों में उसकी एक विशिष्ट पहचान बनती है।

सुरेन्द्र वर्मा के पात्र मध्यम दर्जे के मध्यवित्तीय चरित्र हैं। ऐसा पात्र जब-तब आत्मालोचन करता हुआ भी दिखायी देता है, मगर वैसा वह अपने पूर्वनिश्चित दायरे के भीतर ही करता है। वह घूम-फिरकर अपनी सीमाओं में ही लौटता रहता है। अपनी सीमाओं को वह नियति की भाँति स्वीकारता है। छोटी और टुच्ची त्रासदियों को झेलता हुआ सुरेन्द्र वर्मा का शहरी पात्र अपनी ही नजरों में बेचारा, किन्तु वस्तुतः हास्यास्पद बना पाठकीय सहानुभूति पाना चाहता है। कभी स्व. इब्राहिम शरीफ ने ऐसे विषय और चरित्र पर 'मक्कार' जैसी महत्त्वपूर्ण कहानी लिखी थी। खेद है कि सुरेन्द्र वर्मा की कहानियाँ हमें उसके आगे नहीं ले जा पातीं, जहाँ 'मक्कार' की सामाजिक-नैतिक आलोचना पहुँचा सकी थी।

वैसे मध्यवर्गीय पात्रों के बीच टूटते-जुड़ते सम्बन्धों की विडम्बना का खासा एहसास सुरेन्द्र वर्मा को है। वे सम्बन्धों का आदर्श भी वैसा चाहते हैं जिसे फ्रेंड-फिलॉसफर-गाइड का नाम देना भी बहुत कुछ छोड़ देना है, लेकिन ऐसे सम्बन्ध उपलब्ध कहाँ होते हैं? "कुछ ऐसा था, जिसे समझाना मुश्किल था, उसे सिर्फ महसूस ही किया जा सकता था...इस घर में मेरा सम्बन्ध सामान्य नहीं था, इसलिए यहाँ रहते हुए अजीब तरह की झिझक होती थी। 'तीसरे व्यक्ति' बहुत भले थे, उनका

व्यवहार बहुत अच्छा था लेकिन थे तो वे मेरी माँ के पति। बाहर उनकी उपस्थिति में और अन्दर उनके घर में संकोच से घुली-मिली दूरी की यह अनुभूति बराबर बनी रहती थी।" ('एक हफ्ता')

सुरेन्द्र वर्मा मूलतः नाटककार हैं। स्थितियों की नाटकीयता की पहचान और चुस्त-स्वाभाविक संवाद उनकी कहानियों की भी विशेषताएँ हैं। परन्तु कहानियों में इन विशेषताओं का व्यापक लाभ नहीं उठाया जा सका है। वर्णन-शैली में व्यंजनात्मकता के (अधिकांशतः) अभाव, बल्कि आत्ममुग्ध 'रसात्मक' वर्णन-शैली के चलते असंगत स्थितियों के विरुद्ध आक्रोश उत्पन्न करने में कहानी अक्षम रह जाती है। सेक्सगत दुर्बलता और कामुकता की कमजोरियों को रसीले अन्दाज़ में काव्यात्मक अभिव्यक्ति देने के पीछे लेखक की कौन-सी मनोवृत्ति हो सकती है? 'डबल बेड' हर दृष्टि से सुरेन्द्र वर्मा की प्रतिनिधि कहानी के रूप में उभरकर आती है, जिसमें बदचलनी और कामुकता के व्यापार को लेखकीय सहानुभूति के साथ बहुत कुछ शहीदाना अन्दाज़ में पेश किया गया है। स्वयं पात्र और लेखक इस परस्त्री-गमन को एक ओर अनैतिक मानता है और समाज से डरता भी है, मगर दूसरी ओर अपनी मजबूरी बन गयी ललक का समर्थन भी चाहता है। मजा तो यह है कि वह इस भोगवादिता का परिताप भी करता महसूस होता है, पर साथ ही स्मृतियों में उसे सुरक्षित भी रखता है। यही निरर्थक जीवन का वैसा भोग है, जिसे सुरेन्द्र वर्मा के पात्र भोग रहे हैं। उनकी कहानियों में कुल मिलाकर एक अजीब भोथरापन है, कई बार अन्ततः पता लगाना मुश्किल होता है कि कहानीकार कौन-सा प्रच्छन्न व्यंग्य या उदार सहानुभूति प्रकट करना चाहता है? अगर मान भी लें कि लेखक पाठक को अन्ततः इसी निष्कर्ष तक पहुँचाना चाहता है कि अनैतिक कामुकता और अतृप्ति मध्यवर्ग की बेईमान आलस्यपूर्ण जिन्दगी में लगे घुन का परिणाम है, तो इससे भी पाठक के हाथ नया कुछ नहीं आता। जब तक कहानी समकालीन रोजमर्रे और स्वीकृत सामाजिक नैतिकता का अतिक्रमण कर पाठक को किसी मूल्यवान मानवीय दृष्टि ('विजन') का अहसास नहीं कराती, तब तक वह साधारणता में ही लिथड़ी रहती है।

स्पष्ट है कि सुरेन्द्र वर्मा की ये कहानियाँ 'अकहानी' के दौर की होकर भी ऐसी हैं, जिनमें 'नयी कहानी' का भावबोध मुखर है। उनके पास सक्षम भाषा है, जिसके द्वारा वे परिवेश को मानो एक पेन्टिंग में बदल देते हैं। उनकी स्मृतियों में कुछेक ऐसे बिम्ब खुभे हुए हैं, जो बार-बार सामने आते हैं, जैसे 'बन्द गेट पर कार की तेज रोशनी से चमकता हुआ नेमप्लेट' ('एक हफ्ता'), या 'पीतल की नेमप्लेट से धूप की एक तीखी 'कौंध' झिलमिला गयी, ('डबल बेड')। कहानियों में स्मृति-दृश्यों, वातावरण और मनःस्थितियों के विश्वसनीय 'डिटेल्स' प्रस्तुत करनेवाली

समर्थ वर्णनात्मक भाषा के द्वारा वे खाते-पीते मध्यवर्गीय जीवन में एकरसता, अतृप्ति और ऊब का इस तरह से कलात्मक वर्णन करते हैं, गोया इन समस्याओं से निपटने के लिए निर्विवादतः एकमात्र माध्यम यौन ही है। अवैध सेक्स को ही वे 'डबल बेड'-जैसी अनेक कहानियों का 'कथ्य' बनाते हैं। अपनी इस 'स्वाभाविक' जमीन से हटकर वे 'काउण्टर' और 'सलाहकार'-जैसी एक-दो कहानियों में ही समाज और जीवन के दूसरे पक्ष को देखने की कोशिश करते हैं। 'काउण्टर' में बेकारी, लाचारी और किंकर्तव्यविमूढ़ता की अभिव्यक्ति हुई है। यहाँ भी सूक्ष्म निरीक्षण के व्यंग्यात्मक लहजे से कहानी में रोचकता लाई गयी है। वस्तुतः रेस्तराँ ही उनकी कई कहानियों की कथाभूमि है, जिनमें रेस्तराँ का बारीक निरीक्षण मिलता है, यथा "टेबिलों पर छनक और खनखनाहट...बातचीत की बारीक, भौंरों-सी भनभनाहट, जैसे तेज कोलाहल को छान दिया गया हो...। तख्तों की 'खट्-खट्', कुरसियों के पीछे खिसकाने की आहट, बेसिन पर पानी की हलकी कलकल...सुबह से दोपहर तक, दोपहर से शाम तक, शाम से रात तक...बस, यही कुछ आवाजें और चलते हुए मुँह...मुँह, जो जब चलता है, तो माथे के दोनों ओर कुछ नसें उभरती हैं, गालों की खाल के नीचे दाँतों की कतारें चलती हैं और चबाया हुआ कौर गले के उभरे हिस्से को ऊपर-नीचे करता हुआ गायब हो जाता है। दिन-भर यही देखता हूँ—एक नाटक, जिसके प्रारम्भ में चरमसीमा होती है और अन्त में शैथिल्य। बुखर का टेंपरेचर नीच से ऊपर आ जाता है। मैं लोगों को उनकी वेशभूषा और व्यक्तित्व से नहीं जानता, पद और प्रतिभा से नहीं जानता, खुराक और खाने के ढंग से जानता हूँ।" ('काउण्टर')। सुरेन्द्र वर्मा के पात्र स्थितियों को झेलते हैं, उनसे संघर्ष नहीं करते। वे परिस्थिति-चक्र में पड़े हुए हैं—अपने-जैसों से भी विमुख और अलग-थलग हैं। यहाँ साझेदारी का सवाल भी नहीं उठाया जाता। यह ठीक है कि लेखक का कोई यान्त्रिक हल देने का इरादा नहीं, पर परिस्थितियों के दलदल में पात्र को छोड़ने की लेखकीय किंकर्त्तव्यविमूढ़ता अन्धकार की तरह सीधा कहानी पर गिरती है।

'सलाहकार' में एक बेकार व्यक्ति के जीवन की निरर्थकता का व्यंग्यात्मक अंकन एक ललित निबन्ध या ज़्यादा-से-ज़्यादा व्यक्ति-चित्र ही उभार पाता है, उससे कोई अच्छी-सी कहानी नहीं बन पाती। एक लम्बी कहानी है 'पुष्पशय्या'। विधा के रूप में हिन्दी में लम्बी कहानी और उपन्यासिका के बीच किसी तरह का अनौपचारिक सीमांकन भी नहीं हुआ है। वैसे लघुकथा और कहानी (शॉर्ट स्टोरी) को अलग-अलग पहचानना कठिन नहीं है। 'पुष्पशय्या' के केन्द्र में कहानीकार ने ऐसी युवती को रखा है, जिसका मन भौतिक सुख-सुविधाओं और आत्मिक तृप्ति के दो

विपरीत ध्रुवों में बँटा हुआ है। उसे देह-सौन्दर्य का आकर्षण जहाँ मिलता है वहाँ से भौतिक सुख-सुविधाओं के मिलने की सम्भावना नहीं दिखती और जहाँ से उसे भौतिक सुख मिलता है वहाँ पर उसका सौन्दर्य-बोध निरन्तर कुण्ठित होता रहता है। कहानी में लेखक ने खूब पच्चीकारी की है। भाषा की चित्रात्मकता पूरी कहानी पर हावी रहती है। अभाव के आतंककारी वर्णनवाले दो-चार वाक्यों को छोड़ दें तो कुल कहानी में यौन-सहवास का मादक वर्णन पसरा पड़ा है। एक ओर परम्परागत रूप से स्वीकृत (पति-पत्नी के बीच) के प्रणय को बँधे-ठहरे रूप में प्रदर्शित किया गया है, जिसमें लेखक ऊब और एकरसता को झलकाता चलता है और दूसरी ओर वह सामाजिक रूप में 'अनैतिक' यौन का स्वच्छन्द और आकांक्षित रूप सामने रखता है। इसे कहानीकार वाकई नारी-मनोविज्ञान के रूप में परोसना चाहता है। कुल मिलाकर वह कहानी में दिखाता है कि बेतहाशा समृद्धि के तले दबी हुई और दाम्पत्य के नाम पर 'बिछी' हुई स्त्री जाने-अनजाने यौन-शोषण का शिकार बन रही है। कहानी का 'कथ्य' या निष्कर्ष भी इन शब्दों में रख देता है : "लेकिन इस सम्बन्ध में सबसे विलक्षण बात यह थी, कि विवाह से पहले का शारीरिक संयोग एक ओर था और बाद के सारे संयोग एक ओर। कोई उससे पूछे, तो वह इस मोटी विभाजक रेखा की स्थिति को साफ शब्दों में प्रकट नहीं कर सकती थी। लेकिन अपने अन्दर यह अन्तर बहुत स्पष्टता से महसूस होता था। अपना शहर छोड़ने से एक दिन पहले की जिस कच्ची-सी रात में जिस्मानी अनुभव ने मन को जिस गहरे स्तर पर तराशा था, बाद में कभी पल-भर को उसका आभास भी नहीं हुआ, जैसे वे दो अलग-अलग छोरों के दो अलग-अलग अनुभव थे और उनमें किसी प्रकार की कोई समानता नहीं थी।"

'प्यार की बातें' की कहानियाँ गम्भीर अर्थों में किसी आधुनिकता 'प्रेमलीला' की रचना नहीं करतीं। प्रेम को यहाँ प्यार के सनसनाहट-भरे हल्के खेल के रूप में सरलीकृत करके प्रस्तुत किया गया है, गोया समकालीन जीवन में प्रेम की एकमात्र यही स्थिति हो ! ये कहानियाँ इस बात का सबूत पेश करती हैं कि लेखक के पास समर्थ भाषा और सूक्ष्म पर्यवेक्षण-क्षमता है। पर साथ ही ये इसका प्रमाण भी बनती हैं कि किसी गहरे मानवीय मूल्य के संकेत के अभाव में कहानी महत्त्वपूर्ण नहीं बनती। इन कहानियों को पढ़ते हुए बरबस भालचन्द्र नेमाड़े द्वारा 'टीका स्वयंवर' में मराठी कहानियों पर की गयी यह टिप्पणी याद आती है : "मानसिक, भावुक, अस्पष्ट, जानबूझकर बेकार तकलीफ देनेवाली, 'आसमान में बादल छाए हुए थे' या 'बाहर धूप चिलचिला रही थी' जैसा आरम्भ करनेवाली, न ठीक तरह से गद्य ही है न ठीक तरह से पद्य ही, ऐसी कहानियाँ लिखनेवालों की भारी भीड़ मराठी में इकट्ठा हो गयी है।" सुरेन्द्र वर्मा की भी कहानी इस तरह आरम्भ होती है– "शाम गहरी हो

रही थी। सूरज डूब चुका था...।" ('पुष्पशय्या') कुल मिलाकर कहा जा सकता है कि वे हिन्दी कहानी में कुछ जोड़ नहीं पाते।

सत्तर के दशक से हिन्दी कहानी में सत्येन कुमार उभरे थे। तबसे पत्र-पत्रिकाओं व कहानी-संग्रहों के द्वारा वे समकालीन हिन्दी कहानी-परिदृश्य पर लगातार मौजूद रहे हैं और जिनके प्रमाण से यह कहना अत्युक्ति नहीं होगा कि वे मूलतः कहानीकार हैं। वे थिएटर, पेन्टिंग, ग्राफिक्स और फोटोग्राफी में भी दिलचस्पी रखते हैं, जिनके प्रभाव से उनकी कहानियाँ भी पूरी तरह अछूती नहीं रह पातीं। वे जिस पीढ़ी के हैं, वह प्रसाद-प्रेमचन्द-बेनीपुरी से लेकर जैनेन्द्र-अज्ञेय-यशपाल-अश्क-नागर-रेणु-भीष्म साहनी-निर्मल वर्मा-रामकुमार आदि लेखकों के द्वारा परोसी गयी रचनाओं पर पली-बढ़ी तथा 'अकहानी' के दौर के आसपास अपना मुँह खोलने लगी थी। इस पीढ़ी ने विदेशी कथा-साहित्य का भी यथाशक्ति सेवन किया, जिसका भला-बुरा प्रभाव भी उसकी रचनात्मक सेहत पर महसूस किया जा सकता है। 'पनाह तथा अन्य कहानियाँ' सत्येन कुमार का नया कहानी-संग्रह हैं।

सुरेन्द्र वर्मा की तरह सत्येन के अनुभवों में भी मध्यवर्गीय सम्भ्रान्तता और आभिजात्यपूर्ण सोफिस्टिकेशन है, लेकिन सत्येन का अनुभव-जगत सुरेन्द्र वर्मा की अपेक्षा फैला हुआ है, जिसका अचूक प्रमाण सत्येन की भाषा के रेंज के विस्तार में दिखायी देता है। कुछ और दृष्टियों से भी सत्येन का कहानीकार विशिष्ट है। सत्येन कुमार की एक खासियत है विशिष्ट चरित्र-सृष्टि। हीरोइक चरित्रों की सृष्टि करना उन्हें अच्छा लगता है और सम्भवतः हीरोवर्शिप भी। 'हंस'-जैसी कहानी के चरित्र, परिवेश और भाषिक अभिव्यक्तियाँ भारतीय नहीं लगतीं। समुद्र तट को पृष्ठभूमि में रखकर लिखी गयी इस कहानी को पढ़ते हुए अगर हेमिंग्वे की याद आती रहे तो आश्चर्य नहीं होना चाहिए। चूँकि सत्येन कुमार के लिखने की शुरुआत अंग्रेजी में (कविताओं से) हुई, सो काव्यात्मकता भी उनकी कहानियों की एक खासियत बनकर उभरी है। अंग्रेजी ढंग की अभिव्यक्ति और काव्यात्मकता के घालमेल से कुछ इस तरह की भाषा पैदा होती है : "उस मौसम में शाम को ऐसी हवा चलने का मतलब होता था कि समुद्र तट पर बहुत कम लोग आते थे जिन्हें मैं कॉफी या ताड़ी के साथ तली हुई मछली और झींगे बेच सकता था। निराश होकर मैंने अपना स्टोव बुझा दिया और सारा सामान दो बड़े-बड़े थैलों और एक खोके में भरकर मैं अपनी गुमटीनुमा दुकान के बाहर आकर खड़ा हो गया था, समुद्र को देखता—जो कभी मेरी समझ में नहीं आया था। आसमान और समुद्र का वह रंग देखकर जो कुछ भी मेरे भीतर बुझ

गया था, बड़ी जल्दी उससे ज़्यादा कुछ सुलगने लगा था।" (हंस)

बावजूद इस विदेशीपने की छाया और भावुकता की सीमाओं के सिर्फ भाषिक वर्णन-क्षमता के सहारे लेखक स्थितियों में विश्वसनीयता भरने की कोशिश करता है ("याद रखना, पैसे के जोर पर सिर्फ तवायफ चलती है। बाकी सब दुनिया में या दिमाग के जोर पर चलता है या दिल के जोर पर।") और उसे सफलता भी मिलती है। वह एक ऐसा व्यक्ति-नायक रचता है जिसके भीतर समुद्र की आवाज है, बल्कि जो समुद्र-जैसा ही है, जिसमें "पता ही नहीं चलता कि पानी कहाँ खत्म होता है और आसमान कहाँ शुरू होता है। बहुत कम लोग होते हैं ऐसे...।" 'हंस' कहानी के रंजी की ही भाँति 'गठान' कहानी के श्रीओम सेठी और 'नक्षत्र' के ठाकुर साहब का भी उदार, व्यापक, विशाल और ऊँचा व्यक्ति-चित्र खींचा गया है। दोनों ही सफल व्यवसायी हैं, पर उन्होंने व्यवसाय को तथा उससे प्राप्त सुख-सुविधाओं को साध्य नहीं बनाया। आदमी के आदमीपन की पूरी संजीदगी और ईमानदारी से खोज में इनका व्यक्तित्व फैलता और निखरता रहता है। रंजी, सेठी और ठाकुर साहब—जैसे चरित्र 'गैरमामूली' और 'मिसाल देने लायक आदमी' हैं। ऐसे चरित्रों के प्रति कहानीकार का झुकाव ही अपने-आप बहुत-कुछ व्यक्त कर देता है। एक खास तरह की उदारता, जोखिम उठाने का साहस, दो-टूकपन, अपने सिद्धान्तों और विश्वासों के लिए प्रिय-से-प्रिय वस्तु को न्योछावर करने की तत्परता आदि आज के जमाने में कुछ ऐसे विरल होते जा रहे सामन्ती गुण हैं, जिन्हें उचित ही कहानीकार अब भी बचाकर रखना जरूरी समझता है।

हिन्दी में कविता ही नहीं, कहानी को लेकर भी ढेरों आन्दोलन चलाने की कोशिशें हुईं—नयी कहानी, समान्तर कहानी, सचेतन कहानी, जनवादी कहानी वग़ैरह। कहानी में 'क्या' हो इस पर खूब लम्बी-चौड़ी बहसें हुईं, फतवे जारी किए गए, मगर कभी-कभार ही इस बात पर भी चिन्ता की गयी कि 'कहानी क्या' हो। बताया गया कि कहानी-आन्दोलनों में कहानी से उसका कहानीपन गायब हो गया और जरूरत कहानीपन की है, जिसे 'कथारस' भी कहा गया। इसकी माँग आएदिन उठती ही रहती है और क्यों न उठे, क्योंकि कहानियाँ जिस मात्रा में लिखी जाती रही हैं, उसी मात्रा में अच्छी कहानियों का टोटा भी रहा किया है। व्यक्तित्वहीन, एकरस विचार और भाषा के बीहड़ में पठनीयता गुम हो गयी। इस पठनीयता को प्राप्त करने का एक उपाय कइयों ने रोमांटिक थीम और सपनीली भाषा में ढूँढ़ा। ऐसे लोगों ने ज़्यादातर सतही प्रेम-कहानियाँ प्रस्तुत कीं। इस बात में सच्चाई है कि बढ़िया कहानीकार वह है, जो किसी भी स्थिति की भाँति रोमांटिक स्थितियों का भी दीर्घ मगर बिना ऊबाऊ हुए वर्णन कर सकता हो। सत्येन कुमार में ऐसे वर्णन की

क्षमताशाली भाषा है और वर्णन के उपयुक्त मार्मिक स्थलों की पहचान भी। उन्हें भाषा के प्रयोग से मार्मिक स्थलों के प्रभावशाली और वेधक बनाने का राज भी पता है। 'खोया हुआ सच'-जैसी कहानी की थीम वैसे है तो अनन्य साधारण–अवैध, अनैतिक, दैहिक सम्भोग की, लेकिन यह सत्येन कुमार की खूबी है कि सामान्य में से विशिष्ट सत्य को वे ढूँढ़ निकालते हैं। कहानी अपने मध्यभाग के पश्चात् तक जैसे नयी कहानी के आसेब से बँधकर चलती रहती है, रोमांस से लबालब भरी उसकी काव्यात्मक कथाभाषा और सिर्फ लहू (शुद्ध भावावेग) के तर्क को वहन करती देहगाथा, कहानी को एक निश्चित पटरी पर चलाती है, किन्तु अन्त तक पहुँचते-पहुँचते लेखक उसे एक अद्भुत ऊँचाई दे देता है। जो सच आसानी से हमें उपलब्ध है उसे लेकर हम लीक-लीक आसानी से चल देते हैं और किसी गहरे सच का सामना होते ही भयभीत और आतंकित हो जाते हैं। लेखक जैसे खोए हुए सच को जानता-पहचानता है और उसका हिमायती है। दुनियादारी में जीवन के अपेक्षित सत्यों की अपेक्षा होती है। कहानीकार जीवन और समाज की नकारात्मक स्थितियों में भी अनदिखे सकारात्मक कोणों और पहलुओं को चीन्ह लेता है और दृष्टिपथ से उन्हें छूटने नहीं देता। इस तरह उसकी नैतिक दृष्टि पूरी तरह सभ्य और समाजबद्ध नहीं होती, बल्कि उनका अतिक्रमण करती है।

'अधूरी चिट्ठी' में कहानीकार ने एक ऐसे चरित्र को गढ़ा है, जो जिन्दगी के प्रति एक खास रवैया लेकर चल रहा है। उसका एक विचित्र किस्म का नियतिवादी आग्रह है, लेकिन जिसे मान लेने से उसकी सक्रियता कम नहीं होती। उसका विश्वास है कि सबकुछ पहले से तय है और अपनी इस समझ की ढाल पर वह अपने ही आत्मीयों के सारे आक्रमण झेल लेता है। उसे अजनबी लोगों से वह सबकुछ मिल जाता है, जो अपने निकटतम सम्बन्धियों से नहीं मिला। दरअसल इसका राज खुद उसके अपने व्यक्तित्व में छिपा है, जो अजनबियों से भी आत्मीय की तरह ही व्यवहार करता है।

जिन्दगी की गहराइयों में से ऐसे ही अनगढ़, अधूरे या अनदिखे, अनछुए सत्यों के हीरक-कणों को खोजने की चिन्ता सत्येन कुमार में दिखायी देती है। यही प्रवृत्ति उनकी भाषा में सूक्तियों के रूप में निखरकर सामने आती है, जहाँ कहानीकार मानो अपने निरीक्षण का निष्कर्ष पेश करता चलता है। उदाहरण के लिए–

"कितनी अजीब चीज होती है मुसकराहट भी–कहे-अनकहे न जाने कितने शब्दों के समुद्र के ऊपर पुल की तरह तन जाती है।" ('हंस')

"अपनी आवाज में सामनेवाले की बात के बावजूद अपनी बात कहना न सिर्फ इन्सान की पहचान है–बल्कि उसका फर्ज भी।" ('गठान')

"यदि वास्तव में कोई ऐसी प्रक्रिया है जो हमें 'ब्लैक होल' अस्तित्व की अवधारणा तक पहुँचा सकती है तो वह सिर्फ एक औरत है–उसका ब्रह्मस्वरूप।"

"लड़की की देह से बड़ा कोई समुद्र नहीं होता।" ('खोया हुआ सच')

"कोई खेल नहीं होता जिन्दगी की तरह, क्योंकि कैसी भी जीत या हार खत्म नहीं करती इस खेल को।" ('नक्षत्र')

"बोले गए शब्दों की एक मुश्किल यह होती है कि अक्सर वे सही आवाज में लिपटे नहीं होते। खुशनसीब होते हैं वे, जो जिन्दगी के बाजार में शब्दों का कारोबार किसी जौहरी की तरह कर पाते हैं।" ('पनाह')

सत्येन कुमार की भाषा अपनी परिधि में बड़ा-सा क्षेत्रफल समेटती है। लोग चाहे उच्चवर्ग के हों, मध्यवर्ग के या निम्नवर्ग के, शिक्षित हों या अशिक्षित, सज्जन हों या गुण्डे-लफंगे, खूनी–भाषा में इन सबके तेवर अलग-अलग झलकते हैं। 'मुसकान' और 'जाला' में निम्नवर्ग के जीवन-यथार्थ को भाषा की स्वाभाविकता में समेटा गया है। 'पनाह' कहानी में बोलचाल की पंजाबी भाषा का खुलकर प्रयोग किया गया है, जिसे कहानीकार वातावरण-निर्माण के लिए जरूरी मानता होगा। 'मुसकान' भोपाल गैस-त्रासदी की पृष्ठभूमि में लिखी गयी कहानी है, जिसमें शोषणचक्र की उस असलियत का एक पहलू उघाड़ा गया है, जिसमें न जाने कितने लोग अपने हाथ सेंक रहे हैं। 'पनाह' कहानी 'ऑपरेशन ब्लूस्टार' और दंगे में सिखों की हत्या को पृष्ठभूमि बनाकर लिखी गयी है। इसे कहानीकार द्वारा अपनी संवेदनाओं को विषय-क्षेत्र को रूढ़ि से मुक्ति दिलाने की कोशिश के रूप में भी देखा जा सकता है। वर्णन हो या संवाद, हर क्षेत्र में सत्येन कुमार की भाषा प्रभावी ठहरती है। इस भाषा में बिम्बों को रूपायित करने और उन्हें प्रतीकों में बदलने की क्षमता है : "सिर के चारों तरफ पुतली से बँधे उस चश्मे पर बेहिसाब धूल जम गयी थी। उसके पीछे छिपी बीमार आँखें अब बहने लगी थीं। बहते आँसुओं को झुर्रियों में फँसी धूल ने रोक रखा था। वह चेहरा कीचड़ में बदलता जा रहा था।" ('मुसकान')

जहाँ सुरेन्द्र वर्मा भावुकता और आत्ममुग्धता से निकल नहीं पाते, वहीं सत्येन कुमार की कहानियाँ उनसे निकलने के प्रयत्न का सफल प्रमाण प्रस्तुत करती हैं।

एक तरफ साधारण, पिष्टपेषित कहानियों की भीड़ बढ़ाते कहानी-संकलन निकलते जा रहे हैं, वहीं कतिपय बेहतरीन संजीदा कहानीकारों के संकलनों का प्रकाशन नहीं हो पाता। कारण बहुतेरे हैं। एक कारण स्वयं लेखकीय संकोच भी हो सकता है, जिसका अप्रतिम उदाहरण अशोक सेकसरिया का संग्रह 'लेखकी' है, जिसे लेखक

की अनिच्छा के बावजूद प्रकाशित किया गया है। अशोक सेकसरिया ने प्रचलित ढर्रे से निस्सन्देह अलग कहानियाँ लिखीं और पत्र-पत्रिकाओं में छपवाईं। अतः हिन्दी संसार को उनका संकलन पाने का 'हक' होना ही चाहिए। यह ठीक है कि सेकसरिया ने ज़्यादा संख्या में कहानियाँ नहीं लिखीं। पर वे निस्संदेह उन थोड़े-से कहानीकारों में हैं, जिन्होंने अपनी पहचान कायम की। भुवनेश्वर, ज्ञानरंजन, महेन्द्र भल्ला, अशोक सेकसरिया आदि ने कम लिखा जरूर, मगर कहानी के प्रचलित ढाँचे से अलग अपनी छाप अवश्य ही छोड़ी। सन् साठ के बाद से हिन्दी कहानी के परिदृश्य पर आए अशोक सेकसरिया ने आरम्भ में गुणेन्द्र सिंह कम्पानी-जैसे छद्मनाम से लिखा।

अशोक सेकसरिया कोई अद्वितीय नहीं, वे हिन्दी के एक विरल कहानीकार अवश्य हैं। आज हिन्दी में खुद की ऐसी की तैसी करते हुए लिखने की 'कला', 'गर्दिश' से आगे 'आत्मतर्पण' तक पहुँचकर जिस कदर घिस-पिट गयी है, वैसी स्थिति में आत्मालोचन—ईमानदार, संयम और संजीदा आत्मालोचन विरल हो गया है। अशोक इसी से हिन्दी के विरल कहानीकार हैं। उन्हें इसलिए भी विरल कहा जा सकता है, क्योंकि उन्होंने हिन्दी में कुछ विरल क्षेत्रों को लेकर भी कहानियाँ लिखी हैं। 'दुखवा कासे कहूँ मोर सजनी' को ही लें, जो अपने देश में खेल की राजनीति के चित्रण की मार्फत माहौल की पूरी विसंस्कृति को उघाड़ती चलनेवाली कहानी है। सेकसरिया की कहानियों का केन्द्रीय पात्र मध्यवर्ग का है, वह खूब सोचता है; सोचता ही रहता है, बल्कि उसके सोचने की सक्रियता को लेकर ही कुछ उसी तरह की प्रक्रिया से कहानी का रूप गठित होता है, जैसे दिल की धड़कनों को ई.सी.जी. द्वारा कागज पर रेखांकित किया जाता है। यह परम्परागत चेतना प्रवाह शिल्प से इस अर्थ में थोड़ा अलग है कि छोटी-मोटी घटनाओं और छिटपुट ब्यौरों को भी सोचने के क्रम में ही मिला दिया गया है।

इन कहानियों का मुख्य पात्र या कथानायक एक खास किस्म का साधारण व्यक्ति है, क्योंकि अपनी साधारणता का और विशिष्ट न हो पाने का अहसास उसे कचोटता रहता है मगर वह प्रचलित हथकण्डे अपनाकर सतही और छिछले ढंग की प्रसिद्धि भी नहीं चाहता। यही बात उसे साधारणता में विशिष्ट बनाती है। यह कथानायक सामाजिक स्तर में चाहे कितने ही नीचे का क्यों न हो, एक और अर्थ में अनन्य साधारण है कि उसकी रुचि अत्यन्त परिष्कृत और ऊँची है, चाहे वह चीजों को लेकर हो, स्थितियों अथवा व्यक्तियों को लेकर हो। ऐसा नहीं कि कथानायक बड़ी ऊँची नैतिकतावाला है, वह विशेष सिर्फ इस अर्थ में है कि उसे अपनी नैतिक हीनता का बोध हर पल होता है, जो अपने धन्धों में दस वर्षों से जुटा है और तेईस

की उम्र से तैंतीस की उम्र तक के "इन दस वर्षों के बारे में वह कभी-कभी सोचता और कोशिश करता है कि इन दस वर्षों में उसमें क्या परिवर्तन हुए, यह ढूँढ़ निकाले। उसकी तनख्वाह बढ़ गयी थी। कमीशन की परसेंट बढ़कर साढ़े बारह प्रतिशत हो गयी थी, और सबसे बड़ी बात, उसकी माँ मर गयी थी।" यहाँ सबसे आखिरी और सबसे बड़ी बात सबसे महत्त्वपूर्ण है। माँ का मरना उसकी मासूमियत और एक प्रकार से उसकी आदमीयत के ही मर जाने का प्रतीक है। मध्यवर्गीय जीवन-व्यापार में जुटे इस एजेन्ट की हालत यह हो जाती है कि "डीलरों को माल बेचते वक्त वह अनायास ही बिना प्रयास झूठ बोल लेता था और यदि कभी सच बोलता, तो उसे आश्चर्य होता।" यहाँ तक कि प्रेम के मोर्चे पर भी वह द्वन्द्वरहित नहीं हो पाता। उसका 'पैम' नाम की एक युवती से कुछ अर्से से सम्बन्ध जुड़ रहा था। 'वह पैम से छुटकारा पाना चाहता था, पर नहीं भी चाहता था...।' बात यह थी कि, "वह जानता था कि पैम को शंका थी कि वह उससे प्रेम नहीं करता। एक तरह से शंका ठीक भी थी, क्योंकि जिस अर्थ में पैम प्रेम को समझती थी, उस अर्थ में वह प्रेम नहीं करता था। उसे कभी-कभी लगता था कि वह फँस रहा है, साथ ही यह भी लगता कि वह फँस नहीं रहा है और यदि फँस रहा है तो क्या बुरा है। उसे जीवन में कहीं-न-कहीं तो टिकना था।" इस तरह मध्यवर्गीय जिन्दगी का सन्देह और द्वन्द्व-भाव जितना आम है उसका संक्षेप में किन्तु उतना ही सहज अंकन अशोक सेकसरिया कर देते हैं। लेकिन उनके पात्र टाइप नहीं होते। साधारण रोजमर्रे के ब्यौरों में से कहानी की संवेदना को छान लेना अशोक सेकसरिया की विशेषता है। बल्कि उनकी कहानियाँ सामान्य दिनचर्या में कहानी ढूँढ़ने की कोशिश का ही नतीजा हैं। उनके लिए जिन्दगी की रोजाना हरकतें बेमतलब नहीं हैं, क्योंकि उनके ब्यौरों में ही कहानीपन का माद्दा होता है। 'रंदवू'-जैसी कहानी में, जो दाम्पत्य प्रेम और घर-गृहस्थी की साधारण दीखनेवाली कहानी है, कथानायक का मध्यवर्गीय किन्तु संवेदनाशील व्यक्तित्व उभरकर सामने आता है। यह व्यक्तित्व अक्खड़, फक्कड़ और बेपरवाह होने के बावजूद दूसरों का ख्याल रखनेवाला है। सारे कथानायकों की प्रवृत्ति लगभग एक--जैसी है।

'छाया' का प्रमुख पात्र सख्त आत्मालोचन के दौर से गुजरता है और 'अपने को एक पल असलियत में देखने पर उसे लगा कि वह दरअसल भला और अच्छा नहीं है।' 'छुटपन के वर्षों का अन्तर' का नायक कहानी के अन्तिम वाक्य में 'टम्बलर में पड़े बर्फ की तरह सख्त था और पिघलना नहीं चाहता था।' 'दीक्षा' का नायक अपने बारे में सोचता है कि 'शायद नौकरी करने से जोखिम उठाने की बात मन से खत्म होती जाती है...।' 'बुद्धू' के कथानायक को 'हर आदमी की तरह अपना ओछापन भूला रहता। जब याद आता तो वह खुद को इतना पाखण्डी लगने लगता

कि उसकी दुनिया खत्म हो जाती।' अपनी आत्मभर्त्सना को यह कथानायक अनात्म तक विस्तृत कर देता है। 'रोज-रोज कुछ भी न कर पाने पर कुढ़न में वह सोचता कि इस मुल्क का ही हाल कुछ ऐसा है कि उसमें कोई भी कुछ नहीं कर सकता!' इस आत्मभर्त्सना का दूसरा छोर आत्मरति था। 'अपार आत्मरति में उसने याद किया कि वह बचपन से ही धर्मनिरपेक्षता की ओर अग्रसर था।' अपार ग्लानि के बावजूद 'वह अपने को साम्प्रदायिक नहीं मान सकता था। उसके बहुत से प्रमाण उसके पास थे। उसने अपने प्रमाणपत्रों को एक-एक कर निकालना शुरू किया और अपनी धर्म-निरपेक्षता पर मुग्ध होने का समाँ बाँधा।' अशोक सेकसरिया इस बहाने साम्प्रदायिकता की नाजुक बुनावट को भी सूत-दर-सूत टटोलने की चेष्टा करते हैं। 'बुद्धू' के नायक की सोच की मार्फत वे पूरे महौल पर काफी चुस्त टिप्पणी जोड़ते हैं : "परेशानी ही उसकी उदासीनता को रद्द कर देनेवाली व्यवस्था थी। हिन्दुस्तान में, उसने सोचा, यही तराजू है जिसके सहारे आदमी सोच सकता है कि वह एकदम मरा नहीं। अपनी परेशानी का काव्यशास्त्र ढूँढ़ लेने के बाद उसने उसमें टिप्पणी जोड़ी कि आत्मभर्त्सना भी एक अनिवार्यता है। जिसके बिना कम से कम हिन्दुस्तान में यह लगता है कि जीवन छूट गया है। आत्मभर्त्सना के बिना बेमानी हिन्दुस्तानी जिन्दगी में कुछ भी बचा नहीं रह जाएगा। वह आत्मभर्त्सना की वकालत करने लगा और अखबारों में पढ़ी अनिवार्यताएँ और आवश्यकताएँ सब इससे जुड़ गयीं। क्या सच है और क्या झूठ, किसने जाना है। किसी ने नहीं, और उसकी क्या बिसात।" इस तरह आत्मभर्त्सना को कहानीकार आत्मरति से जोड़कर देखता है और आत्मरति को बुद्धिजीवियों की निष्क्रियता का एक कारण मानता प्रतीत होता है।

कथानायक की भाँति ही इन कहानियों के नारी-चरित्रों में भी अधिक विविधता नहीं है। ज़्यादातर ये नारियाँ सीधी-सादी, भोली-भाली, प्रेम किए जाने लायक और प्रेम पाकर सन्तुष्ट हो जानेवाली हैं। 'बिल्डिंग' कहानी इस प्रकार के दाम्पत्य का एक सटीक प्रतीक है, जहाँ नारी सुरक्षा, शान्ति और सुख-सुविधा पाती है, भले ही वहाँ ऊब-नीरसता भी झेलनी पड़े तो स्वीकार होगा। एक-दो कहानियों में जैसे 'छुटपन के वर्षों का अन्तर' की प्रीति और 'विकल्प' की इला भावुक प्रेम बनाम दुनियावी सफलता के बीच जरा भी भावुक हुए बिना अपना विकल्प चुन लेती हैं—वे प्रेम को सफल बनाकर अपने व्यावहारिक जीवन को असफल बना देने का जोखिम नहीं उठा सकती थीं। कहानीकार की इसमें यह विशेषता है कि वह व्यंग्य दृष्टि से ऐसी परिस्थितियों को देखकर उन्हें सतही और हलका नहीं बनाता। बल्कि कहानीकार के लिए ऐसी स्थितियाँ तकलीफदेह होती हैं। सूक्ष्म संवेदनशीलता और कठोर गद्यात्मक स्थितियों की टकराहट में जीवन की कटु वास्तविकताएँ संवेदना को भले

ही बिलकुल खत्म नहीं कर देती हों, मगर उसे भोथरा अवश्य बना देती हैं और यह भोथरापन कम पीड़ादायक नहीं होता।

अशोक सेकसरिया के लिए 'कहानी जीवन का मर्म है या जीवन का मर्म ही कहानी' है। उनकी कहानियाँ अगर किसी आलोचक को 'अधूरी' या बनते-बनते रह जानेवाली लगती हैं, तो इसका कारण यह हो सकता है कि अशोक कहानी को सम्भवतः अपने ढंग से परिभाषित करना चाहते हैं। कहानी के निश्चित रूपबन्ध के भीतर के प्रयोग निश्चय ही कहानी के गुणों का विस्तार करते हैं, किन्तु स्वयं रूपबन्ध से ही छेड़छाड़ करनेवाले प्रयोगों के कहानी की सीमा से बाहर जा फिसलने का खतरा हो सकता है। प्रयोगों से नयापन और ताजगी आती है, अतः प्रयोग अपेक्षित तो हैं ही। अशोक सेकसरिया कहानी के बने-बनाए ढाँचे से सन्तुष्ट न होकर कथ्य और ढाँचे को लचीला बनाने की कोशिश करते जान पड़ते हैं। उनकी कहानियों में व्यक्ति पर हावी हो रही सामाजिक-आर्थिक और राजनीतिक चिन्ताएँ मुखर हैं और व्यक्तिगत एवं सामाजिक नैतिकता की खोज उनकी मुख्य समस्या है। वे वैसे तथाकथित राजनीतिक लेबुलवाले कहानीकारों की श्रेणी में नहीं रखे जा सकते, जो रचना को वैचारिक हथियार की तरह बरतने के इच्छुक होते हैं। ऐसे कहानीकारों के लिए उनका यह वाक्य नसीहत की भाँति हो सकता है कि 'दुनिया बदलना इतना आसान नहीं, पर इस जाहिल आदमी से सिर खपाने से क्या फ़ायदा?' ('देस-विदेस')

'अपने भीतर छल को जानना' ऐसा मन्त्रसिद्ध आप्त वाक्य है जैसे यह अशोक सेकसरिया की कहानियों की कुंजी ही हो। अपने भीतर के छल से साक्षात्कार का क्षण तीव्र आत्मालोचन का परिणाम है और यह आत्मपरिष्कार आदमी के आदमी होने की निशानी है। आत्मालोचन की प्रक्रिया में व्यक्ति खुद को क्रमशः छीलता जाता है। अशोक सेकसरिया यही प्रक्रिया कहानी-लेखन में अपनाते हैं और इसी प्रक्रिया से हिन्दी कथा-लेखन के समकालीन परिदृश्य को समझते-समझाते हैं। इस बात के सन्दर्भ 'लेखकी' ओर 'गरीबी' जैसी कहानियों में स्पष्टता से दर्ज हैं। 'नयी कहानी' के तथाकथित अलमबरदारों ने रोमांटिक ढंग से पहाड़ी एकान्त पर जाकर रचना करने का जो मिथ खड़ा किया था, उसे 'लेखकी' झटके से तोड़ती है। कलमघिसाई के दरम्यान अपने लेखक होने का एहसास 'लेखकी' के नायक को होता है और वह नैनीताल जाकर "'शेखर और त्यागपत्र की खिचड़ी-से' उपन्यास लिखने की बरसों पुरानी साध पूरी करना चाहता है। उसकी मनःस्थिति ऐसी हो गयी थी कि वह अपने बारे में किसी प्रकार का निर्णय नहीं कर सकता था। अगर कोई उसे कहता कि वह लिखने का पाखण्ड रचने पहाड़ पर जा रहा है तो वह बिना प्रतिरोध किए इस बात को मान लेता।...उसे लगा कि अभी भी वह वही अपरिपक्व व्यक्ति रह गया है जो

अपने मन की बात नहीं जानता, दूसरों की किताबों में पढ़ी बातें ही उसके लिखने में उतर रही हैं।...सोचा, उसे भला लेखक होने की ऐसी क्या पड़ी है। पेट भरने लायक पैसे उसे नौकरी से मिल ही जाते हैं, फिर यह मनोविलास और उसे न कर पाने का कष्ट क्यों?" अशोक सेकसरिया 'ईमानदार लेखन' या सम्पूर्णतः 'ईमानदारी से लेखन' की बात तीक्ष्ण आत्मालोचन के साथ उठाते हैं। सवाल उठता है कि लेखन (रचना) का बिलकुल निरपेक्ष और डिटैच्ड होना क्या सम्भव है? हर वक्त के लेखन में उसकी परम्परा की अनुगूँजें रहेंगी ही। पर 'लेखकी' का व्यंग्य हिन्दी के वैसे सामयिक लेखन पर सटीक बैठता है, जो सिर्फ कुछ भी लिखने के लिए अधिकांशतः यशः प्रार्थियों के द्वारा प्रस्तुत किया जाता है। लेखन को संजीदगी से (प्रोफेशनल तरीके से) नहीं लिए जाने का भी खमियाजा हिन्दी साहित्य को भुगतना पड़ा है। कई अच्छे लेखक इसलिए नहीं लिख पा रहे क्योंकि वे सोचते हैं कि जब लिखने की समुचित प्रेरणा या माहौल मिलेगा तब ही वे लिखेंगे (जो पता नहीं कब उन्हें प्राप्त हो?)। 'लेखकी' का नायक बिना कुछ लिखे नैनीताल छोड़ देता है। "अगले दिन जब वह नौकरी पर लौटने के लिए बस में बैठा तो उसने तय किया कि वह तब तक लिखना शुरू नहीं करेगा, जब तक उसका दिमाग उलझनों से दूर नहीं होगा। वह स्वस्थ साहित्य नहीं लिख सकता। अब लिखने पर खोखली भावुकता और मरियल रूमानीपन के सिवाय उसके लिखने में कुछ नहीं होगा।" हिन्दी के लेखन में जल्दबाजी और छपास कुछ ज़्यादा ही है। हालत यह है कि "जुम्मा-जुम्मा कलकत्ते में आए और लगे कलकत्ते के बारे में लिखने।" ('गरीबी')

'गरीबी' का लेखक-पात्र कुछ इस प्रकार से आत्मस्वीकृतिपरक कथन करता है : "उमर बीतने का एहसास और पत्र-पत्रिका में इन कीड़े-मकोड़ों की चर्चा देखकर मेरे मन में इच्छा पैदा होने लगी कि मैं भी लिखूँ। इनका लिखना देख मेरे मन में विश्वास भी पैदा हो रहा था कि कम से कम जो लिखूँगा वह इनके जितना बनावटी और हवाई नहीं होगा, यही मेरा साहस था।...आत्मदया से प्लावित होकर ही मैंने शायद उपन्यास लिखना शुरू किया था। मुझे कुछ भी सचमुच पता नहीं चलता, आत्मदया शायद मनोवैज्ञानिक शब्द है और मैं उसका ज़्यादा से ज़्यादा दुरुपयोग करता हूँ। प्रेरणा मुझमें नहीं थी, कभी-कभी लगता है कि यह भी हवाई चीज है। मैं क्यों नहीं लिख सकता यह मैं बार-बार सोचता था।" क्यों नहीं लिख सकने का कारण इसी कहानी के अन्त में दामोदर इस तरह से रखता है : "मुझे लग रहा है कि अगर देश आजाद नहीं हुआ होता तो मैं लिख सकता था। मेरी प्रतिभा तब इतनी फूहड़ नहीं रह सकती थी। हम कांग्रेस के थोड़े उन कार्यकर्ताओं की तरह हैं जो आजादी आते ही राजनीति से अलग हो गए और अब दूसरों को देखकर जलते और कुढ़ते रहते हैं।"

कहानीकार की ओर से आयी इस तरह की टिप्पणियाँ 'यह मुल्क ऐसा है कि यहाँ पर केवल सुख-सुविधा भोगता हुआ आदमी ही अपने को सबसे ज़्यादा संवेदनशील साबित कर सकता है', बहुत कुछ अपने-आप ही कह देती हैं। इनकी व्यंजना की व्याख्या अनावश्यक है। यह जरूर है कि मात्र इन टिप्पणियों से ही कोई कृति रचना या कहानी नहीं बन जाती। लेकिन अशोक सेकसरिया की कृतियाँ प्रचलित अर्थों से किंचित् हटकर कहानी बनती हैं। 'लेखकी' शीर्षक कहानी का अन्तिम निष्कर्ष यही है कि अगर मैं लेखक नहीं, तो तुमसें से कोई भी, बल्कि हिन्दुस्तान-भर में कोई भी लेखक नहीं हो सकता। अशोक सेकसरिया के लिए सिर्फ लिखने का कोई मतलब नहीं, महत्त्व सार्थक लेखन करने का है, जिसका हिन्दी के वर्तमान परिदृश्य में नितान्त अभाव है। इसमें आश्चर्य नहीं कि अशोक सेकसरिया ने कम लिखा, बीच में लम्बे समय तक कोई कहानी नहीं लिखी। तसल्लीबख्श बात है कि उनका कहानीकार वक्त-जरूरत जग पड़ता है। लम्बी चुप्पी के बाद लिखी गयी उनकी 'राइजिंग टु दि ऑकेजन' अपने शीर्षक को सार्थक करती हुई कहानी है।

'लेखकी' की कहानियों की रचना की एक पद्धति-सी भी बन गयी प्रतीत होती है, जो कहीं-न-कहीं रचना-क्षेत्र को और अभिव्यक्ति के ढंग को निश्चित-सा कर देती है। फलस्वरूप पात्र, परिवेश और परिस्थितियों के बदलने पर भी उनके प्रति रचनाकार का रुख और उसकी अभिव्यक्ति का लहजा बदल नहीं पाते। अशोक सेकसरिया की भाषा पठनीय है, चुलबुली है और सभी कहानियों में लगभग इकसार—एक समान—है, जिससे कि अलग पहचानी जा सकती है। बंगला शब्दों का प्रयोग अशोक की खासियत है। कई बंगला शब्द, यथा हिंसा (ईर्ष्या), संधान (पता), अपदार्थ (बेकार) और अस्वस्ति (बेचैनी), जानबूझकर प्रयुक्त हुए हैं। लेकिन आम तौर पर भाषा के प्रति सतर्कता दिखाने के बावजूद एकाध जगह उनसे खासी चूक हो गयी है। 'प्रीति के बच्चे होने की बात का उत्तर उसे अपनी बहिन की बात में मिलता है।' ('छुटपन के वर्षों का अन्तर')—यह वाक्य व्याकरण-च्युत भले न हो, मगर संदिग्ध अर्थवाला अवश्य है। दरअसल सन्दर्भ यह है कि प्रीति उसे (कथानायक को) 'बच्चा' कहती थी!

सजग-सतर्क आत्मालोचक होने के नाते स्वयं रचनाकार को दुहराव की आशंका होने लगे तो निश्चित है कि इससे उसका लेखन और लेखन-क्षमता भी प्रभावित होने लगेगी। मुसीबत यह है कि अगर रचनाकार पर्फेक्शनिस्ट होता है, तो ज़्यादा (या बिलकुल ही) लिख नहीं पाता, और अगर वह पर्फेक्शनिस्ट नहीं होता, तो उसका लेखन ढीला-ढाला (या घटिया) होता है। क्या यह सम्भव नहीं कि रचनाकार का आत्मालोचन औचित्य की उस सीमा तक ही हो, जिस सीमा तक

उसके लेखन को सबसे तीक्ष्ण धार भी मिले और वह सहज गति से निरन्तर अग्रसर भी हो?

नयी कहानी के सुप्रसिद्ध कथालोचक नामवर सिंह ने ('आलोचक की लोकप्रियता के प्रतिमान' कहकर जिन्हें मिथिलेश्वर ने अपना 'जमुनी' कहानी-संग्रह समर्पित किया है) कभी विचार व्यक्त किया था कि प्रेमचन्द आज के कथाकार के लिए मॉडल नहीं हो सकते। अगर 'नहीं हो सकते' का मतलब 'नहीं होना चाहिए' लिया जाए तब भी बात गम्भीर और विचारणीय है। मिथिलेश्वर-जैसे कथाकारों ने प्रेमचन्द को अपना मॉडल बनाया और अनेक अर्थों में उनका अनुगमन भी किया। मिथिलेश्वर वैसे कहानीकार हैं, जिन्होंने प्रेमचन्द की ताकत और लोकप्रियता का गुर अच्छी तरह पहचाना और उसका भरपूर लाभ उठाया। जब फणीश्वरनाथ रेणु और दूसरे 'आंचलिक' कथाकार प्रेमचन्द के बाद एक बार फिर से हिन्दी साहित्य के केन्द्र में गाँव को लाने का अनथक प्रयत्न कर रहे थे, तो उनके सामने एक बड़ा प्रश्न प्रेमचन्द की बरगदी छाया के सर्वग्रासी प्रभाव से बचते हुए अपनी पहचान कायम करने का था। हालाँकि रेणु के गाँव प्रेमचन्द के गाँव से ज़्यादा कुछ बदले नहीं थे, फिर भी रेणु को अपने प्रयासों में महान सफलता मिली और उनकी स्थिति बहुत कुछ क्लासिकवाली हो गयी। रेणु ने ग्रामीण कथाशिल्प का अपनी विलक्षण प्रतिभा से कुछ-इस प्रकार से दोहन किया कि सामान्य कथाकार के लिए उनसे बड़ी रेखा खींचना बेहद कठिन हो गया। यही बात प्रेमचन्द के सन्दर्भ में भी सही है, लेकिन अमरकान्त-जैसे कथाशिल्पी ने प्रेमचन्द के शिल्प में कस्बाई और शहरी निम्न-मध्यवर्ग की जिन्दगी का ऐसा मार्मिक चित्रण किया जिसकी गहराई से हिन्दी पाठक अभिभूत हो गया। मिथिलेश्वर ने कथा-क्षेत्र गाँव को ही बनाया, जो उनका अनुभव-क्षेत्र भी था। उन्होंने बड़े धैर्य के साथ और विश्वासपात्र की भाँति प्रेमचन्द का अनुगमन किया। हालाँकि प्रेमचन्द के वक्त के गाँव अब तक खास परिवर्तन झेल चुके थे, फिर भी उनकी वर्णन-शैली लोकप्रियता-प्राप्ति में कारगर साबित हुई। गाँव के कुछ ब्यौरे, घटनाएँ, समय की दूरी—यही कुछ बातें मिथिलेश्वर को प्रेमचन्द से अलग करती हैं, वरना उनके यहाँ बाकी चीजें प्रेमचन्द की ही हैं, जो मिथिलेश्वर की लोकप्रियता का राज भी है। मिथिलेश्वर का लेखन उस वक्तव्य को पूरी तरह से झुठलाता है कि प्रेमचन्द की नकल नहीं हो सकती। ऐसे लेखन की अपनी, एक खास ढंग की, उपयोगिता है। यह रचनाएँ अनुवादक के लिए पहली ही नजर में आसान लगती हैं। जो देसी-विदेसी लोग हिन्दी सीखना चाहते हों, उनके काम की भी ये रचनाएँ हैं, क्योंकि उन्हें बार-बार शब्दों, वाक्यांशों पर अटकना नहीं पड़ेगा और शब्दकोशीय अर्थ से

उनका काम निकल जाएगा, लेकिन इस प्रकार की कहानियों से खुद हिन्दी कथा-साहित्य का क्या और कितना विकास हुआ है? यह प्रश्न बना ही रहता है।

सत्तर के दशक के बाद संख्या की दृष्टि से सर्वाधिक हिन्दी कहानियाँ प्रस्तुत करनेवालों में निस्सन्देह मिथिलेश्वर का नाम अग्रगण्य है। दर्जन-भर से अधिक कहानी-संग्रहों के अलावा उनकी श्रेष्ठ कहानियाँ, प्रतिनिधि कहानियाँ और चर्चित कहानियाँ-जैसे संकलन भी प्रकाशित हुए हैं। उन्हें कहानी लेखन के लिए अनेक पुरस्कार भी मिले हैं। अनुमान किया जा सकता है कि उनके प्रशंसकों का एक पाठक-समुदाय भी होगा। हिन्दी कहानी के समाजशास्त्रीय विवेचन की दृष्टि से उनकी कहानियाँ निस्सन्देह महत्त्वपूर्ण हैं, पर साथ ही अपनी कहानियों में वे गाँव का जैसा समाजशास्त्रीय विवरण प्रस्तुत करते हैं, वह हमेशा निर्विवाद नहीं कहा जा सकता। एक उदाहरण लीजिए : "परानपुर के सभ्य और सम्पन्न कहे जानेवाले लोग उसे छोड़कर शहर के अच्छे मुहल्लों में जा बसे थे। लेकिन वहाँ के गरीब, उपेक्षित और पिछड़े वहीं रह गए थे। उनके साथ उनका गाँव भी रह गया था। कच्ची मिट्टी के खपरैल के घर, फूस की झोंपड़ियाँ, पुराने जमाने के दो-एक पक्के मकान, सब यथावत् बरकरार थे। वहाँ के बाशिन्दों की भाँति उस गाँव की पुरानी संस्कृति भी बरकरार थी। दाई-बारी, धोबी-कुम्हार, कुली-मजदूर, मेहतर-मिस्त्री, डोम-चमार और पासी-कहार का काम करनेवाले उस गाँव के लोग आम शहरियों की तरह एक-दूसरे से कटकर नहीं, सटकर जीते थे।" (छूँछी) कटकर नहीं, सटकर जीना यह बाहरी तौर पर सही भले हो, लेकिन जो लोग आज के गाँव के लोगों की मानसिकता से परिचित हैं, उनके मुख से बेसाख्ता यही निकलेगा–'क्या सचमुच?' रेणु का साक्ष्य लें तो उन्होंने बहुत पहले कहा था कि गाँव के लोग बिखर रहे हैं, एक-दूसरे से वैसे ही अलग हो रहे हैं, जैसे लड्डू से बूँदियाँ झड़ती हैं। 'छूँछी' की पात्र दँतुली को उसके पति की मौत के बाद पति के भाई उसकी सम्पत्ति हड़पकर घर से निकाल देते हैं। भटककर वह परानपुर आती है और टिक जाती है। कहानीकार की किस्सागोई का आलम यह कि "किसी ने भी उसे संशय की दृष्टि से नहीं देखा। सबने उसे ऐसे अपना लिया जैसे वह उन्हीं का हिस्सा हो। किसी रोज वह खाना नहीं बनाती तो आस-पड़ोस की औरतें उसे खाना दे जातीं।" इसे कहते हैं सरलता। अहा, ग्राम्य जीवन भी क्या है! यानी हमारे गाँव अब भी उतने ही सरल हैं। ये प्रेमचन्द से भी गोया पहले के गाँव बन गए हों। गाँव की इस 'सरलता' को 'सरल' भाषा और शिल्प में व्यक्त करके कहानीकार 'विश्वसनीय' बना देता है। विश्वसनीयता के लिए 'नक्षत्तरी' पर 'गुलकी बन्नो' का हल्का मुलम्मा भी चढ़ाया गया है। विश्वसनीयता और भी प्रगाढ़ बने इसके लिए 'जिन्दगी और जोंक' वाला नुस्खा भी लिया गया।

फिर जो चीज बनी वह 'गुल की बन्नो' और 'जिन्दगी और जोंक' की छाया होकर भी बेहद कमतर और कमजोर। कहानी का निष्कर्ष है कि जिन्दगी के सच-झूठ, धोखा-विश्वास, सबकुछ रहस्यमय हैं।

जाहिर है कि मौलिकता की कमी पुरस्कारों और लोकप्रियता की राह में हमेशा आड़े नहीं आती। कभी मिथिलेश्वर कथ्य से लेकर शिल्प-शैली तक में रेणु का प्रेमचन्दी संस्करण प्रस्तुत करते हैं (दे. 'विषवृक्ष' का आरम्भिक अंश), तो कभी प्रेमचन्द का अमरकान्ती संस्करण। इस तरह वे बहुत अच्छा और बहुत बुरा लिखने से बच जाते हैं। पाठक को वे सगझा में आ जाते हैं और अपनी इस विशेषता पर आत्ममुग्ध भी होते हैं। संक्षेप में कहा जा सकता है कि मिथिलेश्वर समकालीन हिन्दी कहानी के अरुण कमल हैं, बल्कि अरुण कमल की टीका कहना उचित होगा। (अरुण कमल में संक्षिप्ति जो है!)। मिथिलेश्वर इस तरह से वर्णन करते हैं कि कुछ—'व्यंग्यार्थ' तक—बूझने को बाकी नहीं रहता। कहानीकार मानो अपना पवित्र कर्त्तव्य मानकर पाठक को 'सबकुछ' समझाता-बुझाता चलता है। अब इस प्रक्रिया में कहानी-कला निबन्ध-कला बनने लगे तो लेखक की बला से ! लेखक तो इस बात की सहूलियत ले ही लेता है कि मार्क्सवाद की अपनी सरलीकृत समझ को कहानी में ठूँस दे ! प्रेमचन्द की राह पर चलने के लिए भी उसके पास प्रौढ़-परिपक्व प्रेमचन्द का प्रतिमान नहीं है। डेढ़ दर्जन कहानी-संग्रह छपवा चुकने के बाद प्रौढ़ कहानीकार (जो हिन्दी का प्राध्यापक भी है जो छात्रों से वाक्य शुद्ध करवाता है) इस तरह के वाक्य लिखता है—"बाद में अपने टोला-पड़ोस के कहने से समरजीत पर मुकदमा दायर कर दिया था मनरू ने। लेकिन अपने प्रसिद्ध वकील को भिड़ाकर मुकदमे से सलट लिए वे...।" यह किसी पात्र की नहीं, स्वयं लेखक की भाषा है। शब्द-व्यामोह और आत्ममुग्ध भाषा के अकारण फैलाव का यह हाल है : "तब उन्होंने क्यों आधारहीन सोच को महत्त्व दे दिया कि गैर होने के चलते ही लठैत उलट गए, अपना खून नहीं उलटेगा? काश ! वे उसी वक्त यह जान गए होते कि गुण्डे-लठैत किसी के अपने नहीं होते, वे सिर्फ गुण्डे और लठैत होते हैं...वे क्यों यह भूल गए थे कि आग जब जल उठती है तो अपनी परिधि में कोई परहेज नहीं रखती। बाढ़ का प्रकोप अपने मार्ग का कोई घर नहीं बख्शता। नाग अपने पालनेवाले को यूँही नहीं छोड़ देता...! विषवृक्ष अपने लगानेवाले को अपने जहरफल से मुक्त नहीं करता ...! हैवानियत जब आती है सिर्फ हैवानियत के उसूल ही शेष रह जाते हैं और सबकुछ तो उसके दुर्दमनीय प्रवाह में बह जाता है।" जरा आखिरी वाक्य पर गौर कीजिए और सोचिए कि क्या सोच पाते हैं ! ये दोनों उद्धरण 'विषवृक्ष' से लिए गए हैं (पृ. 23 तथा पृ. 31), जिसमें भी, ज़्यादातर कहानियों की भाँति, कोई क्लाइमैक्स

नहीं है और कहानी के अन्त को लेखक ने अपना खुद का नागफाँस बना लिया है। तथाकथित सीधी-सरल कहानी का एक उदाहरण है 'गूँगा गंगू', जिसमें गाँव का जिस कदर सरलीकरण हुआ है उस पर खुद गाँववाले हँसेंगे। और 'सीधी-सरल' (व्याकरण-सम्मत?) भाषा का तो कहना ही क्या ! बानगी लीजिए—"उनका परिवार उनके जन्मभूमिवाले गाँव में ही रहता था। अपनी जन्मभूमिवाले गाँव की अपेक्षा अपनी कर्मभूमिवाले इस गाँव को ही उन्होंने चर्चित और महान बनाया था। महीने में एक बार अपनी कर्मभूमिवाले इस गाँव की आय से वे अपनी जन्मभूमिवाले गाँव में जाते थे।" या फिर, 'अपने नौकर के साथ अचानक इस तरह उनका पहुँचना देख अभिजित सिंह, दोनों पति-पत्नी का मन सुखद आश्चर्य से भर गया था' अथवा 'अभिजित सिंह दोनों पति-पत्नी ने निवेदन किया...' अथवा 'लेकिन अधिक खेत होने का अभिमान और रोब-दाब से उन्होंने अपने को बचा रखा था।' 'भूकम्प' कहानी की यह ढुलमुल वाक्य-रचना देखिए—"ऐसे ही दिनों की एक डरावनी शाम चंदेल अपने माँ-बाप एवं बहन के साथ अपने घर में चिन्तातुर पड़ा था।" (पृ. 112) मिथिलेश्वर के पक्ष में कहा जा सकता है कि वे भी चाणक्य की भाँति भाषा ठीक करने से पहले मनुष्य को ठीक करना चाहते हैं। लेकिन इसकी भी गुंजाइश नहीं, क्योंकि पूरे संग्रह में इन दोनों के प्रति वे समान रूप से द्वन्द्व एवं उलझन-भरे रवैए का ही परिचय दे पाते हैं।

एक कहानी है 'नदी की राह में', जहाँ लेखक कहानी के अन्त को लेकर बेहद कनफ्यूज्ड है और अपनी अक्षमता को छिपाने के लिए उससे खिलवाड़ करता है। वह कहानी के अन्त के लिए चार विकल्प रखता है। और चार ही क्यों, इस प्रकार की अधगढ़ी-अधबनी 'कहानियों' का तो कुछ भी हश्र हो सकता है। अब जैसे 'सत की सोर पाताल तक' कहानी को लीजिए, जहाँ जटिल जीवन-स्थिति का खेदजनक सरलीकरण हुआ है। यह कहानी इस प्रकार के भ्रम पूरी तरह ध्वस्त कर देती है कि मिथिलेश्वर सरल शिल्प में जीवन की जटिलता की अभिव्यक्ति कर सकते हैं। मध्यवर्गी/बुद्धिजीवी के अन्तर्विरोध को जहाँ-तहाँ वे झलकाते जरूर हैं, मगर अन्ततः उनकी रचना भावुक सदिच्छा की ही शिकार होती है। जिस स्थिति में सर्वेशजी को डाला गया है, उसमें वे कुछ कर नहीं सकते। क्या करेंगे सर्वेशजी-जैसे लोग, या कहानी में ही क्या किया उन्होंने? मगर कहानीकार उन्हें सेंत-मेंत में इतना गरिमामण्डित करता है, गोया उन्होंने सत का पक्ष नहीं छोड़ने के सिद्धान्त पर पूरा अमल ही किया हो।

'सुबह की प्रतीक्षा' और 'दुर्घटना'-जैसी कहानियाँ निबन्ध हैं या अधिक से अधिक उन्हें ललित निबन्ध कहा जा सकता है। 'प्लेग'-जैसी रचना की सपाटता के लिए पाठक लेखक से पूछ सकता है कि यह किधर से, कैसे कहानी है और क्या

इस घिसीपिटी अखबारी खबर से कि मौत भूख से हुई या बीमारी से, अब किसी प्रकार की संवेदना, या कि कहानी, पैदा हो सकती है? 'दुर्घटना' में तो अपनी निबन्धात्मक कृति का निष्कर्ष भी लेखक आखिरी वाक्य में रख देता है कि रामसेवक बाबू को 'विकृत लोकाचार के नाम पर अपनी सहज-स्वाभाविक, शान्ति गँवानी नहीं...।' इन निबन्धनुमा कहानियों में अखबारी (खबर की) संवेदना है, जो कहानी की गहन संवेदना के निकट पाठक को नहीं पहुँचा पाती। इन्हें कहानी समझाना लेखक की मजबूरी भले हो, पाठक के लिए जरूरी नहीं।

'बैराडीह की चन्द्रावती'-जैसी कहानियाँ 1920 के आसपास लिखी जाती थीं। दरअसल मिथिलेश्वर मध्यमार्गी नैतिकता के कहानीकार हैं (जैसे फिल्मों में हृषीकेश मुखर्जी) और किसी किस्म का जोखिम उठाना नहीं चाहते, अन्यथा 'कहानीकार की लोकप्रियता का प्रतिमान' बनने की आकांक्षा खतरे में पड़ सकती है।

संग्रह की शीर्ष कहानी 'जमुनी' में मिथिलेश्वर इस बात को प्रमाणित करना चाहते हैं कि उन्होंने किसान-जीवन को निकटता से देखा है। ('जमुनी' एक भैंस का नाम है, मगर कहानी में 'भैंस-गाय' का कनफ्यूजन भी बदस्तूर कायम है—"लेकिन 'गऊ-गुहार' का मामला समझ वह लौट नहीं पाता है। अनबोलता गऊ को क्या पता, वह तो कष्ट में पड़ी है।" (पृ. 75) या "पर अब उसे लग गया है कि जमुनी-जैसी धेनु का नाम ही लोगों ने कामधेनु रख दिया होगा" आदि। वे बँधुआ मजदूर की गिरवी रखी गुलाम जिन्दगी के दर्द का भी वर्णन करते हैं। इस कहानी में वे प्रेमचन्द और रेणु दोनों को मिलाने की कोशिश करते हैं, पर प्रेमचन्द के तीखे यथार्थबोध और रेणु की रागात्मकता दोनों से दूर ही रह जाते हैं। लेकिन किसी से, चाहे वह कहानीकार ही क्यों न हो, उसकी सामर्थ्य से परे की माँग करना ज्यादती होगी, इसलिए कहा जा सकता है कि 'जमुनी' नामक कहानी में मिथिलेश्वर की कला अपने पूरे सामर्थ्य के साथ उतरी है।

मिथिलेश्वर की कहानियाँ उस सीमा की ओर संकेत करती हैं जहाँ तथाकथित लोकप्रियता स्तरीयता को छूने से वंचित रह जाती है।

मिथिलेश्वर अपनी सम्भावनाओं के जिस विकास की लम्बी यात्रा कर चुके हैं, लगभग उधर का ही रुख करके हंसकुमार पाण्डेय भी चलते नजर आ रहे हैं। सहज-स्वाभाविक और सजीव के सिद्धहस्त कथाकार भीष्म साहनी से प्रमाणपत्र भी हासिल कर लिया है। क्या संयोग है कि उनका प्रथम संग्रह, पड़ोसी तथा अन्य कहानियाँ, भी एक आलोचक ('अपनी कहानियों के प्रथम पाठक') डॉ. नन्दकिशोर

नवल को समर्पित हैं। संग्रह में उनकी कुल बाईस कहानियाँ हैं। जाहिर है ये विभिन्न कालों में लिखी गयी होंगी, क्योंकि उनकी कलात्मकता में उतार-चढ़ाव वाले वैविध्य को लक्षित किया जा सकता है। रचनाकाल नहीं दिए जाने पर भी लेखक की आरम्भिक कहानियों की पहचान उनके कच्चेपन, वैचारिकता, मुखरता आदि से हो जाती है। पहली कहानी 'रोटी का सवाल' में सरलीकृत स्थितियों और चरित्रों के सहारे शोषक-शोषित का बँधा-बँधाया ढाँचा खड़ा किया गया है। कहानी 'रोटी' के सवाल का महत्त्व प्रतिपादित करने की प्रतिज्ञा लेकर चलती जरूर है, मगर उसे क्या पूरा भी कर पाती है?

'मेहमाननवाजी' एक अभिधावादी कहानी है। घर-गृहस्थी में प्राणपन से जुटी स्त्री की मेहनत, लगावों, ऊब, उदासी, तनावों और त्रासदियों को लेकर हिन्दी में लिखी गयी अनेक कहानियों में से यह भी एक है। 'मेहमाननवाजी' पढ़ने पर बरबस जैनेन्द्र की 'पत्नी' कहानी याद आती है, जो ऐसे विषय पर लिखी निस्सन्देह बेहतर कहानी है। समान विषय पर लिखी 'पत्नी' को अतिक्रमण करनेवाली कोई कहानी हिन्दी में कहाँ नजर आती है। हालाँकि 'छोटी बहू'-जैसी कहानी भी हंसकुमार पाण्डेय ने लिखी है, जिसमें वे दाम्पत्य की जड़ता को दिखाने में सफल हुए हैं। हमारी सामाजिक स्थितियाँ नारी-जीवन की सम्भावनाओं पर किस तरह से तुषारपात कर रही हैं, इससे उत्पन्न विवाद को कहानी व्यक्त कर पाती है। संग्रह की कहानियों से स्पष्ट होता है कि हंसकुमार पाण्डेय में सूक्ष्म निरीक्षण और वर्णन करने की क्षमता है और अपने बिम्ब, प्रतीक-निर्माण और पाठकों की समझ पर भरोसा भी है। 'ऑफिस से पहले' में वे निम्न मध्यवित्तीय चित्त का सरल-स्वाभाविक चित्र खींचते हैं और कलात्मक संयम का भी परिचय देते हैं। पर साथ ही 'बूढ़ा आदमी और लड़का'-जैसी आत्मकथापरक या संस्मरणनुमा कहानियाँ भी हैं, जिनमें स्थिति का यथावत् चित्र होने-मात्र से कहानी की संवेदना को समुचित रूपाकार ही नहीं मिल पाता। कहानीकार मानो संस्मरण और रेखाचित्र की सीमा में अनजाने ही चला जाता है, फलस्वरूप कहानी की संवेदना के साथ न्याय नहीं हो पाता।

निम्न मध्यवर्ग की थकी-हारी परेशानियों भरी जिन्दगी ऐसा कथाक्षेत्र है, जो हंसकुमार पाण्डेय का भलीभाँति देखा-भाला और परखा है। इसी से वे सफलतापूर्वक प्रदर्शित कर पाते हैं कि इस जिन्दगी में दमघोंटू संघर्षों की तादाद इतनी ज़्यादा होती है कि सुन्दरता के अवकाश का क्षण वहाँ से गायब मिलता है। इस विषय पर लिखी 'वापसी' कहानी एक सीधा-सादा श्वेत-श्याम छायाचित्र-सा है। रोजमर्रे की जिन्दगी की कठिनाइयों के वर्णन के माध्यम से भारतीय मनुष्य की मानसिकता और सामाजिक व्यवहार का बड़ा ही अराजक और दयनीय, किन्तु यथावत् स्वरूप 'यात्रा'

कहानी में उभारा गया है।

बारीकी से यथावत् विवरण प्रस्तुत करने की क्षमता का परिचय हंसकुमार पाण्डेय ने लगभग सभी रचनाओं में दिया है। लेकिन किसी रचना के अच्छी कहानी बनने के लिए इतना-भर ही पर्याप्त नहीं होता। सिर्फ विवरण-क्षमता के सहारे तो 'बुढ़ापा'–जैसी सामान्य कहानी ही लिखी जा सकती है। 'किराए का मकान' में लेखक वर्णन को खूब रोचक बनाता है, लेकिन सिर्फ वर्णन की रोचकता से भी अच्छी कहानी नहीं बनती। 'महफिल'–जैसी रचना अगर 'मुजरे की एक शाम' या 'बाईजी के कोठे पर' शीर्षक ललित निबन्ध के रूप में भी प्रस्तुत की जाती, तो पाठक को उस रूप में ग्रहण करने में कठिनाई नहीं होती।

'पूर्व की कमाई' में मई की दिनचर्या को वर्णन-कौशल के सहारे कहानी में बदलने की नाकाम कोशिश की गयी है। 'पड़ोसी' कहानी में कहानीकार दिखाता है कि तथाकथित सामाजिकता के छद्‌म तले हर प्रकार के स्वार्थ और शोषण फलित होते रहते हैं। पर लेखक को थोड़ा सावधान हो जाना चाहिए। यह ठीक है कि जिन्दगी की उलझनें और उसके तमाम उतार-चढ़ाव कभी-कभार रोजमर्रे के वर्णन में व्यस्त हो जाते हैं, लेकिन इस तरह के वर्णन का अपनी रचना-प्रक्रिया में एक ढर्रा-सा बना लेना कहानीकार की सीमा की तरफ भी संकेत करता है। इसी का एक दूसरा पहलू वहाँ दिखायी पड़ता है, जहाँ वर्णन के रंग और रेखाएँ तो प्रगाढ़ हैं (जैसे 'मुलाकात' में), लेकिन लेखक मानो अपनी इस खूबी पर खुद ही न्योछावर होने लगता है और इस तरह की आत्ममुग्ध वर्णनात्मकता अन्ततः लगभग दिशाहीन ठहरती है। 'नाई की दुकान' एक रम्य-ललित रचना के रूप में भले पढ़ी जाए, किन्तु कहानी के रूप में बेहद कमजोर है।

'गरीबी' को विषय बनाकर दुनिया में जाने कितनी कहानियाँ लिखी गयी हैं। करुणाजन्य स्थितियों को उभारे जाने से इस तरह की कहानियाँ आसानी से हमारे दिलों को छू लेती हैं। ओ' हेनरी की 'मैगी का उपहार' तथा अन्य अनेक कहानियाँ, प्रेमचन्द की 'पूस की रात', 'सवा सेर गेहूँ', 'क़फ़न' और राधाकृष्ण की 'अवलम्ब', अमरकान्त की 'दोपहर का भोजन'-जैसी रचनाएँ, 'गरीबी' के ही इर्द-गिर्द लिखी यादगार कहानियाँ हैं। लेकिन गरीबी को लेकर लिखी जानेवाली कहानियों का भी एक 'पैटर्न' बनने लगे तो क्या कहा जाए। हिन्दी में अनेक सतही कहानीकारों ने गरीबी, शोषण, अत्याचार, इनके विरोध और संघर्ष को कहानी में रूपान्तरित करने का ढर्रा और फार्मूला बना दिया है। 'गदहे का बोझ' और 'चीनी'-जैसी कहानियों में हंसकुमार पाण्डेय ने फार्मूले से किंचित हटने का प्रयास किया है, फिर भी ये ओ' हेनरी की 'मैगी का उपहार' और राधाकृष्ण की 'अवलम्ब' को छू भी नहीं पाती हैं;

क्योंकि इनमें वह व्याप्ति या गहराई नहीं आ पायी है, जो अपने बँधे परिवेश को भेदकर पूरी मनुष्यता के साथ कथ्य या संवेदना के स्तर पर मिल जा सके।

हंसकुमार पाण्डेय ने विभिन्न क्षेत्रों से जीवन-प्रसंग चुनने का भी प्रयास किया है। ऐसी एक रचना है 'मंगल सिंह'। हंसकुमार की कई कहानियों में एक प्रवृत्ति यह दिखायी देती है कि कहानी आरम्भ में तो किसी एक पात्र के साथ चलती है, लेकिन कई जगह अपना साथ बदलती रहती है। इससे कहानी की एकान्विति खण्डित होती है। 'कहानीपन' की एकतानता के बाधित होने से कहानी अपेक्षित प्रभाव नहीं छोड़ पाती। 'मंगल सिंह' कहानी की संवेदना अन्ततः अस्फुट ही रह जाती है।

'विगत' शीर्षक से हंसकुमार पाण्डेय ने एक अलग स्वाद की प्रेम-कहानी प्रस्तुत करने की चेष्टा की है। भावुकता और रूमानियत हमेशा कमजोर स्थितियाँ नहीं होतीं, कभी-कभी वे पूरे जीवन-विकास को नियन्त्रित करने की ताकत भी रखती हैं। जीवन में कोई भूला-बिसरा रोमांटिक क्षण इस तरह मौजूद रहता है, गोया समय की राख की परतों के नीचे दबी कोई चिंगारी हो, जो सदा अपनी हल्की ऊष्मा का आभास कराती हो। 'रेणु' की 'रसप्रिया' कहानी तो इस विषय में मील का पत्थर बन चुकी है। 'विगत' का कथा-क्षेत्र मध्यवर्गीय जीवन है। उसमें पुरानी पीढ़ी का ऐसा प्रेम-प्रसंग वर्णित है, जिसमें बहुत धीमी या बुझी-बुझी आँच में धुआँते अथवा धुँधुआते हृदय की बहुत बारीक भावनाओं की ऐसी पोशीदा भूमिका होती थी, जिसे बाहर से कोई तीसरा महसूस कर ही नहीं सकता था। अब तो खुले प्रेम-सन्दर्भों का जमाना है, मगर पहले की पीढ़ियों में किसी से आँखों का चार हो जाना या कभी-कभार एक-दो बातें हो जाना भी सम्पूर्ण भावी जीवन को निर्देशित करने के लिए काफी होता था।

"...तुमने बताया कि तुम ऐसी कभी नहीं थीं। सचमुच तुम ऐसी नहीं थीं। मैं भी नहीं था। तभी तो हम दोनों की मन की मन में रह गयी।..."

"...असल में मैं एक मूर्ख हूँ। मैं शुरू से मूर्ख रहा हूँ। जब तक तुम्हारी शादी नहीं हुई थी तब तक तुमको एक मानसिक सम्बल की जरूरत थी और वह सम्बल तुम मुझसे पाना चाहती थीं। अब तुम विगत से मुक्त हो। मैं विगत को पाले हुए हूँ। उसे अपने दिल में सँजोए हुए हूँ।" ('विगत')

'हवेली' एक बढ़िया अपराध-गल्प है। हिन्दी में साहित्यिक किस्म की अपराध-गल्पों की बड़ी कमी है। कभी स्व. शिवचन्द्र शर्मा ने 'काँच के तूफान' संकलन के माध्यम से हिन्दी में अपराध-गल्पों का एक प्रतिमान खड़ा किया था, किन्तु उस दिशा में फिर से कोई महत्त्वपूर्ण उपलब्धि नहीं दिखायी पड़ी। हंसकुमार

पाण्डेय की यह कहानी उनकी इस क्षेत्र में सम्भावनामय प्रतिभा का प्रमाण उपस्थित करती है।

संग्रह की अन्तिम कहानी 'दीवार के नारे' अत्यन्त सांकेतिक कहानी है, जो कहानीकार के भावी प्रौढ़ लेखन के विषय में भी संकेत करती है। यही बात हिन्दी कहानी के पूरे समकालीन परिदृश्य को लेकर भी कही जा सकती है कि इसमें सम्भावना की चिंगारियाँ हैं, सूखी टहनियाँ भी जुटाई जा रही हैं, पर ऐसा लगता है कि नयी कहानी के बाद से यज्ञाग्नि का फिर से लहकना अभी बाकी है। आज का कहानीकार 'कहानी में' कहना चाहता है, 'कहानी कहना' नहीं चाहता या नहीं जानता।

कृतियाँ

1. *प्यार की बातें तथा अन्य कहानियाँ* : सुरेन्द्र वर्मा; प्रकाशक : वाणी प्रकाशन, 21-ए, दरियागंज, नयी दिल्ली-110002; संस्करण 1999; मूल्य : 125.00
2. *पनाह तथा अन्य कहानियाँ* : सत्येन कुमार; प्रकाशक : वाणी प्रकाशन, 21-ए, दरियागंज, नयी दिल्ली-110002; प्रथम संस्करण 2000; मूल्य : 95.00
3. *लेखकी* : अशोक सेकसरिया; प्रकाशक : वाग्देवी प्रकाशन, सुगन निवास, चन्दनसागर, बीकानेर-334001 (राज.); संस्करण 2000; मूल्य : 100.00
4. *जमुनी* : मिथिलेश्वर; प्रकाशक : राजकमल प्रकाशक प्रा. लि., 1-बी. नेताजी सुभाष मार्ग, नयी दिल्ली-110002; पहला संस्करण 2001; मूल्य : 125.00
5. *पड़ोसी तथा अन्य कहानियाँ* : हंसकुमार पाण्डेय; प्रकाशक : प्रकाशन संस्थान, 4715/21, दयानन्द मार्ग, दरियागंज, नयी दिल्ली-110002; संस्करण 2001; मूल्य : 125.00

आज की कहानी : बीच की जिन्दगी पर चौकन्नी नजर

कहानी में गम्भीर मसले पर गम्भीरता से बातें करने का जमाना अब नहीं रहा। बात यह है कि अगर गम्भीर तरीके से बात की जाय तो वह लगभग उपदेश देने-जैसी हो जाती है। या सीधे शिकायत करने-जैसी। अब शिकायत और उपदेश दोनों को हिकारत से देखा जाता है। जो कुछ आजू-बाजू और खुद अपने साथ घट रहा है उसे देखते हुए मन में गुस्से और आक्रोश का सबसे पहला भाव उभरता है। आक्रोश का लहजा तो शिकायती होता है पर भ्रम होता है कि यह गुस्सा कुछ करके ही रहेगा। लेकिन बार-बार वही गुस्सा, वही आक्रोश देखते रहने पर उसकी नपुंसकता जाहिर हो जाती है। हिन्दी कहानी में कुछ लोग आक्रोश के पिटे नुस्खे पर अब भी अमल कर रहे हैं। उपदेश और आक्रोश से अलग तीसरा तरीका है व्यंग्य-विद्रूप का और इन दिनों ज़्यादातर कथाकार यही अपनाए हुए हैं। इस प्रक्रिया में धैर्य की जरूरत होती है। चीजों को गहरे उतरकर देखना और असलियत को जानना होता है। तब कीचड़ के छींटे सिर्फ दूसरों के कपड़ों पर ही दिखायी नहीं देते, खुद को भी गन्दगी में मुब्तिला पकड़ा जाता है। यह विडम्बना, विद्रूप और आत्मभर्त्सना से युक्त तरीका है। इसमें आत्मालोचन भी विनोद-भाव से किया जाता है। ज्ञानरंजन और उनकी पीढ़ी ने मानो इसे ईजाद किया था और अब तो यह बहुतेरे कहानीकारों का प्रिय हो गया है।

रमाकान्त श्रीवास्तव (1942) इस शिल्प में माहिर बन गए हैं। यद्यपि वे प्रगतिशील लेखक संघ तथा जन नाट्य संघ (इप्टा) से लम्बे समय से सम्बद्ध रहे हैं। लेकिन उनकी प्रतिबद्धता कहानियों में मुखर नहीं होने पाती, संयमित रहती है। वे जानी-पहचानी, रोज-ब-रोज की जद्दोजहदवाली मध्यवर्गीय जिन्दगी का नया पंचतंत्र तैयार करते हैं। बिलकुल आम तौर पर महसूस की जानेवाली सामान्यतम स्थितियों को भी वे असाधारण गहराई में देखते हैं और मजाक-मजाक में ही गहन और गम्भीर संकेत कर जाते हैं।

अब जैसे उनके नौ कहानियोंवाले चौथे संग्रह 'बेटे को क्या बतलाओगो' की पहली कहानी 'प्रेतबाधा' को ही लिया जाय। मध्यवर्ग की जिन्दगी में तमाम अनौपचारिकताओं और बेतकल्लुफियों के बावजूद जो एक प्रदर्शनप्रियता और खुद को दूसरों से बेहतर समझने के ईर्ष्या और हिकारतवाले भाव हैं, उनको लेकर ही यह कहानी लिखी गयी है। और यही कहानी क्यों, संग्रह की तमाम कहानियों की आधारभूमि यही मध्यवर्गीय साधारण जीवन है जिसकी सारी अच्छाई-बुराई हमारी जानी-बूझी है। फिर भी इस जीवन को जिस व्यंग्यपूर्ण और बेलौस दृष्टि से रमाकान्त देखते हैं, वह उनका विशेष ढंग है। यह ढंग उनकी भाषा से निखरता भी खूब है। इस भाषा के सहारे वे कहानी 'लिखने' का नहीं, 'कहने' का भ्रम खड़ा करते हैं। बल्कि बतकही करने का। कथावाचक (नैरेटर) का एक तकिया कलाम है—'प्राप्त सूचनाओं के अनुसार' या फिर 'प्रामाणिक जानकारी उपलब्ध नहीं हो सकी'। ये छोटी-छोटी, नगण्य और तुच्छ बातों के बारे में सूचनाएँ और जानकारियाँ हैं जो मुहल्ले के बच्चों, औरतों और चायपान की दुकान के परिचितों की मार्फत फैलती हैं। गफूर मियाँ, चन्द्राकार (नैरेटर), मुमताज भाई (विश्लेषक), पाण्डेय, वर्माजी-जैसे कई पात्र हैं जो कई कहानियों में फैले हैं। इन कहानियों में शहर बनते हुए कस्बाई परिवेश और परिचित-से मुहल्ले की तसवीर उभरती है। समस्याएँ भी बेहद परिचित हैं। भाषा के कारण कहने का अन्दाज़ ही कुछ और मालूम होता है। रोजमर्रे की साधारणता को विशेष ढंग से उजागर करनेवाली चरम सीमा की पहचान रमाकान्तजी में गजब की है।

'प्रेतबाधा' में वर्माजी और बेलचन्दन के दो परिवार मध्यवर्ग के दो दृष्टिकोणों को प्रतिबिम्बित करते हैं। वर्मा मध्यवर्गीय नैतिकता की लीक पर आँख मूँदकर चलनेवाले हैं। 'वे अर्ली टु बेड एण्ड अर्ली टु राइज की जीवन-पद्धति को अपनानेवाले ऐसे लोगों में हैं जो न स्वस्थ हैं, न धनवान और न ही बुद्धिमान।' उनकी जिन्दगी में है निरीह सीधापन और शराफत। यह 'परिवार बेलचन्दन की प्रेत-जैसी अदृश्य उपस्थिति से' ग्रस्त है, भयभीत है। कारण है, हायर सेकेण्डरी स्कूल में क्लर्क रहे वर्माजी के पड़ोसी बेलचन्दन का अचानक अमीर हो जाना। घूसखोरी में सस्पेंड हुए पाण्डेय ने बेलचन्दन को मित्र बनाकर उसकी नौकरी छुड़वाई और उसे 'आगे बढ़ने' के गुर बताए। फिर तो बेलचन्दन लकड़ी बेचने के धन्धे से तरक्की करते हुए बड़े ठेकेदार हुए यानी आदमी हुए। गाड़ी खरीदी, मकान बनवाया जिसमें टी.वी., स्टीरियो, वीडियो सब आए। कारोबार बढ़ता ही गया। डिनर पार्टियाँ होने लगीं जिनमें बड़े अफसर, ठेकेदार आदि आमन्त्रित होने लगे। पड़ोसी वर्माजी और उनका परिवार कहीं पीछे छूट गए। इधर बेलचन्दन में आए परिवर्तन के परिणामस्वरूप वर्माजी का परिवार भी ज्यों का त्यों न रह सका, अपने ही तरीके से उसकी 'नैतिकता' बदलने

लगी। अपनी पारम्परिक शिष्ट भाषा भूलकर वर्माजी के बच्चे अब 'बेलचन्दन अंकल' के बजाय 'फोकट का चन्दन' कहने लगे। कॉन्शेंसकीपर और विश्लेषक मुमताज भाई के माध्यम से कहानीकार बताता है कि दोनों परिवारों के परिवर्तनों के पीछे 'एक ही कारण' है। मध्यवर्गीय मानसिकता के दोनों ही शिकार हैं। लोभ दोनों जगह है—एक परिवार में सक्रिय और सफल, जबकि दूसरे में दबा-ढँका, निष्क्रिय और असफल। एक में अहं, उपेक्षा तथा प्रदर्शन-भाव आया जबकि दूसरे में हीनता और ईर्ष्याभाव। यह हर मुहल्ले, हर पड़ोस की कहानी है। पड़ोसी की 'अनैतिक' साधनों से मिली तरक्की से भयभीत और ईर्ष्यालु मध्यवर्गीय व्यक्ति के संकट का निदान कहाँ है? लेखक की सलाह है कि 'चूँकि अमरीका को इसकी चिन्ता नहीं है और सोवियत रूस बिखर गया है (अतः) अब खुद ही इससे निबटने के लिए तैयार हो जाना चाहिए।' इशारा साफ तौर पर हमारे गहरे आर्थिक-सांस्कृतिक संकट की तरफ है।

रमाकान्त कहन-शैली अपनाते हुए सहजतापूर्वक पाठक से मुखातिब हो जाते हैं और बीच-बीच में उसे सीधे सम्बोधित करते या टोकते रहते हैं—'प्रिय पाठकगण, यहाँ मैं भारतीय संस्कृति पर मुग्ध होने के लिए आपकी आज्ञा चाहूँगा' या 'प्रिय पाठकगण, यहाँ पुनः स्थिति का तात्त्विक विश्लेषण करना उचित होगा'। इस शैली का सीधा सम्बन्ध कहानी के उस मध्यवर्गीय जीवन-कथ्य से है जिसके पात्र, लेखक और पाठक सभी हिस्से हैं। अतः नैरेटर खुद से बात को शुरू करके कि 'इन दिनों मैं डरा हुआ हूँ', आगे बढ़ता है—'मैं सच कहूँ, आप डरें या न डरें, पर मैं तो उस झगड़े के बाद से डरा हुआ हूँ।' इसी सिलसिले में लेखक मध्यवर्गीय मानसिकता का परिचय देते, उसे स्पष्ट तथा उसका विश्लेषण करते हुए नए सुभाषित भी तैयार करता चलता है, यथा 'तरक्की करता हुआ आदमी दूसरों के लिए उदाहरण होता है और प्रेरणास्रोत भी।' 'मैं या आप या और भी सभी अपने-अपने बच्चों को यही बतलाते हैं कि मेहनत, लगन और ईमानदारी से काम करो तो बड़े आदमी बनकर माँ-बाप का नाम रोशन करोगे'। 'भारतीय पुरुष सबकुछ सहन कर सकता है, किन्तु अपने पुरुषार्थ पर छींटाकशी नहीं सह सकता।'

मध्यवर्ग का खाता-पीता सरकारी अफसरों का तबका अपनी 'डिग्निटी' को लेकर खासा परेशान रहता है। उसका सपना 'बड़ा आदमी' बनने का होता है जिसका मतलब है ज़्यादा धन और पोजीशनवाला ऐसा आदमी जो अपने से नीचे ओहदेवालों को नीची निगाहों से देखे। सिद्धान्तों के लिए खतरे और जोखिम उठानेवालों को यह तबका आदमी ही नहीं समझता। आदमी बनने का मतलब यहाँ होता है ऊँच-नीच, नैतिक-अनैतिक हर तरफ से आँखें मूँदकर सिर्फ पैसे कमाने और सुविधाएँ जुटाने में जुट जाना। इस सिलसिले में वह परिस्थिति और सुविधानुसार सामन्ती संस्कारों

और रिवाजों की प्रशंसा करता अथवा उनको गालियाँ देता है। 'मदनलाल' कहानी में एक ऐसे कर्मचारी की कथा है जिसका 'बॉस' उसे 'वफादर' बनाता है। चपरासी मदनलाल पहले यूनियन किया करता था। उसके बॉस पाण्डेय ने एक मामले में फँसाकर उसे सस्पेंड कर दिया, फिर कहा, 'बेटा, यूनियन छोड़ दो। हमारी अच्छी सेवा करो और मेवा खाओ। बात मानोगे तो जिन्दगी बना देंगे वरना ऐसा रगड़ेंगे कि होश ठिकाने आ जाएँगे।' बस, उसको अक्ल आ गयी और 'सभ्य' बनने लगा। फिर तो मदनलाल इस कदर शिष्ट, सभ्य और वफादार नौकर बना कि दूसरे अफसर पाण्डेजी से रश्क करने लगे। प्रशासनतन्त्र की यह मान्यता है कि 'आदमी को संस्कारित किया जा सकता है', क्योंकि आदमी जानवर से इस लिहाज से बेहतर है कि 'जानवर बिना समझदारी के वफादार होता है जबकि आदमी दिमाग के साथ वफादार होता है।' आदमी होने का प्रमाण उसकी यही समझदारी भी है कि लाभ के लिए अपनी जात-बिरादरी को पहचाने—'बड़ा अफसर और मन्त्री यदि एक जाति के हैं तो रिश्तेदारी निकल ही आती है।'

'प्रार्थना और मुक्ति' के नायक की बचपन से ही यह दुविधा थी कि उसे भक्त प्रह्लाद बनना चाहिए या चम्बल का डाकू! 'उसे दोनों ही अच्छे लगते—इस मानी में कि दोनों ही असहमत किस्म के लोग थे और अपने-अपने ढंग से ताकतवर भी!' और जब उसके कुछ बनने का वक्त आया तो 'वह न तो भक्त प्रह्लाद बना और न ही चम्बल का डाकू। उसने बी. कॉम. पास किया और नगर-निगम का क्लर्क बना। उसने अमीरों को नहीं लूटा बल्कि अक्सर ही उसे लगता था कि अमीर लोग उसे लूट रहे हैं। ना तो उसके भगवान ने दुनिया बदली और ना ही उसने।' यह पात्र आर्थिक और आध्यात्मिक दोनों प्रकार की मुक्ति के द्वन्द्व में फँसता है और अन्त में धर्म से कर्म की ओर जानेवाली राह पकड़ता है।

संग्रह की शीर्षक कहानी 'बेटे को क्या बतलाओगे' मध्यवर्ग की ढोंगी मानसिकता पर एक खासी चोट है। लेखक साहित्य, कला और संस्कृति के समकालीन परिदृश्य पर एक व्यंग्यपूर्ण निगाह डालता है और इनके ठोस सामाजिक प्रश्नों से दूर छिटक पड़ने की आलोचना करता है। अंग्रेजी के एक प्रोफेसर की स्वघोषित विद्वत्ता पर टिप्पणी की गयी है कि 'एक अच्छे साहित्य-शिक्षक की तरह उन्होंने समकालीन अंग्रेजी लेखकों को नहीं पढ़ा है। बस, वैसे ही जैसे हिन्दी का शिक्षक यह नहीं जानता कि मुक्तिबोध के बाद कविता का और मोहन राकेश के बाद कहानी का क्या हुआ।' वैसे यह एक ऐसी पिष्टपेषित धारणा (या सच्चाई) है जिसका पता भी बहुत-से प्रोफेसरों को नहीं—उन्हें नए तो नए, गए साहित्य का भी ज्ञान नहीं। प्रोफेसर को वैसे भी बुद्धिजीवी कहलाने का जन्मसिद्ध अधिकार है।

इसके इर्द-गिर्द शराब की बोतलें और संस्कृति के प्रेमी भी जुट ही जाते हैं। पैसेवाला सभ्य हो और साहित्य-कला-संगीत का पारखी भी हो तो प्रभावित होने के अतिरिक्त उपाय ही क्या रह जाता है? बहस को उत्प्रेरित करनेवाला माहौल भी खासा महत्त्व रखता है—'तब तक तीन-तीन पैग हो गए थे अतः काफी बहस हुई।' ऐसी स्थिति में चिन्तन के लिए कुछ बुनियादी प्रश्न खुद-ब-खुद सामने आते रहते हैं यानी 'जीवन क्या है,...मृत्यु क्या है, स्त्री और पुरुष के सम्बन्धों की व्याख्या किस तरह हो।' साथ ही 'कलात्मक सौन्दर्य का संकट', 'क्षीण होते नैतिक मूल्य'-जैसी समस्याएँ भी परेशान करती हैं। ऐसी हालत में अचानक ही जिन्दगी की एक दो-टूक वास्तविकता सामने आती है। लेखक (नैरेटर) अपनी बीमार-अपाहिज बुढ़िया बुआ की बाबत बताता है जिसकी दवाओं के अभाव में मौत हो गयी थी। लेखक अपने घर में पत्नी से इसी बारे में बात कर रहा था कि उसके ग्यारह वर्षीय लड़के ने बात सुन ली और अचरज में पड़कर पूछने लगा कि दादी ने दवाइयाँ क्यों नहीं खाईं? क्या दुकान में दवाइयाँ नहीं थीं? क्या ताऊजी काम नहीं करते? फिर क्यों दवाइयों के लिए उनके पास पैसे नहीं थे? अमीरी-गरीबी का जटिल गणित समझाए जाने पर लड़का समझ गया। निम्नवर्गीय परिवारों का बच्चा तो अपने माहौल से अपने-आप ढेर सारी जानकारियाँ पाता रहता है। ढोंगी मध्यवर्ग अपने बच्चों को अपने परिवेश की तेज धूप से बचाकर रखना चाहता है। कुछ लोगों को यह किंचित् भावुकताभरी कहानी लग सकती है लेकिन इससे सामाजिक विषमता के मसले पर रखे गए प्रश्नचिह्न का तीखापन कम नहीं हो जाता। रमाकान्त के लिए जीवन और जगत को 'जानने' से ज़्यादा महत्त्वपूर्ण उन्हें बदलना है।

उच्चमध्यवर्ग के हंसों की सोसाइटी में कौवे के समान मध्यवर्गीय बुद्धिजीवी सफेद पंख लगाकर घुस तो जाता है पर उसकी बेढंगी स्थिति, मानसिक तनाव और ऊहापोह उसे हास्यास्पद बना देते हैं। इस त्रिशंकु-स्थिति को लेकर रमाकान्त श्रीवास्तव ने कई कहानियाँ लिखी हैं। 'शहर और स्वीमिंग पूल' एक ऐसी ही कहानी है। बुद्धिजीवी वर्ग यों तो उच्चवर्ग की उसके भ्रष्ट-अनैतिक तौर-तरीकों के लिए कटु आलोचना करता है किन्तु थोड़ी-सी सुविधा के लोभ में उसी वर्ग की सराहना, यहाँ तक कि खुशामद करते भी उसे देर नहीं लगती। "दाढ़ी बढ़ाए हुए और कभी-कभार नहानेवाले हमारे सांस्कृतिक रुचि के मित्र प्रसन्न हो गए थे और उन्होंने कहा था, कुछ भी कहो बन्धु, एस्थेटिक सेन्स है उस आदमी में। भई, स्मगलिंग के पैसे से भी यदि कला की वृद्धि होती है तो...।" एक ओर उच्चवर्ग के लोग हैं जो आपस में भी अपने निजी स्वार्थ को सिद्ध करने की प्रतियोगिता में क्रूरतापूर्वक जुटे रहते हैं लेकिन सामूहिक (वर्गीय) स्वार्थ के मामलों में एक बने रहते हैं। दूसरी ओर

मध्यवर्ग का हाल यह है कि 'टिकियापारा के लोग होते तो साले एक-दूसरे का सिर फोड़ने लगते क्योंकि वे समन्वय और सहिष्णुता के उच्च आदर्शों से प्रेरित नहीं होते।' इस कहानी के माध्यम से लेखक ने तथाकथित आधुनिकता, भूमण्डलीकरण, उच्चमध्यवर्गीय मानसिकता और सांस्कृतिक-नैतिक अन्तर्विरोध इन सारी बातों पर बड़ा ही तीखा व्यंग्य किया है। 'राजा जनक' कहानी में इस अन्तर्विरोध को और भी उघाड़कर प्रस्तुत किया गया है। मध्यवर्ग के नवधनाढ्यों की संवेदनाएँ हर प्रकार से पथराई हुई हैं। उन्होंने भोगवाद का जैसा रूप अपने जीवन में उतारा है, उनमें न तो स्वयं के प्रति सम्मान का भाव है, न दूसरों के प्रति ही। पैसों के लिए आत्मसम्मान गिरवी रखना, फिर जिस-तिस तरह से कमाए गए पैसों के बल पर अपने लिए सुविधाएँ जुटाना और दूसरों के आत्मसम्मान को तोड़ना--इसी परपीड़क सुख से वे अपने जीवन के खालीपन को भरते हैं। पैसा प्रचुर हो तो मद (=शराब भी) आ ही जाता है और धन-मद हो तो तरह-तरह की स्त्री-देह का लुत्फ लेना जीवन का चरम लक्ष्य प्रतीत होने लगता है। ऐसे लोग किसी स्त्री से—उसके मन से आत्मीयता नहीं रखते, स्त्री-विशेष का तन ही सबकुछ होता है। भोग के पहले और बाद में उन्हें स्त्री-विशेष के अस्तित्व से कोई मतलब नहीं—वह जिन्दा रहे या मरे उनकी बला से। भोगी गयी औरत के मर जाने की बात को भी वे उसी सहजता से लेते हैं जैसे उसके जीवित होने को। लेखक का व्यंग्य है कि ऐसे लोग 'विदेह' जनक से मानो होड़ लेते हैं जो समस्त भौतिक आकर्षणों के बीच रहते हुए भी उनसे निर्लिप्त रहते थे। गीधू भाई उर्फ गिरधर भाई शाह और चन्द्रभान सिंह बड़े ठेकेदार हैं और पैसे के चलते कला, साहित्य, संस्कृति वगैरह से भी 'निर्लिप्त भोगवादी' किस्म का ताल्लुक रखते हैं। उनके लिए साहित्य, शराब और स्त्री भोग के वक्त की और एक-दूसरे से सम्बन्धित जरूरी चीजें हैं। ठेकेदार चन्द्रभान को एक गीत की कुछ पंक्तियाँ याद हैं जिन्हें वह मौज में आने पर दुहराया करता है—"अगर मैंने किसी के होंठ के पाटल कभी चूमे/अगर मैंने किसी के नैन के बादल कभी चूमे/महज इससे किसी का प्यार मुझ पर पाप कैसे हो?..." कहानी का नैरेटर चन्द्राकर, जो खुद इन स्थितियों में गीधू भाई और चन्द्रभान का पूरी तरह साथ देता है, अपने बुद्धिजीवी होने के जोम में टिप्पणी करता है : "मैं कायल हो गया। पट्ठे ने ऐसी धाकड़ कविता याद कर रखी थी कि पाँचवीं-छठी प्रेमिका के साथ किए जानेवाले शारीरिक उत्पात को भी जायज ठहराया जा सकता था।...मुझे अनुभव हुआ कि यह कविता उन लोगों के लिए, किस कदर जरूरी है।" सच तो यह है कि अगर गीधू भाई राजर्षि जनक की परम्परा का आदमी है तो चन्द्राकरजी भी उसी दरबार और परम्परा को किसी-न-किसी कदर सुशोभित करते हैं--भले ही एक छोटे जनक के रूप में हों या महर्षि याज्ञवल्क्य के रूप में।

भारत के आम लोगों के आपसी आत्मीय सामाजिक सम्बन्धों पर ऐतिहासिक मन्दिर-मस्जिद के झगड़े के उपरान्त, साम्प्रदायिक-धार्मिक उन्माद से भरी राजनीति ने किस प्रकार से अनात्मीय दबाव डालकर आपसी दूरी पैदा की है, उसकी कहानी बड़ी सहजता से 'पण्डित और ड्रीम गर्ल' में कही गयी है। इस कहानी में अलग से किसी राजनीतिक या धार्मिक सिद्धान्त के प्रति लेखकीय पक्षधरता मुखर नहीं है। कहानीकार सफलतापूर्वक यह बताता है कि भीतरी तौर पर सुलगती भावनाओं का ताप अगर बाहरी धर्म, सम्प्रदाय, जात और ओछी दलीय राजनीति की बर्फानी हवाओं से प्रभावित होने लगे तो उसका कसैला और विषैला धुआँ जीवन को घेरकर अन्धकारमय बना देता है। इस कहानी की बड़ी खूबी है कि यहाँ कथ्य, शिल्प अथवा शैली में किसी प्रकार की अतिरिक्त मुखरता या 'ओवरटोन' नहीं है, जो अच्छा लगता है। हिन्दी में साम्प्रदायिकताविरोधी विषय पर लिखी गयी यह गिनी-चुनी बेहतरीन कहानियों में से है।

समकालीन स्थिति में हमारे देश के लोगों की जिस प्रकार से यथास्थिति--बल्कि बद से बदतर स्थिति में जीते रहने की मानसिकता बनी हुई है उसका रोचक किन्तु प्रतीकात्मक चित्रण एक बस-यात्रा के विवरण के माध्यम से कहानीकार ने 'चुप साले' में प्रस्तुत किया है। किन्तु नयी पीढ़ी यथास्थिति को स्वीकार करने को तैयार नहीं। माहौल की निष्क्रियता, सहिष्णुता, कदर्यता और चुप्पी को तोड़ने के लिए हमारी नयी पीढ़ी किस कदर बेचैन है इसकी अच्छी झलक यहाँ मिलती है। नयी पीढ़ी की समझदारी, सक्रियता और कर्मठता पर लेखक को भरोसा है। वर्तमान समाज के जीवन-संघर्षों, और इसके मध्यवर्गीय असहायताबोध की पृष्ठभूमि में यह सकारात्मक भाव महत्त्वपूर्ण और मूल्यवान है। यह बात सामान्य-सी दिखनेवाली, यथार्थवादी ढर्रे पर लिखी गयी इस कहानी को ऊँचा उठा देती है।

संगीत-क्षेत्र की कथावस्तुवाली रचना 'उस्ताद के सुर' पूरे संग्रह में अन्य कहानियों से किंचित् भिन्न स्वाद की कहानी है। संगीत में कहानीकार की गहरी रुचि का पता भी यह कहानी देती है। संगीत के प्रति समाज के विभिन्न तबके के लोगों का जैसा भिन्न रवैया होता है उसका सूक्ष्म पर्यवेक्षण इस कहानी में मिलता है। एक संगीतकार को उसकी कला के लिए जहाँ कुछ लोग तहे-दिल से आदर-सम्मान देते हैं, वहीं कुछ लोग इसका झूठा दिखावा करते हैं। अन्य वस्तुओं की तरह संगीतकला को भी व्यावसायिकता और उपभोक्तावाद का शिकार होना पड़ा है। संगीतसभा के आयोजनों के द्वारा बड़ी चालाकी से संगीतकारों की कला का इस्तेमाल करके लोग सामाजिक प्रतिष्ठा के साथ-साथ पैसे भी खूब बटोर रहे हैं। खुद कलाकार को क्या मिलता है? हाल तक राजा और सामन्त लोग 'गुणियों को पालने' की परम्परा चलाते थे और 'स्टेट' की चीजों की फेहरिस्त में हाथी, घोड़े और गाड़ियों

को ही नहीं, बल्कि पहलवानों और कलाकारों को भी शुमार किया जाता था। कहानी के नायक उस्तादजी ने यद्यपि सामन्ती राज्याश्रय के दौरान अपनी कला, समझ, चौकन्नेपन और होशियारी से मोटे तौर पर अच्छी खातिरदारी पायी थी। लेकिन उस सामन्ती जमाने के विदा हो जाने का उन्हें कतई अफसोस नहीं था। अब के बदले हुए माहौल को भी वे खुली चौकन्नी आँखों और समझदारी से देखते हैं। "कार्यक्रम के बाद भी उन्होंने देखा था कि (शुरू में जो लोग) उनके चरणों की धूल के इच्छुक थे वे अपने आकाओं और उनके बीवी-बच्चों की देखभाल में दौड़ रहे थे। इसीलिए तो उस्ताद ने नियम बना लिया था कि स्वागत की पहली खेप में ही जॉनीवाकर ह्विस्की रखवा ली जाए।" ऐसे लोगों की खोटी हाट में अपनी कला का हीरा उस्ताद को नहीं चाहकर भी खोलना पड़ता है, लेकिन उसकी पूरी चमक तो सही कद्रदानों को ही दिखायी जा सकती है। एक समृद्ध व्यक्ति की बेटी की शादी में उस्ताद को भी संगीत प्रस्तुत करने के लिए आमन्त्रित किया जाता है ताकि धन-दौलत और ऊँचे स्तर के साथ-साथ सांस्कृतिक सुरुचि का डंका पीटा जा सके। मगर 'सम्भ्रान्त' लोगों के बीच, जिनमें ऊँचे पदाधिकारी, नेता और धनी हैं, उस्ताद सहज नहीं महसूस करते क्योंकि उन्हें पता है कि इनमें से कोई भी संगीत का सही पारखी नहीं। यही उस्ताद साधारण बैण्ड पार्टीवालों के द्वारा अनुरोध किए जाने पर उनके लिए बजाने में अद्‌भुत आनन्द अनुभव करते हैं। "उन्हें लगाकि तारों पर घूमती हुई उनकी उँगलियों पर फूल खिल उठे हैं...बस सुरों का एक झरना कल-कल बह रहा था और लम्बे तपते हुए सफर के बाद थके राहगीरों को ठंडक मिल रही थी।" निराला के शब्दों में कहें तो 'सजा सहज सितार/सुनी मैंने वह नहीं जो थी सुनी झंकार।'

'उस्ताद के सुर' में कहानी का व्यंग्य एक गम्भीर-प्रशान्त करुणा में तब्दील होता है। वैसे कहानीकार रमाकान्त का सबसे सधा हुआ औजार है व्यंग्य-विद्रूप जिससे वे मध्यवर्गीय जीवन में चतुर्दिक व्याप्त अन्तर्विरोधों को उघाड़ते और उसकी चीड़-फाड़ करते हैं। उनकी भाषा अपने खिलंदड़ेपन और चुलबुलेपन के द्वारा सामाजिक आलोचना के काम को बखूबी अंजाम देती है। खेल खेल में ही जैसे वे प्रसन्न कर देनेवाली स्थितियों को भी ढूँढ़-पकड़ लेते हैं, उन्हें नजरअन्दाज़ नहीं होने देते। हालाँकि रमाकान्त बेलौस ढंग से कहानी कहते हैं फिर भी पाठक यह महसूस करता है कि उनके कथा-विवेक को उनके सैद्धान्तिक विवेक और आग्रह कहीं न कहीं अनुशासित और प्रभावित अवश्य करते हैं।

रमाकान्त श्रीवास्तव से थोड़ा अलग ढर्रे के कहानीकार मंजूर एहतेशाम (1948) हैं

जिनका कथा-विवेक उनके जीवनानुभवों और चिन्तन की आँच में तपकर परिपक्व और मजबूत बना और निखरा है। वे अपने सैद्धान्तिक आग्रह को कथा-संवेदना पर हलके रूप में भी काबिज नहीं होने देते। मंजूर का मानवतावाद जिन्दगी को इतना बड़ा और विशाल पाता है कि वहाँ कभी न कभी और कहीं न कहीं सिद्धान्तों की सीमा प्रकट हो ही जाती है। वे जीवन-रहस्यों की खोज में अनजान दिशाओं और गहराइयों तक जाने में भी नहीं हिचकते। तमाशा तथा अन्य कहानियाँ संकलन में उनकी सभी कहानियाँ नयी नहीं हैं—इसमें 'रमजान में मौत'-जैसी दसियों साल पुरानी कहानी को भी रखा गया है। मंजूर आज के हिन्दी कथा-साहित्य के एक महत्त्वपूर्ण हस्ताक्षर बनते जा रहे हैं। उन्होंने कभी 'उदास चाँदनी', 'तसबीह' और 'कड़ी'-जैसी श्रेष्ठ कहानियाँ प्रस्तुत की थीं। अपनी ज़्यादातर कहानियों में मंजूर ने मध्यवर्गीय मुस्लिम व्यक्ति, परिवार और सम्प्रदाय के व्यवहारों में छिपे अन्तर्विरोधों और पाखण्डों का उद्घाटन किया है। वे हिन्दी साहित्य में मुस्लिम जीवन के अपने अनुभव-जगत को जिस तरह कलात्मक किन्तु दो-टूक अभिव्यक्ति देते हैं वह सहज ही भारतीय और सेक्युलर लेखन की परम्परा से जुड़ती है।

भारतीय समाज में धर्म की जो प्रतिगामी स्थिति है वह मंजूर एहतेशाम की चिन्ता का एक प्रमुख विषय है। धर्म के स्वरूप को पैसेवाले और असामाजिक तत्त्व अपने ढंग से निर्धारित करते हैं। हालाँकि खुद उनके चरित्र और आचरण धार्मिक उसूलों और नैतिकता के विरुद्ध होते हैं। फलस्वरूप धर्म पाखण्ड बन जाता है और धन तथा बल के बूते पर पाखण्ड राज करने लगता है। ऐसी हालत में सीधे-सच्चे लोगों की भद पीटी जाती है, उनकी चरित्र-हत्या और जीवन-हत्या की जाती है। धार्मिक और साम्प्रदायिक आतंक के ऐसे माहौल में आदमी बने रहना दिनोंदिन कठिनतर होता जा रहा है। हर धर्म में अन्धधार्मिकता का एक-सा ही हाल है। किसी भी धर्म के भीतर जो असल आध्यात्मिक (स्पिरिचुअल) आशय और प्रतीकार्य होते हैं, वे समाज और धर्म के ठेकेदारों द्वारा कहीं पीछे धकेल दिए जाते हैं और खोखला कर्मकाण्ड लोगों के दिलोदिमाग पर हावी हो जाता है। 'मॉडर्न केनिंग आर्ट' के गरीब मगर उदारमना मालिक बूढ़े बशीर खाँ हों या जीवन-भर परिवार और समाज के द्वारा ठुकराए और उपेक्षित किए गए और रमजान के दिनों में मरनेवाले असद मियाँ, उनके-जैसे सीधे-सादे लोगों को धन और धर्म झेल नहीं पाते और इन्हें अपना शिकार बनाते हैं। हमारे धर्म और सम्प्रदाय व्यक्तियों के चरित्र का निर्धारण अपनी सुविधा के लिए बनाए गए पैमाने के अनुसार करते रहते हैं।

अपनी '1844 की आर्थिक एवं दार्शनिक पाण्डुलिपियाँ' में कार्लमार्क्स ने लगभग कविता की उच्छ्वसित भाषा में पूँजीवादी समाज में धन की भूमिका पर

विचार करते हुए धनतन्त्र की ताकत और उसके खोखलेपन की पोल खोली थी। चाहे कोई दुनिया का सबसे कुरूप और मूर्ख व्यक्ति ही क्यों न हो, वह केवल धन के बल पर सबसे सुन्दर और बुद्धिमान बन जाता है क्योंकि विश्वसुन्दरियों और महान प्रतिभाओं को अपने इशारे पर नचाता है, उनका मनचाहा इस्तेमाल करता है। पैरों से अपंग व्यक्ति को धन सोलह पाँवों से सजा देता है। धन के बल पर दुनिया का सबसे बड़ा पापी भी ईश्वर को अपदस्थ कर खुद उसकी जगह जा बैठता है। धन नैतिक को अनैतिक, अनैतिक को नैतिक, आदमी को जानवर और जानवर को आदमी बना देता है। पूँजीवादी समाज आदमी की परिभाषा ही बदल देता है। पूँजीवादी राज में धन सब पर राज करता है—धर्म पर भी। 'मॉडर्न केनिंग आर्ट' नामक छोटी-सी दुकान के मालिक बशीर खाँ का व्यवसाय किसी तरह घिसट रहा है। वे सोच और विचारों में उदार हैं और धर्म के मर्म को पकड़ते हैं। आर्थिक और धार्मिक दोनों ही रूपों से वे अपने कठमुल्ले जड़ीभूत सम्प्रदायवालों तथा अपने-जैसे फर्नीचर के व्यवसाय में लगे दूसरे लोगों से पिछड़ गए थे। दरअसल नैतिक दृष्टि से जमाना गिरा है जबकि तथाकथित नए जमाने के लोग अपनी नजरों से बशीर खाँ को गिरा रहे हैं। बशीर खाँ की अस्मिता धर्म की सही अर्थवत्ता से जुड़ना चाहती है। लेकिन सच्ची आध्यात्मिक भावना को लेकर चलनेवाले लोगों को हर धर्म के ठेकेदार हाशिये पर डालने में लगे हुए हैं क्योंकि ऐसे लोगों की मौजूदगी में धर्म को व्यावसायिक और पेशा बनाने में रुकावट आती है।

मंजूर जीवन को केवल भौतिक या आर्थिक समस्याओं में ही सीमित करके नहीं देखते लेकिन इनकी उपेक्षा भी नहीं करते। 'तमाशा' कहानी इसको अच्छी तरह प्रमाणित करती है। पैसों के अभाव में जिन्दगी के रूप-रंग बुरी तरह झड़ जाते हैं। गरीबी का जीवन-संघर्ष मानो होने और न होने के बीच छीना-झपटी है। दूसरी तरफ सिर्फ पैसों में हमारी सारी भूख मिटाने की ताकत नहीं होती। पैसों से विलासिता की सुविधाएँ खरीदी जा सकती हैं लेकिन तन-मन का सुकून नहीं क्योंकि तन और मन एकदम से दो अलग चीजें नहीं हैं। 'घेरा' कहानी की शब्बो अपने बाप की उम्र के रहीम अंकल से शादी धन के लिए करती है। उसके इस निर्णय से उसके परिवार के लोग, सगे-सम्बन्धी या परिचित भी नाखुश हैं। वह पैसों के बल पर सब कुछ हासिल करना चाहती है। उसकी हवस आग की तरह लपलपाती बढ़ती रहती है। शादी से पहले से ही वह रहीम साब को ऐय्याशी के बारे में जानती थी। अधेड़ रहीम उसके तन की प्यास नहीं बुझा सकते थे तो उसने एक मनपसन्द युवक जमाल को शारीरिक भूख मिटाने के लिए रख लिया। जमाल को लेकर शरीर से आगे उसके जज्बात नहीं थे। रहीम साब की भी शारीरिक भूख किसी और के सहारे मिटती है।

इस तरह पति-पत्नी में कोई लगाव नहीं। दोनों एक दूसरे की ओर से तलाक के बारे में कानूनी पहल करने की उम्मीद लगाए बैठे हैं। "रहीम साब इस इन्तजार में हैं कि यह फैसला खुद शब्बो करे ताकि अपनी जायदाद से हाथ न धोना पड़े। अगर वह खुद तलाक देंगे तो यह कोठी और बहुत सारी जायदाद भी शब्बो को मेहर में देनी पड़ेगी।" शब्बो के सामने विकल्प है रहीम साब की मौत के इन्तजार का और तब तक वह जमाल या और किसी से अपनी आग बुझा सकती है—"जमाल जब तक है, आगे कोई और हो सकता है। यह सिर्फ इत्तफाक भी हो सकता है कि अभी तक उसकी आग को सबसे बेहतर जमाल ने बाँटा है। कल उससे अच्छा भी कोई हो सकता है।" लेकिन मंजूर बताते हैं कि मानव-मन के रहस्य इतने उथले या सीधे नहीं होते। जिन्दगी की सभी जद्दोजहद जिन सुविधाओं को जुटाने के लिए है उनसे क्या सचमुच सुकून और तसल्ली मिल पाती है? ऐसा क्यों है कि अँधेरे-उजाले की लड़ाई में ज़्यादातर उजाला ही अँधेरे की गिरफ्त में नजर आता है? या फिर ऐसा ही क्यों होता है कि जिस शब्बो ने सबकी इच्छा के विरुद्ध सिर्फ दौलत और हैसियत के लिए बूढ़े-नपुंसक रहीम साब से शादी की थी वही निर्णय लेती है कि "वह सचमुच यह कोठी छोड़ देगी, वही छोड़ेगी! कोठी, मोटरें और दुनिया-जहान की इज्जत उसे यहाँ रुकने पर मजबूर नहीं कर सकते, वह बहुत जल्दी यहाँ से भाग जाएगी।"

अगर 'तमाशा'-जैसी कहानी यह सच्चाई सामने रखती है कि पैसों के बिना जीवन जीवन नहीं होता तो 'घेरा' और 'स. हरिश्चन्द्र के जीवन की वह शाम' बताती है कि जीवन सिर्फ पैसों से ही पूरा नहीं हो सकता (मैन कैन नॉट लिव बाइ ब्रेड-एण्ड-बटर एलोन!)। मिस्टर हरिश्चन्द्र अच्छी कमाईवाली हर सुविधा में लिप्त उच्च अधिकारी हैं। धन का एक साम्राज्य खड़ा करके वे सिंहासनारूढ़ हैं। भरा-पूरा घर है, दफ्तर तथा उनके महकमे से जुड़े ऊँचे लोगों की मित्र-मण्डली भी है। चौबीस वर्षीय विवाहित जीवन के बाद घर में लड़के का सुख भी नसीब हो गया। फिर क्यों न हो साहब की शानदार दावत? शराब के नशे और कहकहों के बीच अचानक हरिश्चन्द्र को एक बात कसक जाती है—'जिस कॉलोनी में वह रहते हैं, आसपास या दूर से कोई भी उन्हें बधाई देने क्यों नहीं आया?' फिर हरिश्चन्द्र को उनके साम्राज्य को लेकर एक पंजाबी का कहा फिकरा 'तवायफ का शबाब' याद आया। 'इस बड़ी कॉलोनी में अगर हरिश्चन्द्र की मिसाल एक तवाइफ थी तो फिर कौन तवायफ नहीं था?' ऐसे सुकूनदेह तर्क हरिश्चन्द्र नशे में भी सोच लेते हैं। भ्रष्टाचार से प्राप्त दौलत स्वभावतः शराब और तवायफ की तरफ दौड़ती है। दौलत के लिए की गयी बेईमानी जिन्दगी में जिस खालीपन को पैदा करती है उसे भरने के लिए शराब का सहारा लिया जाता है जिससे और खालीपन गहराता ही है। इस चक्र में

फँसा भ्रष्ट जीवन इससे उबर नहीं पाता बल्कि इसमें फँसे रहने को ही सुख मान बैठता है। फिर तो नैतिक-अनैतिक के द्वन्द्व उसे कभी नहीं सताते। लेकिन अवचेतन में जो अपराध-बोध घर कर जाता है वह आसपास के ईमानदार एवं नैतिक लोगों के विरुद्ध अनजाने ही उसे खड़ा कर देता है।

जीवन का स्वार्थ-समर लड़ता हुआ आदमी कितना ही संकीर्ण क्यों न बने वह अपने सामाजिक सम्बन्धों को झुठला या ठुकरा नहीं सकता। चूँकि वह आदमी है अतः आदमियों से जुड़ना उसका स्वभाव है। प्रेम, दोस्ती, पारिवारिकता, सामाजिकता ऐसे सम्बन्ध हैं जो पुल की तरह आदमी को आदमी से जोड़ने का काम करते हैं। 'पुल' मंजूर एहतेशाम का एक प्रिय प्रतीक भी है। उन्होंने 'पुल-पुख्ता' और 'काला पुल' नाम से कहानियाँ भी लिखी हैं। लेखक के आगे प्रेम और जीवन दो ऐसे रहस्य हैं जिनको जानने का जितना ही प्रयास किया जाए उतना ही जानना शेष रह जाता है। सम्बन्धों का बनना और साथ रहना अर्थात् दो व्यक्तियों के बीच पुल का होना जीने की अनिवार्य शर्त है, और यह जीवन भी क्या है—जन्म और मृत्यु के बीच एक पुल ही तो! वैसे यह सच है कि साथ रहने की इच्छा ही हमेशा प्रेम नहीं होती और ऐसा भी नहीं कि वह प्रेम नहीं हो ! 'काला पुल' का पात्र सोचता है: "मुझे तुम्हारी इच्छा है, जरूरत है। मैं किसी कीमत पर तुम्हें नहीं खोना चाहता। लेकिन प्रेम! तुमने कभी सोचा प्रेम संज्ञा है या सर्वनाम। प्रेम भीतर बिछी चादर की शिकनें हैं या खुद चादर—मैं तय नहीं कर पाया हूँ। एक उम्र के बाद इच्छा होती है, उसके लिए जोखिम उठाने का हौसला हो सकता है पर प्रेम नहीं।" यह किसी का साथ और प्रेम पाने की इच्छा हमें पहाड़ों पर भटकाती तो है मगर क्या पड़ाव पर भी पहुँचाती है? "साथ रहना सात समन्दर, सात आकाश के बीच फैले विस्तार में एक ऐसा जजीरा है जहाँ कोई कश्ती, कोई जहाज नहीं पहुँचता। जहाँ जाने के लिए...सिर्फ एक पुल है! वह पुल उन्हें खोजना चाहिए। न खोज पाएँ तो उसका आविष्कार करना चाहिए।" ('काला पुल')

बदलते परिवेश में पारिवारिक, सामाजिक तथा अन्य कई स्तरों पर आत्मीय सम्बन्धों के दरकने की व्यथा की कई कहानियाँ लिखी हैं मंजूर एहतेशाम ने। आदमी का अपने परिवेश के साथ रिश्ता कैसा हो यह मंजूर के कथाकार के लिए अत्यन्त चिन्ता का विषय है। ऐसी ही एक कहानी है 'पुल-पुख्ता' जिसे एक फैन्टेसी और प्रतीककथा के रूप में ढाला गया है। गम्भीर चिन्ता की बात है कि 'पुल-पुख्ता में क्रैक आ गए हैं।' और यह काल्पनिक कथा नहीं, हरएक की आत्मकथा है। लेखक पाता है कि 'हमारा जिन्दा रहना पुल और रात के रख्नों पर था। अगर हम जागते रहे शायद फिर भी बच जाएँ।'

आत्मीय सम्बन्धों में पड़नेवाली अनमिट दरार एक बेहतरीन कहानी है

'छोटी-छोटी चीजें।' यह दरार भावनात्मक शोषण का एक भयावह परिणाम है और जो शोषण का एक निकृष्ट तथा जघन्य रूप है। स्त्री-पुरुष के मिले-जुले समाज होने के बावजूद हमारा समाज पुरुष-प्रधान बना हुआ है, खासकर स्त्री की भावनाओं और उसके जिस्म का इस्तेमाल करने के मामले में वह शोषण को अपना जन्मसिद्ध अधिकार समझता है। पुरुष हमेशा अपनी शक्ति का प्रयोग करके ही शोषण नहीं करता है बल्कि अपनी कमजोरी का वास्ता देकर भी वैसा करता है। पुरुष के लम्बे साहचर्य में रखैल-सी स्थिति को सहने के बावजूद कहानी की नायिका रोमा यही सोचती है कि "वह (अर्थात् रोमा) उसके (अर्थात) संजू के लिए एकदम बेमतलब हो गयी थी और उसके साथ ही वे तमाम लम्हे, रात और दिन जो उन दोनों ने साथ बिताए थे। वह हफ्तों रोई थी और फिर धीरे-धीरे उसे लगा था, जैसे होना यही था। संजू ने अगर किसी दूसरी औरत से शादी कर ली थी तो इसमें गलत क्या था?" नायिका लम्बे अर्से तक अपनी लुटी-पिटी स्थिति को लेकर बिसूरती रहती है और बार-बार संजू के अपने पास आते रहने पर दैहिक-मानसिक धरातलों पर लुटती रहती है। आखिरकार अपनी इस ओढ़ी हुई नियति का अहसास उसे हो जाता है और कहानी का अन्त एक प्रकार की निश्चयात्मकता में होता है : "संजू चला गया था। ...उसे लगा बैठे-बैठे बहुत देर हो गयी है। गाउन खींचकर उसने खुद को लपेटा और आगे बढ़कर खिड़की के पर्दे खोल दिए। ...बाहर धूप फैल चुकी थी।"

संग्रह की कई कहानियाँ काव्यात्मक संवेदना को फैन्टेसी शिल्प के सहारे गल्प में बदलने की कोशिश का नतीजा भी हैं। 'अँधेरे में', 'पुल-पुख्ता', 'लौटते हुए', 'जश्न और छतरी' ऐसी ही कहानियाँ हैं। मगर इनमें से कई कहानियों पर लेखक की अपनी छाप होने के बावजूद अन्य रचनाओं की गूँजें हावी हो गयी लगती हैं। जैसे 'अँधेरे में' को ही लें जिसे मुक्तिबोध की इसी शीर्षकवाली अतिप्रसिद्ध कविता के एक सन्दर्भ को लेकर उसे कथारूप दिया गया है। यह इतना जाहिर है कि कहानीकार ने इसे छिपाने की कोई कोशिश नहीं की। मुक्तिबोध की कविता की भाँति यह भी 'भयानक खबर' देनेवाली रचना है। 'अँधेरे में' कविता की संवेदना को भी इसमें महसूस किया जा सकता है। मुक्तिबोध की कविता इस कहानी की प्रेरणा है, इसकी जानकारी से पाठकों को जो विस्मय हो सकता है उसमें इस कहानी की मौलिकता के ढँक जाने का खतरा है। 'लौटते हुए' भी काव्यात्मक संवेदना को कहानी में ढालती हुई रचना है। इसे एक प्रतीककथा के रूप में देखना उचित होगा। भावना और बुद्धि के द्वन्द्व में पड़ा मध्यवर्गीय व्यक्ति ज़्यादातर दुनियादारी और लाभ-लोभ का हिसाब-किताब ही करता रहता है और इस प्रक्रिया में अपनी सहज-स्वाभाविक मानवीय भावनाओं को कुचलता जाता है। हर सम्बन्ध के सिर पर

व्यावसायिकता चढ़कर बोलने लगती है। कभी-कभी उसे अवश्य लगता है कि "वह (अर्थात् उसकी प्रेमिका अर्थात् जिन्दगी) आज भी बरामदे के जँगले पर झुकी उसका इन्तजार कर रही होगी। उसे प्यार करेगी। वह चाँदनी में इसी तालाब के किनारे घूमेंगे, बात करेंगे।" लेकिन अगले ही क्षण दुनियादारी की 'समझदारी' का बोझ इस आजाद ख्यालवाले रोमैंटिक भाव को चांप देता है।

'जश्न' एक छोटी पर गरिष्ठ किस्म की फैन्टेसी कथा है जिसमें कुर्सी, सन्दूक और बन्दूक के प्रतीकों के सहारे आज के माहौल के कनफ्यूजन, ऊब तथा निरर्थकता को व्यक्त किया गया है। लेकिन 'छतरी' में कवितानुमा शिल्प में फैन्टेसी प्रस्तुत की गयी है। यहाँ सूखे का, धूप में जलते और नफरत में सुलगते ऐसे माहौल का चित्रण है जिसमें "धीरे-धीरे लोगों को सारी उलझनें, निराशाएँ और गुस्सा टाँगने को 'बरसात-क्यों-नहीं-हो-रही' की खूँटी गिल गयी थी। इस खूँटी को हरएक मनमानी सूरत-शक्ल में ढालने में लग गया था। देश में राजनीति के नाम पर जो अप्रिय हो रहा था, परिवारवालों को जो एक-दूसरे से गिले-शिकवे थे, धन्धे में जो घाटा था, प्रेम में जो असफलता या दोस्ती में जो धोखाधड़ी, सब किसी क्षण बरसात न होने के गुस्से की आँच को भड़का जाते। हरएक यह मानकर चलने लगा था कि उसका पड़ोसी इस संकट का कारण था।"

'खेल' और 'एक फिल्मी पोस्टर के हवाले से' का कथा-विषय है जीवन तथा मृत्यु की रहस्यमयता। सवाल है कि बहुत अच्छी नौकरी, पत्नी और बच्चे से बेहद प्यार करनेवाला व्यक्ति, जो इकलौती औलाद होने के नाते बड़ी जायदाद का मालिक भी है, आखिर क्यों आत्महत्या करेगा? यह एक ऐसी गुत्थी है जिसे वही समझ सकता है जो बिना जीवन के कविता और बिना कविता के जीवन की वीरानियों का अन्दाज़ा लगा सकता हो। जिन्दगी की तरह ही मौत एक बहुत बड़ा रहस्य है और ये दोनों रहस्य दरअसल एक दूसरे में गुत्थमगुत्था हैं। मौत के बाद नयी जिन्दगी और फिर मौत। जिन्दगी और मौत के इस अबूझ चक्कर में हमारी हैसियत क्या होती है? इस खेल में हम शरीक-भर होते हैं, इस खेल को रोकना या मोड़ना क्या हमारे वश में है? जैसे एक काफिला चल रहा हो जिसमें से परिचित चेहरे गायब हो रहे और अनजाने आकर मिलते जा रहे हों। "या जैसे कोई खेल हो रहा था जिसमें म्यूजिक की आवाज पर लोग दौड़ रहे थे। इसलिए कि बैठने की कुर्सियों में से एक और कम हो गयी थी और इस राउण्ड में फिर कोई आउट होनेवाला था। म्यूजिक बन्द होगा, तालियाँ बजेंगी, कहकहे गूँजेंगे और कोई एक और शर्मिन्दा चेहरा भीड़ में खो जाएगा...।"

मंजूर तफरीहन नहीं लिखते और वे अपनी रचना के प्रति काफी संजीदा भी हैं,

यह बात उनकी लगभग हरएक कहानी से साफ होती है। ऐसे लेखक के लिए यह स्वाभाविक है कि वह 'रचना क्यों?' इस बात पर विचार करे। यह प्रश्न कोई नया नहीं है और भारतीय काव्यशास्त्र में काव्यहेतु, काव्यप्रयोजन आदि प्रकरणों में 'क्यों' और 'कैसे' पर भी विचार किया गया। हर जमाने का साहित्यकार 'साहित्य क्यों' के सवाल से टकराता और अपनी तरफ से जवाब देता आया है। 'तलाफी' (क्षतिपूर्ति) कहानी में इसका जवाब देते हुए लेखक-नैरेटर कहता है, "मैं लिखना चाहता हूँ (क्योंकि) मुझे लगता है कि मैं अपने आसपास का बहुत कुछ समझ तो सकता हूँ, बहुत गहराई तक! लेकिन उसमें खुद भी हिस्सा ले पाना मेरे लिए सम्भव नहीं है। चाहते हुए भी मैं वह सब कर ही नहीं पाता। लगता है शायद लिखकर ही लोगों के सामने मैं अपना दृष्टिकोण रख सकूँ, यह समझा सकूँ कि इस सब में हिस्सा लेना मेरे लिए क्यों सम्भव नहीं है।" लगता है जैसे यह सफाई सबकुछ नहीं कह पायी। अतः खीझकर वह आगे कहता है, "लिखकर मुझे, वह कुछ पल को ही सही, किसी मुक्ति का एहसास तो होता है। और कुल मिलाकर रखा भी क्या है!" कहानी के अन्त तक आते-आते यही नैरेटर मुक्ति-प्रसंग की आसमानी चढ़ाई से लुढ़ककर सीधे जमीन में धँसता है जब उसे पत्नी की प्लास्टिक की टूटी चप्पल की याद आती है। "बीवी की फटी चप्पल और मेरे पहले उपन्यास की बात आपस में बेतुकी और बेमेल थी और कहीं मैं सोचने में बुरी तरह गड़बड़ा गया था। ...मैं सिर्फ इतना जानता हूँ कि ...चप्पलें भी जरूरी हैं ...या क्या पता, शायद सिर्फ चप्पलें ही जरूरी हैं।" मंजूर जमीनी यथार्थ के बन्धनों और आत्मिक मुक्ति के खुलेपन के बीच रचनारत होते हैं। इन दोनों जरूरतों को जस्टीफाई करने के संघर्ष में ही उनकी रचना-प्रक्रिया को जाना जा सकता है। उनका लेखन इसलिए भी महत्त्वपूर्ण है कि वह बँधा हुआ, डॉग्मैटिक, नहीं है—उसमें खुलापन है। कहानीकार विषयवस्तु की भीतरी परतों को हटाकर अनकहे को पकड़ना चाहता है। यह कोशिश पूर्णता (पर्फेक्शन) को पाने की है अतः अपने अब तक के लेखन से पूरी तरह सन्तुष्ट नहीं होना स्वाभाविक ही है। 'काला पुल' कहानी का लेखक-पात्र सोचता है—"लिखना भी जीवन में क्या वह कह पाना रहा है, आज इस पल तक भी, जो कहना चाहा या चाहता है! अर्थ तो हर लिखी पंक्ति का निकला, और लोगों द्वारा अपने-अपने हिसाब से निकाला गया।"

मंजूर एहतेशाम में अच्छे कहानीकार के सारे गुण हैं, अपेक्षित शिल्प-शैली, अनुभव, विचार, भाषा, संजीदगी और संयम है, अतः उनसे हिन्दी कथा-साहित्य को भविष्य में भी बेहतरीन रचनाओं की उम्मीद बँधती है।

अब तक अपने पाँच कहानी-संकलनों की अनेक चर्चित कहानियों के द्वारा शैवाल (1949) समकालीन हिन्दी कहानी में अपना वैशिष्ट्य प्रमाणित कर चुके हैं। बिहार में रेणु के बाद रेणु की याद दिलानेवाले वे गाँव के जीवन के एक श्रेष्ठ कहानीकार हैं। 'अरण्य-गाथा' उनका पाँचवाँ कहानी-संकलन है जिसमें उनकी पन्द्रह कहानियाँ संगृहीत हैं। अरण्य को और उसकी भयावहता को शैवाल निकट से जानते हैं। अपने देश के सामयिक परिवेश को भी वे या तो अरण्य की भाँति देखते हैं अथवा विशाल मरुप्रदेश की तरह जहाँ जीवन एक ऐसी मरुयात्रा बना जाता है कि उसे शाद्वल और गाछ-फूल की तो बात ही क्या, घड़ी-भर को चैन और मुसकान भी मयस्सर नहीं। लेकिन कहानीकार व्यथा की लम्बी कथावाले इस जीवन में खुरदरे व्यंग्य-विनोद के द्वारा रोचकता और हलकापन लाने की कोशिश करता है।

शैवाल की कथा-भंगिमा सम्पूर्णतः अनौपचारिक है। बातों-बातों में जैसे लड़कियाँ आपस में सखी-बहिनापा जोड़ लेती हैं, वैसे ही शैवाल मानो पाठक को अपने मन से जोड़ लेते हैं। परिणामतः उन्हें जटिल से जटिल स्थितियों को सरल कथा में रूपान्तरित करने में आसानी हो जाती है। यह कौशल या गुर उन्होंने रेणु से सीखा है। उन्होंने रेणु की नकल नहीं की है, बल्कि रेणु को आयत्त किया है और उनकी विशेषताओं को विकसित करने की चेष्टा की है। अच्छा यह है कि शैवाल खुद को रेणु की तरह एक निश्चित शिल्प में बाँधते या दुहराते नहीं। उन्होंने अपने शिल्प को माँजा है और उसे प्रौढ़ बनाया है।

कई कहानियों में शैवाल रेणु की भाँति कथा कहने का ठेठ गँवई—चाहे तो कहें, शुद्ध भारतीय ढंग अपनाते हैं। इस ढंग में कथा के उपयुक्त घटना, चरित्र, भाषा, परिवेश सबकी गहरी पहचान होना जरूरी है। अर्थात् मूलराग की केन्द्रीयता के चारों ओर सहधर्मी, सहायक रागिनियों और नादों की रचना इस प्रकार से करना कि उनके बीच में से केन्द्र झलमलाता नजर आए! संग्रह की पहली कहानी 'अरण्य में अकेले' को देखें तो यह जहाँ पहुँचाती है उसका अन्दाज़ा कहानी के आरम्भ से तीन-चौथाई हिस्से तक नहीं हो पाता। आधी कहानी हँड़पेटा नाऊ की है और लगता है कि यह ज़्यादा-से ज़्यादा हँड़पेटा और सामकली की 'रसप्रिया' टाइप की कोई प्रेमकथा बनेगी। कहानी पर आरम्भ से ही रेणु-शैली हावी है—खोजने निकलना हँड़पेटा नाऊ का अपनी सामकली के काज के लिए नरेन नेता को और नेता का मिलना न घर में न पार्टी ऑफिस में बल्कि पिण्डदान के निमित्त गया में। हँडपेटा घर के बाहर से ही आवाज लगाता है, 'लरेन बाबू हैं?' ओखली में मूसल की आवाजों के बावजूद गृहिणी सुन लेती है। नरेन बाबू की पत्नी की अजगुत घ्राण-शक्ति! आवाज सुनती नहीं, सूँघती है वह। जान लिया हँड़पेटा (हाँड़ी की तरह पेटवाला) नऊआ आ गया।

इसलिए मुँह से नहीं बोली, पेट से चिल्लाई नरेन बहू, 'के है?' घोड़ापोखर नाऊ हारता कैसे। समझ लिया कि घिर गया आज। पेट से बोले औरत, तो समझो गाली देगी। ...बात की नब्ज—नऊआ और कौए का कब्ज—कठबऊआ, इनके सिवा कौन समझता है। आगे चलकर सामकली-प्रसंग में भी रेणु की याद आना स्वाभाविक है—"अब सामकली की तुलना कीचड़-कांदों से क्या करे कोई।...चाहा (एक पक्षी) है, मरदे! अहा-हा, क्या बोली, क्या सौम्यता, क्या रूप, क्या देह, क्या कद और क्या चन्दन-काठी ...सब अजगुत! अब हँड़पेटा के मन में मदद जागा है, तो उसका क्या हो। ...गुलेल का वार खाए हुए है हँड़पेटा। रात-बिरात सपने में मुस्कराता है। दैव ने इतना ही हक दिया है। धूप-धूल से झौंराया हँड़पेटा दिन के बियावान में कैसे मुस्कराए। ...दिन-भर जैसे अन्दर संजीरवा चावल का थान महमहाता रहता है।... बताइए भला, दिमगा पर नसवार का हमला और मन में संजीरवा चावल के थान की महमहाती ऊर्जा, दोनों का असर कहाँ तक झेलता हंड़पेटा।" सो नाऊ का विधवा सामकली से मन लटपटा गया है और वह विधवा पेंशन के कागज भरवाने के लिए नरेन नेता की खोज में प्रयाण करता है। वैसे नरेन कोई नेता नहीं कार्यकर्ता हैं लाल पार्टीवाले। असल नेता तो हैं भालूनुमा चैटर्जी साहब जिनका "ललाट भक-भक रोशनी करने लगा, चश्मा और खूँखार हो उठा और दबंगियत के जूम में ही उनका अन्तिम सन्देश 'लाल किले' से गूँजा, चौबीस घण्टे के अन्दर नरेन को हमारे सामने करो!"

सो, यहाँ से अथ कामरेड नरेन कथा। नरेन निखालिस देसी कम्युनिस्ट पार्टी का कार्यकर्ता है। (सृंजय की बेहद चर्चित कहानी 'कामरेड का कोट' में भी सच्चे देसी कम्युनिस्ट कार्यकर्ता बनाम पार्टी के सिद्धान्तजीवी अधिनायक नेता का विरोध दिखाया गया था मगर वह प्रसंग बिल्कुल दूसरा था।) यहाँ शैवाल सवाल उठाते हैं कि क्या कम्युनिस्ट का कोई परिवार, संस्कार, देश, इतिहास, संस्कृति, भूगोल नहीं होता? नरेन को नेता चैटर्जी साहब द्वारा इसलिए तलब किया जाता है क्योंकि उन पर दो संगीन आरोप हैं—एक तो जुलूस लेकर जाते वक्त हनुमान मन्दिर की तरफ रुख करना और दूसरा, गया में दादी का पिण्डदान करना। चैटर्जी साहब के लिए यह 'धर्म' है, अतः कम्युनिस्टों के लिए ऐसा व्यवहार अधम कोटि का और 'अधर्म' है जबकि नरेन बाबू के लिए यह उनके संस्कारों में बसी 'संस्कृति' है। वे कहते हैं कि हनुमान मन्दिर के सामने हाथ जोड़ता हूँ, तो लगता है...बाबू साथ खड़ा हो गया आके और पिण्डदान करके दादी का ऋण चुका रहा हूँ क्योंकि नरेन के जन्म के लिए अगर वे नौ साल तक देवी-थान अगोरती रहीं...तो क्या मैं दस दिन भी उनकी चाहना के साथ नहीं जी सकता... कि वह हमारे हृदय में आ जाएँ? मगर 'डिक्टेटरशिप ऑफ द प्रोलेटारिएट' के सिद्धान्त में विश्वास करनेवाले नेता की पार्टी

लाइन साफ है। बुर्जुआ धार्मिक व्यवहार को बख्शा नहीं जा सकता, अतः चैटर्जी साहब का फतवा जारी होता है—मैं तुम्हें पार्टी से निष्कासित करता हूँ। नरेन ने चैटर्जी बाबू की इस कम्युनिस्ट 'धर्मान्धता' पर पलटकर निर्द्वन्द्व और शान्त लहजे में कहा, "मैं जमीन के अन्दर चींटियों की तरह रहना चाहता हूँ, कामरेड! इसलिए पार्टी से बाहर जाना स्वीकार करता हूँ।" इस तरह समकालीन वामपंथी राजनीति के परिदृश्य में सामान्य कार्यकर्ताओं और बुद्धिजीवी नेताओं के दो अलग रूप और चेहरे—भीतरी और बाहरी—सामने आते हैं। चूँकि कम्युनिस्ट पार्टियाँ भी अनेक हैं अतः लोग इस बात का कयास लगाते रहें कि शैवाल का इशारा किस पार्टी की तरफ है।

शैवाल में और दूसरे ढेरों कहानीकारों में फर्क यह है कि दूसरे कहानीकार अपने स्थूल विमर्श के निमित्त कहानी को माध्यम बनाते हैं, उदाहरण अथवा प्रमाणवत् कथा का इस्तेमाल करते हैं, लेकिन शैवाल के यहाँ कहानी ही महत्त्वपूर्ण है और कोई चाहे तो वहाँ से विमर्श भले ढूँढ़ निकाले। यह कहानीपन की ओर शैवाल की कहानी-कला की बड़ी सफलता है क्योंकि इससे विमर्श संवेदना में ढलकर मज़बूत और स्थायी बनता है।

जन-पक्षधरता का खोल ओढ़े नाना नाम-रूपवाले हमारे समाज के अनेकों बुद्धिजीवियों में एक हैं 'इण्डिया-इण्डिया' के पत्रकार वरुणजी जो 'गोर्की को पढ़ा है तुमने?' कहानी के टिपिकल पात्र हैं। कथावाचक के अनुसार वरुणजी स्वभाव और जाति से दबंग थे। दबाते मुझे भी थे पर दबने के कारण ही मुझे प्यार भी करते थे। वरुणजी विदेशी साहित्यकारों के नाम लेकर उन्हें नहीं पढ़ने के चलते, कथावाचक को कोसते-डाँटते-दबाते रहते थे जबकि कथावाचक के अनुसार, "मेरे पढ़ने का फायदा ही क्या था। फायदा उठाने का गुर तो महानगरीय संस्कार से आता।" देहात की संस्कृति में अशिक्षा और गरीबी के बावजूद इनसानियत बाकी है जबकि शहर में शिक्षा और सम्पत्ति के बावजूद शायद इन्हीं के द्वारा इनसानियत का गला दबाया जा रहा है। शैवाल ने दासता के दुख को बड़ी कशिश के साथ व्यक्त किया है। गोर्की के लेखन के प्रशंसक वरुणजी गोरका नामक ग्रामीण किशोर को नौकर रखने और भरपूर शोषण करने के बाद उस पर यह इल्जाम लगाकर वापस गाँव भेज देते हैं कि "इन्फेक्शन फैलाएगा यह साला, बदजात। बच्चे के मुँह में मुँह घुसेड़कर चुम्मा लेता है।" महानगरीय संस्कार सहज और भोले प्यार के इन्फेक्शन से दूर ही रहने में अपनी भलाई समझता है।

बेमेल दाम्पत्य के दुख में भी, खास तौर से स्त्री के लिए दासता का दारुण दुख है, इस वाग्लता ने जाना था, जिसकी "यन्त्रणा गुलामी की थी। गुलाम रहके

जाना था, सबकुछ व्यापार है... यह परिवार भी। एक उजड्ड गँवार पति को देह सौंपना और बच्चों के साथ परवरिश पाना, नियत भाव से सबकुछ सहना और जीना।" ('दरिया-ए-नील में सफेद फूलों की आमद') लेकिन यह कहानी वाग्लता के साथ-साथ चेनप्पा के मुक्ति-प्रयास की भी कहानी है जो वाग्लता को उसके शंकालु पति की गुलामी से निजात दिलाता है। चेनप्पा सक्रिय नक्सलपंथी था। उसकी अपनी पत्नी से, जो सामन्त की बेटी थी, नहीं पटी। उसका बेटा भी सामन्त ही बन गया था। इस तरह वाग्लता और चेनप्पा के दो टूटे हुए दिल जुड़ गए। वाग्लता से जुड़ने पर चेनप्पा का संघर्ष भी बाहर से भीतर की ओर मुड़ गया। वे दोनों गया में अपने जीवित रहते पिण्डदान करने जाते हैं। पहले चेनप्पा सामाजिक जीवन के प्रश्नों से जूझता था, अब उसके सामने निजी जीवन के, आत्मा के, सवाल हैं (हरमनहेस के उपन्यास के नायक 'सिद्धार्थ' की तरह) संघर्ष में तपा हुआ भूतपूर्ण नक्सली अब पाता है कि "जीवन में जो होता है, उसके पीछे निश्चित कारण होते हैं। पर नियत नहीं होता कि यह होगा ही। कहाँ से क्रम टूटेगा और किस ओर जुड़ जाएगा जीवन, तय नहीं होता यह सब। अपने वश में नहीं है कुछ। जो कुछ है अपने अन्दर, वे हैं अनगिनत सवाल ...निरन्तर जाग्रत होते हुए प्रश्न, द्वन्द्व ...जिन्हें हल करते हुए शेष जीवन कट जाएगा!" वस्तुतः उनका जीवन नक्सलपंथ और अध्यात्म का सरलीकृत समीकरण नहीं है और न यशपाल की सुप्रसिद्ध कहानी 'ज्ञानदान' की भाँति यहाँ आत्मिक प्रश्नों का सम्पूर्ण नकार ही है। दरअसल हमारा जीवन विभिन्न अनुभवों का पुंज है। चेन्नपा के जीवनानुभवों का सार यह है : 'घाट कहीं से शुरू नहीं होते और कहीं खत्म नहीं होते। घाट यात्रा पर जाते हैं और कभी बूढ़े नहीं होते—तब तक चलते हैं जब तक नदी है।' वस्तुतः जीवन से सम्पूर्ण प्रेम ही मोक्ष है। शैवाल समाज के आर्थिक पक्ष और जीवन के आत्मिक प्रश्न दोनों से जूझते हैं। वे आत्मा के सवालों की न तो खिल्ली उड़ाते न उन्हें खारिज ही करते, बल्कि उन्हें सहानुभूतिपूर्वक समझने की चेष्टा करते हैं जो तथाकथित मार्क्सवादियों के शायद ही गले उतरे—या तो आत्मिक प्रश्न उन्हें प्रतिगामी लगते हैं अथवा अगर जरूरी भी, तो उन्हें वे आर्थिक प्रश्नों के हल होने तक स्थगित रखना चाहते हैं।

'अरण्य-गाथा' कहानी के रूप में शैवाल एक मानसिक रूप से अविकसित लड़के बोका उर्फ पिरीयरंजन की मार्फत साम्प्रतिक राजनीतिक परिदृश्य का एक नुचा हुआ टुकड़ा सामने रखते हैं। (क्या ही विचित्र संयोग है कि 'पहल-68' में कथाकार हृदयेश का जो उपन्यासांश छपा है उसमें 'पगलैट प्रताप' के चरित्र के माध्यम से कथाकार यही काम ले रहा है, फर्क यह है कि हृदयेशजी के निशाने पर राष्ट्रीय स्वयंसेवक संघ है जबकि शैवाल के व्यंग्य का लक्ष्य है वामपंथी राजनीतिक

दल।) हमारी राजनीति में वाम और दक्षिण के चरित्र एक-जैसे बन गए हैं—यह हमारे समय का क्या ही दुर्योग है! किसी प्रकार के आन्दोलन के दौरान पार्टी के सामान्य कार्यकर्ता का हाल यह होता है कि पुलिस आ गयी और लगी घेर के मारने।... 'बिगना को रगेदा पुलिस तो वहीं साइकिल छोड़कर भाग आया... आऽ धरा गया सुमेसर... पैर-हाथ सब रुगदी-रुगदी हो गया।" लेकिन पार्टी नेता के साथ ऐसा नहीं होता—'रामचन्द्र नेता, ऊ तो कस्टडी में हस्पताल चले गए'। सामान्य जन के जीवन-संघर्ष को लेकर हिन्दी में लिखी गयी कहानियों की कोई कमी नहीं है। 'टेपचू', 'देवीसिंह कौन?'-जैसी अनेक कहानियाँ खूब चर्चित भी हुई हैं। हमारे देश की जनता जोशीले आन्दोलनों में भाग लेने पर चोटें खा-खाकर घायल होती रही है तथा अपनी नासमझी के बावजूद किसी अनजान शक्ति के सहारे बार-बार उठ खड़ी होकर पूछने लगती है, कब जाना है जुलूस में? घायल बोका की हड्डियों पर मालिश करती हुई उसकी भौजी गाती है—'औबटी-चौबटी माता देखली निरेख। कब मोरा सरबन होइहें सरेख।' बेटे की हड्डियाँ कब इतनी मजबूत होंगी कि चोट नहीं लगे। श्रवण बेटा कब समझदार बनेगा? यह जुझारू प्राणशक्ति शैवाल लोकसंस्कृति में पाते हैं। रेणु ने अपने उपन्यासों में बार-बार लोकसंस्कृति की जीवनीशक्ति की दुहाई दी थी। शैवाल के शब्दों में मानो रेणु ही घोषणा करते हुए प्रतीत होते हैं : "लोकजीवन में अपना प्राण-रस और स्वयं की शक्ति होती है...इन्हीं के कारण बिना किसी व्यवस्था के इतने अन्याय और शोषण-दमन के बावजूद लोग जी भी लेते हैं और संघर्ष की ताकत भी बटोर लेते हैं!"

पूँजीवादी शोषण किसी को भी अपना शिकार बना सकता है। चाहे वह लोकतन्त्री विचार हो, प्रेम-जैसी भावनाएँ हों या फिर धार्मिक विश्वास ही क्यों न हो—सब पूँजीवाद के लिए शोषण के अस्त्र भी हैं। 'टेकरू! सच्ची-सच्ची बता, अयोध्या किधर है रे?' कहानी में इसी सिद्धान्त के तहत फिल्म का प्रोड्यूसर-डायरेक्टर अपनी बीवी का इस्तेमाल नंगी फिल्में बनाने में करता है। 'इतने बड़े आदमी को दो मिनट का टैम नहीं लगा, अपनी औरत को पूरे हिन्दुस्तान के सामने नंगा करने में', तो फिर बड़े लोगों की हवस के आगे छोटा आदमी भला कैसे सोच सकता है कि 'उसकी जोरू सती-सावित्री बनी रहे!' 'ढोंढ़ी सेठ का दोस्त भीकाराव सट्टा खेलता है जिसमें इस तरह की बातों पर बोली लगती है कि 'नीमाबाद में दंगा होगा कि नहीं'। भीका राव असली थ्रिल चाहता है। ब्लू फिल्मों से लेकर हॉलीवुड की मारधाड़वाली फिल्मों तक से उसका 'रोआँ तक नहीं सिहरता अब।' वह कुछ वैसा देखना चाहता है जैसा छह दिसम्बर की घटना के बाद दंगे-फसाद का दृश्य सी.एन.एन. ने दिखाया था। "साला, एकदम रियल वार दिखलाया... गोलियाँ लगते

हुए... असली खून गिरते हुए... आदमी मरता हुआ... ऐं-ऐं कर चीखता हुआ... ऐंड़ियाँ रगड़ता हुआ...।" भीकाराव केबुल टी.वी. पर 'दंगे का हाल... औरतों का बदन फाड़ाफाड़ी... एकदम रियल...' देखकर रोमांच प्राप्त करता है। कहानी का पात्र टेकरू पाता है कि अयोध्या में दिखायी पड़नेवाला जुनून सिर्फ आयोध्या में नहीं है, वह शोषण और पाखण्ड की हर हरकत में है, टी.वी. के प्रोग्रामों से लेकर भीकाराव के जेहन तक में है। 'जहरमुहरा' कहानी में वर्णित परिवार और समाज के पोंगापंथी लोगों के दिमागों में भी यही घुसा हुआ है।

सरकारी दफ्तरों के माहौल को लेकर लिखी गयी दो दिलचस्प कहानियाँ संग्रह में हैं—'अकवन का कोट' तथा 'चलो, आनन्दवन...'। व्यंग्य और विनोद के माध्यम से शैवाल इन कहानियों में दिखाते हैं कि हमारे सरकारी दफ्तरों में संवेदनशीलता के लिए कोई जगह नहीं होती। यहाँ तक कि कर्मचारी भी अपनी व्यक्तिगत पहचान खोकर सपाट और इकसार चेहरेवाले हो जाते हैं। 'अकवन का कोट' का बी.डी.ओ. लिद्दरराम दफ्तरशाही का वैसा चेहरा है जिसका नाम, जात-पांत, आदमीपन सब बेमानी है। असल बात है उसका बी.डी.ओ. होना। लिद्दरराम जानता है कि "दरअसल राष्ट्र की सबसे बड़ी समस्या प्रदूषण है। और इसके लिए 'कटिंजेंसी' से खरीदा गया झाड़ू काफी है।... इससे आत्मा जैसी-चीज भी बुहार ली जा सकती है।" शैवाल की व्यंग्य-शैली गरीबी, जहालत, असहायता का जिक्र करते हुए नियति को मानो मुँह बिराती हुई चलती है। इस तरह अभावग्रस्त स्थितियों की तुच्छता बताती हुई संघर्ष की जरूरत और महत्त्व को रेखांकित करती है। 'चलो, आनन्दवन...' भी ब्लॉक स्तर के कार्यालय की सच्चाइयों-भरी कहानी है। सरकारी कार्यालय मानो हमारे देश की अरण्यगाथा में आनन्दवन बने हुए हैं जहाँ सारे जानवर अपनी-अपनी ताकत का प्रदर्शन करते हुए मनमाना चरते-शिकार करते हुए आनन्द को प्राप्त हो रहे हैं।

व्यंग्य-विनोद की शैली में कही गयी सामाजिक और राष्ट्रीय पतन की गाथा है—'विजन बाबू की लड़कियाँ'। कहानी एक अच्छे-खासे रूपक की तरह विकसित होती है। विजन बाबू एक प्रतिभाशाली शिक्षित नौजवान थे जब दारोगा की नौकरी से त्यागपत्र देकर स्वतन्त्रता-संग्राम में कूद पड़े थे। समाज में उनके त्याग की इज्जत होती थी। देश की आजादी हासिल करने में उनका भी विनम्र योगदान था। "लेकिन त्याग का जमाना फटाफट चला गया और जब वे त्याग के उच्चतम शिखर पर थे, कुर्सी का जमाना आ गया था। वे किसी अँधेरे कोने में खौराए हुए कुत्ते की तरह अकेले पड़ गए।" फिर एक हरिजन-कन्या से शादी की। गृहस्थ जीवन में भी आदर्श पर चलते हुए विजन बाबू के "भूखों मरने की नौबत आ गयी और फिर जो भी नौकरी सामने पड़ी मिली, कर लेनी पड़ी। इस तरह एक गाँधी का सरकारी नौकर की शक्ल

में रूपान्तरण हो गया।" विजन बाबू के परिवार में आय की हमेशा कमी रही लेकिन सन्तानों की वृद्धि समस्याओं की तरह हुई। ईमानदार, कर्मठ और सदा भ्रष्टाचार के खिलाफ लड़नेवाले विजन बाबू 'मिनी हिन्दुस्तान'-जैसा बन गए–"उग्र, अशान्त, आदर्शहीन तथा सपना देखने और उसके टूटने के बाद बहते हुए अनन्त जनसमुद्र की तरह... भटकावग्रस्त!... घर में विजन बाबू आजादी के इतिहास से सम्बन्धित किसी पुरानी किताब की तरह पड़े रहते हैं–बेलौस, निरर्थक चीज!" आजादी के बाद मोहभंग की स्थिति और बदतर होती परिस्थितियों की यह तसवीर इतनी साफ है कि किसी व्याख्या की इसे दरकार नहीं।

'मसान में मनसुख', 'ताबूत में गिलहरियाँ' और 'दामुल' में लेखक ने तीन ऐसे जबर्दस्त स्त्री-चरित्रों को गढ़ा है जो पुरुष-प्रधान परिवार और समाज पर भारी पड़ते हैं। सामान्यतः पुरुष प्रचलित नैतिकता और मान्यताओं के प्रवाह में बहता है और इसे ही मजबूरी मान बैठता है। विद्रोही तेवरवाला पुरुष भी 'मजबूरी' में गलत काम कर बैठता है और समझौते करता है। उसकी युयुत्सा उस वक्त खत्म हो जाती है जब वह देखता है कि जिस तरफ अत्याचारी रावण है उसी तरफ न्याय की शक्ति है। ऐसी अवस्था में अन्यायी को महाबली और अजेय मानकर वह उसके आगे घुटने टेक देता है। मनसुख की ब्याहता बेटी को उसके दहेज के लालची ससुरालवाले जलाकर मार डालते हैं। यह त्रासदी मनसुख को व्यवस्था के उस चक्रव्यूह में डाल देती है जहाँ से वह निकल नहीं पाता। थाना-पुलिस-राजनीति में वह इस कदर फँस जाता है कि मजबूरी में अपने दुश्मन (समधी) से समझौते के अलावा कोई चारा नहीं पाता। लेकिन उसकी पत्नी गछिया इससे सहमत नहीं। वह नारी है–खुद शक्ति है। वह मजबूरी या समझौते-जैसी चीज को पास फटकने नहीं देती है। अत्याचारी शत्रु से सन्धि कर लेने की बात उसके गले नहीं उतरती। अन्यायी से समझौता करनेवाले अपने पति को भी वह अन्यायी ही मानती है। फिर अन्यायी (पति) से समझौता कैसा? एक ही मकान में रहते हुए भी वह अपने पति से अलग हो जाती है। इस तरह लेखक पाता है कि "विद्रोह की कामाख्या नित्यदिन और लगातार अपने अस्त्रों से पुरुष-वर्चस्व की जंजीरें काट रही है और अपने अलग वजूद की दुनिया गढ़ रही है।"

मध्यवर्ग की पढ़ी-लिखी लड़कियाँ, बावजूद शिक्षा के, सामन्ती संस्कारों के ताबूत में बन्द हैं और उन्हें असली आर्थिक तथा मानसिक स्वतन्त्रता नहीं मिल पायी है। 'ताबूत में गिलहरियाँ' की वसुन्धरा को अनेक प्रकार से अनेक स्तरों पर परिवार, समाज, पति सबसे लगभग प्राणान्तक संघर्ष करना पड़ा है वह अपनी बेटी के रूप में स्त्री की अगली पीढ़ी को उन सारी मुसीबतों से बचाना चाहती है जिन्हें वह खुद

भुगत चुकी है, जिनके घाव भरे नहीं हैं और हमेशा उसे टीसते रहते हैं।

'दामुल' शैवाल की चर्चित और प्रसिद्ध कहानी रही है। यह निम्नवर्ग की जुझारू नायिका रजुली की कहानी है जिसका सुलगता हुआ चरित्र विस्फोटक बन जाता है। 'मसान में मनसुख' की गछिया मध्यवर्गीय गृहस्थिन है। और उसका भस्मावृत विद्रोह अपने ही आँगन में धुआँता-सुलगता रहता है, लेकिन रजुली विद्रोह से फट पड़ती है। उसे अपने पति संजीवना का मुखिया की गुलामी करना सख्त नापसन्द है। संजीवना उसे समझाता है कि वह मुखिया की गुलामी शौक से नहीं कर रहा—"मुखीवा रिहाकर देगा तो पुलिस पकड़ के ले जाएगी। जब तक मुखीवा का काम कर रहा हूँ, बचा रहा है। छोड़ दूँगा तो पुलिस से कहके जेहल भिजवा देगा।" रजुली इस तर्क से सहमत नहीं। संजीवना फिर भी बच नहीं पाता। आक्रोश से फटती हुई रजुली विलाप करती है—"हरामी दामुल के डर से डरता रहा...गुलामी करता रहा कायर... तू मुखीवा को मारकर दामुल पर काहे नहीं चढ़ा रे...!" रजुली जनता की वह शापित शक्ति है जिसे पहचाना नहीं गया है, वैसे ही जैसे 'हनुमान जी को सराप था कि जब तक कोई याद नहीं दिलाएगा, तब तक वे अपनी शक्ति नहीं पाएँगे।'

जहाँ शैवाल के पुरुष-पात्रों का विरोध अधरस्ते में ही दम तोड़ देता है या समझौते कर लेता है वहाँ उनके ज़्यादातर नारी-पात्र ही असल विद्रोही और न्याय-संधानी होते हैं। ये नारियाँ अपने-अपने तरीके से परिणाम की परवाह किए बिना प्राणों की बाजी लगाकर भी कठिन संघर्ष करती हैं। शैवाल ने सशक्त नारी-पात्रों की रचना की है, ऐसा कहने से ज़्यादा ठीक शायद यह कहना होगा कि उन्होंने अपने परिवेश में जुझारू नारियों की सही पहचान की है। 'दामुल' की रजुली, 'ताबूत में गिलहरियाँ' की वसुन्धरा, 'मसान में मनसुख' की गछिया, 'जहरमुहरा' की सोनमतिया, 'मरुयात्रा' की सक्को तथा अन्य स्त्रियाँ, 'दरिया-ए नील...' की वाग्लता, 'अरण्य-गाथा' की दरवेशपुरावाली भौजी, 'रोशनी के समुद्र में कंदील' की अम्मा आदि स्त्रियाँ साधारणता में दबी-छिपी असाधारण नारीत्व की बारूदी चिंगारियाँ हैं। ये भारतीय नारीत्व की पहचान और प्रतीक-सरीखी हैं।

शैवाल जिस परिवेश को पूरी भयावहता के साथ सामने रखते हैं वह हम सबका बड़ा ही परिचित है। यह एक लम्बी अँधेरी सुरंग अथवा चक्रव्यूह है जिसमें निरस्त्र फँसे हुए लोग अपनी अभिमन्युवाली नियति को जानते हुए भी लड़-भिड़ और जूझ रहे हैं। तो क्या यह हारी हुई अर्थात् निरर्थक लड़ाई है? नहीं, क्योंकि जिन्दगी में, संघर्ष में इन लोगों की आस्था है और यह आस्था राजनीति से मोहभंग के बावजूद बनी हुई है। यह आस्था साँस्कृतिक जड़ों की गहराई से निकलकर जीवन को

प्राण-रस से सींच रही है। यह आस्था ही शैवाल की शक्ति है जिससे उनका कथाकार अपनी समस्त निराशाओं के बावजूद मनुष्यता में एक तर्कातीत विश्वास रखता है। इसका एक श्रेष्ठ उदाहरण है संग्रह की आखिरी कहानी 'बेघर', जहाँ लोककथा के सन्दर्भ को आधुनिक जीवन के साथ बड़े कौशल से जोड़ा गया है। लोककथा के शिल्प को—लोकन्याय को—शैवाल ने यहाँ अपने भीतर पचाया है और रचना में इसके द्वारा ताजगी भरी है। अपने इस गुण के चलते वे अपनी पीढ़ी के कहानीकारों में अपेक्षाकृत अधिक अर्थवान और विशिष्ट बनते हैं। उन्हें कथावस्तु में विरोधी तत्त्वों के कन्ट्रास्ट, सम्मिलन (कॉम्बिनेशन) और नाटकीय क्षणों की खूब पहचान है। लोककथा के वाचक की भाँति ही अपने विनोदपूर्ण लहजे के द्वारा वे पाठक/श्रोता को अन्तरंग बना लेते हैं। अनायास ही उनकी भाषा-शैली और शिल्प पर लोककथा का रंग नजर आता है। शैवाल की सटीक उपमाएँ (उपमा शैवालस्य!) कथा-परिवेश को मूर्त करने के साथ कथा-विकास में भी सहायक होती हैं। 'गोर्की को पढ़ा है तुमने?' कहानी का आरम्भ यों होता है—"टूअर बच्चों जैसे अकेले पड़े सीवान। बमताहा गुरुजी के समान बैसाख का महीना। कबाकिन (लड़ाकू) पतोहू की तरह लटियाए बाल खोले खटवास-पटवास लिए दोपहरी। और भोज-भात के लोभ में ढेंका खोलकर भागते लिलकाहा पाण्डेय जैसी हवा।"

लेखक शैवाल की अपनी पृष्ठभूमि ग्रामीण और कस्बाई अधिक रही है और कमोबेश यही स्थिति अवधेश प्रीत (1958) की भी है, लेकिन उनके दूसरे कहानी संग्रह 'नृशंस की कुल' नौ कहानियों में अपेक्षाकृत औपचारिक भाषा और शिल्प के ही दर्शन अधिक होते हैं। अवधेश जानी हुई सच्चाइयों के यथातथ्य प्रस्तुतीकरण के विश्वासी हैं। सपाटबयानी कहिए या वर्णन की अभिधेयात्मक भाषा—इस पर कहानीकार को ज्यादा भरोसा है। इसके चलते कहानी कभी-कभी अनावश्यक रूप से मुखर भी हो जाती है। कहानी-कला के आजमाए जा चुके नुस्खों के प्रयोग और परिचित, स्थापित अभिव्यक्तियों-प्रतीकों के जुटाए जाने से कहानी के साथ दिक्कत यह पेश आती है कि उस उत्सुकता और रोचकता का लगभग सत्यानाश हो जाता है जिन्हें कहानी की जान माना जाता है। इस तरह की कहानी अगर निर्दोष और ठीक-ठाक होती भी है तो स्वाद में नयापन नहीं होता। दुहराई-तिहराई गयी बासी बातों में ताजगी नहीं होती।

संग्रह की पहली कहानी है 'दूह', जो साम्प्रदायिकता की समस्या को लेकर हिन्दी में लिखी गयी इसी प्रकार की ढेर सारी कहानियों की कड़ी में आसानी से जोड़ी

जा सकती है। इसमें न तो किसी नए कोण से समस्या पर दृष्टिपात किया गया है, न समस्या का नया पहलू ही उद्घाटित-उजागर हुआ है। हालाँकि कहानी को गप्प की तरह उठाने की कोशिश की गयी है, लेकिन इस उठान को कहानीकार सँभाल नहीं पाता और ज़्यादातर यथार्थवादी वर्णन-चित्रण पर ही चलता रहता है। कहानियों-नाटकों के एकतारे पर कबीर का पद गानेवाले सूरदास का बहुत बार आजमाया गया पिटा पिटाया प्रतीक यहाँ भी जुटाया गया है—"यह इकतारा उसे कहाँ से मिला कोई नहीं जानता। कोई कहता है एक जोगी सूरा को अपना इकतारा दे गया। कोई कहता है, नहीं कोई बूढ़ा फकीर मरने से पहले अपना इकतारा सूरा को सौंप गया।" जोगी यानी हिन्दू, फकीर यानी मुसलमान—प्रतीक बिलकुल साफ है। और जिन पाठकों के पल्ले न पड़ा हो उनके लिए पूरी कहानी को ही सरलीकृत करके परोसा गया है। अधपकी, अधजली से ही उन्हें सन्तोष करना पड़ेगा। गाँव में एक ओर बबन खाँ के बैठकखाने में मुसलमानों की बैठकी लगी है और दूसरी ओर शिवनाथ बाबू की बैठक में हिन्दुओं का जमावड़ा है। सूरदास दोनों जगह जाकर गा आता है—'रहना नहीं देस बीराना है'। (दरअसल शब्द 'बीराना' अर्थात् पराया सही है।) उसे दोनों जगहों से दुत्कार मिलती है। मजहब और धरम की रक्षा करने का जुनून दोनों ओर एक-सा है। केन्द्र में है एक भुतहा टीला (जो कहना न होगा, बाबरी मस्जिद/राम-जन्मभूमि का प्रतीक है), जिस पर कब्जा जमाना है। यह मुद्दा शिवनाथ बाबू और बब्बन खाँ दोनों के लिए अहम है क्योंकि दोनों ही मुखिया पद के लिए चुनाव लड़नेवाले हैं। सारा मामला कितना साफ-सरल हो गया। वैसे ही कहानीकार की प्रतिबद्धता भी जाहिर! प्रतिबद्धता बुरी चीज नहीं है लेकिन हमारे कहानीकारों को पाब्लो नेरूदा की यह बात ध्यान में रखनी चाहिए कि "दवाओं की पहले से ही तैयार साहित्यिक पर्ची डॉक्टर और मरीज दोनों के लिए घातक है, यानी लेखक और पाठक दोनों के लिए। कथा का हर टुकड़ा इस दुनिया की सत्यानुभूति होना चाहिए।" यही बात अवधेश प्रीत की अगली कहानी 'तालीम' के लिए भी कही जा सकती है। थीम में अच्छी कहानी के गुण होने के बावजूद अवधेश प्रीत रचनात्मकता के बजाय सूचनात्मकता से अधिक काम लेते हैं। कहीं उनका पत्रकारवाला पेशा रचनाकार पर हावी न होता हो? पत्रकारिता की भाषा और रिपोर्टिंग के लहजे का मुलाहिजा 'तालीम' कहानी के आरम्भ में ही कर सकते हैं—"एक छोटा-सा गाँव है तराँव। इस गाँव की विडम्बना यह है कि आज की तारीख तक न तो इसने किसी सड़क का मुँह देखा है, न ही अस्पताल का। ले-देकर एक प्राइमरी स्कूल है, वह भी दो गाँवों की साझेदारी में—बेसिक प्राइमरी पाठशाला बलुआ-तराँव।" फिर भी निबन्धात्मक रूप से आरम्भ होनेवाली इस कहानी में थोड़ा बेहतर ट्रीटमेंट मिलता

है जहाँ देहात, खासकर पिछड़े इलाकों के प्राइमरी स्कूलों की स्थिति का स्वाभाविक चित्र खींचा गया है। गाँव के सवर्ण शिक्षक दलित छात्रों को स्कूल में भर्ती होने नहीं देते। नवागत नवयुवक शिक्षक रामबाबू इस अन्याय का विरोध करता है, लेकिन दलित एम.एल.ए. सहित पूरी व्यवस्था ही उसके खिलाफ है। 'इस पूरे माहौल में रामबाबू अकेला था और बेहद कोफ्त महसूस कर रहा था।' उसने अल्हैत फेंकना मुसहर को वचन दिया था कि उसके टोले के लड़के भी शिक्षा प्राप्त कर सकेंगे। रामबाबू का तबादला कर दिया जाता है, इस खबर से फेंकना दुखी हो जाता है। रामबाबू उसे समझाता है, 'नहीं फेंकना, रोते नहीं। आल्हा गानेवाला आदमी रोए यह अच्छा नहीं लगता।' रामबाबू ने निश्चय कर लिया और बच्चों से बोला, "कल से सारे बच्चे तैयार रहना। मैं तुमलोगों को पढ़ाऊँगा। यहीं, इसी बस्ती में।"

'ग्रासरूट', 'अली मंजिल', 'नृशंस' और 'कौतुक-कथा'—ये कहानियाँ संग्रह में विशेष रूप से ध्यान खींचनेवाली हैं—पहली दो कथ्य की दृष्टि से और आखिरी दो शिल्प की दृष्टि से भी। 'ग्रासरूट' कहानी के माध्यम से किसी भी राजनैतिक दल के भीतर नेता और कार्यकर्ता के बीच की दरार को उद्घाटित किया गया है। यह दरार वहाँ नहीं होती जहाँ नेता और जमीनी कार्यकर्ता दोनों ही या तो भ्रष्ट हों अथवा ईमानदार। जहाँ इनमें से कोई एक ही ईमानदार होता है तो समस्या उत्पन्न होती है। प्रायः देखा गया है कि ईमानदार व्यक्ति भी नेता बनने पर सत्ता, दफ्तरशाही तथा भ्रष्ट लोगों के पचड़े में पड़कर अपने दृढ़ व सच्चरित्र व्यक्तित्व की रक्षा नहीं कर पाता। अपने नेता से प्रभावित तथा उसकी बातों का अक्षरशः पालन करनेवाला सामान्य कार्यकर्ता अपना सबकुछ दाँव पर लगा देने को तैयार रहता है। लेकिन वही जब नेता को निकटता से देखता है तो उसके सामने नेता का दोमुँहा चरित्र नजर आने लगता है। जमीनी कार्यकर्ता के इसी मोहभंग की पीड़ा से 'ग्रासरूट' कहानी लिथड़ी है। अपनी कच्ची अभिव्यक्ति के बावजूद यह कहानी निकोलाई ऑस्त्रोवस्की की विश्वप्रसिद्ध आत्मकथात्मक रचना 'अग्निदीक्षा' (अंग्रेजी अनुवाद में 'हाउ द स्टील वाज टेम्पर्ड') के एक अध्याय की याद दिलाती है।

'ग्रासरूट' का आरम्भ कथानायक रघुपति के पक्ष में कथावाचक के विवरण से होता है (पृ. 53), मगर दो पृष्ठों के पश्चात् कथावर्णन पटरी बदलकर ग्रामप्रधान राघव राय से जुड़ जाता है (पृ. 55)। कुछ पृष्ठों के पश्चात् (पृ. 59-60 पर) कथावर्णन रघुपति का साथ पकड़ लेता है। यह कोई प्रयोग नहीं, लेखक की शिल्प के प्रति अनियतता का (कैजुअल होने का) द्योतक है। इस पटरीबदल का कोई औचित्य नहीं। लेकिन तेजी से घटती हुई घटनाओं, बदली हुई परिस्थितियों, चरित्रों के व्यवहार और बातचीत का कहानीकार ने बड़ा ही वास्तविक, मार्मिक और दिल

दहला देनेवाला वर्णन किया है। 'नृशंस' कहानी में अवधेशी प्रीत ने इस बात का प्रमाण प्रस्तुत किया है कि रिपोर्टिंग की भाषा-शैली का कथाशिल्प में रचनात्मक प्रयोग किया जा सकता है। फिर भी एकाध स्थल पर यहाँ भी शिल्प को लेकर लेखक की अनियत मानसिकता जाहिर है। वर्णन के ढंग में इस प्रकार के स्खलन अथवा व्याघात उपस्थित होने से कथा का तार छिन्न होता जान पड़ता है। अस्पताल में कामरेड विजय मित्र की मृत्यु को लेकर हंगामा होता है। सरकार हृदय-रोग-विशेषज्ञ डॉ. भगत को निलम्बित करके तीन सदस्यीय जाँचदल गठित करती है। कहानी इस भूमिका के साथ विभिन्न लोगों के बयानों, जाँचदल के सदस्यों की रिपोर्टों, सरकारी निर्णय तथा डॉ. भगत की प्रतिक्रिया से सम्बन्धित उपशीर्षकों के अन्तर्गत लिखी गयी है। किन्तु शिल्प की इस प्रतिज्ञा का सम्यक् निर्वाह करने में कहानीकार थोड़ी चूक कर बैठा है। जैसे 'डॉ. सी.के. भगत का बयान' उपशीर्षकवाले खण्ड में डॉक्टर भगत का लम्बा बयान, उन्हीं के शब्दों में (पृ.86 से पृ. 96 तक) प्रस्तुत किया गया है, लेकिन बीच में (पृ. 89) दो पैराग्राफ में जाने कहाँ से और क्यों लेखक नमूदार हो जाता है और फिर रह-रहकर डॉ. भगत के बयान को अन्य पुरुष के रूप में बढ़ाया जाता है। फिर (पृ. 93 पर) उत्तम पुरुष में वही बयान अचानक बदल जाता है। उत्तम और अन्य पुरुष की यह खींचातानी पूरे बयान में बनी रहती है। इस हलके, किन्तु प्रकट शैल्पिक कमी के बावजूद 'नृशंस' एक उम्दा कहानी है।

'अली मंजिल' यथार्थवादी ढंग की एक साफ-सुथरी कहानी है जिसमें कहानीकार ने रमजान मियाँ का एक देर तक याद रहनेवाला चरित्र गढ़ा है। अली मंजिल इस बात की कहानी कहता है कि दो बिरादरी के लोगों का संग-साथ आपसी गलतफहमियों और शकों-शुबहों के चलते मुमकिन नहीं हो रहा। कमी है उदारता की, खुले दिल से, तहे दिल से दूजे को अपनाने की। पकिस्तान बनने के बाद भारत से वहाँ गए मुसलमान खुश नहीं हैं और जो यहाँ हैं वे अपने को सन्देहों और पराएपन के घेरे में पा रहे हैं। इस विषय पर लिखी गयी कहानियों में 'अली मंजिल' का भी अपना स्थान होगा।

अवधेश प्रीत ने कतिपय शुद्ध प्रतीकात्मक और फैन्टेसीपरक कहानियाँ भी रची हैं। 'फलितार्थ' में छतरी के प्रतीक से यह बताने की कोशिश हुई है कि आधुनिक जीवन में परम्परागत जीवन-मूल्यों को अप्रासंगिक बना दिया गया है और वे जर्जर हो रहे हैं। घर, परिवार, रक्त-सम्बन्ध और इनके बीच जो परम्परा से चली आ रही आत्मीयता की भावना थी वह आज छीजने लगी है। "सब समय का फेर है। पुरानी छतरी, पुराना कारीगर सब इस बाजार में फालतू है।... एक झटके में खत्म हो गयी थी बाबूजी की छतरी। वह ठगा-सा कभी बुढ़ऊ (छतरी मरम्मत करनेवाला पुराना कारीगर) को देख रहा

था तो कभी बाजार को। उसकी समझ में नहीं आ रहा था कि अब वह बाबूजी की छतरी का क्या करे?" आधुनिक सभ्यता की बाढ़ ने परम्परागत मूल्यों का मकान ढा तो दिया किन्तु नए जीवन-मूल्य पैदा कहाँ कर सकी है? मूल्यों के बिना हमारा पारिवारिक, सामाजिक या राष्ट्रीय जीवन कैसे टिक पाएगा? नए जीवन-मूल्यों की आवश्यकता और उनके सन्धान की दिशा में ही यह कहानी इंगित करती है।

भविष्य की दुनिया की वर्तमान में कल्पना करके दुनिया-भर की भाषाओं में अनेकानेक उच्चकोटि की यूटोपिया तथा विज्ञानकथाएँ लिखी गयी हैं। आल्डुअस हक्सले की 'ब्रेव न्यू वर्ल्ड' (यूटोपिया) तथा जॉर्ज ऑरवेल की 1984 (एंटी-यूटोपिया)-जैसी रचनाएँ लम्बे समय तक चर्चा का विषय रहीं। यूटोपिया अर्थात् आदर्श राज्य-व्यवस्था को लेकर काल्पनिक अथवा भविष्य-कथाओं की रचना निरुद्देश्य नहीं होती। इनके माध्यम से अपने समय की ही दशा-दिशा को समझने की कोशिश होती है। पूँजीवाद, उद्योगीकरण, विज्ञान, प्रौद्योगिकी आदि का विकास जिस अपरिमित गति से हो रहा है उसके साए में मानवीय मूल्यों का संरक्षण बुद्धिजीवियों के लिए व्यापक चिन्ता का विषय हो चला है। अन्तरिक्ष-विज्ञान से लेकर डी.एन.ए. तक के अध्ययन में जो प्रगति हुई है, टेस्ट-ट्यूब बेबी और जीवों की क्लोनिंग—जैसे आविष्कारों ने तो कानून और नैतिकता की चूलें हिलाकर रख दी हैं। ऐसी स्थिति में आदर्श स्वप्न-राज्य और निराशावादी निषेधपरक अराजक भावी दुनिया दोनों ही प्रकार के खाके कथाकारों ने बनाए हैं। 'कौतुक-कथा' के रूप में अवधेश प्रीत एक छोटी-सी भविष्य-कथा रचते हैं जिसका महत्त्व इस बात को लेकर है कि इसकी काल्पनिकता वर्तमान माहौल के सरोकारों को लेकर संजीदा है। जिस प्रकार से हमारे परिवेश का पदार्थीकरण (Reification) हो रहा है, जिस कदर हमारी भावनाएँ पथरा रही हैं, जिस ढंग से चालाक और दुनियादार मनुष्य यन्त्र (रोबोट) में ढलता जा रहा है इसे देखकर लगता है कि कहीं भविष्य में सहजता सिरे से गायब ही न हो जाए। हमारे बच्चे भी यान्त्रिक जीवन जीने लगेंगे तो वे कैसी दुनिया बनाएँगे? अवधेश प्रीत ऐसे अगले किसी वक्त की कल्पना करते हैं जब कोई अजनबी आएगा जो बच्चों को बताएगा कि "तुम देश और समय की सीमाओं से परे हो... तुम जहाँ भी हो... अपनी सम्पूर्णता में एक जिज्ञासु... निर्मल... और उर्वर मन-मस्तिष्क के साथ मौजूद हो...। तुम्हारे होने से ही यह दुनिया खूबसूरत है और तुम जब तक हो यह दुनिया खूबसूरत रहेगी।" कहानीकार को इस बात की चिन्ता है कि आज की आपाधापीभरी दुनिया में चरम मूल्य है कामयाबी, जिसके आगे 'आदर्श', 'विश्वास', 'नैतिकता' जैसे शब्द व्यर्थ और फालतू हो गए हैं। कहानीकार जिस भविष्य की चर्चा करता है उसमें भी स्कूल है, टी.वी., न्यूजरीडर, फ्लॉपीवाले कम्प्यूटर, रोबोट, नगर-प्रधान, सी.पी. और

डी.सी.पी. हैं, सरकारी जाँच कमीशन और उसकी रिपोर्ट, जज, वाइस-चांसलर, संसद, ब्यूरोक्रेट, टेक्नोक्रेट, ट्रेड यूनियन आदि हैं। अर्थात् यह भविष्य-कथा वर्तमान की ही है।

'मायामहल का बक्सा' में एक बक्से के माध्यम से आजादी की चोरी की जाने, उसका अर्थबोध नहीं हो पाने, इस्तेमाल के अभाव में उसके अनुपयोगी हो जाने की बात कही गयी है। लेकिन यह कहानी एकांगी रूप से प्रतीकात्मक है और सही परिवेशगत संगति के अभाव में अपेक्षित प्रभाव नहीं डाल पाती। यही बात संग्रह की आखिरी कहानी 'वजूद' के बारे में भी कही जा सकती है। कहानीकार में यदि कठोर संयम और स्वयं की आलोचना करने की प्रवृत्ति हो तो रचना की कई कमियाँ यों ही दूर हो जाती हैं।

अवधेश अच्छी कहानी के लिए प्रचुर अपेक्षित सामग्री जुटाते हैं, उसे करीने से सहेज-सजाकर रखने में मेहनत भी करते हैं। लेकिन कम ही ऐसा होता है कि वे उसमें अच्छी तरह प्राण-प्रतिष्ठा कर पाते हों। उनकी एक यह कठिनाई समझ में आती है कि कथावस्तु के कतिपय सूत्रों, चरित्रों, बिम्बों और प्रतीकों को वे अपेक्षित वस्तुगत साहचर्य (Objective Corelative) के साथ उपस्थित नहीं कर पाते। जब आप यथार्थवादी शिल्प में लिख रहे हों तो इन सारी चीजों को कथावस्तु की जमीन में से स्वतः स्वाभाविक रूप से उभरकर आना चाहिए। प्रीत की कई कहानियाँ ऐसी हैं जहाँ उपर्युक्त एकाधिक तत्त्व कथाभूमि से उखड़े हुए अथवा आरोपित भी प्रतीत होते हैं। उनकी दूसरी कठिनाई यह है कि समान्तर और जनवादी कहानी-आन्दोलनों के दौरान विकसित कुछ जड़ीभूत फार्मूले की झाईं उन पर है जिससे हमेशा वे बच नहीं पाते। अधिकतर औपचारिकता का दामन थामे रहनेवाली उनकी भाषा भी व्याकरण की भूलों से मुक्त नहीं है। फिर भी कुल मिलाकर इन कहानियों में कहानीकार के उपलब्धि-दिशा में बढ़ने के पर्याप्त संकेत हैं। अवधेश प्रीत में एक सशक्त कहानीकार के रूप में उभरने की क्षमता और सम्भावना है, इस बात का प्रमाण ये कहानियाँ प्रस्तुत करती हैं।

कोलकाता में रहनेवाली अलका सरावगी (1960) इसी विशिष्ट महानगर के अनुभवों में समृद्ध लेखिका हैं—खासकर यहाँ के हिन्दीभाषी मध्यवर्गीय समुदाय की जिन्दगी का साक्षात्कार इन्होंने विशेष रूप से किया लगता है। 'कलिकथा : वाया बाइपास' उपन्यास ने उन्हें हिन्दी जगत में पर्याप्त चर्चित बना दिया था। उनकी पहली ही कथाकृति से मिली अपार प्रशंसा के चलते कतिपय साहित्यिक उनकी अगली

सम्भावनाओं के प्रति सशंकित-चिन्तित भी होने लगे थे। किन्तु अपनी आरम्भिक सफलता को लेखिका ने प्रौढ़-परिपक्व ढंग से लिया लगता है जिसका प्रमाण उनकी बाद की रचनाएँ—कहानियाँ और उपन्यास—हैं। 'कहानी की तलाश' के चार वर्षों के बाद उनका दूसरा डेढ़ दर्जन यानी अट्ठारह कहानियोंवाला संग्रह 'दूसरी कहानी' नाम से आया है।

संग्रह की शीर्षक कहानी एक लगभग अछूते विषय को लेकर लिखी गयी बढ़िया मनोवैज्ञानिक कहानी है। एक स्त्री—अपर्णा—अपने शारीरिक-मानसिक रूप से अविकसित, जिसे अमेरिकी अंग्रेजी में 'विकलांग' नहीं कहकर 'चुनौतीप्राप्त' (चेलेंज्ड) कहते हैं, बच्चे सुदर्शन के पालन-पोषण की प्रक्रिया में नाना प्रकार की परिस्थितियों और मनःस्थितियों से गुजरती है। ये अनुभव खट्टे-कड़वे-मीठे हर प्रकार के हैं। दरअसल वह हर क्षण अनन्त अनजाने डरों का सामना करती रहती है। बच्चे का ट्यूब से मंजन निकालकर ब्रश में लगाना, दाँतों पर ब्रश घिसना, खाने का कौर उठाकर मुँह में रखने का प्रयत्न करना, कपड़े पहनना, बटन बन्द करना, टट्टी करने के बाद खुद धोना, सीढ़ियाँ चढ़ना-उतरना, बिना फीते के होने के बावजूद जूते पहनने का प्रयास करना आदि असंख्य छोटी-छोटी नगण्य बातें भी एक-एक कठिन किला फतह कर लेने के समान होती हैं। अपर्णा का यह लम्बा चलनेवाला संघर्ष अत्यधिक आत्मानुशासन, धैर्य, विश्वास, प्रेम, अध्ययन, पर्यवेक्षण और सहज किन्तु सक्रिय व्यवहार की अपेक्षा रखता है। एक लम्बी अग्निपरीक्षा है अपर्णा के लिए और उसे अपनी आन्तरिक शक्ति का भरोसा है क्योंकि सदा से नारियाँ कितनी ही अग्निपरीक्षाओं से गुजरती आयी हैं। पुरुष कमजोर होता है। उसे आश्वासन चाहिए इसी क्षण। वह सह नहीं सकता। अलका सरावगी नारीवादी लेखिका नहीं हैं, कम से कम वैसी उग्र नारीवादी तो नहीं ही, जो मातृत्व को दकियानूसीपन समझती हो, बल्कि वे आदिम नारीत्व और मातृत्व के मनोविज्ञान तक पहुँचना चाहती हैं और ऐसा परम्परा के प्रति स्वस्थ दृष्टिकोण रखकर ही हो सकता है। एक माँ के रूप में अपर्णा अत्यन्त भाव-प्रवण और दृढ़ इच्छाशक्ति रखनेवाली स्त्री है। उसने यह पाया था कि अक्सर लोग उसके और बच्चे के बीच के रिश्ते को स्वाभाविक नहीं मानकर सहानुभूति या उपेक्षा से देखते थे। मगर वह ऐसे लोगों को बहुत अहमियत नहीं देती थी और न इनसे प्रभावित होकर अपने जीवन को दुख से भरा हुआ ही समझती थी—"एक माँ-बेटे की कहानी में, जिसमें माँ अपने बेटे को दुनिया की किसी भी माँ से कम प्रेम नहीं करती और बेटा भी अपनी माँ से उतना ही प्रेम करता है जितना की दुनिया का कोई भी बेटा अपनी माँ से कर सकता है, दुख का क्या काम है?"

भारतीय नारी की विश्व-दृष्टि में बच्चे, परिवार और रिश्ते चरम सत्य हैं और

शाश्वत मूल्य हैं। इनसे दूर जाने का मतलब पलायन और भटकाव है। अतः अन्ततः इनके बीच वापसी की नियति ही नारी जीवन की सुखद परिणति है। 'वाइल्ड फ्लावर हॉल' कहानी की छोटी दीदी, जो अपना पति और घर छोड़कर आयी है, पहाड़ों पर सोम के प्रति आकर्षित होती है किन्तु सोम का अन्य युवती के प्रति आकर्षण पसन्द नहीं करती। सोम से वह नया ज्ञान पाती है–"दूसरों को कटघरे में खड़े कर फैसले मत सुनाओ, क्योंकि एक दिन तुम भी कटघरे में खड़े किए जाओगे–जज नॉट फॉर यू शैल बी जज्ड टू। सोम ने अपने प्रति मेरे आकर्षण के बारे में शायद मुझसे अधिक जाना था। उसने यह भी कहा कि अपनी प्रकृति को जानना चाहिए और उससे संघर्ष नहीं करना चाहिए। उसने खुद बहुत उलझन और द्वन्द्व के बाद इस सत्य को पाया है। मैं सोचती हूँ कि वापस अपने पति और बच्चे के पास लौट जाऊँ।" यह टिपिकल मध्यवर्गीय नारी का नजरिया है जिसमें लक्ष्मणरेखा के उस पार सिर्फ रावण ही दिखायी देता है। लक्ष्मणरेखा को लाँघने का मतलब ही जोखिम, खतरों और त्रासदी को निमन्त्रित करना है। त्रासदी तो यह है कि लक्ष्मणरेखा के भीतर भी सबकुछ ठीक-ठाक नहीं है। अलका सरावगी ठीक इसी लक्ष्मणरेखा पर बैठकर लिखनेवाली कहानीकार हैं क्योंकि उनकी नारियाँ इस रेखा के भीतर की स्थितियों से सुविधापूर्वक जितनी घबराई हुई प्रतीत होती हैं, लगभग उतनी ही इसके बाहर की अनजान दुनिया से अकबकाई हुई भी। अब 'पार्टनर'-जैसी कहानी को लें जहाँ लेखिका स्त्री के लिए परम्परागत ढंग से प्रायोजित विवाह के द्वारा प्राप्त पति से अलग एक बन्धु/सखा की तलाश को स्वाभाविक बताती है। युवती इस सखा के साथ रोज उगता हुआ सूरज देखने जाती है क्योंकि देर से जगनेवाला उसका पति उसके इस प्रकृति-प्रेम में साथ नहीं देता। इस 'पार्टनर' कहानी की माँग के बहाने इसका कुछ हिस्सा 'प्रकृति पर निबन्ध' की तरह भी लिखा गया है। संग्रह के ब्लर्ब-लेखक परमानन्द श्रीवास्तव इस बात में 'कहानी-विधा की नयी मुक्ति' का संकेत पाते हैं और यह मुक्ति ऐसा अवसर देती है कि 'हम कहानी को गद्य-कथा या कथा-निबन्ध की तरह पढ़ सकें।' परमानन्दजी यह भी कहते हैं कि इस प्रकार की कहानियाँ "तथाकथित यथार्थवादी कहानी के ढाँचे को विचलित कर मानव-व्यवहार और प्रकृति के आधे-अधूरे प्रारूप या पाठ की तरह दिख सकती है। इसी अधूरेपन, इसी अनहोनी में अलका सरावगी की कहानियों का अर्थ छिपा है।" परमानन्दजी जो वाक्य अलका की कहानियों के बारे में परम प्रशंसा-भाव से लिख रहे हैं उसका सीधा-सीधा अर्थ यह निकलता है कि अलका की कहानियाँ एक तो निबन्धनुमा हैं और दूसरे यह कि अधूरी भी हैं (क्योंकि ये न तो प्रकृति का न मानव-व्यवहार का ही पूरा चित्र दे पाती हैं)। अगर परमानन्दजी की तथाकथित यथार्थवादी ढाँचे को

विचलित करनेवाली विशेषता पर गौर करें तो भी यह विश्वास करना मुश्किल है कि कहानी के पर्याप्त लचीले ढाँचे को निबन्ध-जैसे स्थिर ठोस ढाँचे से प्रभावी ढंग से 'विचलित' किया जा सकता है। हाँ, उसके प्रवाह को रुद्ध अवश्य किया जा सकता है। यथार्थवादी ढाँचे से अलग भी कहानियों के ढाँचे मिलते हैं। कोई दो दशक पूर्व उपन्यास के अन्त के सम्बन्ध में पश्चिम के कुछेक आलोचकों द्वारा बहुत कुछ लिखा जा रहा था। कोई-कोई तो वी.एस.नायपॉल द्वारा लिखी गयी निबन्धात्मक या विचारात्मक कृतियों को भी उपन्यास के रूप में देख रहे थे जिन्हें उपन्यास के रूप में हजम करना बहुतेरे आलोचकों के लिए अब भी कठिन हो रहा है। हालाँकि कहानी के अन्त के बारे में कोई चर्चा नहीं सुनाई पड़ती, फिर भी उसके 'ढाँचे' को लेकर असमय चिन्ता व्यक्त करने का क्या मतलब? और क्या कहानी में निबन्धात्मक गद्य प्रस्तुत कर देने से उसमें ऐसा 'वैशिष्ट्य' पैदा हो जाता है जो उस रचना के कहानीपन को, उसकी गुणवत्ता को, बढ़ा देता हो? आखिर निबन्धात्मक रूप से विचार कहानी में प्रयुक्त ही क्यों किए जायं और अगर मजबूरी ही हो तो लेखक विचारात्मक निबन्ध ही क्यों न लिखे? निबन्धात्मक विचारों से कहानी की सहजता ही खण्डित होती है, न कि उसकी गुणवत्ता में इजाफा होता है। निबन्धात्मकता कहानी के क्षेत्र में किया गया कोई नया प्रयोग भी नहीं है। जहाँ भी कहानियों में निबन्धात्मकता आ गयी है वहाँ कहानी को क्षति पहुँची है।

खुशी की बात है कि अलका सरावगी की कहानियाँ न तो निबन्धप्रधान हैं और न अधूरी हैं। वे पूरी कहानियाँ ही हैं। मगर शायद स्वयं अलका सरावगी अपनी कहानियों को अलग ढंग की, 'एक और तरह की', कहानी बनाने की कोशिश करती हैं। उनके कहानी-संग्रह के शीर्षक 'दूसरी कहानी' के श्लेष से आशय इसका 'दूसरा संग्रह होने के अलावा दूसरे ढंग से लिखा जाना' भी है। इस तरह से कहानी भाषा का एक खेल भी हो सकती है और 'एक और तरह' या 'दूसरी तरह' की कहानी लिखने का मतलब इस दिशा में कोशिश करना भी हो सकता है। इसके लिए घटनाओं और पात्रों की अनिवार्यता नहीं। कहानी को कविता की तरह सूक्ष्म और वायवीय भी बनाया जा सकता है। 'निर्वाण' एक ऐसी कहानी है जिसमें वस्तुतः कुछ घटित नहीं होता। "इसमें जो होता है वह होता है। जिन्दगी बस जिन्दगी होती है।" एक खुशनुमा सुबह की खिली धूप, ठण्डी हवा और फूलों के बीच में हम जो विभोर होते हैं, उसी मनःस्थिति को पकड़ने की कोशिश यह कहानी करती है। 'एक पेड़ की मौत' एक ऐसी कहानी है जो खुद कहानी के बारे में भी कहानी है। अलका कहानी की रौ में कहती हैं कि 'हर आदमी की पसन्द की कहानी अलग होती है और कोई ऐसी कहानी नहीं हो सकती जो सबको पसन्द आए।' इस कथन का पहला

हिस्सा सही है लेकिन दूसरा हिस्सा ऐसा है जिससे सहमत होना कठिन है। विश्वभर में हजारों कहानियाँ आज भी प्रचलित हैं जिन्हें सभी तरह के श्रोता/पाठक पसन्द करते आए हैं। इस कहानी में अलका के प्रच्छन्न विचार कहानी के बारे में और भी हैं कि 'सम्भवतः कहानी सुनाने की इच्छा भी और-और दूसरी आदतों की तरह रक्त में अपने पूर्वजों से चली आती है... कहानियों में... (वाचक के) अपने जीवन की कहानी भी बार-बार चली आती है।' कहानियों में बहुत सारे अद्‌भुत ब्यौरे होते हैं 'जिन्हें कहने से हमें बचना पड़ेगा क्योंकि कहानी का पहले से लगा शीर्षक फिर हमें याद दिला रहा है कि यह कहानी का मूल कथ्य नहीं है।' कुछ कहानीकारों के साथ ऐसा भी होता है कि वे कहानियाँ बुनते-सुनते हुए 'कहानी कुछ सुनानी शुरू की हो और सुना कुछ और गए हों।' हर जमाने में "हमेशा ठीक-ठीक कहानी कहनेवाले लोग रहे हैं और उन्हें हमेशा मालूम रहता है कि कहानी कितनी सुनानी है; किस तरह सुनानी है और सबसे बड़ी बात कहाँ क्या कहना है और किस तरह कहना है।" कहानीकार में एक आकर्षण होता है। यह आकर्षण उस प्रसन्नता के कारण है जो 'जिन्दगी को एक कहानी की तरह देख पाने' से उत्पन्न होती है। कहानीकार अलका सरावगी की मोटे तौर पर यही रचना-दृष्टि है। इसमें कोई नयापन नहीं है। कहानी के साथ लगे अद्‌भुत ब्यौरों से बचना कहानी-कला की अनिवार्यता नहीं है। रेणु की कला ने प्रमाणित कर दिया है कि प्रासंगिक ब्यौरों के सहारे कथ्य की केन्द्रीयता को गहराया जा सकता है, उसे अधिक प्रभावी बनाया जा सकता है। अलका सरावगी के प्रतिमानों के आधार पर साफ-सुथरी कहानियाँ रची जा सकती हैं, जैसी उन्होंने रची भी हैं।

'एक पेड़ की मौत' पर्यावरण से मनुष्य के आत्मीय सम्बन्ध को स्थापित करनेवाली कहानी है हालाँकि जिसके सन्देश में भी कोई नयापन नहीं है। सन्देश है : 'हम सभी एक ही अस्तित्व के तो हिस्से हैं—जो फूल में है।' इस वेदान्तिक सत्य से भला कौन भारतीय अपरिचित होगा? यह कोई संयोग नहीं है कि लगभग यही बात एक सुप्रसिद्ध महिला साहित्यकार अपने शब्दों में बहुत पहले फरमा चुकी हैं : "...मनुष्य के अश्रु, मेघ के जलकण और पृथ्वी के ओस-बिन्दुओं का एक ही कारण, एक ही मूल्य है। प्रकृति के लघु तृण और महान् वृक्ष, कोमल कलियाँ और कठोर शिलाएँ, अस्थिर पर्वत, निविड़ अन्धकार और उज्ज्वल विद्युत्-रेखा मानव की लघुता-विशालता, कोमलता-कठोरता, चंचलता-निश्चलता और मोह-ज्ञान का केवल प्रतिबिम्ब न होकर एक ही विराट् से उत्पन्न सहोदर हैं।" ('यामा' की 'अपनी बात' में महादेवी वर्मा) अलका सरावगी प्रकृति की भाँति रचना और जीवन में सहजता की तलाश करती हैं। उनकी अभिलाषा है कि 'नीचे धरती/ऊपर आकाश/ऐसा सहज

होता काश/ जीवन में विश्वास।' ('कलमतन्त्र की कथाएँ') पर साथ ही लेखिका का असल और सही पक्षधरता में विश्वास है। नकली जिन्दगी की नकली मनोवृत्ति का अत्यन्त संवेदनापूर्ण तथा संकेतधर्मी अंकन 'न्यू इयर्स ईव' कहानी में किया गया है। लेखिका को तो जैसे किसी चैन की तलाश है– "सारा संसार और वह खुद जैसे एक लय में हों–एकदम ठीक-ठाक दुनिया। कोई परेशान नहीं, कोई उम्मीद नहीं, कोई कचोट नहीं।" ('मन्नत') लेकिन दुनिया तो इस लिहाज से ठीक-ठाक है नहीं। हर इंसान के भीतर कहीं कोई-न-कोई खालीपन का कड़वा सच छुपा ही रहता है–चाहे वह इसे लाख दबाए या झुठलाए और यह सच तर्कातीत होता है जो कभी न कभी इंसान के व्यवहारों–कमजोरियों, सफाइयों, दिखावों, बेतकल्लुफियों और मजाकों के भीतर से उभर आता है। व्यक्ति के मनोवैज्ञानिक क्षणों को पकड़ने तथा उन्हें अव्यक्त भाव से सामाजिकता की ओर प्रेरित करने की प्रवृत्ति अलका सरावगी के लेखन में है। इस तथ्य से उनकी रचना मानवीय बनती है।

अलका सरावगी के कहानीलेखन में सूक्ष्म मनोभावों और स्थितियों के वर्णन की ओर झुकाव अधिक है। यह उनकी पर्यवेक्षण-क्षमता का परिचायक है। इस सन्दर्भ में उनके साथ एक दिक्कत यह लगती है कि कभी-कभी वे मानो मोटे चिमटे से बहुत बारीक-सी बात को पकड़ने की कोशिश करती हैं। इस कोशिश का एक परिणाम तो यह होता है कि उनकी कहानियाँ कविता की संवेदना का स्पर्श करने लगती हैं पर साथ ही कभी-कभी बात इतनी अमूर्त और वायवीय हो जाती है कि ऐसा लगता है कि चिमटे से कुछ पकड़ में आ ही नहीं पाया। 'निर्वाण', 'ये रहगुजर न होती', 'दूसरे किले में औरत', 'मन्नत' आदि कुछ कहानियाँ पाठक से कुछ ज़्यादा ही मानसिक व्यायाम करने की अपेक्षा रखती हैं। 'एक और नमकहराम' की व्यंजना भी काफी सूक्ष्म है। जो हक माँगे सो नमकहराम–यह नारा सामन्तवाद का भी था और चाहे हक माँगनेवाला व्यक्ति परिवार का–यहाँ तक कि पत्नी-बेटी ही क्यों न हो! इसी भाव को आधार बनाकर 'एक और नमकहराम' कहानी लिखी गयी है। 'दूसरे किले में औरत' में प्रतीकात्मकता, व्यंजनात्मकता, व्यंग्य और करुणा के प्रयोग से कहानी के भीतर की संवेदना को उभारा गया है।

वर्तमान जीवन में घर से लेकर बाहर तक हर जगह मध्यवर्गीय भारतीय नारी को जिस अनेकमुखी बाधा और विरोध का सामना करना पड़ता है उसके चलते उसका जीवन-संघर्ष बड़ा ही जटिल बन जाता है, ये सूक्ष्म-जटिल संघर्ष-सन्दर्भ अलका सरावगी की ज़्यादातर कहानियों के भीतर हैं। 'अँधेरी खोह में' शीर्षक कहानी एक लेखिका मिसेज शुक्ला के बारे में है जिन्हें लगता है कि 'कविता-कहानी लिखना अब उनके लिए दिन-ब-दिन कठिन होता जा रहा है' (जिसका) 'एक बड़ा

कारण उनका स्त्री होना है और वह भी एक परम्परागत स्त्री होना। उनके अनुभवों की दुनिया इस वजह से कितनी सीमित है।' हलके व्यंग्य-विनोद-भाव से लिखी इन बातों में सचाई की मात्रा से इनकार नहीं किया जा सकता। अपने अनुभव को और रचना-विधा को विस्तृत करने के लिए वे (मिसेज शुक्ला) 'कथा-रस का पुट लिए यात्रा वृत्तान्त और लेख' लिखने की सम्भावना से रायपुर-बस्तर के आदिवासी इलाके की यात्रा करती हैं। वे पाती हैं कि ये निरक्षर आदिवासी इतिहास और सभ्यता के परिवर्तनों को नहीं पहचान रहे और न वे अपने परिवेश के सौन्दर्य के प्रति ही जागरूक हैं। मिसेज शुक्ला एक आदिवासी से कहती हैं कि वे कुटुमसार की गुफा देखकर लौटी हैं और चित्रकूट जानेवाली हैं—"वहाँ इन्द्रावती नदी का पानी नीचे गिरता है तो उसमें इन्द्रधनुष लटके रहते हैं न? आपने देखा है?" आदिवासी 'नहीं' में सिर हिलाता है। कहने का मतलब यह है कि आदिवासियों में हम चाहे उनके प्राकृतिक होने के गुण के कारण कितनी भी दिलचस्पी क्यों न लें खुद आदिवासी क्या सचमुच प्राकृतिक रह पाए हैं—शायद इसलिए भी कि हमने अपनी दिलचस्पियाँ लादकर उन्हें प्राकृतिक—स्वाभाविक—नहीं रहने दिया है। इसी तरह नारीवाद के पश्चात् और इसके बावजूद क्या इस बात का आकलन किया जा सकता है कि नारी कितनी नारी रह गयी है?

एक और बुद्धिजीवी महिला के अनाम और अनपहचाने रह जानेवाले संघर्ष की कहानी कही गयी है 'इन लोगों ने धावा बोल दिया है' में। अर्थशास्त्र की प्रोफेसर शीला तयाल प्रतिभाशाली शोधार्थ रही हैं और छात्राओं में भी लोकप्रिय उनके शोधपत्र बड़े पन्नों में छपे हैं। वह नौकरी, पति और बेटी की माँगें स्वीकारने के बावजूद शोधलेख, जो उनका प्रिय कार्य है, लिखते रहना चाहती हैं। उनके दिमाग में अनेक शोधपत्रों की योजना है लेकिन दिक्कत यह है कि उनके 'जीवन की हर पंचवर्षीय हमेशा विफल होती रही है'। दिमाग में शोधपत्र का खाका—तथ्य, आरम्भ की भाषा वगैरह 'सबकुछ बनने लगता है, कोई-न-कोई एक माँग लेकर खड़ा हो जाता है—कभी कॉलेज में, कभी घर में।" घर और बाहर का संघर्ष सिर्फ बुद्धिजीवी या पढ़ी-लिखी नारियों का ही नहीं, बल्कि हर नौकरी-पेशा नारी का है, खुद शीला तयाल के यहाँ पाँच घण्टे का बस-सफर करके आनेवाली (घरेलू काम करने के लिए) लक्खी का संघर्ष कम नहीं। लेकिन इसी संघर्ष में तो जीवन अभिव्यक्ति पाता है। शीला तयाल की शोध-सामग्री से उसे पता चलता है कि 1930 में कोलकाता के फिरंगी-बहुल चौरंगी क्षेत्र पर गाँवों से आए भिखमंगों ने धावा बोल दिया था। शीला सोचती है कि गाँव से आनेवाली लक्खी को क्या कोलकाता पर धावा बोलनेवालों में शुमार किया जाना चाहिए? एक समस्या गाँव से भागकर शहर जाने की है। जैसे

शीला शहर में हैं, वैसे लक्खी का पति भी शहर में था। लेकिन उसे शहर रास नहीं आया। यह लक्खी भी किसी तरह शहर को ढोए जा रही है। शीला और लक्खी इन दोनों में किसका संघर्ष ज़्यादा कठिन है?

'ये रहगुजर न होती' में एक 'बीती हुई' (दरअसल बीतती हुई) दुनिया है जिसके भीतर परिवार और समाज में नारी की स्थिति और हैसियत की स्मृति भी दिल दहला देनेवाली है : "बाबा के सामने कोई कभी नहीं बोला। पापा नहीं बोले। दादी चुप रहीं। मम्मी तो घर की बड़ी बहू थीं। वे कैसे जुबान खोलतीं?... दादी सुहागिन मरी हैं। इसी बैठक में तीन साल बिस्तर पर पड़े-पड़े। ...अन्तिम दिनों में उनका दिमाग फिर गया था, वे कुछ-कुछ अंट-शंट प्रलाप करती रहतीं—इधर-उधर की स्मृतियाँ, कहाँ-कहाँ की बातें! पर बाबा का डर पागलपन भी नहीं तोड़ पाया था। बाबा डाँटते तो चुप हो जातीं। फिर चुप रहतीं और आँखें मींच लेतीं। घण्टों वैसे ही पड़ी रहतीं।" पुरानी पीढ़ी की सामन्ती प्रवृत्ति ने नयी पीढ़ी को जिस तरह से गढ़ना चाहा उसकी तीखी प्रतिक्रिया का भी खुद उसे ही (पुरानी पीढ़ी को) शिकार होना पड़ा। जिसे पीढ़ियों का अन्तर कहा जाता है वह दो पीढ़ियों के अपने-अपने स्वार्थ को पकड़े रहने से पैदा हुआ है। अलका सरावगी ने इस कहानी को दिमाग में बुने गए तर्कों, विचारों तथा प्रतीकों (पुरानी घड़ी, फोटो, ऊपर की मंजिल आदि) के सहारे जिस मशक्कत से लिखा है उसमें स्वतःस्फूर्ति या सहजता कम ही नजर आती है।

पारिवारिक समस्याओं से अलग भी स्त्री को अनेक प्रकार के सामाजिक, धार्मिक, राजनैतिक किस्म के दबाव झेलने पड़ते हैं। आज देश जो धर्म, भाषा, सम्प्रदाय, जाति आदि के आधार पर बँटा हुआ है—लोगों के मुहल्ले तक साम्प्रदायिक आधार बने हैं, इसका जिक्र 'रिपन स्ट्रीटेर परवीन अख्तर' कहानी में हुआ है। लेकिन साम्प्रदायिकता के बड़े ही ठोस और वास्तविक प्रश्न पर यह कहानी मानो सिर्फ भावुकता भरी टिप्पणी बनके रह जाती है।

लेखिका ने 'कब्ज-हर' कहानी में दिखाया है कि देश के उलझन और आतंकभरे माहौल का जैसे हमारे सरकारी दफ्तर मॉडल बन गए हों। दफ्तर में भारत कैसे अपने लघु रूप में उपस्थित है, इस थीम को लेकर हिन्दी और दूसरी भाषाओं में लिखी गयी कहानियों की भरमार है। विश्व-कथा-साहित्य में दफ्तरी आतंक की कथात्मक अभिव्यक्ति की जबर्दस्त शुरुआत सम्भवतः अन्तोन चेखव ने 'एक क्लर्क की मौत' कहानी से कर दी थी। उसके अद्भुत विनोदभरे शिल्प में भयावना अवसाद गहराता चला जाता है। फ्रांज काफ्का की अनेक कथा-रचनाओं (जैसे 'मेटामॉर्फोसिस' आदि में) नीरस, उबाऊ, निरर्थक तथा दहशतभरी जिन्दगी को प्रस्तुत किया गया था।

'कब्ज-हर' में चेखोवियन और काफ्काई आतंक को सहजता से भारतीय परिवेश में उपस्थित कर दिया गया है जहाँ दफ्तर और बाहर की दुनिया एक हो जाती है। 'यह भी सही है वह भी सही है' कहानी में हमारे बुद्धिजीवियों की सन्देह, अनिर्णय और निष्क्रियता की अपार क्षमता और उसके ऊपर सुविधाजनक फिलॉसफी के कवच धारण करने की प्रवृत्ति पर व्यंग्य किया गया है। कहानी की आखिरी पंक्ति है—'मौसम फिर बदलकर भारी हो गया था और सबके चेहरों पर तरह-तरह के सन्देह घिर आए थे, जिनमें वे काफी सुरक्षित महसूस कर रहे थे।'

सही जीवन और साहित्य 'समाज के दिए हुए, माने हुए रिश्तों के बाहर' सहजता से बन गए रिश्तों को जायज ठहराने की नैतिकता को प्रतिपादित करता है—'कनफेशन' कहानी के इस केन्द्रीय कथ्य से पता चलता है कि अलका सरावगी में मुखौटों को उघाड़कर देखने का नैतिक साहस है। वे तयशुदा चीजों को यथारूप बेहिचक स्वीकार नहीं कर लेतीं। जहाँ बुद्धि भी छूट रही हो, वहाँ अपने इंट्यूशन का बहुत भरोसा है लेखिका को। मध्यवर्ग की खाती-पीती पढ़ी-लिखी स्त्री 'नहीं जानती कि वह क्या चाहती है।' उसके खाली और निरुद्देश्य जीवन में कोई चीज उत्साह नहीं भर पाती। कहानी की एक पात्र (छोटी मौसी) के अनुसार, "मेरा मन ही नहीं लगता किसी काम में, न घर के काम में, न बाजार में, न किसी किताब में, न टी.वी. में, न सत्संग में। मुझे खुद नहीं मालूम कि मेरा मन कहाँ लगेगा, किस चीज में लगेगा। पता नहीं, मैं क्या चाहती हूँ।" इस बात से कहानी की नायिका का दिल घबराने लगा क्योंकि उसकी अपनी परिस्थितियाँ कुछ भिन्न नहीं थीं। वह सोचती है—"क्या सबकी जिन्दगी असल में ऐसी ही होती है यानी सब औरतों की? क्या उसकी जिन्दगी भी ऐसी होगी?"

संग्रह की एक कहानी 'आक एगारसी' में लेखिका ने आनेवाले कल (आ.क.) में हमारी ग्यारह पीढ़ियों के बाद के मनुष्य (एगारसी) को वर्तमान में उपस्थित करके एक फैन्टेसी की रचना की है। फैन्टेसी और भविष्य-कथाएँ वास्तव में वर्तमान की व्यथा से प्रेरत होती हैं। व्यथा इस बात की है कि आज की यह दुनिया सुन्दर नहीं है और न हो सकती है क्योंकि "इस दुनिया में अपनी ताकत का गलत इस्तेमाल कर दूसरों को रौंदनेवाले लोग हमेशा मौजूद रहे हैं और शायद रहेंगे। दबानेवाले और दबनेवाले। लेकिन सच यह भी है दबानेवाले दबनेवाले बनते रहते हैं और दबनेवाले दबानेवाले। इसलिए यह दुनिया कभी सुन्दर नहीं बन सकती—और कम-से-कम दबानेवाले के लिए तो बिल्कुल भी नहीं।" भविष्य के मनुष्य का आज के आदमी के लिए यही सन्देश है कि "आपलोगों के समय में एक सुन्दरता भी है—एक आँच, एक गरमाहट...एक लड़ाई अन्याय के खिलाफ! कितनी सुन्दरता है

पिछली सदी की आखिरी कहानियाँ...साफ-सुथरी, ठीक-ठाक, लेकिन...

कुछ लोगों के लिए यह एक पुराने ढंग का और विस्मयजनक प्रश्न हो सकता है कि आज की हिन्दी कहानी में कहानी का अपना स्वभाव कितना और किस रूप में है या कि वह बचा है भी कि नहीं? दरअसल हर साहित्य में कहानी का सम्बन्ध वहाँ के लोकजीवन, लोक संस्कृति और लोक मानसिकता से सदा से अभिन्न बना रहता आया है। कहानियों में आरम्भ से ही—यानी लिखित रूप में प्रस्तुत किये जाने के पूर्व से ही—लोक रुचियों का संश्लिष्ट प्रकटीकरण होता रहा है। ध्यान देने की बात है कि कहानी में जीवन की ठोस बाहरी वास्तविकता को यथावत्, यथायथ अथवा यथातथ्य रूप में नहीं रखा गया था बल्कि उसमें कल्पना और स्वैर-स्वप्नों के माध्यम से आन्तरिक सचाइयों को उद्घाटित करने की प्रवृत्ति ही प्रमुख थी। कहानी का सम्बन्ध सभ्यता से अधिक संस्कृति से होता है और संस्कृति से भी अधिक मानवीय संसक्ति और मानव-नियति से। सभ्यता 'फैक्ट' (तथ्य) को पहचानती है जबकि संस्कृति 'फिक्शन' (ग़ल्प) को। गल्प या गप्प तथ्यात्मकता की बाहरी तहों को उधेड़ता हुआ उसकी आत्म की सचाइयों को पकड़ने की कोशिश करता है।

इसे समुद्र की लहरों के रूपक की मार्फ़त समझना रोचक होगा। समुद्री लहरों के बारे में एक अद्भुत तथ्य यह है कि समूचे समुद्र की लहरें एक ही दिशा में नहीं बहतीं। बीच समुद्र की लहरें प्राकृतिक रूप से हवा की दिशा के अनुसार गतिशील होती हैं, लेकिन तटवर्ती लहरें हमेशा किनारे की दिशा में ही बहती हैं, चाहे वहाँ की हवा का बहाव किसी भी दिशा में क्यों न हो ! संस्कृति समुद्र की व्यापकता में बसी गहराई की तरह होती है जहाँ लहरों की दिशा में भटकाव नहीं होता। सभ्यता किनारों वाले उथले जल की भाँति होती है जहाँ लहरें उधर ही दौड़ी चली जाती हैं जिधर सतही किनारा होता है यानी लहरें किनारों के अनुसार अपनी स्वाभाविक दिशा में बदलाव ले आती हैं। जो कथा सतही तौर पर सभ्यता अर्थात् निश्चित समयवाले निश्चित समाज को ही अपना अन्तिम किनारा मान लेती है वह वहीं दम भी तोड़ देती है,

दूर तक आगे नहीं जा पाती। सामयिकता के दबाव के हटते ही ऐसी कथाओं की ताजगी और प्रासंगिकता भी चुक जाती है। दूसरी तरफ गहन सांस्कृतिक-मानवीय सम्बद्धता वाली कथा का बहाव स्वाभाविक और उन्मुक्त होता है—वह किसी नजदीकी किनारे की खोज से सन्तुष्ट नहीं होता। इसका मतलब यह नहीं है कि कहानी का निश्चित समय और समाज से कोई रिश्ता ही नहीं होता। वस्तुतः हर कथाकार का अपना समय और समाज तो होता ही है लेकिन श्रेष्ठ कथा की व्यंजना अत्यन्त तीक्ष्ण, अधिकाधिक व्याप्ति और गहराई वाली होती है। जिस कथा का आभ्यंतरिक कथ्य सामयिक घटनाओं से परिचालित होकर मात्र उसी में पर्यवसित हो जाता है, उससे न तो कला को और न ही मानवता को महत्त्वपूर्ण कुछ प्राप्त होता है। ईमानदार रचनाकार सामयिक घटनाओं के अर्थ-गर्भत्व की इस तरह से पहचान करता है कि वह अपने समय के प्रति ईमानदार तो होता ही है, अछोर अर्थव्यंजना के चलते सामयिकता का अतिक्रमण भी करता है।

इस तरह की कथा या कहानी में जीवन का जिस रूप में चित्र मिलता है, वह समय-विशेष के सामाजिक जीवन को विशेषतः अर्थवान बनाता है। ऐसा चित्रण राष्ट्रीयता की परिधि को भी लाँघकर जीवन के विश्वजनीन अनुभवों से मिल जाता है। कहानी की सार्थकता उसके मानवीय होने में है और उसका मानवीय होना उसके राष्ट्रीय होने के बावजूद होता है। इस तरह हम देखते हैं कि कहानी सामयिक सामाजिकता का निषेध नहीं करती बल्कि कहानीकार अपनी रचनात्मकता के द्वारा उसे विस्तार देता है। ऐसी कहानी स्थिर समय और स्थान में निबद्ध होकर चुक जाने से इनकार करती है।

फ्रेडरिक जेम्सन ने कभी राष्ट्रीय उपन्यास (नेशनल नॉवेल) की बात की थी। यहाँ हमें यह समझ रखना चाहिए कि राष्ट्रीयता (या फिर आंचलिकता अर्थात् क्षेत्रीयता भी) कथा को सीमित-संकीर्ण दायरे में कैद करनेवाली चीज (तत्त्व) नहीं बनेगी। कथाक्षेत्र में राष्ट्रीयता-आंचलिकता आदि ज़्यादा-से-ज़्यादा सुविधा के लिए किया जानेवाला ऊपरी सीमांकन-भर हैं—कोई गहरी लक्ष्मण रेखा नहीं। कथा या कहानी के स्वभाव में क्षेत्रीय, राष्ट्रीय और वैश्विक—ये मानवीयता के ही तीन स्तर हैं और इनका एक ही साथ कथा में मौज़ूद होना असम्भव नहीं। कथा का स्वभाव समकाल को सर्वकाल में ढालने वाला होता है। कथा की तुलना में कविताएँ अपेक्षाकृत सार्वभौम लहजे में बात करती हुई मिलेंगी क्योंकि कथा क्षेत्रीय और राष्ट्रीय संस्कृति के भीतर से बोलती है।

कहानी में राष्ट्रीयता कुछ सतही, मुखर और मोटे चिह्नों में नहीं बल्कि जातीय या राष्ट्रीय स्मृतियों के रूप में बसी होती है। इस बात को उदाहृत करने के लिए चाहे तो हम प्रेमचन्द की 'मन्त्र', 'नशा', 'सद्गति', 'सवा सेर गेहूँ', 'आत्माराम', 'शतरंज

के खिलाड़ी', 'पूस की रात', 'क़फ़न'—जैसी कहानियों की चर्चा में उतर सकते हैं और इनमें परिव्याप्त जातीय स्मृतियों की शिनाख्त कर सकते हैं। हर देश की कहानियों में वहाँ के लोकजीवन, दन्तकथाओं, पुराकथाओं और सामाजिक-राजनैतिक अभिप्रायों की अनुगूँजें भरी मिलती हैं। आज की कहानियों में भी इन अन्तर्ध्वनियों को महसूस किया जा सकता है। जैसे 'दिल्ली चलो' की प्रसिद्ध ऐतिहासिक घोषणा एवं ब्रिटिश गुलामी की स्मृतियों की किंचित् विद्रूपात्मक ध्वनि का एहसास असगर वजाहत की कहानी 'दिल्ली पहुँचना है' में हो सकता है। संजीव की चर्चित कहानी 'पूत-पूत-पूत' की प्रतीकात्मकता कहानी के सांस्कृतिक बिम्ब को दूर तक प्रसारित कर देती है।

सत्तर-अस्सी के दशकों में ढेर-सी कहानियाँ मानो घटना-क्रम-बहुल इतिहास का प्रतिरूप बनाकर ही लिखी गयी थीं जिनमें लेखकों की सामाजिक-राजनैतिक इच्छा-पूर्ति ही विशेष रूप से व्यक्त हुई थी और जो संकलनों से भी ज़्यादा संख्या में तत्कालीन पत्र-पत्रिकाओं में मिल जा सकती है। फिर भी आज यह कहा जा सकता है कि मोटे तौर पर सम्पादकों, पाठकों और आलोचकों का विकसित सौन्दर्य-बोध अब उस प्रकार की, सीमित कथ्य और समान ढर्रे की (स्टीरियोटाइप), कहानियों के प्रति वितृष्णा प्रकट करने लगा है। खुद सम्भावनाशील कहानीकारों ने अपनी उपलब्धि-दिशा की ओर चलते हुए राह के उन पत्थरों को पीछे छोड़ दिया है जिन्हें मील का पत्थर समझना हास्यास्पद होगा। संजीव-जैसे महत्त्वपूर्ण कहानीकार जिन्होंने शुरुआती दौर में 'अपराध'-जैसी 'चर्चित' कहानी की मार्फ़त अपनी एक खास ढंग की पहचान बना ली थी—जल्दी ही अपनी उस तथाकथित छवि (इमेज) को तोड़ने का उपक्रम करने लगे और अपनी स्वस्थ पहचान निर्मित करने में सफलता पायी। उन्होंने बेहतर समझ का परिचय देते हुए अपनी कथायात्रा की दिशा चुनौती-भरे नये विषयों और अनुभव-क्षेत्रों के बीहड़ की ओर मोड़ दी है। फलस्वरूप उनकी 'दुनिया की सबसे हसीन औरत', 'भूमिका', 'प्रेरणा-स्रोत'-सरीखी कहानियाँ 'अपराध' को अतीत के गर्त में पीछे छोड़ चुकी हैं।

कहा जा सकता है कि हर कहानी का एक वक्त होता है जबकि महान कहानियाँ सारे वक्तों की होती हैं। मजा यह कि जो अपने वक्त के प्रति सच्चा, खरा और ईमानदार होता है, वही अगले वक्तों में पहुँच पाता है। इस बात के मद्देनजर हिन्दी में दो प्रकार की कमजोर कहानियाँ मिलती हैं—या तो वैसी जो सिर्फ अपनी सामयिकता से ही चिपककर उसी के साथ दम तोड़ देती हैं अथवा वैसी जो सिर्फ अगले वक्तों को ही निहारती हुई अपने वक्त से पूरी तरह कटकर बेमानी हो जाती हैं। अपने वक्त के प्रति सच्चेपन और खरेपन का जज्बा उसी में हो सकता है जो वर्तमान समय के बारे में स्वस्थ इतिहास-दृष्टि रखता हो। रचना की एक आँख अगर

स्वस्थ परम्परा को टोहती है तो दूसरी आँख भविष्य की थाह लेनेवाली भी होती है।

परम्परा की पहचान हमें अपने वर्तमान की पहचान बताने में मदद देती है। वृहत्कथा, पंचतंत्र, कथा सरित्सागर आदि के स्रोत अब भी सूखे नहीं हैं। हमारे जो जीवन्त कहानीकार हैं उनमें हम विरासत वाली रचनाओं की सजीवता महसूस कर सकते हैं। (उदाहरण के लिए कृष्ण बलदेव बैद की हाल की कहानी 'बदचलन बीवियों का द्वीप' देखी जा सकती है।) आज भी अपने देश में जो श्रेष्ठ कहानियाँ रची जा रही हैं, उनके रक्त में—निकट से परीक्षा करें तो—महान संस्कार और विरासतवाली रचनाओं के गुण-सूत्र (डी.एन.ए) मौजूद मिलेंगे। संस्कृत से लेकर द्रविड़ भाषाओं तक की महान भारतीय कथा-परम्पराओं की विरासत हमें मिली है। हम चाहें न चाहें, परम्परा से अपने रक्त-सम्बन्ध को झुठला नहीं सकते, पर साथ ही यह भी याद रहनी चाहिए कि हर पीढ़ी को अपने रक्त में मौलिक गुण-सूत्र भी तैयार करना पड़ता है। परम्परा और विरासत की जड़ें अनदिख होती हैं लेकिन होती हैं बेहद मजबूत। भारत की संस्कृति ग्राम-जीवन और लोक जीवन में लहू की तरह सहज गति से प्रवाहित होती रही हैं। हिन्दी कहानीकार इसी विशाल-विराट जीवन से कहन-ढंग और कथा-चेतना ग्रहण करके स्वयं को प्रासंगिक और तरोताजा बनाता रहा है। रेणु, शैलेश मटियानी, शिवप्रसाद सिंह के पश्चात् भी संजीव, शिवमूर्ति, शैवाल, चन्द्रकिशोर जायसवाल जैसे कहानीकारों ने गाँव के स्वभाव से अपनी कहानी के स्वभाव को मिलाने की सफल कोशिशें की हैं। इन कहानीकारों ने स्पष्ट कर दिया है कि कहानी लेखन अखबारी लेखन से भिन्न है। केवल किसी विचारधारा को सिद्ध करने के लिए प्रमाण के रूप में लिखी गयी रचना सही कहानी नहीं कहला सकती—चाहे वह विचारधारा मार्क्स की हो, फ्रायड की, अथवा किसी और की। अच्छी कहानी गहन अनुभव और संवेदना के साक्षात्कार की कलात्मक अभिव्यक्ति है। श्रेष्ठ कहानियाँ जीवन-व्यवहारों के प्रति अपनी संवेदना के चलते श्रेष्ठ होती हैं, न कि किसी विचारधारा के कारण। विचारधारा और दर्शन के आधार पर सुमित्रानन्दन पंत ने जो परवर्त्ती कविताएँ लिखीं थीं, उनकी परिणति से भला कौन परिचित नहीं है?

आज हिन्दी कहानी में कई प्रकार के स्वर हैं—विवादी, प्रतिवादी और संवादी भी। यथार्थवाद के समस्त 'शेड्स' (रंगच्छायाएँ) से लेकर फैन्टेसी और एब्सर्ड-जैसे तमाम शिल्प भी प्रयुक्त हुए और हो रहे हैं। गम्भीरता और आक्रोश को दूर हटाकर तीव्र आत्मालोचन और व्यंग्य-विद्रूप का भरपूर उपयोग अब कहानी को अधिक प्रभावी बनाने के लिए किया जा रहा है। इस क्रम में भाषा को भी पर्याप्त रचनात्मक बनाया जा रहा है। ये हिन्दी कहानी के लिए शुभ लक्षण हैं।

हिन्दी कहानी के क्षेत्र में लेखिकाएँ आरम्भ से ही अपनी सक्रिय और सार्थक

उपस्थिति दर्ज कराती रही हैं। पिछली उत्तरशती तक आते-जाते लेखिकाओं की कहानियों का विश्व व्यापकतर होता गया। लेकिन हिन्दी कथा-साहित्य में महिला और पुरुष में फर्क करने जैसा साफ और दो-टूक लेखन सामने नहीं आया। यहाँ तक कि 'नारीवादी लेखन' जैसा कोई विभाजन प्रस्तावित करने की नौबत भी आये—ऐसी स्थिति ये कहानियाँ पैदा नहीं करतीं। कथा लेखिकाओं ने नारी-चरित्रों का वैविध्यपूर्ण भरा-पूरा संसार अवश्य प्रस्तुत किया है जो जितना संघर्ष-भरा है, उतना ही विश्वसनीय भी। इन कथा लेखिकाओं में एक महत्त्वपूर्ण नाम मंजुल भगत (1936-1998) का है जिनका आठवाँ कहानी-संग्रह 'अन्तिम बयान' नाम से मरणोपरान्त छपा। अपनी उपन्यासिका 'अनारो' के द्वारा मंजुल भगत ने हिन्दी जगत का ध्यान आकृष्ट किया था। वह लघु रचना न केवल मंजुल भगत के व्यक्तिगत बल्कि उनके लेखनगत स्वभाव का भी प्रतिनिधित्व करनेवाली थी। निम्न वर्ग और मध्यवर्ग के बीच की बनावटी दूरी को गहन मानवीय संवेदना के आधार पर पाटने की दिशा में मंजुल की रचनात्मक सक्रियता सार्थकता पाती है।

मंजुल भगत की नारियाँ अपने अस्तित्व को पहचाने और सार्थकता की दिशा तलाशने की कोशिशों में जुटी मिलती हैं और ऐसा वे किसी सैद्धान्तिक लफ्फाजी के बग़ैर ही—सहज-स्वाभाविक ढंग से जीवन को जीते हुए—करती हैं। मंजुल की कथा भूमि यद्यपि नगर और गाँव दोनों है—मुख्यतः नगर ही—जो उनका, इसी अनुपात में ज़्यादा जाना-पहचाना-परखा है और उनके 'अन्तिम बयान' संग्रह की सम्पूर्ण रचनात्मकता में से उभरकर आता है। संग्रह के अन्त में एक परिशिष्ट 'मिरांडा हाउस की यादें' नामक एक चुलबुली शैली में लिखा हुआ छोटा-सा आत्मपरक संस्मरण है जिससे मंजुल के आजाद तबीयत रचनाकार व्यक्तित्व का थोड़ा पता चलता है। संग्रह की कहानियाँ इस बात का प्रमाण उपस्थित करती हैं कि लेखिका को न केवल कहानी आता है बल्कि किसी बात या घटना को कहानी में बदल देना उसके स्वभाव में है। समाज में, घर में, हमारे इर्द-गिर्द चारों ओर कहानियाँ तैयार होती ही रहती हैं, लेकिन इन्हें देख-पकड़ पाना सबके वश की बात नहीं। मंजुल भगत को कथा-स्थितियों की अच्छी परख थी। 'रौनक'-जैसी कहानी में लेखिका का कथाखोजी मन अपने रोजमर्रे के जीवन-व्यवहारों के बीच कहानी खोजता है और अपनी महारत से उसे हासिल भी कर लेता है। मंजुल जानती है कि कहानियों के जीते जागते पात्र हमारे ही इर्द-गिर्द फैले होते हैं और कथाकार की नजरें इसे आसानी से भाँपती रहती हैं। पुरशोर बाजार में तन्हा डोलती एक जान है रौनक, जो अपनी बदहाली में भीख माँगने को मज़बूर है। वैसे वह सामाजिक नैतिकता, परम्परा और प्रेम की टकराहट में घायल लहूलुहान एक आम शख्सियत ही थी जिसका जिक्र

हर जमाने की प्रेम कहानियों में बारम्बार होता रहा है। 'खरपतवार में दबी-ढँकी, पुरानी कब्र की काई लगी ईंट हो जैसे...।' रंग कभी साफ रहा होगा। अब तो काई पर भी राख पड़ी थी। फटे-फटे-से होंठों पर पान के बासी दाग जमे थे। 'समाज और जमाने की सतायी हुई, असमय बेरौनक हो गयी रौनक अपने दुर्दिन में भी अचानक प्रेमी का नाम सुनते ही चौंक पड़ती है—'उसकी अपनी नज़रों से टप्प से उसका दिल टपक पड़ा था। एक प्यारी-सी नारंगी लौ उसकी धुआँ-धुआँ आँखों में लपक उठी। चेहरे पर जमी काई को उस नाम की धूप ने उड़ा दिया।' रौनक के चेहरे की रंगत को क्या 'मुहब्बत के फरेबी रंग' ने बदल दिया था? लेखिका यह राज खोल जाती है कि जमाने की चोट भले ही आदमी को बदरंग करती दिखायी देती है मगर सच्ची मुहब्बत की भीतरी रौनक उस चोट पर भी भारी पड़ती है।

घर, सुरक्षा, अपनापन, पति। नारी का परम्परा से यही सब काम्य रहा है। आधुनिक नारी की जो किताबी जिन्दगी हो रही है, उसमें इन सबके तिरस्कार का मौसमी उबाल भले ही आये, नकली आवरणों के भीतर उसकी कामना अब भी इनसे बहुत अलग नहीं। कोई नारी चाहे तो भले ही पुरुष मानसिकता को उस सड़क की तरह निर्विकार मान ले जिस पर अनपेक्षित-अनचाही दुर्घटनाएँ होती ही रहती हैं। लेकिन क्या पुरुष खुद अपने आप में भावहीन इकाई मात्र होता है? 'रुकी हुई रफ्तार' कहानी की कथावाचिका (नैरेटर) आधी रात को एक कार-दुर्घटना में से गुजरकर (बाल-बाल बचकर) दहली हुई घर लौटती है। उसकी मनःस्थिति से बेखबर पति उसे बिस्तर में भींच लेता है। शुरू में पति का यह कामोद्दीपन उसे अखरता है पर फिर वह अपनी एकांगी मानसिकता से अलग हटकर सोचती है कि 'सम्भोग का चरम बिन्दु क्या पुरुष की मुक्ति के लिए छटपटाहट नहीं है? और उस उफनते आवेश को झेलता मेरा आलिंगन, उसी पल कसता-बँधता क्या एक अटूट संग-साथ, अक्षत संवाद की चाहना नहीं?'

नारीत्व के प्रति अद्भुत संवेदनशील से भरकर 'अन्तिम बयान' कहानी लिखी गयी है। यह मंजुल भगत की नारी मनोविज्ञान की सूक्ष्म समझ का भी मानो बयान प्रस्तुत कर रही है। औरत और रसोई के सनातनी रिश्ते में काम आनेवाली सिर्फ बर्तन-भांडे और चूल्हे-चौकी की चीज़ें ही बदली हैं—रिश्ता वैसे अटूट है। गाँव की औरत कस्बे या शहर में आकर भी रसोई सँभालने के काम को सर्वोपरि निभाती हैं। रसोई में लगी-बझी औरत को फुर्सत का अपना क्षण मुश्किल से मिलता है। अगर परिवार संयुक्त हो, सगे-सम्बन्धियों का आना-जाना लगा हो तो पति के संग अन्तरंगता के क्षण मिलने भी दूभर हो जाते हैं। शहर में सेठ की गद्दी पर के नौकर लमछड़ की बीवी महुआ की यही त्रासदी है। पति से प्यार पाने के क्षणों की प्रतीक्षा ही उसके भाग्य में बदा है। यह नहीं कि लमछड़ उसे नहीं चाहता। वह महुआ की हर फरमाइश

पूरी करता है। उसे खाना पकाने का नया स्टोव ला दिया है। महुआ के लिए छींट की साड़ी, नायलान का पेटीकोट भी सबकी नजरें बचाकर ले आया। पिया मिलन की आस से भरी महुआ जी-जान से रसोई में जुट गयी—रसदार झालदार आलू-टमाटर और सोंधी रोटी। 'रोटी पोते तो उसे अपना-आप रिझाने लगा। रोटियाँ बेलते चूड़ियाँ हँसने लगीं। तवे पर पड़ें तो फिर से झन्न!' लेकिन पति के प्यार की उम्मीद से बँधी महुआ के लिए खाना बनाना, नया स्टोव, नया नायलान का पेटीकोट जानलेवा हो गये। स्टोव फटने से महुआ जल मरी। लेकिन मरी आखिरी बयान देकर कि दुर्घटना के वक्त उसका पति वहाँ नहीं था और वह उसे बहुत चाहता था। क्या ही विडम्बना थी कि उस महुआ का अन्तिम क्रियाकर्म सुहागिन के रूप में सिन्दूर, चूड़ी, सुहाग-साड़ी से सजाकर किया गया, जिसको कभी पति का संग-साथ नसीब नहीं हुआ और जो आजीवन अनछुई-कुँवारी ही रही थी।

मंजुल भगत जीवन-प्रसंगों से बँधे-बँधाये अर्थ निकालते रहने की व्यर्थता को जानती है और इसीलिए वे कुछ अलग, कुछ 'और' अर्थ का सन्धान करती हैं। ऐसा करना जोखिम-भरा भी हो सकता है। जरूरी नहीं कि कुछ 'अलग' अर्थ हमें नयी, अनजान दिशाओं में ले जायें, बल्कि वे हमें परम्परित और पुरातनपंथ पर भी ला खड़ा कर सकते हैं। मंजुल भगत ऐसे जोखिम उठाने से भी घबड़ाती नहीं। 'अजूबा' एक ऐसी ही कहानी है जिसका प्रतीकात्मकता ढेरों प्रश्न खड़े करती है। दाम्पत्य को लेकर लिखी गयी इस कहानी में पति नपुंसक होता है। अब जमाना बदल रहा है और नये जमाने के लोग विवाह को लड़की के लिए 'अन्तिम परिणति और सम्पूर्ण भाग्य' नहीं मान लेते। मगर कहानी की पत्नी शरीर से बिल्कुल कुँआरी रहकर भी मन से पति से बँध गयी है। वह शुभचिन्तकों के दबाव में आकर अपने पति निशीथ को छोड़ने को राजी नहीं। वह मानती है कि वह एक आदर्श स्त्री और गृहिणी बन चुकी है। वह सोचती है कि क्या सन्तानोत्पत्ति ही जीवन का चरम सत्य है? सन्तानोत्पत्ति के अलावा जीवन का क्या कोई अर्थ नहीं हो सकता? जीवन को लेकर व्यक्ति के अपने निजी तर्कों और सामाजिक नैतिकता तथा नियम-कानून में टकराहट क्यों होती है? ऐसा क्यों होता है कि समाज व्यक्ति को सदा अपने साँचे में ढालने को ही सबके लिए नैतिक और शुभ मानता है?

मंजुल भगत ने कुछ कहानियों में आज के वणिक (पूँजीवादी) समाज में सामन्ती तत्त्वों को पुष्पित होते हुए दिखलाया है जिसके फलस्वरूप धन के रेशमी लबादे के नीचे दबी-ढँकी दोहरी नैतिकता जीवन का हिस्सा बन जाती है। लेखिका ने (संयुक्त) पारिवारिक जीवन और घर-गृहस्थी के मोहक पलों के चित्र खींचे हैं और उसमें हो रहे आन्तरिक कलहों और त्रासदियों के भी। 'ठण्डमार सिंह' और 'ऊदबिलाव'-जैसी नाटकीयता-भरी कहानियों के माध्यम से निर्लोभ आजादी बनाम

सुविधा की गुलामी के द्वन्द्व को अधमुँदे प्रतीकात्मक ढंग से व्यक्त किया गया है। मंजुल भगत की खोजी दृष्टि हर स्थान और स्थिति में सहजता की टोह में रहती है। समस्या है कि 'चीज़ें वैसी ही क्यों नहीं होतीं जैसी कि दिखलाई पड़ती हैं'? ('अस्मि') मंजुल भगत में एक उम्दा कहानीकार के गुण निर्विवादतः थे। उनकी शहरी भाषा-शैली ग्रामीण परिवेश में जाते ही भेस बदलकर आंचलिक बन जाती है। उनकी नारी-दृष्टि इस प्रकार की थी कि अगर नारी (का अस्तित्व) है तो अकेले में बिल्कुल नहीं। पुरुष के बगैर स्त्री का संसार आधा-अधूरा, ऊल-जलूल-सा होगा। मंजुल का यह दृष्टिकोण भले ही परम्परित लगता हो (और उनमें यह 'साहसिकता' थी कि उत्तर आधुनिक परिवेश में भी ऐसी दृष्टि का परिचय दें), लेकिन वह तर्कपूर्ण और अनुभव-प्रमाणित था।

मंजुल भगत और उनकी छोटी बहन मृदुला गर्ग (1937) ने साथ-साथ ही कथा लेखन के क्षेत्र में कदम रखे थे। मृदुला ग़र्ग के भी अब तक आधा दर्जन औपन्यासिक रचनाएँ और आठ-नौ कहानियों के संग्रह प्रकाशित हुए हैं। मृदुला गर्ग ने नाटक भी लिखे हैं और स्त्री-विमर्श आदि से सम्बन्धित अपने विचारों को निबन्ध की शक्ल में भी प्रकाशित किया है। अगर मंजुल भगत 'अनारो' से प्रसिद्ध हुई तो मृदुला गर्ग 'चित्तकोबरा' से बेहद चर्चित हुईं। मृदुला गर्ग में अपनी जमीन को तोड़ने और नयेपन की खोज करने की बेचैनी और छटपटाहट है जो किसी लेखक की रचनात्मकता का अनिवार्य लक्षण है। उनके हाल के कहानी संग्रह 'मेरे देश की मिट्टी, अहा' में उनकी रचनात्मक छटपटाहट उन्हें व्यंग्य-विडम्बना और क्रीड़ा-भाव के निकट ले जाती है। ऐसा इसलिए भी जरूरी हो जाता है क्योंकि जटिलतर परिस्थितियों में सिर्फ जाना-पहचाना और वास्तविक सामने रख देने से कहानीकार की जिम्मेदारी खत्म नहीं हो जाती। कहानी क्या है, इस विषय में मृदुला गर्ग के कहानीकार का ठीक ही सोचना है कि 'आखिर कहानी कहते किसे हैं? सच की अधूरी तस्वीर को ही न। अपना जाना पूरा सच कहो तो एकदम काल्पनिक लगता है। कोई विश्वास नहीं करता। ठीक भी है। एक इंसान पूरा सच जान कैसे सकता है?'...अपने बारे में लिखें तो भी, सब से कम हम अपने बारे में जानते हैं।' (मंजूर-नामंजूर)। आम आदमी के दुख-सुख के महत्त्व को दर्ज़ करने की जिम्मेदारी कहानी की है जो आज के दौर में और भी ज़रूरी है क्योंकि तथाकथित समाजसुधारकों और राजनीतिज्ञों को आम आदमी का इस्तेमाल करने से ही फुर्सत नहीं।

मृदुला जी ने तरह-तरह की कहानियाँ लिखी हैं और हास्य, व्यंग्य, फन्तासी और कौतुक-भरी शैली का भी भरपूर प्रयोग किया है। 'साठ साल की औरत'-जैसी परिपक्व उम्र में घटित होनेवाले गम्भीर रोमांस/प्रेम की कहानी में लेखिका एक अछूते ही विषय को छूती है। युवाप्रेम में धैर्य अधिक होता है यानी वहाँ मनोभावों और स्पर्श

मात्र की थरथराहट में मन देर तक भरमा रहता है, मगर वार्धक्य में, सम्भवतः असुरक्षा-भाव ज़्यादा गहरा होने से, हर क्षण को अधैर्यपूर्वक कसके पकड़ा जाता है, कि कहीं लरजते हाथों से फिसलकर वह गायब न हो जाये ! युवापन के प्रेम से अधेड़ उम्र का प्रेम और अधेड़पन के प्रेम से वार्धक्य का प्रेम क्रमशः अधिक उतावला होता है। कहीं यह मृत्यु-भय को झाँसा देने के लिए मानव-प्रकृति द्वारा खेली जानेवाली आँखमिचौनी तो नहीं? कुल मिलाकर यह एक अलग स्वाद की कहानी है। विनोद-भरी शैली की दृष्टि से 'किस्सा आज का' बेहतर ट्रीटमेंट वाली कहानी है जिसमें व्यंग्यपूर्ण भाषा का अच्छा इस्तेमाल हुआ है। मृदुला गर्ग की कहानियों में पुरुष-नारी के प्रति एक सन्तुलित 'अप्रोच' मिलता है–स्त्री-पुरुष सम्बन्ध को देखने की उनके पास एक सम्यक् दृष्टि है। 'छलावा' कहन-शैली की एक अच्छी फैन्टेसी कथा है। हड़बड़ी में पुरानी शैली की लीक पकड़कर आधुनिक सवारी लिए चलने से 'कानतोड़ उर्फ कर्ण बीर'-जैसी कहानी ही लिखी जा सकती है। ऐसी कहानी आज के युग के दर्द की सारी टीसों को अगर गहराई से व्यक्त नहीं कर पाती और अस्पष्ट-सी रह जाती है तो इसका मतलब है कि लेखिका अपने समय की समस्त विडम्बनाओं को एकबारगी ही समेट लेने की जल्दबाजी का शिकार हो गयी है। 'मेरे देश की मिट्टी, अहा' भी एक साधारण-सी रचना बनकर रह गयी है जिसमें कथ्य कथानक की केन्द्रिकता का नितान्त अभाव है। दरअसल यह न किस्सा है, न कहानी–अधिक से अधिक इसे ऐसी रम्य रचना कह सकते हैं जिसमें प्रजातन्त्र, चुनाव, धर्म-निरपेक्षता, पूँजीवाद, उद्योगीकरण, ग्रामीण-शहरी जीवन की विडम्बना आदि सब कुछ को समेटने के चक्कर में कुछ भी ढंग से नहीं आ पाता और सब गड्ड-मड्ड हो जाते हैं। ढेर सारी चीजों को जमा करके कहानी के रूमाल–जैसे छोटे रूपबन्ध में उन्हें समेटने-बाँधने की कोशिश अपने-आप में हास्यास्पद-सी हो जाती है। 'इक्कीसवीं सदी का पेड़' पर्यावरण को विषय बनाकर लिखी गयी एक लेखनुमा भरती की रचना है। समझ में नहीं आता कि आज के रचनाकार के लिए पर्यावरण, स्त्री, दलित-जैसे विमर्श अगर सीधे दिल की गहराई से झनझनाकर नहीं निकलते तो कहानी के रूप में, अनुभूति की बजाय बुद्धि से, लिखने की मजबूरी क्यों है? 'कलि में सत' एक सामान्य कहानी है जिसमें राम-कथा के मिथक को आधुनिक परिवेश में विडम्बनापूर्ण बनाकर प्रस्तुत किया गया। यह समकालीन भारतीय जीवन की सामाजिक, आर्थिक, राजनैतिक विसंगतियों को दिखलाती तो है पर ऐसा करने में उनका सरलीकरण और सामान्यीकरण भी कर डालती है।

'जीरो अक्स' कहानी के किंचित् एककोणीय और एकांगी प्रतीत होने वाले अंकन को यदि क्षण-भर के लिए नज़रअन्दाज़ कर दें तो यह कहानी साम्प्रतिक हिन्दी

साहित्य के प्रदूषित परिदृश्य पर एक अत्यन्त बेबाक और बेधक टिप्पणी प्रतीत होगी। कहानी में कुछ खास साहित्यिक व्यक्तित्त्वों के चेहरे झलकते मिल सकते हैं। कहानी के (खल-) नायक हैं एक भूतपूर्व हिन्दी लेखक जो अब प्रकाशक, सम्पादक, आलोचक आदि बहुत-कुछ हैं। अपने पत्र के द्वारा खुलेआम राजनीति करते हैं—साहित्य की राजनीति ! वाणी और चरित्र का हाल यह है कि जब इण्टरव्यू लेने आयी कोई युवती प्रश्न पूछती है कि 'आप लेखक क्यों बने'? तो वे तपाक से कहते हैं—'औरतों को पटाने के लिए'। और जो लेखिका पट नहीं पाती, उसे ही "बड़बोला, फेमिनिस्ट, व्यक्तिवादी, मध्यवर्गीय, आध्यात्मिक आदि में से कुछ नाम देकर उसकी खिल्ली उड़ायी जाती है. ..किसी थोपे हुए जीवन-दर्शन के तहत उसे समाज से विमुख साबित कर दिया जाता।" यह जेरॉक्स-प्रति जैसा (जीरो-अक्स) अमौलिक साहित्यिक व्यक्तित्व एक महिला पत्रकार के द्वारा अपनी असलियत उघाड़ दिये जाने पर इतना विक्षुब्ध हो जाता है कि गला टीप कर उसकी हत्या कर देता है। दरअसल स्त्री और दलित विमर्श की राजनीति में गहरी दिलचस्पी रखनेवाला यह साहित्यकार पेशेवर हत्यारा था ! हाल के कुछ वर्षों में हिन्दी साहित्य के समकालीन दृश्यपटल को लेकर अनेकों ऐसी कहानियाँ लिखी गयी हैं जिनमें हिन्दी साहित्य संसार के असल हाड़-मांस के (महा) नायकों की पहचान (खल) पात्रों के रूप में की गयी है। कहा जा सकता है कि 'बहिर्गमन' लिखकर ज्ञानरंजन ने इस दिशा में शुरुआत कर दी थी। बाद में तो कहानी-कला की परवाह न करके चरित्रांकन को व्यक्तिगत स्तर पर स्पष्ट करते हुए चारित्रिक हत्याओं तक के लघु-गुरु प्रयास किये गये। ऐसी कहानियों के सन्दर्भ में न केवल लेखकीय मर्यादा, नैतिकता, वगैरह की यदा-कदा दुहाई दी जाती रही है बल्कि प्रतिवाद में भी कहानियाँ लिखी गयी हैं ! वाद-विवाद अपनी जगह, कहना न होगा कि ऐसी रचनाओं से हिन्दी साहित्य का न केवल काला-सफेद बल्कि रंगारंग चेहरा भी सामने आता रहा है—मसालेदार और मजेदार बनकर!

जादुई यथार्थ के शिल्प का बढ़िया इस्तेमाल करते हुए एक बड़ी अच्छी कहानी मृदुला गर्ग ने लिखी है—'सात कोठरी'। यह ऐसी कहानी है जिसमें तथ्य और मिथक दोनों परस्पर एक-दूसरे को काटते हुए आगे बढ़ते हैं। समाज एक बाँध है जो जीवन के उस उद्दाम प्रवाह को जबरन संयमित करने/रखने की कोशिशों से कभी बाज नहीं आता जो हर बाधा और कृत्रिम किनारे को तोड़फोड़ कर मनमाने ढंग से बहता ही जाता है। 'नेति-नेति कहानी को रचने में यद्यपि दर्शन के साथ-साथ रहस्य-रोमांच-उत्सुकता का अपेक्षित उपयोग किया गया है किन्तु यह प्रश्नान्तक कहानी मनुष्य की इस सनातन जिज्ञासा में कुछ जोड़-घटा नहीं पाता कि 'भगवान है कि नहीं है'। जीवन कोई कम रहस्यमय नहीं है और इस रहस्य को चीन्हे-बग़ैर

और-और रहस्यों की गलियों में भटकने की आतुरता में क्या कोई तिलिस्म टूट भी सकता है? 'जो है' (जैसे कि हम और हमारा अस्तित्व) से भी हम अनजान हैं और जिसे पूरी तरह जाने बग़ैर ही छोड़कर अज्ञात में भागना बेमानी है। क्या पता कि अपने अस्तित्व के प्रश्न को हल करने के प्रयत्न में ही भगवान के अस्तित्व का कुछ अता-पता चले? बहरहाल मृदुला गर्ग की इस कहानी का जीन-दर्शन नेति-नेति बनकर रह जाता है अर्थात् हमें कहीं नहीं पहुँचाता—चलने का उपक्रम करता अवश्य लगता है, यहाँ तक कि पाँव बढ़ते भी महसूस होते हैं मगर खेदजनक तरीके से चक्राकार घूमकर वे वहीं-के-वहीं खड़े रह जाते हैं।

फिर भी, कुल मिलाकर, मृदुला गर्ग का 'मेरे देश की मिट्टी, अहा' हिन्दी के आम कहानी-संग्रहों के ढेर से थोड़ा हट कर, ध्यान खींचनेवाला, जरूर है। फ्लैप पर इसे 'गौरवपूर्ण प्रस्तुति' बताते हुए, रचनाओं के द्वारा 'निस्संगता' और 'निर्वेद' को 'अर्जित-सर्जित' करने की बात कही गयी है जिसमें अगर अतिरंजना नहीं है तो निश्चय ही इन शब्दों के अर्थ कोश से भिन्न हैं। इन कहानियों का 'अप्रोच' अन्ततः अ-संग या तथता वाला न होकर किंचित् निषेधमूलक ही है। इनमें फन्तासी है, त्रासदी है, कौतुक है, व्यंग्य है और इन सबका घालमेल भी है ! अपने इस देश की मिट्टी को लेखिका ने 'अहा' कहा है ! लेकिन कहानियों में इस मिट्टी का चेहरा साफ जाहिर नहीं हो पाया—थोड़ा अमूर्त और थोड़ा 'कोलाज' बनकर रह गया है जिसके चलते, अधिक से अधिक, उस चेहरे की अधूरी पहचान ही बन पाती है। यह भी कम नहीं। अपनी कथन-भंगी और शिल्प के लिए मृदुला गर्ग का यह संग्रह काबिले-याद रहना चाहिए। 'दारोश तथा अन्य कहानियाँ' एस.आर.हरनोट (1955) का चौथा कहानी संग्रह है। हरनोट की कहानियों की पहाड़ी परिवेश वाली अपनी कथाभूमि के चलते थोड़ा अलग स्वाद और पहचान है। सरल किन्तु दृढ़ निश्चयी स्वभाव के ग्रामीण बूढ़े (दादा-दादी) और भोले बच्चे उनकी अधिकांश कहानियों में आते हैं जिनसे यद्यपि पहाड़ी भोलेपन और स्वभाव को वर्तमान शहरी सभ्यता की ऑक्टोपसी जकड़ से सुरक्षित करने की शुभेच्छा तो प्रकट की गयी है पर साथ ही इनके दुहराव से कहानियों का संसार किंचित् संकीर्ण और सरलीकृत भी दिखायी पड़ता है। हरनोट द्वारा रचित ग्रामीण बूढ़े-बूढ़ियों का यह संसार ईमानदार, परिश्रमी, भाव-प्रवण और प्रेम-भरा तो है पर साथ ही, निरपवादतः, नयी पीढ़ी के अपनों द्वारा ही छला गया है। नयी पीढी और पुरानी पीढ़ी की अपनी-अपनी अलग-अलग मान्यताएँ और जीवन-शैलियाँ हैं लेकिन उनमें से कोई भी एक दूसरे की खातिर बदलने को तैयार नहीं। गौर-तलब बात है कि इन कहानियों में शिक्षा प्राप्त युवा वर्ग ही अक्सर गलत जगह खड़ा बताया गया है।

परम्परा और संस्कृति के अच्छे पहलुओं को सहेजने-अपनाने के पक्ष में हरनोट हैं। पुरोगामी एवं अन्ध रिवाजों के विरुद्ध भी हैं और इनसे संघर्ष करने के लिए शिक्षा को कारगर मानते हैं। लेकिन आधुनिक अंग्रेजी शिक्षापद्धति जिस तरह से व्यक्ति को उसके संयुक्त परिवार और समाज से काट देती है, उसे संकीर्ण और स्वार्थी बनाती है, उसके वे आलोचक हैं। हरनोट के इस दृष्टिकोण तथा उनके यथार्थवादी शिल्प में नयापन भले न हो पर उनमें एक साफ-सुथरापन अवश्य है।

यथार्थवादी शिल्प में रचे गये महान कथा साहित्य के आधार पर उस कथाक्षेत्र का विश्वसनीय समाजशास्त्रीय अध्ययन किया जा सकता है और किया भी गया है। गोदान, मैला आँचल और रागदरबारी जैसे उपन्यासों और इनके लेखकों की कहानियों को इसी श्रेणी में रखा जा सकता है। मगर सिर्फ समाजशास्त्रीय यथार्थ को लक्ष्य बनाकर चलने से महान कथा रचनाएँ नहीं होतीं, हालाँकि समाजशास्त्रीय अध्ययन के सहारे भी ढेर-सारा यथार्थपरक कथा साहित्य हिन्दी में लिखा गया और लिखा जा रहा है। यथार्थवादी शिल्प का यान्त्रिक उपयोग, मुलम्मे-जैसा, आरोपित भी होता है। ऐसे में शिल्प कहानी का स्वभाव बनकर नहीं आता बल्कि वह कथ्य पर विचारों को प्रक्षेपित करता है। जब विचार कहानी के भीतर से उसका अंग बनकर अँखुआ नहीं पाता तो वह रचना को कहानी की बजाय निबन्ध या कुछ और बना देता है।

हरनोट का परिवेश-पर्यवेक्षण पाठकों का ध्यान खींचनेवाला है। हरनोट को पहाड़ी गाँवों की परम्परा, संस्कार, रिवाज, वहाँ की प्राकृतिक चीज़ों—खासकर पेड़ों, फूलों, फसलों, पशुओं आदि के विविध प्रकारों की अपेक्षित जानकारी है जिसका उपयोग कहानियों में वे करते हैं। हरनोट की भाषा में एक आंचलिक पुट भी है जिसके सहारे वे परिवेश को सफलतापूर्वक रचते हैं। हिन्दी को उनकी कहानियों से अनेक नये शब्द और अभिव्यक्तियाँ मिलनेवाली हैं।

'दारोश' संग्रह की आरम्भिक चार कहानियों में पहाड़ी जीवन का किंचित् 'नौस्टेलजिक' वर्णन मिलता है। इस पर्वतीय ग्रामीण परिवेश के आंचलिक वर्णन को हटाकर देखें तो 'बिल्लियाँ बतियाती हैं' कहानी पीढ़ियों के अलगाव और जमाने के साथ बदलते जीवन-मूल्यों को लेकर वैसे ही लिखी गयी है जैसे किसी वक्त शहरी पृष्ठभूमि में कभी 'चीफ की दावत', 'वापसी' और 'पिता' जैसी कहानियाँ लिखी गयी थीं। पीढ़ियों के अन्तर को लेकर ही लिखी गयी अतिभावुकता-भरी हरनोट की एक और कहानी 'बीस फुट के बापूजी' भी है जिसमें ओ' हेनरी की कहानियों की तरह आखीर में, चौंकाने वाले 'क्लाइमेक्स' का इस्तेमाल किया गया है—यह और बात है कि ऐसे जबरिया समापन में अब पाठक को कोई खास मजा नहीं मिलता। पहली कहानी में बूढ़ी अम्मा है जिसके तन-मन से उसका बहू-बेटा दूर हो गये हैं तो दूसरी

में खुद को नये जमाने के मुताबिक बदलने में असमर्थ बूढ़ा चाचू बहू-बेटा और पोते से अपने-आपको ही अलग कर लेता है। अतिनाटकीयता और चमत्कार कहानी के यथार्थवादी शैली वाले ढाँचे को कमजोर ही करते हैं। वैसे भी हरनोट लुकाच-समर्थित यथार्थवादी ढाँचे के अन्तर्गत ही प्रतिनिधि पात्रों को रचने में विश्वास करते हैं।

नाटकीयता-भरी चरमसीमा वाली कहानी 'माफिया' भी है जिसमें लघुतम समापवर्तक वाली शैली ('चूँकि-इसलिए' और 'यही सिद्ध करना था'!) में बाल मनोविज्ञान और लोक कथा का उपयोग किया गया है। कहानी स्त्री, बूढ़ी और बच्चे के सरल मनोभावों के वर्णन के माध्यम से बड़ों के क्रूर एवं जटिल जीवन-यथार्थ की ओर संकेतित करती है। यद्यपि सांकेतिकता इस कहानी के स्तर को बहुत नीचे नहीं गिरने देती, फिर भी यह कहानी श्रेष्ठत्व की ऊँचाइयाँ पाने से वंचित रह जाती है। ग्रामीण पात्रों का प्राकृतिक परिवेश तथा परिवेश के जीव-जन्तुओं और बनस्पतियों के साथ उनका पुराना सम्बन्ध कहानीकार को प्रलुब्ध करता है लेकिन ओछे शहरीपन और सभ्यता के व्यवसायीकरण के चलते क्रमशः बदलता हुआ सम्बन्ध उसे क्षुब्ध करता है। ऐसा लगता है कि लोगों के 'परम्पराओं में रहने और संस्कार निभाने' की बात पर वह कुछ अधिक ही मुग्ध है। पुरानी परम्पराएँ जब इतनी पुरानी हो जायँ कि अबूझ, निरर्थक और बोझ ही बने जायँ तो फिर उनके मिटने का गम क्यों? लेकिन 'काग भाखा' की बूढ़ी दादी परम्परा और संस्कार की ऐसी जाग्रत चेतना है जो मिटाये नहीं मिटती। वृद्धा पेंशन, मूर्तियों की चोरी और हत्या-जैसे अपराधों में लिप्त परधान के विरुद्ध गाँव की आत्मा की आवाज़ बनकर दादी संघर्ष करती है तो उसके अपने परिवारवाले तक उसे डायन बताते हैं। दादी के घर में आग लगा दी जाती है। लेकिन बूढ़ी दादी कभी नहीं मरती। जादुई यथार्थ का स्पर्श देकर लिखी गयी इस कहानी के अन्त में अगर पाठक को 'टेपचू' की ध्वनि महसूस हो तो इसमें अचरज नहीं। 'काग भाखा' में अकेले दम समाज की बुराइयों से लड़नेवाली बूढ़ी दादी की हू-ब-हू जगह 'दारोश' (लड़की को जबरन उठाकर ब्याह लेने की लुप्तप्राय परम्परा) में नयी पीढ़ी की नवयुवती कानम ले लेती है। लेकिन आदर्श नायिका कानम की रचना के द्वारा मानो कहानीकार बुराइयों के खिलाफ संघर्ष की अपनी आन्तरिक इच्छापूर्ति करता है। इस सब के बावजूद हरनोट की कहानियों में एक किस्म की ताजगी और नयापन भी है। उनकी वर्णन-शैली में श्रेष्ठ कहानी-रचना की सम्भावनाएँ स्पष्ट हैं। 'बच्छिया बोली है, 'हरख', 'मुट्ठी में गाँव' इस संग्रह की उपलब्धि कहानियाँ हैं। लेकिन हरनोट को अपनी सीमाओं के प्रति जागरूक होने की जरूरत है। ज़्यादातर कहानियों में संयुक्त परिवार के टूटने और एकल बनते परिवार की 'पीड़ा' व्यक्त हुई है—'लड़का एक ही है। वह कहीं शहर में अफसर है। उसने वहीं शादी कर

ली।' (मिस्त्री) कहानीकार को अपनी वस्तु, चरित्र, शिल्प और सोच को एकायामी और एकढंगा बनने से बचाना चाहिए। अपने अनुभव और भाषा को और अधिक रचनात्मकता में ढालने का भी प्रयत्न करना चाहिए।

'बिल्ली नहीं, दीवार' हरि भटनागर (1955) का तीसरा कहानी-संग्रह है। संग्रह की दस कहानियों के निम्न-मध्यवर्गीय संसार में एक पूर्वनिश्चित किस्म का परिवेश, पात्र और घटनाक्रम हैं, एक पैटर्न पर चलनेवाली गतिविधियाँ हैं जिनका पूर्वानुमान लगाना पाठक के लिए कठिन नहीं होता। इस अतिपरिचित परिवेश के हरि भटनागर के पात्र भी टाइप अधिक हैं। उनका एक कथावाचक (नैरेटर) कहता है–"एक निहायत सीधा-सादा इन्सान हूँ...निम्न-मध्यवर्ग तबके का हिन्दुस्तानी इंसान...।' (पृ. 75) ये निम्न-मध्यवर्ग के चरित्र, अभाव और तंगी में जीते हुए सदा तनावग्रस्त रहने वाले लोग हैं। हरि का ऐसा ही एक प्रतिनिधि पात्र कुछ इस तरह का है–'...इस घर का मालिक अजीब तरह का सरका हुआ आदमी था। घर की दिक्कतों या पेचीदा नौकरी की वजह (से) वह सहज नहीं दिखता। पिन्नाया रहता जैसे कोई बोले तो झगड़ पड़ेगा, घण्टों दिमाग खराब किये रहेगा, कुछ नहीं कर पाएगा तो बच्चों को लतिया डालेगा, उनकी किताबें-कॉपियाँ फाड़ डालेगा, पत्नी के झोंटे हिलाकर सिर दीवाल से टकरा देगा...।' (जंग, पृ-55) ऐसे घर-परिवार में हमेशा अपने पतियों से दबती-डरती हुई औरतें और अक्सर बीमार रहने वाले बच्चे हैं। सूक्ष्म पर्यवेक्षण और सहज चलताऊ भाषा हरि भटनागर की पूँजी हैं। फिर भी ऐसा क्यों महसूस होता है कि इन खूबियों का और भी सार्थक उपयोग किया जा सकता था। अमरकान्त का पैटर्न अपनाकर भी, व्याप्ति के अभाव में अमरकान्त-जैसी कहानी बन नहीं पाती। 'बजरंग पांड़े के पांड़े' या 'खोट'-जैसी कहानियों तो स्वयं हरि भटनागर के कथालेखन-सामर्थ्य से कमतरी के ही उदाहरण प्रस्तुत करती हैं। स्वाभाविक ढंग से उठायी गयी 'खोट' कहानी अन्त तक आते-आते तथाकथित क्रान्तिकारिता के आधार पर 'गढ़ी' हुई कहानी में तब्दील हो जाती हैं और कुल मिलाकर न केवल मनोवैज्ञानिक दृष्टि से लचर बल्कि अस्पष्ट क्लाइमैक्स वाली कहानी बन जाती है। 'जहर'-जैसी कहानी में जगह-जगह बनावटीपन पकड़ में आ जाता है। बनावटी ही लगने वाले अन्त वाली इस कहानी पर कहानीकार द्वारा 'सिद्धान्त' आरोपित करने का प्रयास भी मुलम्मे की तरह झलक जाता है। हरि भटनागर में अच्छा-खासा पठनीयता का गुण है जो उनके वर्णन की स्वाभाविकता और सीधी, प्रभावी भाषा का परिणाम है। शब्दों के चयन के मामले में हरि भटनागर बड़े सजग-सावधान रहते हैं और वे मितव्ययी भी हैं। उनकी भाषा में एक कोमल लयात्मकता है जो अनुकूल कथ्य को पाकर उसे काव्यात्मक और प्रतीकात्मकता से भर देती है। 'बिल्ली नहीं, दीवार' कहानी में इसी कारण अद्भुत ऊँचाई आ गयी है।

मध्यवर्गीय स्वार्थपरकता अपने ही जीवन की मासूमियत का गला घोंट रही है—यह बात प्रस्तुत कहानी अच्छी तरह अभिव्यक्ति करती हैं। 'सामूहिक नरसंहार' और 'नशा हिरन' संग्रह की अन्य उल्लेखनीय कहानियाँ हैं।

नयी कहानी के दौर से हिन्दी कहानी को आलोचकों ने आधुनिकतावादी और यथार्थवादी प्रभावापन्न कहानियों के रूप में बाँटकर देखा। वर्गीकरण की तमाम सीमाओं के बावजूद इसमें सच्चाई का अंश जरूर है। मजे की बात यह है कि उपरोक्त दोनों प्रवृत्तियाँ एक दूसरी के विलोम में होती हुई भी, एक बात में, समान भी हैं। आधुनिकतावादियों में ही नहीं, यथार्थवादी और प्रगतिशील समझे जानेवाले कथा-लेखकों में भी सीमित-संकीर्ण अनुभवों का दुहराव मिलता है। यह ठीक है कि कथा साहित्य में समाज का ठोस चेहरा झलकता है और हमारे सामाजिक अलगाव के कारणों के प्रामाणिक चित्र कहानियाँ, नाटक और उपन्यास-जैसी विधाएँ अधिक प्रस्तुत कर सकती हैं। हिन्दी के आधुनिकतावादियों की खिल्ली उड़ाते हुए मुक्तिबोध ने लिखा था—'आधुनिकतावादियों को मैंने देख लिया है। उनमें दम नहीं है, वे पोचे हैं। वे समस्या को बड़ा करके बताते हैं, आदमी को छोटा करके नचाते हैं। 'इसके साथ मुक्तिबोध की जेनुइन चिन्ता यह थी कि 'आजकल आदमी में दिलचस्पी कम होती जा रही है। सामान्यीकरण के अरूप सम्प्रदाय बढ़ रहे हैं।' सच कहें तो इस समुदाय के सदस्यों में वामपंथी भी कम नहीं हैं। इसी से सम्बन्धित रचनाकारों की वह समस्या भी है जहाँ सीमत अनुभवों की जुगाली करने की स्थिति जल्दी ही आने लगती है, मुहावरे चालू माल बनने लगते हैं और रचना-दृष्टि बँध-सी जाती है। वस्तु, शिल्प, शैली, सिद्धान्त सबको ढर्रे में बदल लिया जाता है। नये कथाकारों के दो खतरे आम होते हैं—या तो वह भटक सकता है या अपने सामने की जमीन पर पड़ी पैरों की छाप को ही मंजिल का पता मान सकता है। वाम हो कि दक्षिण—बँधी दृष्टि से रची गयी कहानी क्षतिग्रस्त होती ही रहती है।

आज की हिन्दी कहानियों के पाठक के लिए जया जादवानी (1959) का नाम पूरी तरह से अनजाना नहीं होना चाहिए। उनकी दर्जनों कहानियाँ पत्र-पत्रिकाओं और दो कहानी-संकलनों में प्रकाशित हो चुकी हैं। उनकी कहानियों के दूसरे संग्रह 'अन्दर के पानियों में कोई सपना काँपता है' में बीस अच्छी-बुरी रचनाओं को रखा गया है जिनमें कुछ बेहतर कहानियाँ हैं, कुछ अच्छी कहानी की सम्भावनावाली रचनाएँ हैं और कुछ रचनाएँ ऐसी भी हैं जिनके बारे में कहा जा सकता है कि उनमें कहानी अब भी सम्भावना ही है! हालाँकि जया की कहानियों के संसार में चरित्रों और स्थितियों का बहुत वैविध्य नहीं मिलता है किन्तु संवेदनात्मकता की दृष्टि से वहाँ सघनता जरूर है। अनेक कहानियों में बूढ़ी दादी (या माँ) और किशोर लड़की के चरित्र बार-बार आते हैं। उनमें—और अन्य स्त्री-चरित्रों के आपसी व्यवहारों में

भी—परस्पर भावनात्मक समझदारी की दिशा में हो रहे विकास को सहज ही रेखांकित किया जा सकता है। जया की कहानियों में पुरुष ज़्यादातर यातना/आतंक का पर्याय बनकर उपस्थित होता है। इन कहानियों की घटनाओं और चरित्रों का विकास बहुत कुछ अनुमानित दिशा में होने के चलते कहानी के क्लाइमैक्स को अपेक्षित धार भी नहीं मिल पाती। कहानी के रूप में 'तलाश जारी' है', 'मैं मनुष्य हूँ,' 'रूपान्तरण', 'बाजार', 'अभी-अभी जो चलकर गया है'...जैसी रचनाओं को आसानी से खारिज किया जा सकता है। लेकिन जया की कुछ कहानियाँ काबिले-गौर जरूर हैं।

'कयामत का दिन उर्फ कब्र से बाहर' में स्त्री के पक्ष से दाम्पत्य की विडम्बना को उजागर करने की कोशिश हुई है। हमारी बँधी हुई 'नैतिक' दृष्टि विवाह, परिवार, घर आदि अवधारणाओं को अनिवार्य और पवित्र मानकर चलती हैं। घर या दाम्पत्य लेखिका को पिंजरा या कब्र-जैसा लगता है जहाँ स्त्री को जिन्दा बन्द किया/दफनाया गया है फिर भी वहाँ के सुविधा-लोभ की वजह से वह मुक्त भी नहीं होना चाहती। अगर कभी किसी तरह वहाँ से निकल भी भागी तो वह पिंजरे में बरसों रहनेवाली चिड़िया की भाँति खुले में ज़्यादा दूर तक उड़ नहीं पाती। बात यह है कि आजादी की चाह में वास्तविक आजादी से ज़्यादा आकर्षण होता है और वास्तविक आजादी ज़िन्दगी में शायद कहीं होती भी नहीं वैसे भी आजादी में अधिकार और कर्त्तव्य घुले-मिले होते हैं जबकि चाह पर कोई बन्धन नहीं। पिंजरा अगर दाम्पत्य है तो उससे सुविधा या कष्ट स्त्री-पुरुष दोनों को होता है। आक्रामक स्त्रीवाद की अतिवादी दृष्टि पुरुष-विरोधी होकर दरअसल विमर्श का ही सत्यानाश कर देती है और जो सारे कष्टों की असली जड़ है, उस कारण-रूप व्यवस्था को ही माफ़ी ('क्लीन-चिट') दे देती है। यहाँ ध्यान देने की बात है कि व्यवस्था न स्त्री की होती है न पुरुष की, वह तो 'नपुंसक लिंग' होती है—खास कर आज के पूँजीवादी दौर में उसे सिर्फ अपने अस्तित्व के चिरस्थायित्व से सरोकार होता है न कि स्त्री या पुरुष के समुदायों में से किसी का 'पक्ष' लेने से। जया जादवानी जब व्यवस्था को पुरुष-व्यवस्था मानकर चलती है तो पाती है कि स्त्री अपने लिए खुद कुछ नहीं चुन पाती—'न साथी, न शादी, न बच्चा, न रिश्ते, अपने लिए अपना अकेलापन तक नहीं। हमारे लिए चुनने का मतलब ही होता है—छिन जाना।' यह बात दरअसल पूँजीवादी व्यवस्था में हर किसी के लिए लागू होती है। अस्तित्ववादी चिन्तकों के अनुसार हमारी मुख्य समस्या ही निर्णय और चुनाव की है और आज तो हम इस लिहाज से बिल्कुल ही स्वतन्त्र नहीं हैं। हमारे चुनाव, चाहे वे कितनी ही छोटी (सुपरफीशल) चीजों को लेकर क्यों न हों, विज्ञापन, प्रचारतन्त्र आदि के द्वारा वे अनेक प्रकार से बाधित या प्रभावित किये जाते हैं (और हम 'टूथपेस्ट' तक का—स्वतन्त्र रूप से 'अपना'—चुनाव नहीं कर सकते)! स्त्रीवादियों की एक बड़ी

उलझन प्रेम को लेकर रही है। प्रेम के प्रति उनका रुख लगभग अराजक रहा है। पश्चिमी नारीवादी आन्दोलनों ने अब तक अनेकों प्रयोग किये और एक-एक कर सबको छोड़ा। कभी तो वे विवाह ही नहीं प्रेम को भी सामन्ती प्रवृत्ति मानकर उसके विरुद्ध जिहाद छेड़ रही थीं और अकेली रहकर जीवनयापन करने का संकल्प ले रही थीं। उनकी पुरुषों के प्रति घृणा का आलम यह था कि जर्मनी और स्वीडन जैसे यूरोपीय देशों में बिना पति अथवा प्रेम के 'शुद्ध' शारीरिक स्तर के सम्भोग के जरिये, सन्तानोत्पत्ति करने-जैसे प्रयोग भी किये गये। पर कोई प्रयोग सफल (स्थायी) न रहा और परिणाम सदा की तरह वही रहा—यानी ढाक के तीन पात ! सचाई तो यह है कि अपने सारे क्रान्तिकारी शब्दों को धता बताकर ये नारियाँ व्यक्ति-जीवन में पुरुष के प्रति पूर्ण समर्पण में ही भावनात्मक सुरक्षा देखती हैं। सिमो डि बूवा-जैसी चिन्तक ने अपने अमेरिकी प्रेमी को जो (पिछले वर्षों में प्रकाशित) ख़त लिखे थे वे स्त्रीवादियों को भौंचक कर देते हैं। बूवा ने खतों में अपने प्रेमी की पत्नी बनने की शिद्दत से कामना की थी और गृहिणी के रूप में उसके घर में 'घुटनों के बल पोंछा लगाकर' अपने को धन्य मानने-जैसी बातें लिखी थीं जो बूवा की लोकमानस में बना छवि के बिल्कुल खिलाफ ही थीं। इसे प्रेम का पराक्रम कहें या नारी की प्रकृति कि वह प्रेम-प्रसंगों में स्वयं को पुरुष की 'पराश्रित' पाकर भी वैसे साहचर्य की निरन्तर कामना करती है। इसका यह मतलब कतई नहीं है कि नारीवादी आन्दोलन आमूल-चूल ग़लत रहा या कि उसने फ़िजूल के सवाल खड़े किये। स्त्री-आन्दोलनों के द्वारा भौतिक-बौद्धिक समानता के अधिकारों की माँग किये जाने को कोई नाजायज कैसे ठहरा सकता है? नारी-आन्दोलनों ने समाज से बार-बार तिलमिला देनेवाले तीखे और जायज सवाल पूछे हैं। लेकिन जवाब न खुद उनके पास है न सत्ता के पास। हुआ यह कि स्त्रीवाद ने विरोध का जब भी और जो भी परचम लहराया उसको व्यवस्था की जटिलताओं ने नकारवाद में बदलकर अपने लिए आसान बना लिया। चूँकि सारे माकूल सवालों के माकूल जवाब और विकल्प नहीं मिलते, अतः स्त्रीवादी विद्रोह-भाव का भी हश्र विकल्पहीनता झेलते रहने का होता है—'बन्दिशों के परे होना और रहना कितना अद्‌भुत है, पर कब तक'? नारी की यह विडम्बना-भरी स्थिति जया की अन्य अनेक कहानियों में है। 'पलाश का फूल' कहानी की अपूर्वा परिवार से विद्रोह कर पहले से विवाहित और बाल-बच्चेदार रोहित से प्रेम-विवाह करती है। बाद में वही घटता है जिसका अनुमान पाठक कर सकता है यानी सौत और उसके बच्चों और झगड़े-टंटों से ऊबकर अलग गृहस्थी बसाने का उपक्रम ! यहाँ अपूर्वा दूसरी स्त्रियों के समान आचरण करती हुई भी नहीं चाहती कि 'आम औरतों की तरह जो सब करती हैं वह भी करें।' इस तरह व्यक्तिवाद-अस्तित्ववाद- आधुनिकतावाद के घालमेल से बना

अपूर्वा के चरित्र का यह 'असाधारणता' के लिए 'संघर्ष' (भले ही जो आम संघर्षों की तौहीन करता हुआ लगे) आगे बढ़ता है। गढ़ी हुई जीवन-स्थितियों में खुद से भी 'बनते हुए' (अर्थात् खुद को भी छलते हुए) चरित्र सामाजिक जीवन पर अपने व्यक्तित्व और विचारों की 'नैतिक' छाप कैसे छोड़ सकते हैं? फिर भी आत्मदया, आत्मपीड़ा और त्रासद स्थितियों से गुजरनेवाली अपूर्वा का आदर्श-भरा जीवन काबिले-तारीफ है, खासकर उसकी अपनी भीतरी ताकत की पहचान का एहसास कि 'मैं औरत नहीं हूँ, पलाश का फूल हूँ।'

जया की कई कहानियों में व्यक्तिगत एवं सामाजिक तौर पर मेडिकल केस-हिस्ट्री अथवा स्थितियों के कार्य-कारण सम्बन्ध भाव को ही कहानियों के रूप में पेश करने की कोशिश की गयी है, जैसे 'काकरोच' या 'मुक्ति' में। 'परिदृश्य'—जैसी कहानियों में सोच या जीवन के प्रति 'एप्रोच' को लेकर कोई नयापन नहीं मिलता बल्कि उल्टे यहाँ एक प्रकार की आरोपित नाटकीयता मिलती है। 'साक्षी' कहानी में अनेक छिद्र हैं। कहानी के अन्तिम तीन वाक्य तो कथावर्णन के मेल में ही नहीं हैं। इस कहानी में चिड़चिड़े और क्रूर स्वभाव की बुढ़िया सास है जिस अर्द्धांग (फालिज) मार गया है मगर उसके तेवर ऐसे हैं कि... "आँखें खोली और एक भरपूर लात मारी...'! जया जादवानी की कमजोर कहानियों का तेवर भी कुछ-कुछ इसी सास-जैसा है। 'तलाश जारी है'—जैसी कहानी मसीहाई अन्दाज़ में इस प्रकार से लिखी गयी है गोया किसी अतिगोपन सचाई को उघाड़ा जा रहा (revealation) हो! किसी-किसी कहानी में जया ने सभ्यता के मोटे आवरणों के भीतर से झाँकते नर-मादा के आदिमपने को पकड़ने की कोशिश की है (जैसे, 'रूपान्तरण' में)! मगर शीर्ष कहानी 'अन्दर के पानियों...' में बच्चे के जन्म लेने (देने?) की प्रक्रिया को यथावत् बताने की कोशिश-भर हुई है। अस्तित्व की अबूझ पहली व समस्या के रू-ब-रू होना जया को प्रिय तो है पर उसकी आँच झेलने की ताव लाना अभी बाकी है। समस्या के आमने-सामने होने पर उसका अपने मन-माफिक सरलीकरण करके वे उस पर सुविधाजनक तरीके से प्रतिक्रिया/टिप्पणी करती हैं। स्थितियों का आकलन भी वे, इसीलिए, प्रचलित मुहावरों में ही कर पाती हैं। उदाहरण के लिए 'जो नहीं है, वह' रचना लीजिए। संग्रह में भर्ती की रखी हुई एक और रचना 'अभी-अभी जो चलकर गया है' में तो उलझाव इस कदर है कि इसके 'नैरेटर' 'मैं' के वाक्यों के विन्यास तक में आ गया है—'बरसों एक अजीब कशमकश में रही हूँ मैं' (पृ. 128) मैं राजी हो गया, अपने से बाहर देखने की इस दुर्दमनीय चाह के चलते।' (पृ.129) (संकलन के पृ.5 पर मध्य की दो पंक्तियाँ भी गलत जगह पर छप गयी हैं सो अलग।)

इसमें सन्देह नहीं कि जया जादवानी की विशेष दिलचस्पी का क्षेत्र नारी-स्वभाव

है। ऐसा लगता है कि वे पीढ़ियों के अन्तर को आन्तरिकता के सूत्र के सहारे परम्परा में देखने की चाह रखती हैं। 'आईना' संग्रह की ऐसी ही कहानी है जिसमें पुराने घर छूटते हैं, नये बनते हैं पर उस नये मकान में भी लोग उस 'घर' को ही ढूँढ़ते हैं जो पुराने का अक्स होता है। लेकिन 'जो बचा, वह शब्द नहीं था' विकलांग व्यक्ति की अनुभूतियों को लेकर, अत्यन्त संवेदनशीलता से, एक नये धरातल पर लिखी गयी रचना है। इसी तरह 'जब पेड़ों से पत्ते गिरते हैं' बूढ़ेपन की अनुभूति को लेकर लिखी गयी अपेक्षाकृत बेहतर कहानी है। कहानी में माँ-बेटी के एक चुस्त और व्यंजनापूर्ण संवाद के माध्यम से पीढ़ियों की सोच में फर्क की बात को ताकतवर ढंग से प्रस्तुत किया गया है—

"औरत सभी को सुख देती है—'देह का सुख, मन का सुख। पर बदले में उसे क्या मिलता है—थोड़ी-सी दया।'

'क्यूँ लेती हो थोड़ी-सी रोटी...थोड़ी-सी दया...।' मैंने कड़आये स्वर में कहा।

'फिर-फिर लौटेगा' संग्रह की एक अच्छी—बल्कि चाहें तो कह लें—प्रतिनिधि कहानी है। 'घर' जया की कहानियों का मूल कथ्य और स्वर है। पुरुष के लिए घर 'कन्धों पर होता है, जब तक चाहा उठाते रहे, नहीं तो भार समझकर छोड़ दिया कहीं भी।' लेकिन वह स्त्री के तो 'हृदय में होता है' जिसके बिना वह नहीं हो सकती। जया के नारी पात्रों में साहस और आत्मविश्वास है जिससे ये नारी चरित्र अपने निश्चय पर अडिग होकर आगे चलने के लिए सन्नद्ध होते हैं। जया में यह भाव उन्हें पिछली पीढ़ी की महिला कहानीकारों से किंचित् भिन्न बनाता है। एक आलोचक ने कभी कहा था कि कहानीकार वह है जो बढ़िया प्रेमकथा कह सकता हो यानी जो रोमैंटिक मनःस्थितियों का बढ़िया बयान कर सकता हो। इस लिहाज़ से जया कहानीकार कहला सकती हैं खास तौर से उनकी 'इसे ऐसा ही होने दो' ऐसी ही प्रेम कहानी है। आम प्रेम कहानियों से इस अर्थ में यह जरा हटकर है कि इसमें एक अधेड़ प्रोफेसर से एक नवयुवती छात्रा के प्रथम प्रेमावेग की सशक्त भावुक अभिव्यक्ति हुई है। प्रेम और उसमें भी प्लैटोनिक प्रेम का इतना अच्छा और स्वाभाविक वर्णन आज की कहानियों में विरल होता जा रहा है।

जया जादवानी में अच्छे कहानीकार के अनेक लक्षण हैं। उनके पास स्थितियों और मनःस्थितियों के विवरण और वर्णन के लिए आधार भाषा है जिसमें जहाँ-तहाँ आंचलिक छौंक देकर अधिक रसमय बनाना उन्हें आता है। कहा जा सकता है कि अभी उनकी अनुभूति और संवेदना में जितनी गहराई है, उतना विस्तार भले नहीं मिलता हो मगर इस दिशा में आगे बढ़ने की सम्भावना से इनकार नहीं किया जा सकता। कहीं-कहीं उनकी भाषा अत्यन्त क्षमतावान होती हुई दिखायी देती है। कुछ

उदाहरणों से पाठक जया की भाषिक क्षमता का आकलन सहज ही कर सकते हैं।

— लोग जल्दी-जल्दी जीने की कोशिशों में कितनी तीव्रता से मरने लगते हैं। (पृ.5)

— हम सबकी कुल मूलभूत पूँजी हमारा चेहरा होती है, जिसमें हमारा समस्त अतीत, वर्तमान और भविष्य दर्ज होता है, पर हैरत की बात है, लोग कितने अनपढ़ हैं? (पृ. 89)

— अतीत...स्टोर रूप में पड़ा हुआ वह फालतू सामान—जिस पर वक्त की धूल की परतें जम जाती हैं और जिनकी चमक आहिस्ता-आहिस्ता खत्म होने लगती है। बस कभी-कभी हम अपनी हथेली से उस धूल को पोंछकर उस चमक में अपने चेहरे का एक टुकड़ा देख लेते हैं। (पृ.110)

— आज पहली बार यह सत्य जाना— इच्छाएँ ही फैलकर आकाश बनती हैं। इच्छाएँ ही टुकड़ा-टुकड़ा बादलों की तरह उमड़ती हैं। इच्छाएँ ही बारिश बन धरती पर उतरती हैं। ...(आदि, पृ. 159)

वैसे इस बात में शक नहीं कि हिन्दी में आज भी जितनी संख्या में और जैसी स्वादवाली और ध्यान खींचने वाली कहानियाँ लिखी जा रही हैं उन पर पाठक आसानी से सन्तोष प्रकट कर सकता है, लेकिन वह उसी सन्तोषप्रद ढंग से शायद ही बता सके कि उनमें अनेक ऐसी कहानियाँ भी हैं जो बहुत दिनों तक—कम-से-कम चार पीढ़ियों के—ध्यान में अवश्य अटकी रह सकेंगी। यह पाठकीय हिचक ही अपने आप में हिन्दी कहानियों की वर्तमान स्थिति पर एक करारी टिप्पणी होगी।

पुस्तकें

1. *अन्तिम बयान* : मंजुल भगत, भारतीय ज्ञानपीठ, 18, इन्स्टीट्यूशनल एरिया, लोदी रोड, नयी दिल्ली, 110003 (2001) मूल्य-75
2. *मेरे देश की मिट्टी, अहा* : मृदुला गर्ग, नेशनल पब्लिशिंग हाउस, 2/35. अंसारी रोड, दरियागंज, नयी दिल्ली, 110002 (2001), मूल्य- 120
3. *दारोश तथा अन्य कहानियाँ* : एस.आर. हरनोट, आधार प्रकाशन प्रा.लि. एस. सी.एफ. 267, सेक्टर-16, पंचकूला, हरियाणा, 134113 (2001), मूल्य-125
4. *बिल्ली नहीं, दीवार* : हरि भटनागर, आधार प्रकाशन, पंचकूला, (हरियाणा), (2002) मूल्य-100
5. *अन्दर के पानियों में कोई सपना काँपता है* : जया जादवानी, वाणी प्रकाशन, 21-ए, दरियागंज, नयी दिल्ली 110002 (2002) मूल्य - 200

❑❑❑